Regionale Erzeugnisse aus Deutschland

Europäische Hochschulschriften Recht

European University Studies in Law

Publications Universitaires Européennes de Droit

Band/ Volume **6108**

Friedrich-Philipp Becker

Regionale Erzeugnisse aus Deutschland

Rahmenbedingungen und Perspektiven aus wirtschaftlicher und rechtlicher Sicht

PETER LANG

Bibliografische Information der Deutschen Nationalbibliothek
Die Deutsche Nationalbibliothek verzeichnet diese Publikation in der Deutschen Nationalbibliografie; detaillierte bibliografische Daten sind im Internet über http://dnb.d-nb.de abrufbar.

Zugl.: Dissertation an der Universität Kassel, FB07.
Tag der Disputation: 30.04.2019.

D 34
ISSN 0531-7312
ISBN 978-3-631-79195-0 (Print)
E-ISBN 978-3-631-79913-0 (E-PDF)
E-ISBN 978-3-631-79914-7 (EPUB)
E-ISBN 978-3-631-79915-4 (MOBI)
DOI 10.3726/b16026

Diese Publikation wurde begutachtet.

www.peterlang.com

In Gedenken an meinen Freund und Großvater Werner Theißen

Vorwort

Die im Oktober 2018 eingereichte Arbeit wurde im April 2019 vom Promotionsausschuss der Universität Kassel als Dissertation angenommen. Rechtsprechung und Literatur konnten bis April 2019 berücksichtigt werden.

An erster Stelle danke ich Herrn Prof. Dr. Peter Rott für die angenehm ungezwungene, vertrauensvolle Betreuung der mir gewährten Forschungsmöglichkeit. Frau Prof. Dr. Martina Deckert gebührt mein Dank für die Erstellung des Zweitgutachtens. Ein herzliches Dankeschön gilt auch Frau Dr. iur. habil. Panajotta Lakkis, die mich in meiner Zeit als studentischer Mitarbeiter am Institut für Bürgerliches Recht und Zivilprozessrecht der Julius-Maximilians-Universität Würzburg auf die Grundausrichtung der vorliegenden Thematik hingeführt hat.

Mein ganz besonderer Dank gebührt schließlich meinen Eltern Birgit Theißen-Becker und Dr. Hans Becker, die mich während meiner gesamten Studien- und Promotionszeit in jedweder Hinsicht unterstützt und bestärkt haben.

Frankfurt am Main, im Mai 2019
Friedrich-Philipp Becker

Inhaltsverzeichnis

Abkürzungsverzeichnis

ABl.	*Amtsblatt*
a.A.	*anderer Ansicht*
a.F.	*alte Fassung*
AEUV	*Vertrag über die Arbeitsweise der Europäischen Union*
Art.	*Artikel*
BGB	*Bürgerliches Gesetzbuch*
BGH	*Bundesgerichtshof*
BpatG	*Bundespatentgericht*
BVerfG	*Bundesverfassungsgericht*
CML Rev.	*Common Market Law Review*
DVBl	*Deutsches Verwaltungsblatt*
EFRE	*Europäischer Fonds für regionale Entwicklung*
EJRR	*European Journal of Risk Regulation*
E.L. Rev.	*European Law Review*
ERAE	*European Review of Agricultural Economics*
ERCL	*European Review of Contract Law*
et al.	*(Latein) und andere*
EuGH	*Gerichtshof der Europäischen Union*
EuLF	*European Legal Forum*
EuR	*Zeitschrift für Europarecht*
EuZW	*Europäische Zeitschrift für Wirtschaftsrecht*
EWeRK	*Energie- und Wettbewerbsrecht in der Kommunalen Wirtschaft*
EWS	*Zeitschrift für europäisches Wirtschafts- und Steuerrecht*
F.A.Z.	*Frankfurter Allgemeine Zeitung*
Fn.	*Fußnote*
FS	*Festschrift*
GAK	*Gemeinschaftsaufgabe Agrarstruktur und Küstenschutz*
GewA	*Zeitschrift für Gewerbe- und Wirtschaftsverwaltungsrecht*
GRW	*Gemeinschaftsaufgabe „Verbesserung der regionalen Wirtschaftsstruktur"*
GG	*Grundgesetz der Bundesrepublik Deutschland*
GJAE	*German Journal of Agricultural Economics*
GRUR	*Gewerblicher Rechtsschutz und Urheberrecht*
Hrsg.	*Herausgeber*
ibid.	*(Latein) ebenda*

IHK	*Industrie- und Handelskammer*
Int J LCA	*International Journal of Life Cycle Assessment*
IR	*InfrastrukturRecht*
IWRZ	*Zeitschrift für Internationales WIrtschaftsrecht*
JPER	*Journal of Planning Education and Research*
JuS	*Juristische Schulung*
LFGB	*Lebensmittel- und Futtermittelgesetzbuch*
LG	*Landgericht*
lit.	*Buchstabe*
LMIV	*Lebensmittelinformations-Verordnung (EU) Nr. 1169/2012*
LMuR	*Lebensmittel & Recht*
MarkenG	*Gesetz über den Schutz von Marken und sonstigen Kennzeichen*
NJW	*Neue Juristische Wochenschrift*
NVwZ	*Neue Zeitschrift für Verwaltungsrecht*
OLG	*Oberlandesgericht*
RAL	*Deutsches Institut für Gütesicherung und Kennzeichnung (ursprünglich Reichs-Ausschuss für Lieferbedingungen)*
Rn.	*Randnummer*
ROG	*Raumordnungsgesetz*
RuR	*Raumforschung und Raumordnung*
StAnz.	*Staatsanzeiger für das Land Hessen*
sublit.	*Unterbuchstabe*
UGP-RL	*Richtlinie 2005/29/EG über unlautere Geschäftspraktiken*
URL	*Uniform Resource Locator (Internetadresse)*
UWG	*Gesetz gegen den unlauteren Wettbewerb*
VuR	*Verbraucher und Recht*
WRP	*Wettbewerb in Recht und Praxis*
ZLR	*Zeitschrift für das gesamte Lebensmittelrecht*
ZeuP	*Zeitschrift für Europäisches Privatrecht*

Einführung

Regionale Erzeugnisse aus Deutschland liegen im Trend.

Dies offenbart allein der Blick auf die Ernährungsreporte der Bundesregierung aus den Jahren 2017, 2018 und 2019.[1] Ohne dass allerdings allgemein geklärt wäre, was ein regionales Erzeugnis überhaupt ausmacht, werden selbigem oftmals positive Beiträge zur Steigerung des regionalen Wirtschaftswachstums zugesprochen. So findet die regionale Erzeugnisherkunft als kaufrelevante Größe nicht nur verstärkten Niederschlag im Marketing, sondern sie wird regelmäßig auch mit einer allgemeinen Reduzierung von negativen Umweltauswirkungen verbunden. Nebstdem gebietet vor allem die Rechtsentwicklung auf dem Gebiet der geografischen Herkunftsangaben Anlass, den Aspekt der Irreführung und des Protektionismus im Kontext regionaler Erzeugnisse zu untersuchen.

Abgesehen von bestehender Literatur, die einzelne wirtschaftliche, umweltbezogene und rechtliche Themenfelder von regionalen Erzeugnissen herausgreift, existiert bislang keine umfassende Arbeit zur Thematik.

Ziel der Dissertation ist es daher, ganzheitlich die wirtschaftlichen und rechtlichen Rahmenbedingungen für regionale Erzeugnisse aus Deutschland hervorzuheben und deren Perspektiven aufzuzeigen.

Im ersten Teil der Arbeit wird neben der begrifflichen Erläuterung der Region sowie des regionalen Erzeugnisses auch der Frage nach den wirtschaftlichen und umweltbezogenen Erfolgsfaktoren regionaler Erzeugnisse nachgegangen.

Abseits der wirtschaftlichen und der umweltbezogenen Gesichtspunkte findet im zweiten Teil der Arbeit die weitreichende rechtliche Dimension regionaler Erzeugnisse Berücksichtigung. Bei der Präsentmachung regionaler Erzeugnisse ist zunächst einmal die Frage einer möglichen Herkunftsirreführung von zentraler Relevanz. Da sich diese Frage regelmäßig im alltäglichen Verbrauchereinkauf widerspiegelt, werden Verbraucher und ihre leitbildhafte Typisierung in das Blickfeld der Betrachtung gerückt und vor diesem Hintergrund die rechtlichen Regelungen zum Schutz regionaler Erzeugnisse dargelegt. Im Zusammenhang des unionsrechtlichen Schutzes von geografischen Herkunftsangaben findet die in allen EU-Mitgliedstaaten unmittelbar verbindlich geltende Verordnung

---

1 Vgl.: *Bundesministerium für Ernährung und Landwirtschaft*, Der BMEL-Ernährungsreport 2019, S. 21; *Bundesministerium für Ernährung und Landwirtschaft*, Der BMEL-Ernährungsreport 2018, S. 10; *Bundesministerium für Ernährung und Landwirtschaft*, Der BMEL-Ernährungsreport 2017, S. 13.

(EU) Nr. 1151/2012 mit ihren spezifischen Vorgaben für bestimmte regionale Erzeugnisse Anklang. Dabei werden die Hintergründe, der Umfang, die Reichweite als auch immanente Klarstellungsschwierigkeiten der Verordnung (EU) Nr. 1151/2012 aufgezeigt. Ferner wird auf die Lebensmittelinformations-Verordnung (EU) Nr. 1169/2011 (LMIV) mit ihrem allgemeinen Irreführungsverbot unter dem expliziten Einbezug der Produktherkunft eingegangen und das Verhältnis zur Verordnung (EU) Nr. 1151/2012 sowie zur Richtlinie 2005/29/EG über unlautere Geschäftspraktiken (UGP-RL) behandelt. Überdies werden nationale Regelungen zum Schutz der regionalen, geografischen Herkunft sowie deren Verhältnis zum unionsrechtlichen Überbau bedacht und praxisrelevante Anwendungsbeispiele für eine mögliche Irreführung im Rahmen der Regionalwerbung aufgeworfen. Darüber hinaus sind im Umfeld von regionalen Erzeugnissen nicht selten protektionistische Tendenzen auszumachen, die im Konflikt zur vielbeschworenen Warenverkehrsfreiheit in der EU stehen. Thematisiert werden an dieser Stelle nicht nur etwa mitgliedstaatliche Werbeaktionen zugunsten heimischer Regionalerzeugnisse, sondern genauso protektionistisch wirkende Produktzertifizierungen, die auch von privater Seite erfolgen können.

Im dritten Teil der Untersuchung erfolgt neben der Veranschaulichung von Möglichkeiten zur Erhöhung der Transparenz bei der regionalen Produktherkunftsangabe durch ein fakultatives Zertifizierungsregime auch ein kurzer Ausblick auf Basis einer entsprechenden gesetzgeberischen Festlegung von Mindeststandards.

Die Arbeit schließt mit einer Zusammenfassung der Ergebnisse in Teil 4.

Teil 1: Wirtschaftliche Bedeutung regionaler Erzeugnisse

A. Regionalität als Wirtschaftsfaktor

I. Begriffliche Erfassung des Regionsbegriffs

Bei Betrachtung des Titels dieser Arbeit stellt sich zunächst einmal die recht offensichtliche Frage, was überhaupt unter einem regionalen Erzeugnis zu verstehen ist. Eine mögliche Antwort hierauf setzt jedenfalls die Annäherung an den zentralen Begriff der Region voraus. Dies erscheint schon vor dem Hintergrund einer oftmals unbestimmten Auffassung der jeweiligen deutschen Regionen erforderlich.[2]

Bevor ein eigenständiges Begriffsverständnis dargestellt wird, soll eingangs der interdisziplinäre Forschungszusammenhang für die begriffliche Erfassung Berücksichtigung finden. Überdies bleibt vorab festzustellen, dass Aspekte für die Abgrenzung von Regionen in Abhängigkeit der jeweiligen Forschungsfrage sowohl naturwissenschaftlichen als auch geisteswissenschaftlichen Ursprungs sein können.[3]

1. Etymologische Begriffsbestimmung

Aus etymologischer Sicht ist keine eindeutige Begriffsbestimmung möglich.

So liegt dem Wortlaut des Begriffs der Region zum einen das lateinische Verb „regere" zugrunde, welches im Sinne von „herrschen" auf einen politischen Kontext hinweist.[4] Zum anderen lässt sich der Begriff vom lateinischen Ausdruck „regio" ableiten, der einen zusammenhängenden geografischen Bereich beschreibt und durch bestimmte Merkmale wie der wirtschaftlichen Struktur oder dem Klima bestimmt wird.[5]

---

2 „Duden – Das große Wörterbuch der deutschen Sprache" verweist beispielsweise unter Angabe des Stichworts „Nord- bzw. Süddeutschland" lapidar auf den geografischen nördlichen bzw. südlichen Teil Deutschlands ohne nähere Beschreibungen. Unter dem Stichwort: „Mitteldeutschland" wird hingegen konkret der thüringisch-obersächsische Raum benannt.

3 Vgl. *Kögl/Tietze*, Regionale Erzeugung, S. 14; zu den unterschiedlichen Aspekten von Regionen siehe *Sauter/Meyer*, Potentiale zum Ausbau der regionalen Nahrungsmittelversorgung, S. 25.

4 *Korunka* et al., in: Kirchler, S. 56.

5 Duden – Das große Wörterbuch der deutschen Sprache, Stichwort: „Region"; vgl. auch Gabler Wirtschaftslexikon, Bd. 5: P - S, Stichwort: „Region", S. 2911.

2. *Klimatische Begriffsbestimmung*

Der Aspekt des Klimas bzw. klimatisch bedingte Anbaukomplikationen (etwa Weinanbau im Raum München) und dadurch bedingte größere Rohstoffbezugsgebiete machen ein Denken von „Regionalität im weiteren Sinne“ erforderlich.[6] So kann vor diesem Hintergrund genauso von klimatischen Regionen gesprochen werden, die gewiss weitläufig ineinander übergehen, doch meteorologisch über die gebietsbezogene Witterung grundsätzlich feststellbar und unterscheidbar sind.

3. *Historisch-politische Begriffsbestimmung*

Historisch betrachtet wird das Entstehen von Regionen eher zufälligen, feudalen Herrschaftsgebieten, sowie willkürlich zugehörigen Verwaltungsgebieten und zentralen Orten mit allmählich verbesserter Verkehrsanbindung zugeschrieben.[7] Dabei hat die begriffliche Verwendung der Region bzw. regionales Denken erst seit den 1960igern Konjunktur gefunden: „als territorialer und politischer Ordnungsbegriff, als Bezugsrahmen gesellschaftlicher, politischer, kultureller und wirtschaftlicher Orientierung und Aktivitäten, als Leitidee der europäischen Integration und wissenschaftliche analytische Kategorie.“[8] Während also der Begriff der Region bis in die 1960iger Jahre vorwiegend von Geografen und Raumplanern verwendet wurde, fand er in den 1970igern besonderen Einklang in den politischen Diskurs zu Verwaltungsreformen und Regionalismusdebatten, bis er schließlich in den 1980igern und 1990igern zum Modewort in der Öffentlichkeit stilisiert wurde.[9] Teilweise kann hinsichtlich dieser Entwicklung auch von einer Politisierung des Begriffs der Region die Rede sein. Denn die Region wird maßgeblich vom politischen Diskurs bestimmt und ist deswegen kein zufälliges Konstrukt, sondern sie kommt regelmäßig durch kollektive Absicht und Bestimmung zustande.[10] *Mecking* spricht in diesem Zusammenhang von der „Region als Schlüsselbegriff der politischen Sprache“, die etwa dazu diene „unklare Politikgehalte weiter zu verschleiern“ und zudem eine gewisse konturenlose Beliebigkeit auf der Grundlage des jeweiligen Erklärungshorizontes aufweise.[11] Dennoch hat die Unbestimmtheit des Begriffs der Region nicht

---

6 In diese Richtung *Demmeler*, Ökologische und ökonomische Effizienzpotenziale, S. 8.

7 *Sandgruber*, Regionales Wirtschaften, S. 17 f.

8 Mit Aufzählung diverser Faktoren für die Neubewertung des Regionalen siehe *Brunn*, in: Brunn, S. 9 f.

9 *Blotevogel*, in: Brunn, S. 44 f.

10 Vgl. *Nitschke*, in: Brunn, S. 290.

11 *Mecking*, Die Regionalebene in Deutschland, S. 54, 56 f.

seiner Verwendungsfreudigkeit geschadet. In Zeiten, die von multinationalen Krisen begleitet werden, hat Regionalität die Entwicklung zu einer schwammigen Formel für etwas Anderes, Besseres vollzogen und zugleich eine Art Replik auf zahllose Herausforderungen geliefert.[12] So führt nämlich die Bildung von Regionen – als gedanklicher Abstraktionsvorgang – zu Problemvereinfachungen, bei denen komplexe Zusammenhänge auf die räumliche Dimension reduziert werden.[13] Dementsprechend zeichnet sich eine Tendenz ab, dass unter einer Region ein Teilraum im Gesamtraum Deutschland verstanden wird,[14] der größenmäßig zwischen nationaler und lokaler Ebene angesiedelt ist und sich konkret als Bundesland, Natur- bzw. Landschaftsraum oder eine noch kleinere Raumeinheit anhand bestimmter Merkmale von anderen Regionen abgrenzt.[15] Dabei ist aufgrund ihres geografischen Bezugs anzunehmen, dass die Region stets als Teil und Untergliederung einer weiträumigeren politischen Ebene in Erscheinung tritt, zugleich über das Punktuelle hinausgreift und dementsprechend auch als zusammengehöriger Raum mittlerer Größenordnung angesehen werden kann.[16]

4. Geografische Begriffsbestimmung

In der traditionellen Geografie wurde dem Regionsbegriff ein dementsprechend bestimmbarer Bedeutungsgehalt beigemessen, dessen geografisch-räumliche Einheit im Erdraum als schier unverrückbar galt und in einem Atlas darstellbare Raumeinheiten bildete.[17] Dieses tradierte, enge geografische Verständnis gilt jedoch inzwischen als überholt. Zwar werden unter Regionen weiterhin räumliche Gebilde verstanden, doch kann inzwischen von einer offenen geografischen Verortung ohne formale Grenzen gesprochen werden, die sich innerhalb eines Landes (intranational bzw. subnational) oder über Ländergrenzen hinweg (transnational bzw. supranational) bewegt.[18] Darüber hinaus wird der Begriff der Region auch zur Beschreibung und Gliederung von Raumeinheiten verwendet, die durch strukturelle Gemeinsamkeiten oder durch eine intensive

---

12 Vgl. *Wiechmann*, RuR 2000, 173 (178).
13 *Sandgruber*, Regionales Wirtschaften, S. 18.
14 Ähnlich *Meyer*, Qualität, Regionalität und Verbraucherinformation, S. 5.
15 *Dorandt*, Analyse des Konsumenten- und Anbieterverhaltens, S. 6; *FiBL Deutschland/MGH GUTES AUS HESSEN*, Entwicklung von Kriterien für ein bundesweites Regionalsiegel, S. 23.
16 *Mecking*, Die Regionalebene in Deutschland, S. 62 m.w.N.
17 Vgl. *Blotevogel*, in: Brunn, S. 44, 53 ff., 64; *Wiechmann*, RuR 2000, 173 (182).
18 Vgl. *Geigenmüller*, Regionale Marken und Konsumentenverhalten, S. 72.

Verknüpfung verschiedener funktionaler Merkmale gekennzeichnet sind.[19] Demnach finden neuerdings auch geografisch unabhängige Aspekte Einzug. Nach *Weichhart* kann daher eine Unterscheidung des Regionsbegriffs nach der „Interaktionsdimension" und der „Maßstabsdimension" erfolgen.[20] So beziehe sich das Adjektiv „regional" entweder „auf die/eine Region", oder es sei ein bestimmter Größen- bzw. Maßstabsbereich räumlicher Gegebenheiten angesprochen, der zwischen dem Örtlichen, Lokalen und dem Überregionalen, dem Kontinentalen oder gar dem Globalen liege.[21] Aufgrund der unklaren Fixierung des regionalen Maßstabs lasse sich der Regionsbegriff nur aus dem jeweiligen Argumentationskontext näher bestimmen.[22] Gemeint ist offenbar auch hier eine gewisse Losgelöstheit vom exklusiven geografischen Begriffsverständnis, das letztlich zu eingeschränkt ist.[23] Den weiteren, begrifflichen Verwendungszusammenhang berücksichtigend, beschreibt *Scheuch* die Region als einen Raum, der äußerst unterschiedliche Anwendungsbereiche umfasse und dessen geografische Abgrenzung aus den produzierten, materiellen und natürlichen regionalen Gegebenheiten entspringe.[24]

Für *Demmeler* stellt wiederum die „Vermarktung auf kurzen Wegen" das wesentliche Kennzeichen der Region dar, weshalb zwischen Erzeugungs- und Verkaufsort auch nicht mehr als 100 Kilometer im Radius bzw. die Größe der größten deutschen Bundesländer liegen solle.[25] Eine dementsprechende, größenmäßige Festlegung der Region würde zum einen für ein ausreichend großes Erfassungsgebiet der Agrarrohstoffe sorgen, auf dem die gesamte Wertschöpfungskette durchlaufen werden könne, und zum anderen einen passenden, dem Marketingeinsatz zugänglichen Absatzmarkt bereitstellen.[26] Zu einem ähnlichen Ergebnis kommen auch andere Studien. Demnach könne das Handlungsfeld relevanter Marktakteure zur Bemessungsgrenze für die Region werden,[27] wobei als räumlicher Anhaltspunkt zuallermeist auf Entfernungen von bis zu 100 Meilen

19 *Mecking*, Die Regionalebene in Deutschland, S. 53.
20 *Weichhart*, in: Brunn, S. 27.
21 Ibid.
22 Ibid.
23 In diese Richtung *Heinze* et al., Verbraucherpräferenzen gegenüber regionalen Produkten, S. 3 m.w.N.
24 Vgl. *Scheuch*, der markt 2003, 45 (47, 57).
25 *Demmeler*, Ökologische und ökonomische Effizienzpotenziale, S. 7, 130.
26 Ibid., S. 96 ff.
27 Vgl. *Sauter/Meyer*, Potentiale zum Ausbau der regionalen Nahrungsmittelversorgung, S. 26.

abgestellt wird.[28] Aus Sicht regionaler Lebensmittelgewerbe wird hingegen, als etwas konkretere Faustregel für Regionalität, der Radius von 50 bis 60 Kilometern genannt.[29] Dabei erscheint es gerade bei weiterverarbeiteten Produkten für die Ein- und Abgrenzung der Region geboten, dass nicht nur die Verarbeitung selbst in der Region erfolgt, sondern auch die Rohstoffe aus der Region stammen und sich regionale Wertschöpfungsketten durch entsprechend kurze Wege, als auch geringe Aktionsradien auszeichnen.[30] Hinsichtlich dieses Erklärungsansatzes des Regionsbegriffs lassen sich sodann neben der geografisch, radialen Zuordnung noch weitere Aspekte zur deutlicheren, begrifflichen Klarlegung vereinbaren. Doch auch wenn unter „regionaler Erzeugung“ gemeinhin kein bestimmter Radius um den Herstellerbetrieb oder den Herkunftsort der Rohwaren verstanden wird, bleibt die geografische Verortung sicherlich ein, wenn nicht das zentrale Kriterium für die Begriffsbestimmung der Region.[31] Dies gilt unabhängig davon, dass Regionen – im Gegensatz zu Nationalstaaten mit festen Außengrenzen – regelmäßig keine starre, linienhafte geografische Begrenzung besitzen. Allein schon vor diesem Hintergrund empfiehlt sich gerade kein rein geografisches Regionsverständnis. Die Vielzahl an Regionalinitiativen, deren regionale Abgrenzungskriterien einen recht unpräzisen landschaftsräumlichen Charakter haben oder Mischformen von administrativen und natürlichen Grenzen aufweisen, macht dies zudem deutlich.[32] Regionen können sich nämlich oft auch durch weniger scharf abgrenzbare Naturräume definieren, wie etwa die Rhön, die sich über mehrere Bundesländer (Bayern, Hessen und Thüringen) erstreckt.[33] Der vielschichtige räumliche Bezug und der offene Charakter des Begriffs erschweren dabei die Findung eines praktikablen und konsensfähigen Regionalverständnisses. Deshalb existiert größtenteils auch nur ein Über- und Durcheinander von räumlichen Einheiten mit planerischen oder administrativen Funktionen.[34] Eine lapidare Reduktion des Regionsbegriffs auf die geografische Dimension verstellt schlichtweg den Blick auf den weitreichenden,

---

28 In Bezug auf den angloamerikanischen Raum vgl. *Feldmann/Hamm*, Food Quality and Preference 2015, S. 152 (156); Vgl. *Sauter/Meyer*, Potentiale zum Ausbau der regionalen Nahrungsmittelversorgung, S. 26.

29 *Grimm/Malschinger*, in: Kirchler, S. 119.

30 *Wiesmann/Vogt/Lorleberg/Mergenthaler*, Forschungsberichte des Fachbereichs Agrarwirtschaft Soest Nr. 35, S. 27 f.

31 Vgl. *Dorandt*, Analyse des Konsumenten- und Anbieterverhaltens, S. 9.

32 Ausführlich Darstellung in: FiBL Deutschland/MGH GUTES AUS HESSEN, Entwicklung von Kriterien für ein bundesweites Regionalsiegel, S. 20.

33 *Dorandt*, Analyse des Konsumenten- und Anbieterverhaltens, S. 7.

34 *Mecking*, Die Regionalebene in Deutschland, S. 53, 62.

begrifflichen Variantenreichtum. Negativ formuliert lässt sich hier genauso von einer grundsätzlichen Unklarheit bei der territorialen Abgrenzung der Region sprechen, weswegen auch eher von überlappenden Gebieten ausgegangen und auf die Bezeichnung der „regionalen Ebene“ ausgewichen wird.[35] Diese Form des Ausweichens darf womöglich bereits als Kapitulation vor der Komplexität des regionalen Begriffsverständnisses gesehen werden.

5. *Soziologische Begriffsbestimmung*

Verstärkt wird diese Mutmaßung, wenn noch soziologische Verständnisweisen hinzutreten und den Begriff der Region weiter ausfüllen. „Als „Aspekt der sozialen Kommunikation“, als Element der sozialen und mentalen Identitätsbildung, sowie als Vehikel von Macht und Zweckrationalität“, finden zusätzliche Bestimmungselemente der Region Einzug.[36] Insofern kann sich lebensweltliches Handeln regional orientieren, indem die Region den Ort des Alltags einbettet, abgrenzt und zur fortwährenden Entwicklung der regionalen Identität beiträgt.[37] Regionen können demzufolge „als Projektionsflächen einer personalen Identität und eines Wir-Bewusstseins“ dienen.[38] In diesem Sinne ist die Region gewissermaßen als eine stark ideologisch getragene Konstruktion zu bezeichnen.[39] Dieser Entwicklungsschritt vollzieht sich im Übrigen besonders eindringlich durch die Beanspruchung eines Mindestmaßes an historischer Plausibilität.[40] Teilweise werden dementsprechend von Politik und Wirtschaft, unter Nutzbarmachung der genannten Aspekte, künstliche „Designer-Regionen“[41] durch die „Weckung regionaler Identität“ hervorgebracht.[42] So fällt nicht zuletzt beim Blick auf die unmittelbaren Nachbarstaaten Deutschlands auf, dass der Regionsbegriff gar zur Marke stilisiert wurde. Frankreich betreffend sei exemplarisch auf den aus der Champagne stammenden Schaumwein verwiesen, während in

---

35 Vgl. *Danielzyk*, in: Wolf/Tharun, S. 43; in diese Richtung auch *Mecking*, Die Regionalebene in Deutschland, S. 54, 349.

36 *Brunn*, in: Brunn, S. 14.

37 Vgl. *Ipsen*, in: Brunn, S. 113.

38 *Sandgruber*, Regionales Wirtschaften, S. 18.

39 *Ipsen*, in: Brunn, S. 115.

40 *Rohe*, in: Brunn, S. 106.

41 Zu einer solchen „Designer-Region“ ist beispielsweise die „Metropolregion Frankfurt-RheinMain“ zu zählen, bei der sich 45 Städte, Landkreise und der Regionalverband zur KulturRegion bzw. zu einer gemeinnützigen Gesellschafft zusammengeschlossen haben. URL: http://www.krfrm.de/krfrm/ (Abruf 08.04.2019).

42 Vgl. *Blotevogel*, in: Brunn, S. 63; ähnlich *Brunn*, in: Brunn, S. 14.

Österreich seit geraumer Zeit sogenannte Genussregionen bestehen, die eine eigenständige Marke für lokale Erzeugnisse schaffen.[43] Da sich Regionen also insbesondere auch aus den kulturellen und landschaftlichen Besonderheiten speisen, die zudem fließende Übergänge aufweisen,[44] kann von einer fixen geografischen Selbstverständlichkeit keine Rede sein. Regionen treten zuvorderst als gedankliche Konstrukte der Wissenschaft auf und stellen das Ergebnis bzw. die Folge menschlichen Handels dar.[45] *Leitow* definiert die Region daher als „eine geografische Einheit, die durch relativ einheitliche, anthropogene und natürliche Faktoren gekennzeichnet ist, sich in der Summe der Faktoren von anderen Regionen unterscheidet und ein konsistentes und deutliches Image (Verkehrsgeltung) bei den Konsumenten besitzt."[46] Aufgrund von vielfältigen, subjektiven Raumvorstellungen erfolgt auch hier keine kurz gegriffene Assoziation von Region als bloßes Landschaftsgebilde, sondern eher das übergeordnete Verbraucherverständnis im Sinne von „das Nahe" bzw. „das Vertraute".[47] Nicht zuletzt macht die vom Begriff der Region abgeleitete „Regionalität" die Sehnsucht vieler Menschen nach einer vertrauten, kleinen Welt aus, hinter der sich das unbewusste Verhalten verbergen kann, „sich als Individuum oder in eine Gruppe eingebunden zu verstehen und sich dadurch von Anderen abzugrenzen".[48] Die Berücksichtigung dieses sozialpsychologischen Aspekts kann der Erläuterung des Begriffs der Region durchaus dienlich sein. Maßgeblich bei einer entsprechenden Definitionsfindung ist aber stets der jeweilige Standpunkt der Betrachtung. Bei unterschiedlichen Regionalverständnissen sowie in Grenzregionen, die sich nicht explizit unterscheiden lassen bzw. fließend verlaufen (etwa bei den Regionen Nord- und Süddeutschland), ist es nämlich letzten Endes Sache der Einwohner und ihrer Sozialisation, zu welchem Teil sie sich selbst zuordnen.[49] Diese subjektive Sichtweise kommt insbesondere immer dann zum Tragen, wenn es an objektiven Kriterien, wie einer geografischen, politisch-administrativen Grenze, mangelt. Es spricht demnach viel dafür, den Regionsbegriff nicht als

43 Ausführlich *Korunka* et al., in: Kirchler, S. 56, 76 ff.

44 Vgl. *Jasper*, Leitfaden zur Regionalentwicklung, S. 22.

45 *Blotevogel*, in: Brunn, S. 57.

46 *Leitow*, Produktherkunft, S. 26.

47 Vgl. *Ermann*, Regionalprodukte, S. 53 f.

48 *Korunka* et al., in: Kirchler, S. 7; in diese Richtung *Jasper*, Leitfaden für Regionalentwicklung, S. 27.

49 In diese Richtung: *Henseleit* et al., Agrarökonomische Diskussionsbeiträge der Justus-Liebig-Universität Gießen Nr. 83, S. 1; *Stockebrand*, Regionalmarketing für Lebensmittel, S. 2 f.; *Weiss*, in: Brunner et al., S. 187.

physischen Ausschnitt der Bodenoberfläche zu verstehen, sondern als komplexen Verflechtungsraum zu betrachten.[50] Infolgedessen kann die Abgrenzbarkeit einer bestimmten Herkunftsregion gegenüber anderen Gebieten auch geradezu unmöglich sein,[51] sofern eben nur auf subjektive Gesichts- bzw. Bestimmungspunkte zurückgegriffen wird. Hinzu kommt, dass sich bei den Erzeugern verschiedenartige Regionalbezüge ergeben, die oft willkürlich zu bloßen Werbezwecken eingesetzt werden und beispielsweise nur auf die Herkunft von Rohstoffen, den Herstellungsort oder die Herstellungsweise Bezug nehmen.[52] Deswegen wird wahrscheinlich auch der jeweilige, feste Blickwinkel das einzig konstante Kriterium zur Bestimmung einer Region sein. Erzeuger werden daher „bei sehr unterschiedlichen Definitionen von Regionalität hinsichtlich Rohstoffeinsatzes, Verarbeitungsorten und Verarbeitungskanälen, die Region großräumiger“ und flexibler fassen im Vergleich zu Verbrauchern, die wohl verstärkt die Produktherkunft in Bezug auf den Erzeugungs- und weniger den Verarbeitungsstandort fokussiert haben.[53]

6. *Empirische Begriffsbestimmung*

Fraglich ist, wie die Region speziell aus Sicht der Verbraucher abzugrenzen ist und sich daraus ein halbwegs festes Verkehrsverständnis ableiten lässt. Laut Verbraucherbefragungen spricht sich eine deutliche Mehrheit für eine geografische Abgrenzung aus;[54] wobei sich der Begriff der Regionalität aus Verbrauchersicht in eine geografische Nähe zur Erzeugung und in „eine psychologisch-symbolische Aufladung von Lebensmitteln mit Erlebnisqualität wie z.B. Urlaub oder Reiz des Fremden“ zweiteile.[55] Häufig definieren Verbraucher die eigene Region größenmäßig unterhalb der nationalen und oberhalb der lokalen bzw. kommunalen Ebene, wobei entsprechend oft die Nennung des eigenen Bundeslandes auftaucht.[56] In diese Richtung zeigt auch eine repräsentative Verbraucherbefragung

---

50 Ähnlich *Wiechmann*, RuR 2000, 173 (182).

51 Vgl. *Besch/Hausladen*, in: Landwirtschaftliche Rentenbank Band 13, S. 13 f.; vgl. *Sauter/Meyer*, Potentiale zum Ausbau der regionalen Nahrungsmittelversorgung, S. 26.

52 Stuller/Kainz/Bichler-Ripfel, in: Kirchler, S. 165.

53 *Greib*, Regionalmarketing in Euroregionen, S. 67.

54 *Kögl/Tietze*, Regionale Erzeugung, S. 55 f.

55 *Härlen/Simons/Vierboom*, Die Informationsflut bewältigen, S. 13 f., 56; in diese Richtung bezüglich der Wirkung von (regionalen) Geschichten *Stockebrand*, Regionalmarketing für Lebensmittel, S. 224 ff.

56 Zu diesem Ergebnis kommen diverse Verbraucherstudien: FiBL Deutschland/MGH GUTES AUS HESSEN, Entwicklung von Kriterien für ein bundesweites Regionalsiegel,

zur Thematik aus dem Jahr 2012, bei der 51% der 1000 Befragten eine Region im Landkreis oder Bundesland verorteten und nur 27% in einem Naturraum wie dem Allgäu.[57] Neben dieser sehr groben, geografisch orientierten Umschreibung des Regionsbegriffs existieren auch etwas konkretere Verbraucherangaben. Demnach sei die Abgrenzung von Regionen im Bereich von etwa 50 Kilometern vorzunehmen.[58]

Die insgesamt recht unpräzisen Angaben von Verbrauchern zur geografischen Festlegung der Region spiegeln abermals nur die auf Unsicherheit beruhende Vielfalt des Begriffsverständnisses wider. Letztlich kann also auch das sich manifestierende Verbraucherverständnis nicht eindeutig zugeordnet werden. Es zeichnet sich lediglich ab, dass die verbraucherseitige Beschreibung regionaler Erzeugnisse insgesamt über die Distanz erfolgt und somit räumliche Abgrenzungskriterien in den Fokus rücken.[59]

7. *Juristische Begriffsbestimmung*

Schon weil die verschiedenen wissenschaftlichen Disziplinen zu variantenreichen Auswüchsen des Regionsbegriffs gelangen, lässt schlussendlich auch die juristische Perspektive keine greifbare Definition zu. Im Gegensatz zu Bio-/Öko-Erzeugnissen, die beispielsweise in Art. 2 der Verordnung (EG) Nr. 834/2007 konkrete Begriffsbestimmungen erfahren, ist die produktspezifische Ausweisung einer Region rechtlich nicht geschützt und ebenso wenig durch ein einheitliches Logo gekennzeichnet.[60] Im Raumordnungsgesetz (ROG) wird wiederum der Regionsbegriff schlicht vorausgesetzt, ohne dass auch nur annähernd eine Beschreibung, geschweige denn eine Definition geliefert wird.[61] Doch selbst das Fehlen einer verbindlichen, bundesweiten Vereinheitlichung des Regionsbegriffs[62] lässt zumindest über den systematischen Vorschriftenkatalog des ROG

S. 30 ff. m.w.N; zu den Verbrauchersichtweisen, *Heinze* et al., Verbraucherpräferenzen gegenüber regionalen Produkten, S. 5 m.w.N.; *Stockebrand*, Regionalmarketing für Lebensmittel, S. 133.

57 Stiftung Warentest, Ein Stück Heimat, bitte. Regionale Lebensmittel, 22 (23).

58 *Heinze* et al., Verbraucherpräferenzen gegenüber regionalen Produkten, S. 5 m.w.N.

59 Vgl. *Stockebrand*, Regionalmarketing für Lebensmittel, S. 131, 133.

60 Vgl. *Hartwig/Kappes*, LMuR 2012, 225 (227); vgl. *Henseleit* et al., Verbraucherpräferenzen für regionale Lebensmittel, S. 1; vgl. *Stiftung Warentest*, Ein Stück Heimat, bitte. Regionale Lebensmittel, S. 28.

61 *Wiechmann*, RuR 2000, 173 (174).

62 In Bezug auf eine nichtexistierende gesetzliche Definition der „Region“ auch *Hartwig*, recht – die Zeitschrift für europäisches Lebensmittelrecht 2013, 15 (16); *Märtlbauer/Meyer*, ZLR 2014, 245 (249).

eine Umschreibung zu. Diesbezüglich stellt sich die Region als der kleinste Raum dar, für den sich eine übergeordnete, überörtliche und zusammenfassende Planung – die Regionalplanung gem. § 5 Abs. 3 ROG – als notwendig und zweckmäßig erweist.[63]

Aus der Judikatur zur Thematik sticht eine im Jahr 2008 ergangene Urteilsbegründung hervor. Danach umfasse die Region „ein räumlich zusammenhängendes Gebiet, eine Gegend in geografischen Sinne", das „in Abhängigkeit von seiner Bezugsgröße einen größeren, auch grenzüberschreitenden (z. B. Europa der Regionen) oder kleineren Bereich (z. B. Region xxx als einer von zwölf Regionalverbänden in xxx) meinen" kann.[64] Der erkennenden Kammer erscheint jedoch die Auffassung, „wonach unter dem Begriff der Region nur ein kleiner räumlicher Bereich, der sogar hinter der Fläche eines Landkreises zurückbleibt (85 Regionen in xxx bei 36 Landkreisen), zu verstehen ist" ebenso verfehlt, wie beispielsweise den gesamten südwestdeutschen Raum als eine Region zu interpretieren.[65]

8. *Zusammenfassung zum Begriff der Region*

Auch wenn teilweise der Region ein einheitliches Gesamtbild zugeschrieben wird und sie gegenüber anderen Regionen zu unterscheiden sei,[66] macht es doch die Variationsbreite regionaler Einheiten schier unmöglich, die Region als ein solches, einheitliches Gebilde zu bestimmen.[67] Dennoch können bei all den vielfältigen, subjektiven Vorstellungen zum Terminus Region, gewisse Gemeinsamkeiten ausgemacht werden. Hierzu zählen etwa die relative Homogenität des Begriffsverständnisses als auch die inneren funktionellen Verflechtungen, die sich in veränderbare Teilräume eines unter bestimmten Gesichtspunkten betrachteten Gesamtraumes aufspalten lassen.[68] Insofern ist die Region im Wesentlichen als Ausdruck von Vielfalt zu sehen, eingebunden in staatlicher

---

63 Mit Verweis auf die Schwierigkeit einer bundeseinheitlichen Definition von Region wegen der fraglichen Gesetzgebungskompetenz des Bundes *Mecking*, Die Regionalebene in Deutschland, S. 59, 62.

64 LG Offenburg, Urteil vom 26. März 2008, 5 O 114/07 KfH, juris Rn. 20.

65 Ibid.

66 Mit grafischer Darstellung der unterschiedlichen Eigenschaften zur Abgrenzung einer Region siehe *Heinze* et al., Verbraucherpräferenzen gegenüber regionalen Produkten, S. 2 m.w.N.

67 Vgl. *Hartwig/Kappes*, LMuR 2012, 225 (229); vgl. *Mecking*, Die Regionalebene in Deutschland, S. 55.

68 Vgl. *Fleissner*, Energetische Bewertung, S. 12 m.w.N.

Einheit.[69] Dieser gesamträumlichen Betrachtung liegt die Region als historisch gewachsene Einheit mit kultureller, wirtschaftlicher und geografischer Verflechtung zu Grunde, ohne zwangsläufig nur auf administrative Grenzen festgelegt zu sein.[70] Daher setzt sich der Begriff der Region bzw. der Regionalität aus verschiedenen kombinationsfähigen Komponenten zusammen.[71] Durch sie wird die Region letztlich erst geformt und veranschaulichbar. Die unterschiedlichen Elemente machen das Produkt der Region als ein vielschichtiges, komplexes Bündel komplementärer und regional vernetzter Einzelleistungen aus, dessen spezifisches Profil erst im Zusammenwirken erkennbar wird.[72] Da sich also der Regionsbegriff als ein Konglomerat für unterschiedlichste Bezüge darstellt, kann er nur als äußerst weich und offen bezeichnet werden.[73] Dies erklärt sich speziell daraus, dass der hinter dem Regionsbegriff stehende Abstraktionsprozess auf verschiedenartige Objekte, Methoden und Zwecksetzungen der Generalisierung Bezug nimmt.[74] Der Begriff der Region stellt somit zwangsläufig das Ergebnis bewusster inhaltlicher Akzentuierungen dar, weil er hauptsächlich auf einer starken Reduktion der komplexen Wirklichkeit beruht und je nach Betrachtungswinkel auch widersprüchliche Resultate hervorzubringen vermag.[75] Vor allem die individuell gefühlte Nähe zu einer Region macht die begriffliche Abgrenzung so herausfordernd.

Dennoch kann auch jener hohe Grad an subjektiver Individualität keine begriffliche Festsetzung der Region anhand von Minimalkriterien ausschließen.

So äußert sich die Region als „ein durch unterschiedliche Eigenschaften geprägtes Gebiet, das jedoch ein einheitliches Gesamtbild aufweist und gegenüber anderen Regionen zu unterscheiden ist".[76] Allein diese treffende, wenngleich lakonisch anmutende Auffassung könnte sozusagen den Regionsbegriff des kleinsten gemeinsamen Nenners beschreiben und als lexikalischer Mindeststandard dienen. Ohne weiter ins definitionsartige Detail zu gehen, lässt sich ein

---

69 *Mecking*, Die Regionalebene in Deutschland, S. 283.

70 Vgl. *Schwerdtner*, Erfolgsfaktoren im Regionalmarketing, S. 12.

71 In diese Richtung zu „regionalen Angebotskomponenten" *Spieß*, Marketing für Regionen, S. 29; vgl. *Stockebrand*, Regionalmarketing für Lebensmittel, S. 131.

72 *Balderjahn*, Marketing für Regionen, S. 5.

73 Vgl. *Nitschke*, in: Brunn, S. 286.

74 *Weichhart*, in: Brunn, S. 25.

75 *Wiechmann*, RuR 2000, 173 (180).

76 Mit grafischer Darstellung der unterschiedlichen Eigenschaften zur Abgrenzung einer Region *Heinze* et al., Verbraucherpräferenzen gegenüber regionalen Produkten, S. 2 m.w.N.

wesentlicher, begrifflicher Kerninhalt extrahieren: Die Region als solche weist in ihrer Gesamtheit wenigstens eine unterscheidbare Eigenschaft auf, die ihr den mehr oder minder aussagekräftigen Status der Einzigartigkeit verleiht. Wie genau jenes Unterscheidungsmerkmal aussieht, ist allerdings einzelfall- sowie kontextabhängig und bestimmt sich in erster Linie anhand der genannten Strömungen. Dabei werden jedoch alle Einflussfaktoren vom geografischen Begriffshintergrund dominiert. Darauf deutet im Endeffekt nicht nur die etymologische Sichtweise des Begriffs „regio" hin,[77] sondern auch eine quantifizierbare Mehrheit an Verbrauchermeinungen.[78]

II. Regionales Erzeugnis

Nachdem eine Annäherung an den facettenreichen Regionsbegriff erfolgte, soll nun auch der Begriff des Erzeugnisses für die weitere Arbeit eingeordnet werden.

Gemeinhin lässt sich ein Erzeugnis zumindest vom Wortlaut her definieren als „etwas, was erzeugt wird, erzeugt worden ist" und damit einem Produkt gleichkommt, das sich regelmäßig auf landwirtschaftliche oder industrielle Güter bezieht.[79] Daneben stipuliert § 2 Abs. 1 des Lebensmittel- und Futtermittelgesetzbuch (LFGB): „Erzeugnisse sind Lebensmittel".[80] In Zusammenschau dieser Erläuterungen seien für die vorliegende Arbeit die Begriffe des Erzeugnisses und des Produkts synonym, und zwar im Sinne eines Lebensmittels aus dem Bereich der Landwirtschaft verstanden. Ein solches regionales Agrarprodukt zeichnet sich unter anderem dadurch aus, dass es „möglichst nah am Einkaufsort und unter Einsatz von Roh- und Hilfsstoffen, die möglichst nah am Produktionsort gewonnen werden, erzeugt wird."[81] Eine Mindestübereinkunft bezüglich des Regionalitätsgrades eines Produkts könnte sich danach bemessen, dass Regionalität das Wissen über die Erzeugnisherkunft sowie die relativ geringe Distanz dieser Herkunft impliziert.[82] Dahingegen ist der Regionalitätsgrad eines Erzeugnisses berechtigterweise in Frage zu stellen, wenn etwa die Produktherkunft ausschließlich im Saarland verortet ist und das betreffende Produkt sodann mit dem

77 Hierzu Fn.5.

78 Siehe dazu Fn. 56 ff.

79 Duden – Das große Wörterbuch der deutschen Sprache, Stichwort: „Erzeugnis".

80 Siehe auch Art. 2 S. 1 BasisVO (EG) Nr. 178/2002 nach der Lebensmittel als Erzeugnisse definiert werden, „die dazu bestimmt sind oder von denen nach vernünftigem Ermessen erwartet werden kann, dass sie in verarbeitetem, teilweise verarbeitetem oder unverarbeitetem Zustand von Menschen aufgenommen werden."

81 *Fleissner*, Energetische Bewertung, S. 15.

82 *Ermann*, Regionalprodukte, S. 112.

Slogan „Frisch aus unserer Region“ in Stuttgart und/oder Konstanz feilgeboten wird.[83]

In diesem Kontext darf nicht außer Acht bleiben, dass generell zwei verschiedene Regionalitätsformen im Zusammenhang von Produkten existieren, die sich konkret bei der Festlegung der Zielmärkte äußern. Sofern sich nämlich der Zielmarkt auf die Rohstoffursprungsregion bezieht, kann von Erzeugnissen „Aus der Region – Für die Region“[84] gesprochen werden, während im Fall der überregionalen Vermarktung die Bezeichnung „aus der Region – in alle Welt“ einschlägig ist.[85] Die soeben dargelegte vermarktungsbezogene Beschreibung regionaler Erzeugnisse und ihre dadurch bedingte geografische Zuordnung hat eine entscheidende Funktion bei der begrifflichen Spezifizierung.

Fernerhin stellt sich die Frage, welche weiteren intrinsischen Faktoren bei der Typisierung eines regionalen, mehrstufig hergestellten Erzeugnisses in Betracht kommen. Mal ganz abgesehen von dem Rückgriff auf unbestimmte wenig dienliche Charakteristika wie Haupt- und Nebenkomponente sowie abschlussbringender oder wesentlicher Produktionsschritte[86] erscheint gerade ein quantifizierbarer, regionenbezogener Mindestwertschöpfungsanteil berücksichtigenswert,[87] um (noch) als regionales Erzeugnis durchzugehen. Im Übrigen ist ein solcher, quantitativer Maßstab in der Praxis gewiss wesentlich leichter anzunehmen als eine oftmals schwierig festzulegende Orientierung unter qualitativen Gesichtspunkten. Allerdings ist die Bemessung jenes Mindestwertschöpfungsanteils nicht nur von der Standortabhängigkeit der jeweiligen Produzenten und Konsumenten abhängig, sondern auch von der Art der Produkte selbst.[88] In Bezug auf zusammengesetzte Erzeugnisse mit regionaler Deklaration ergibt sich mithin die Besonderheit, dass eine entsprechende, regionsspezifische Mindestwertschöpfungsquote von beispielsweise 50% gerade von Erzeugern aus kleineren Regionen in einer stark arbeitsteilig organisierten Wirtschaft mit rar gesäten Verarbeitungsanlagen nur in Ausnahmefällen zu erfüllen wäre,

---

83 Hierzu LG Offenburg, Urteil vom 26. März 2008, 5 O 114/07 KfH, juris Leitsatz, Rn. 20.

84 Zu diesem Erklärungsansatz beispielhaft: *Streusloff*, Die Relevanz der Kennzeichnung, S. 12 f., vgl. auch *Dorandt*, Analyse des Konsumenten- und Anbieterverhaltens, S. 11 f.

85 *Stockebrand*, Regionalmarketing für Lebensmittel, S. 49.

86 Für die Forderung nach mindestens einem Herstellungsvorgang in Deutschland bei der Kennzeichnungsverwendung von „Made in Germany“ plädiert beispielsweise *Wulf*, “Made in Germany“, S. 170.

87 Allgemein in Bezug auf Bestimmungskriterien bei der Produktbezeichnung „Made in Germany“ vgl. *Gründling*, GRUR 2007, 921 (923 f.).

88 *Ermann*, Regionalprodukte, S. 66.

oder sich eben auf unverarbeitungsbedürftige Produkte konzentrierte.[89] Während also bei Monoprodukten ohne weiteres die Rohstoffherkunft vollständig regionalen Ursprungs entspringen kann, erweist sich dies als problematisch bei einem zusammengesetzten Erzeugnis wie Marmelade, das oft bereits hälftig aus Zucker einer geografisch dislozierten Produktion besteht.[90] Eine entsprechend hochgradige Arbeitsteilung könnte daher einen Wertschöpfungsanteil von unter 50% rechtfertigen, wenn als Ort der wesentlichen Verarbeitung die ausgewiesene Region fungiert und eben keine andere an der Wertschöpfung beteiligte Region einen höheren Anteil aufweist.[91] Insofern bietet sich ein Vergleich mit den Industrie- und Handelskammern an, die einen Wertschöpfungsanteil von 45% als ein rein quantitatives, objektiv feststellbares Kriterium für die Herkunftsbezeichnung von „Made in Germany" für gerechtfertigt halten.[92] Zur Vermeidung unbilliger Ungleichgewichte im Falle der Verschiedenartigkeit von Rohstoffen eines als regionalstämmig ausgewiesenen, zusammengesetzten Produkts erscheint letztlich aber die Forderung nach einem Mindestrohstoffanteil von über 50% aus der betreffenden Region stichhaltiger.[93] Für diese Annahme spricht nicht nur die einfache, mathematische Quantifizierbarkeit, sondern auch die sachlogische Nachvollziehbarkeit aus Verbrauchersicht.

Nach der hier vertretenen Ansicht bietet sich das Verständnis eines regionalen Erzeugnisses an, das als Agrarprodukt über die attributive Erweiterung „regional" zumindest eine unterscheidbare, einzelfall- sowie kontextabhängige Eigenschaft aufweist, im Besonderen durch die Festlegung des Zielmarktes geografisch bestimmt ist und sich regelmäßig aus mehr als der Hälfte der Rohstoffe aus der jeweils angegebenen Region zusammensetzt. Etwaige statische Grenzen für die Fixierung des regionalen Erzeugnisgebiets in geografischer Hinsicht sind hingegen abzulehnen, weil diese dem vielfältigen Verständnis des Regionsbegriffs aus den genannten Gründen schlichtweg nicht gerecht werden können.

---

89 Vgl. *Märtlbauer/Meyer*, ZLR 2014, 245 (247).

90 Vgl. ibid., 245 (246 f.).

91 In Bezug auf die Beurteilung der geografischen Erzeugnisherkunft bei „Made in Germany" aufgrund einer quantitativen Wertschöpfungsquote von 45% vgl. *Dück*, WRP 2015, 695 (697).

92 Hierzu *Slopek*, GRUR-Prax 2011, 291 (292).

93 Für einen Mindestrohstoffanteil von mehr als 50% bei zusammengesetzten Erzeugnissen auch *Dorandt*, Analyse des Konsumenten- und Anbieterverhaltens, S. 11.

III. Regionaler Wirtschaftsraum

Regionen sind keine politisch autonomen Einheiten, ökonomisch wie kulturell isolierte Inseln oder bloß passiver Resonanzboden des Nationalen bzw. Globalen – vielmehr stehen die globale und die regionale Ebene in einem dialektischen Wechselverhältnis zueinander.[94] Für dieses Wechselverhältnis ist in erster Linie das Zusammenwachsen der Regionen verantwortlich.

Insoweit stellt sich die Frage, ob im Zusammenhang von Regionen überhaupt von selbstständigen Wirtschaftsräumen gesprochen werden kann. Ein eigenständiger Wirtschaftsraum könnte schließlich gegen die Annahme des Wechselverhältnisses von regionaler und nationaler bzw. globaler Ebene sprechen. Wird nämlich unter einem regionalen Wirtschaftsraum so etwas wie ein abgekapseltes, rein auf die Region bezogenes Wirtschaften verstanden, ist die Existenzfähigkeit in einer global stark vernetzten Wirtschaft durchaus zweifelhaft.

Zur weiteren Verständnisklärung ist jedenfalls eine Definition des Begriffs Wirtschaftsraum erforderlich. Dieser lässt sich beispielsweise beschreiben als ein „durch menschliche Aktivitäten organisierter und gestalteter Erdraum bzw. Landschaftsausschnitt, welcher durch bestimmte sozioökonomische Strukturmerkmale und funktionale Verflechtungen charakterisiert ist."[95] Eine solche Auffassung macht zumindest die Kompatibilität und die Nähe zum herausgearbeiteten Begriff der Region deutlich. Sowohl die Worterklärung des Wirtschaftsraums, als auch die der Region werden durch die Kombination ähnlich gelagerter wissenschaftlicher Disziplinen und Elemente geformt und ausgestaltet. Beide Begrifflichkeiten setzen sich unter anderem aus geografischen, sozialwissenschaftlichen und ökonomischen Aspekten zusammen und weisen fließende Übergänge auf. Gerade diese Zusammenschau unterstreicht den integrativen Charakter des regionalen Wirtschaftsraums im Kontext globalisierter Märkte. Ähnlich der Region, stellt folglich auch der Wirtschaftsraum als solcher kein Produkt mit klaren Konturen dar, sondern gestaltet sich primär als „hochkomplexes sozioökonomisches System".[96] Die wirtschaftswissenschaftliche Betrachtung dieses Systems nimmt dabei hauptsächlich auf regionale Entwicklungsprozesse Bezug, die sich wiederum in drei Grundkonzepte aufteilen lassen.[97] Dazu gehören zum einen mikroökonomische Ansätze, welche die räumliche Entwicklung regionaler Investitionsentscheidungen zu erklären

---

94 *Blotevogel*, in: Brunn, S. 48.
95 Gabler Wirtschaftslexikon, Bd. 6: T - Z, Stichwort: „Wirtschaftsraum", S. 3891.
96 Bezogen auf den Begriff der Region vgl. *Spieß*, Marketing für Regionen, S. 28.
97 Vgl. *Fürst*, in: Brunn, S. 69.

versuchen, zum anderen auch makroökonomische Erklärungsansätze, wonach Regionen vom gesamtwirtschaftlichen Wachstumsprozess bestimmt sein sollen, sowie systemische Erklärungsansätze, die das regionale Zusammenspiel von Wirtschaftsakteuren zum Gegenstand haben und Entwicklungsunterschiede auf Innovationsverschiedenheit zurückführen.[98] Mit Hilfe jener ganzheitlichen Betrachtung, bestehend aus den drei genannten Grundkonzepten, nimmt vordringlich das oberste Wirtschaftsziel für Regionen Konturen an. Gemeint ist die Schaffung und der Erhalt von Wettbewerbsvorteilen, indem etwa eine eigenständige Erzeugnisverarbeitung in der Region und die Profilierung des regionalen Produktzusatznutzens stattfindet.[99]

Vor diesem Hintergrund haben für gewöhnlich zwei Feststellungen Bestand: Je knapper das regionale Produktangebot ausfällt, desto größer ist auch die wirtschaftliche Abwanderung aus der betreffenden Region, wohingegen eine vielfältigere regionale Produktionsstruktur, den umso größeren Anstieg des Potentials von Wirtschaftsimpulsen nach sich zieht.[100] Derartigen Abhängigkeiten sind schon deshalb Beachtung zu schenken, weil die Region selbst für Wirtschaftsakteure keine eigene Bezugsgröße darstellt, wie etwa das Unternehmen für den Erzeuger oder der Haushalt für den Verbraucher und sie aber durchaus für den Abbau von Disparitäten in Wohlstand und wirtschaftlicher Regionalentwicklung handlungsrelevant sind.[101] So spielen bei der Verfügbarkeit des regionalen Produktangebots gewiss auch natürlich bedingte Hemmnisse und ökonomische Grenzen eine nicht zu vernachlässigende Rolle. Diese beachtenswerten Aspekte schlagen sich wiederum auf Regionen und ihre ansässigen Erzeuger im Wettbewerbskampf nieder. Neben der geografisch sowie saisonal beschränkten Verfügbarkeit der allermeisten Erzeugnisse aus Deutschland, kann ebenso der Aufbau und der Unterhalt von großräumigen Distributionsnetzwerken, zwischen Verkäufern und regionalen Produzenten, zum wirtschaftlichen Manko für den Absatzmarkt werden.[102]

Da die Vermarktungsweise den Wirtschaftsraum der Region maßgeblich mitprägt, ist die Schaffung eng vernetzter regionaler Wirtschaftskreisläufe, bestehend aus Erzeugung, Verarbeitung und Absatz, ganz entscheidend für die Entstehungsmöglichkeit von regionalen Wettbewerbsvorteilen und den gleichzeitigen

98 Vgl. *Fürst*, in: Brunn, S. 69 f.
99 Vgl. *Hausladen*, Regionales Marketing, S. 97 f.
100 So *Vihma*, in: Sumelius, 51 (54).
101 Vgl. *Fürst*, in: Brunn, S. 70.
102 Vgl. *Korunka* et al., in: Kirchler, S. 76; vgl. *Stockebrand*, Regionalmarketing für Lebensmittel, S. 55.

Abbau wirtschaftlicher Einbußen.[103] So geht es nämlich beim Wettbewerb der Regionen als Anbieter von Wirtschaftsstandorten darum, „Wettbewerbsvorteile für die in der Region ansässigen Unternehmen durch lokale Standortvorteile bei Investitionen, Löhnen und Lohnnebenkosten zu erhöhen und ihre Absatzchancen zu verbessern.“[104]

Noch vor den variantenreichen Wettbewerbsvorteilen, die sich wechselseitig verstärken können,[105] kommt es aber besonders auf fiskalische Gesichtspunkte innerhalb des regionalen Wirtschaftsraums an. Da es sich bei der erzeugerseitigen, regionalen Produktvermarktung überwiegend um geringe Mengen handelt und deshalb Kostengrößendegressionen (economies of scale) nicht genutzt werden können, sollen vor allem höhere Verkaufspreise größere regionale Produktionskosten decken.[106] So zahlt letzten Endes auch der Verbraucher für ungünstige Produktionsstandortbedingungen. Im Gegensatz dazu erschiene es von Vorteil, bereits früher anzusetzen und durch möglichst viele der beschriebenen lokalen Standortvorteile, auf günstige regionale Produktionskosten hinzuwirken. Sofern seitens der Region als Wirtschaftsstandort entsprechende Bedingungen konzipiert werden, kann sodann die regionale Vernetzung der wirtschaftlichen Kreisläufe für zusätzliche Kostendämpfung sorgen. Dabei ist jedoch zu beachten, dass keine in sich geschlossene Zirkulation wirtschaftlicher Güter geschaffen wird. Zwar wären hierdurch stark verkürzte Transportwege, sowie eine teilweise autarke Wirtschaft in Bezug auf Herstellung, Distribution und Konsum zu erwarten, doch bliebe zugleich auch der Export von überschüssigen Produkten aus.[107] Allenfalls Frischeprodukte, die sich in erster Linie durch kurze Transportwege auszeichnen, hätten in geschlossenen, regionalen Wirtschaftskreisläufen Bestand. Ihr spezieller Warenwert würde sich mit der Ausdehnung des Absatzgebietes verringern, der Transportmehraufwand den Gewinn schmälern.[108] Dennoch vermag selbst für die genannten Frischeprodukte eine solche fundamentale Export- und wirtschaftliche Wachstumseinschränkung schon wegen der zusammengewachsenen, regelmäßig auf Arbeitsteilung beruhenden Märkte keine Perspektive zu haben. Insofern ist mit den positiven Aspekten eng verwobener, regionaler Wirtschaftskreisläufe nicht die Schließung

103 Vgl. *Hausladen*, Regionales Marketing, S. 97.
104 *Greib*, Regionalmarketing in Euroregionen, S. 49.
105 Grafische Übersicht des Variantenreichtums lokaler Wettbewerbsvorteile, *Hausladen*, Regionales Marketing, S. 93 f.
106 Ausführlich *Hausladen*, Regionales Marketing, S. 124 f., 128.
107 *Korunka* et al., in: Kirchler, S. 86.
108 *Geigenmüller*, Regionale Marken und Konsumentenverhalten, S. 71.

derselbigen angezeigt. Vielmehr verlangt gerade die regionale Vernetzung die Öffnung der Wirtschaftsregionen.

Der Grund dafür liegt hauptsächlich in der Internationalisierung der Wirtschaft, die gewissermaßen zur Spezialisierung zwingt und speziell den darauf eingestellten Akteuren im vielzitierten Wettbewerb der Regionen Chancen lässt.[109] Je mehr dabei die Region zum Subjekt der regionalen Entwicklung wird, desto deutlicher muss sie auch selbst in Erscheinung treten, um größere wirtschaftliche Ungleichheiten abzubauen.[110] Dabei können Regionen auch ihre eigene Marktdynamik entwickeln, wenn in funktioneller Hinsicht das auf eine bestimmte Region bezogene Zusammentreffen von Angebot und Nachfrage stattfindet und sich entsprechende Preisstrukturen herauskristallisieren.[111]

Schwächeln allerdings jene Marktdynamiken innerhalb der regionalen Wirtschaftsräume, können möglicherweise Kooperationsmodelle neue Impulse geben.

IV. Regionalinitiativen und Verbraucherbeteiligung

Als klassisches Kooperationsmodell innerhalb eines regionalen Wirtschaftsraums dienen sogenannte Regionalinitiativen. Gemeint sind Dienstleister oder kleinräumige Produktions-, Verarbeitungs- und Vertriebssysteme, deren Produktion, Veredelung sowie Verbrauch in derselben abgegrenzten Region erfolgt und auf eine Erhöhung der regionalen Wertschöpfung abzielt.[112] Bei den Regionalinitiativen handelt es sich um Kooperationstypen, die als lebendige Systeme von stetiger Erweiterung, stetigem Lernen und ständiger Adaptation an die Umweltbedingungen geprägt sind.[113]

Mit der Zunahme von Regionalinitiativen in Deutschland geht auch ein erweitertes Angebot an regionalen Erzeugnissen einher.[114] Dabei ist das enge Zusammenwirken unterschiedlicher Akteure in solchen Regionalinitiativen durchaus dafür verantwortlich, dass neuartige Verflechtungsstrukturen entstehen und

109 Im Ansatz *Kunzmann*, in: Brunn, S. 90.

110 Vgl. *Fürst*, in: Brunn, S. 79.

111 Zum Marktbegriff in funktioneller Hinsicht vgl. Gabler Wirtschaftslexikon, Bd. 4: K - O, Stichwort: „Markt“, S. 2249.

112 Vgl. FiBL Deutschland/MGH GUTES AUS HESSEN, Entwicklung von Kriterien für ein bundesweites Regionalsiegel, S. 24.

113 Vgl. *Greib*, Regionalmarketing in Euroregionen, S. 94.

114 Zur Zunahme von Regionalinitiativen in Deutschland *Besch/Hausladen*, in: Landwirtschaftliche Rentenbank Band 13, S. 5 f.; *Wirthgen*, Regional- und ökologieorientiertes Marketing, S. 168.

Synergieeffekte in beispielhafter Gestalt von Produktionskosteneinsparungen auftreten können.[115] Die grundsätzliche Bereitschaft regionaler Akteure zum Zusammenschluss zwecks gemeinsamer Initiative hängt jedoch stark von den individuell erwarteten Kooperationsgewinnen ab, die sich „für den einzelnen Akteur aus der Differenz zwischen empfundenem Kooperationsnutzen und Kooperationskosten" ergeben.[116]

Während Vernetzungen auf regionaler Ebene in der Privatwirtschaft verhältnismäßig leicht zu organisieren sind und die wachsende Arbeitsteilung privatwirtschaftlich regelmäßig ökonomisch berechenbare Vorteile mit sich bringt, stehen von staatlicher Seite weniger wirtschaftliche Kriterien als vielmehr politische Interessen im Handlungsvordergrund.[117] Problematisch dabei ist, dass die politische Interessenwahrnehmung regionale Kooperationskosten, wie etwa den Autonomieverlust, tendenziell über- sowie die Vorteile der Kooperation unterbewertet und dadurch kommunal geführte Regionalnetzwerke als instabiler gelten im Vergleich zu privatwirtschaftlichen „strategischen Allianzen".[118] Als weiterer möglicher Faktor kann auch das regionale Bewusstsein bei den Kooperationspartnern die Zusammenarbeit beeinflussen.

Doch neben schlichter vertikaler Kooperation der Wirtschaftsakteure untereinander stellt genauso die Verbraucherbeteiligung am Produktmarkt ein Schlüsselelement für den Erfolg von Regionalinitiativen dar.[119] Letztendlich prägt nämlich ein intakter regionaler Produktmarkt im Verbrauchersinne ganz erheblich die Region als Wirtschaftsraum. Was einen solchen Produktmarkt ausmacht, versucht die Europäische Kommission zu erläutern:

Gemäß „Bekanntmachung der Kommission über die Definition des relevanten Marktes im Sinne des Wettbewerbsrechts der Gemeinschaft" aus dem Jahre 1997 wird der maßgebliche Markt durch eine Kombination des sachlich und des räumlich relevanten Marktes bestimmt.[120]

Während der geografisch relevante Markt das Gebiet miteinschließt, „in dem die beteiligten Unternehmen die relevanten Produkte oder Dienstleistungen anbieten, in dem die Wettbewerbsbedingungen hinreichend homogen sind und das sich von benachbarten Gebieten durch spürbar unterschiedliche

115 *Hausladen*, Regionales Marketing, S. 87.

116 *Spieß*, Marketing für Regionen, S. 44.

117 *Fürst*, in: Brunn, S. 80.

118 Ibid.

119 Vgl. *Jasper*, Leitfaden zur Regionalentwicklung, S. 39 f.

120 Mit Verweis auf die Durchführungsverordnungen zu den Artikeln 85 und 86 EG-Vertrag siehe ABl.EG 1997 Nr. C 372/5.

Wettbewerbsbedingungen unterscheidet," umfasst der sachlich relevante Produktmarkt „sämtliche Erzeugnisse und/oder Dienstleistungen, die von den Verbrauchern hinsichtlich ihrer Eigenschaften, Preise und ihres vorgesehenen Verwendungszwecks als austauschbar oder substituierbar angesehen werden."[121]

Allerdings kann der relevante Markt noch weitere Ebenen als nur die sachlichen oder geografischen haben, wobei diese dann häufig in der sachlichen Produktebene mit inbegriffen sind oder gar übersehen werden.[122] Im Wesentlichen zeichnet sich aber der sachlich relevante Produktmarkt durch die sogenannte Nachfragesubstitution aus. Zur Beurteilung der Nachfragesubstitution ist dabei die Bestimmung derjenigen Produkte entscheidend, die von den Verbrauchern als austauschbar angesehen werden und auf die bei angenommener, leichter Erhöhung der relativen Preise zugunsten leicht verfügbarer Substitute verzichtet wird.[123] Bezogen auf den Verbrauchermarkt, der sowohl regionale als auch solche Erzeugnisse nicht regionaler Herkunft führt, besteht nämlich für den Konsumenten die Ausweichmöglichkeit auf die überregionalen Produktpendants. Sofern durch diese Form des Ausweichens keine Extrakosten oder Qualitätsunterschiede entstehen, wodurch die Verbraucherpräferenz für ein Produkt entstünde, wird von einem perfekten Substitutionsgut gesprochen.[124]

Gerade Regionalinitiativen sollten daher Verbraucher insoweit einbinden, dass etwaigen Substitutionsgütern gar nicht erst die Aufmerksamkeit eines regionalen Originalerzeugnisses zuteilwird. Damit kann auch künftig in Konkurrenzsituationen, wo das überregionale Substitutionsgut dem regionalen Produkt faktisch in nichts nachsteht, im Hinblick auf Preis und Qualität die Verbraucherpräferenz für die regionale Variante bestehen bleiben.[125] Die Erklärung, weshalb im Zusammenhang von regionalen Erzeugnissen perfekte Substitutionsgüter nur schwer auffindbar sind und ceteris paribus[126] weniger Verbraucherberücksichtigung erfährt, lässt sich allein auf die emotionale Ebene zurückführen. Dazu

---

121 ABl.EG 1997 Nr. C 372/6 v. 09.12.1997.

122 Zu den weiteren Ebenen (Kauf-/Verbrauchszeitpunkt, Untersuchungszeitraum, verschiedene Verbrauchergruppen und Vertriebskanäle, die vertikale Ebene in der Lieferkette) vgl. *Niels/Jenkins/Kavanagh*, Economics for Competition Lawyers, S. 29 ff.

123 ABl.EG 1997 Nr. C 372/7 v. 09.12.1997.

124 Allgemein zum Begriff des Substitutionsgutes Gabler Wirtschaftslexikon, Bd. 5: P - S, Stichwort: „Substitutionsgüter", S. 3325; zur Bedeutung und grafischer Darstellung perfekter Substituierbarkeit, *Lachmann*, VWL1, S. 89 f.

125 Vgl. *Besch/Hausladen*, in: Landwirtschaftliche Rentenbank Band 13, S. 8.

126 Zur Begriffserklärung der ceteribus-paribus-Betrachtung *Lachmann*, VWL1, S. 79; *Lachmann*, VWL2, S. 6.

soll die folgende Darstellung zur Herkunft im Kaufentscheidungsprozess einen Beitrag leisten.

B. Herkunft als kaufrelevante Größe

I. Regionale Herkunft im Kaufentscheidungsprozess

Empirische Untersuchungen bestätigen, dass die Erzeugnisherkunft als zentraler Faktor des Kaufentscheidungsprozesses betrachtet wird.[127] Speziell dem Herkunftseffekt wird ein mitentscheidender Einfluss auf den wahrgenommenen Produktwert, die Qualität sowie etwaige Preiszugeständnisse zugesagt.[128] Daher drängt es sich geradezu auf, wirtschaftlich relevante Ableitungen aus der Produktherkunft für den Einsatz der Marketingkommunikation[129] anzustellen. Insofern sollen nachfolgend zunächst Gründe für die wesentliche Bewertung regionaler Erzeugnisse aufgezeigt und analysiert werden.

Verbrauchertrends wie die Besinnung auf regionale Identität unterliegen einem fortlaufenden Wertewandel, der wiederum häufig auf gestiegene Einkommen und verbesserte Lebensstandards zurückzuführen ist.[130] So finden unter den Verbrauchern verstärkt postmaterialistische Wertvorstellungen Einzug, wie der Wunsch nach Befriedigung intellektueller als auch ästhetischer Ansprüche.[131] Solche gewandelten Werte- bzw. Wunschvorstellungen lassen sich pyramidenartig beschreiben, wobei die Befriedigung von physiologischen Grundbedürfnissen die Ausgangsbasis darstellt und das Streben nach Selbstverwirklichung ethischer und ökologischer Vorstellungen an der Spitze steht.[132] Insofern hat der Wertewandel mit zur Folge, dass Kosten-Nutzen- sowie

---

127 *Becker/Benner*, Zur Problematik der Herkunftsangabe im regionalen Marketing, S. 1 m.w.N.; vgl. *Heinze* et al., Verbraucherpräferenzen gegenüber regionalen Produkten, S. 7.

128 Ausführlich *Stich*, Herkunftszeichen als Qualitätssignal, S. 79 f. m.w.N.

129 Ausführlich zu den Formen der Marketingkommunikation *Birk/Löffler*, Marketing- und Vertriebsrecht, S. 138 ff.

130 Vgl. *Hensche* et al., Verbraucherpräferenzen für Nahrungsmittel aus der näheren Umgebung, S. 12 f.

131 In diese Richtung *Hauser*, Verbraucherpräferenzen für Nahrungsmittel aus der näheren Umgebung, S. 17; vgl. *Nieschlag/Dichtl/Hörschgen*, Marketing, S. 100; ablehnend hinsichtlich Trendaussagen über Wertewandel zum Postmaterialismus, *Trommsdorff/Teichert*, Konsumentenverhalten, S. 155 f.

132 Mit Verweis auf Maslow's Bedürfnishierarchie *Meffert* et al., Grundlagen des Marketing, S. 196; *Roosen*, in: Vorträge zur Hochschultagung 2004 der Christan-Albrechts-Universität zu Kiel, S. 44.

Leistung-Gegenleistungs-Überlegungen zunehmend an Bedeutung gewinnen und gesellschaftlich relevante Entscheidungen beeinflussen.[133] Regionale Erzeugnisse werden kurzum vom Wertewandel maßgeblich gestützt.[134] Er wirkt unablässig auf die Motive, Einstellungen und Produktwahrnehmung der Verbraucher ein.[135] Als Ursache für diese Entwicklung sind in erster Linie gesättigte Lebensmittelmärkte zu nennen, die die Versorgung mit Basisleistungen umfänglich gewährleisten. Sich demnach als Erzeuger vom Markt der Massenwaren abzusetzen, gilt als bedeutsames ökonomisches Ziel, das sich primär mithilfe von Analysen zur Aufdeckung verborgener Verbraucherbedürfnisse erreichen lässt.[136] Da der Kaufentscheidungsprozess selbst bekanntermaßen in den Köpfen stattfindet, bietet sich aus neurowissenschaftlicher Sicht die Bereicherung von ökonomischen Modellen durch die Erforschung von Prozessen des unbewussten Denkens und Entscheidens an.[137] Entsprechende Verbraucheranalysen sind vor diesem Hintergrund gerade deshalb von Bedeutung, weil das Empfinden eines Bedürfnisses stets den Auftakt eines Kaufaktes darstellt und aktivierend für die Einleitung der Suchphase nach Produktalternativen zur Befriedigung des Bedürfnisses wirkt. Mit Abschluss der Suchphase findet eine Evaluierung der Produktalternativen statt, um die individuelle Eignung zur Bedürfnisbefriedigung zu bestimmen und sodann die finale Kaufhandlung vorzunehmen.[138] Jeglicher Kaufentscheidung geht also ein informativer Input voraus, der innerhalb des Organismus in unterschiedlicher Art und Weise intervenierend auf die Kaufentscheidung einwirkt und sich schließlich sichtbar in der Reaktion, dem Output zeigt.[139] Der Kaufentscheidungsprozess wird dabei unablässig durch Faktoren wie Emotionen, Motive, Einstellungen oder Werte in Gang gesetzt,[140] sowie außerdem oft durch Werbe- und Produkthinweise gelenkt. Vor dem Erwerb eines Produkts sind daher insbesondere entsprechende Produkthinweise zur Beurteilung dienlich. Durch sie werden zwangsläufig auch Assoziationen

133 *Fürst*, in: Brunn, S. 78.

134 *Hauser*, Verbraucherpräferenzen für Nahrungsmittel aus der näheren Umgebung, S. 19.

135 Zur Dynamik der Konsumwerte *Trommsdorff/Treicher*, Konsumentenverhalten, S. 157 f.

136 *Jasper*, Leitfaden zur Regionalentwicklung, S. 158.

137 Zur Neuroökonomik vgl. *Beck*, Behavioral Economics, S. 318 ff.

138 Zu den Stufen des Kaufentscheidungsprozesses *Zenner*, Konsumentenverhalten. S. 16 f.

139 *Zenner*, Konsumentenverhalten. S. 12.

140 Vgl. *Engelage*, Qualitätswahrnehmung bei Lebensmitteln, S. 35.

verschiedenster Wünsche ausgelöst, die im Grunde genommen den Ausgangspunkt für die Schaffung von Werturteilen und Präferenzen unter den Verbrauchern bilden.[141] In Bezug auf Konsum wirkt sich gerade die Verbindung der heimatlichen Region mit einem Produkt oft sehr positiv auf die Verbraucherwahrnehmung aus.[142] So wächst die Produktherkunftspräferenz tendenziell mit einer stärkeren Einengung auf die eigene Verbraucherregion.[143]

Nicht weniger relevant ist der vielschichtige Charakter der Preisempfindung, welcher sich in der Erfüllung von Schnäppchen- oder Prestigekaufmotiven und damit verbundenen angenehmen Emotionen widerspiegelt.[144] Der deutsche Konsument gilt als äußerst preisbewusst und empfänglich für „Schnäppchen".[145] Es ist anzunehmen, dass dieser vermeintliche Umstand auch Auswirkungen auf den Kaufentscheidungsprozess bei regionalen Produkten mit sich bringt. So werden in der beschriebenen Produktevaluierungsphase ebenso Preisvergleiche angestellt und anschließend erst die eigentliche Kaufhandlung vollzogen. Fraglich ist daher, wie sich die von Verbrauchern häufig als teurer eingeschätzten Produkte aus der Region[146] im Vergleich zu denen aus anderer Herkunft in der Produktevaluierungsphase positionieren. Vordergründig liegt die These nahe, dass die als teurer empfundenen regionalen Erzeugnisse im Wettbewerb mit verbilligten überregionalen (Massen-)Produkten hoffnungslos unterlegen sind. Dem ist jedoch nicht so. Es zeichnet sich vielmehr ab, dass Verbraucher bereit sind, für Produkte aus der Region mehr Geld auszugeben.[147] Erst ab einem Preisaufschlag von 20% gegenüber überregionalen, konventionellen Produkten wird die

141 In diese Richtung *van der Lans* et al., ERAE 2001, 451 (452).

142 *FiBL Deutschland/MGH GUTES AUS HESSEN*, Entwicklung von Kriterien für ein bundesweites Regionalsiegel, S. 24.

143 In diese Richtung *Balling*, in: Werner, S. 25.

144 Vgl. *Nieschlag/Dichtl/Hörschgen*, Marketing, S. 776 f.

145 In diese Richtung: *Ermann*, Regionalprodukte, S. 268 f.; in Bezug auf Nahrungsmittel siehe *Roosen*, in: Vorträge zur Hochschultagung 2004 der Christan-Albrechts-Universität zu Kiel, S. 46.

146 Zur Verbrauchereinschätzung *Banik*, Wahrnehmung der regionalen Herkunft von Lebensmitteln, S. 31 m.w.N.; *Wirthgen*, Regional- und ökologieorientiertes Marketing, S. 67; *Wirthgen/Schmidt/Gewert*, in: Landwirtschaftliche Rentenbank Band 13, S. 148 f.

147 In diese Richtung: für den angloamerikanischen Raum *Feldmann/Hamm*, Food Quality and Preference 2015, 152 (158); *Henseleit* et al., Agrarökonomische Diskussionsbeiträge der Justus-Liebig-Universität Gießen Nr. 83, S. 20; *Jelenko*, in: Brunner et al, S. 54; *Wirthgen/Schmidt/Gewert*, in: Landwirtschaftliche Rentenbank Band 13, S. 150, 173; in Bezug auf Äpfel und Eier *Streusloff*, Die Relevanz der Kennzeichnung, S. 126, 128, 172.

Zahlungsbereitschaft breiter Käuferschichten wieder als rückläufig eingestuft.[148] Zur Aktivierung jener Mehrzahlungsbereitschaft ist allerdings auch die Produktpositionierung entsprechend den Verbraucherwünschen und -erwartungen nach besonderer Frische, Geschmack oder Verarbeitung erforderlich.[149] In diese Richtung deuten zumindest Untersuchungsergebnisse zur Kaufwilligkeit und zum tatsächlichen Kaufverhalten in Brandenburg. Bei grundsätzlicher Mehrzahlungsbereitschaft sei hier eine Bevorzugung von regionalen Obst-, Gemüse- und Milcherzeugnissen anzunehmen, die sich weniger über den persönlichen Kontakt zum Bundesland als über die direkte Produkterfahrung rechtfertige.[150]

Ein solches Käuferverhalten um regionale Produkte ist auf das Zusammenspiel diverser Faktoren, Einstellungen und Präferenzen zurückzuführen.[151] Zur wissenschaftlichen Dokumentation und Erklärung werden dabei primär folgende Ansätze herangezogen:

Der ökonomische Erklärungsansatz hat beispielsweise zum Ziel, „die variierende Nachfrage beispielsweise nach Nahrungsmitteln durch die ökonomischen Variablen Einkommen und Preis zu erklären".[152] Die zunehmende Sättigung der Nachfrage sowie die Distanz zur Verhaltenswissenschaft lassen jedoch dem wirtschaftlichen Erklärungsansatz nur beschränkte Prognosekraft zukommen.[153] In Ergänzung hierzu wird daher durch außerökonomische Erklärungsansätze Käuferverhalten beschrieben, das geleitet und bestimmt ist von kognitiven, normativen und affektiven Elementen.[154] Während im kognitiven Kaufentscheidungsprozess beispielsweise das Wissen über regionale Produktionsweisen im Vordergrund steht und hiermit Rückschlüsse auf andere Produkteigenschaften angestellt werden, spielen im normativen Prozess eher soziale Aspekte wie National- oder Heimatbewusstsein, sowie Zusammengehörigkeits- und

148 *Kullmann*, Erfolgsfaktorenanalyse regionaler Vermarktungsprodukte, S. 20.

149 Ibid., S. 100 ff., 104, 139, 158.

150 Vgl. *Leitow*, Produktherkunft, S. 100 ff., 104, 139, 158.

151 Im Einzelnen *Feldmann/Hamm*, Food Quality and Preference 2015, 152 (153); in Bezug auf den Überblick zu komplexen Wirkungszusammenhängen im Kaufentscheidungsprozess *Wirthgen*, Regional- und ökologieorientiertes Marketing, S. 9 f.

152 *Hauser*, Verbraucherpräferenzen für Nahrungsmittel aus der näheren Umgebung, S. 6.

153 Vgl. ibid., S. 7.

154 Zu den außerökonomischen Erklärungsansätzen vgl. ibid., S. 7 ff; ausführlich zu den kognitiven, normativen und affektiven Elementen im Kaufentscheidungsprozess: *Leitow*, Produktherkunft, S. 33 f.; *Wirthgen*, Regional- und ökologieorientiertes Marketing, S. 12 ff.

Verpflichtungsgefühle zur regionalen Produktunterstützung die entscheidende Rolle.[155] Der affektive Prozess unterliegt emotionalen Vorbehalten und Einflüssen wie dem Regionen- oder Markenimage und setzt sich dabei aus Bildern zusammen, in denen die Verhältnisse der wahrgenommenen Wirklichkeit gebündelt werden.[156] Je nach situativer Bedürfnisausprägung sind bei allen drei außerökonomischen Erklärungsansätzen für Käuferverhalten die Einstellungen relevant, welche sich durch Einflussfaktoren wie der Erziehung oder dem Freundes-/Bekannten- bzw. Kulturkreis entwickeln.[157] Insbesondere Schubladendenken oder das Denken in Schemata kann so zu einer gedanklichen Verfestigung jener Einstellungen führen, wenn etwa in Bezug auf die Herkunft selektive Produktvorstellungen hervorgerufen werden.[158]

In der Regel wird aber zur Erfassung von Käuferpräferenzen im Kaufentscheidungsprozess auf eine differenzierte Einteilung der produktspezifischen Informationen zurückgegriffen. Diese setzt sich zusammen aus intrinsischen, also produktanhaftenden, physikalisch-technischen Merkmalen wie etwa Form, Farbe oder Geschmack und extrinsischen Zusatzeigenschaften, wie dem Preis oder der Herkunft.[159] Eine extrinsische Produkteigenschaft wie die Erzeugnisherkunft ist aber meist nicht allein kaufentscheidend, sondern bedarf der Ergänzung weiterer Produktmerkmale.[160]

1. Produktherkunft und Qualität

Mit dem regionalen Herkunftshinweis verbinden sich beim Verbraucher regelmäßig die Vorstellung bestimmter Produkteigenschaften und die Garantie einer bestimmten Qualität, was nebenbei auch eine markenähnliche Annäherung auslösen kann.[161]

---

155 *Lebrenz*, Länderimages, S. 101; vgl. *Stich*, Herkunftszeichen als Qualitätssignal, S. 41; *Stockebrand*, Regionalmarketing für Lebensmittel, S. 8.

156 *Härlen/Simons/Vierboom*, Die Informationsflut bewältigen, S. 25; vgl. *Stich*, Herkunftszeichen als Qualitätssignal, S. 40.

157 Vgl. *Leitow*, Produktherkunft, S. 10.

158 Zu Schemata im Sinne von kognitiven „Strukturen, die allgemeines Wissen und auch das Wissen über häufig wiederkehrende Handlungs- bzw. Ereignisfolgen im Gedächtnis repräsentieren“ vgl. *Hausruckinger*, Herkunftsbezeichnungen, S. 67 ff.

159 In diese Richtung *Becker/Burchardi*, Möglichkeiten und Grenzen der Lebensmittelwerbung, S. 11; vgl. *Schirrmann*, Lokale Produktherkunft und Konsumentenverhalten, S. 15 f. m.w.N.; siehe auch *Streusloff*, Die Relevanz der Kennzeichnung, S. 42 ff., 48.

160 Vgl. *Hensche* et al., Verbraucherpräferenzen für Nahrungsmittel aus der näheren Umgebung, S. 291.

161 Vgl. *Profeta*, Der Einfluss geschützter Herkunftsangaben, S. 6 f.

Überwiegend stellt der Qualitätsaspekt bei Produkten jedweder Art das substanziell bestimmende Kriterium im Kaufentscheidungsprozess dar. So gesehen ist die regionale Herkunft in ihrer Bedeutung ebenfalls qualitätsbetreffenden Eigenschaften wie Frische und Geschmack untergeordnet.[162] Entsprechend oft werden auch Herkunftszeichen als besondere Siegel apostrophiert, um Schlüsselinformationen wie die der Produktqualität zu transportieren.[163] Die Herkunft eines Produkts ist somit nicht lediglich von nebensächlichem Belang, sondern vermag wegen einer nicht immer direkten Überprüfbarkeit von Qualität durchaus vertrauensschaffend wirken.[164] Es verwundert also keineswegs, wenn die regionale Bezeichnung als Indikator für Qualität dient und beispielsweise beim Kauf von Marzipan, das entsprechende regionale Erzeugnis aus Lübeck vielfach Berücksichtigung findet.[165] Doch nicht nur Lebensmittelerzeugnisse werden derart an der Herkunftsbezeichnung festgemacht. Selbst in der Textilbranche erfährt der produktionsspezifische Herkunftsaspekt eine zunehmend größere Bedeutung von der Verbraucherseite, wenn es um Gesichtspunkte wie Produktqualität und teils abgründige Arbeitsbedingungen in einigen Ländern entlang der Wertschöpfungskette geht.[166] In diesem Kontext vermag die mannigfaltige Herkunft von Produkten deren individuell wahrgenommene Qualität zu bestimmen. Dies dokumentieren auch repräsentative Umfragen, nach denen Erzeugnisse aus dem eigenen Land oder der eigenen Region qualitativ am besten bewertet wurden.[167]

Wenngleich die regionale Herkunft nicht zwangsläufig mit Qualität einhergehen muss, weist die emotionale Qualität, wie die Authentizität der Herstellungsregion, vielfach eine weitaus größere Verbraucherrelevanz auf, als jegliche in aufwendigen Anerkennungsverfahren spezifizierten Qualitätsmerkmale.[168] Insofern nehmen Verbraucher bei regionalen Produktsiegeln oftmals auch mehr

---

162 In diese Richtung auch *Feldmann/Hamm*, Food Quality and Preference 2015, 152 (159); vgl. *Hausladen*, Regionales Marketing, S. 80; vgl. *Wirthgen*, Regional- und ökologieorientiertes Marketing, S. 40 m.w.N.

163 *Sattler*, Herkunfts- und Gütezeichen im Kaufentscheidungsprozess, S. 1.

164 In diese Richtung *Becker/Benner*, Zur Problematik der Herkunftsangabe im regionalen Marketing, S. 2; *Hauser*, Verbraucherpräferenzen für Nahrungsmittel aus der näheren Umgebung, S. 137.

165 *Härlen/Simons/Vierboom*, Die Informationsflut bewältigen, S. 58.

166 Vgl. *Lakkis*, in: Martinek/Semler/Flohr, § 56 Rn. 2, 16.

167 Mit Verweis auf Erhebungen der Bundesforschungsanstalt für Ernährung (BFE) *Dorandt*, Analyse des Konsumenten- und Anbieterverhaltens, S. 19.

168 Vgl. *Alvensleben*, GJAE 49 (2000), 399 (400 f.).

den Herkunftsgehalt als die Qualitätsaussage wahr.[169] Dafür spricht auch, dass Verbraucher kaum Zeit für die Begutachtung des Erzeugnisses beanspruchen und häufig vorschnell von extrinsischen Merkmalen wie der Herkunftsinformation auf intrinsische Produkteigenschaften schließen.[170]

Zur Analyse des neuen, wiederentdeckten Wertes des Regionalen, als Folge der vorangegangenen Geringschätzung desselbigen,[171] bedarf es zunächst der näheren Anschauung des Qualitätsbegriffs.

Im Gegensatz zur rein ideellen und auf Subjektivität beruhenden Wertschätzung regionaler Erzeugnisse kann sich Qualität in materieller, objektivierbarer Erscheinung offenbaren.[172] Gleichwohl die begriffliche Differenzierung durch subjektive und objektive Kriterien vermeintlich leicht erscheinen mag, bestehen doch auch etliche Überschneidungen. Das zeigt beispielhaft das produktbezogene In-Bezug-Setzen zur Region, wodurch der Verbraucherschaft regelmäßig höhere Produktstandards durch ethisch-moralische Qualitäten, wie der Umwelt- und Sozialverträglichkeit vermittelt werden sollen.[173] So liegen schon bei all den unterschiedlichen, sogenannten „Qualitätssiegeln" die Fragen nahe, was überhaupt mit Qualität gemeint ist und aus welcher Perspektive sich Qualität beurteilen lässt. Zur besseren Einordnung wird häufig unterschieden zwischen der Produktqualität und der Prozessqualität.[174] Während die Produktqualität alle unmittelbar und mittelbar am Produkt erkennbaren Eigenschaften umfasst, betrifft die Prozessqualität alle Produktattribute, die nicht mit dem Produkt selbst, sondern in Zusammenhang mit dessen Herstellung stehen.[175]

Die Qualitätsbegriffe werden aber dennoch in verschiedensten Zusammenhängen laufend bemüht, ohne dass stichhaltige Aussagen über die genaue Wortbedeutung geliefert werden. Das verhält sich auch nicht anders bei der Kennzeichnung regionaler Erzeugnisse. So steht also der Qualitätsbegriff nicht selten bedeutungslos oder gar irreführend im Raum, worüber auch beispielhafte Erläuterungen durch DIN-Normen nicht hinweghelfen.[176] In DIN-Norm

---

169 Diese Annahme fußt auf der empirischen Untersuchung zum Herkunfts- bzw. Qualitätszeichen in Schleswig-Holstein. Dazu *Sattler*, Herkunfts- und Gütezeichen im Kaufentscheidungsprozess, S. 178 f.

170 *Profeta*, Der Einfluss geschützter Herkunftsangaben, S. 51.

171 Vgl. *Lindner*, in: Brunn, S. 94.

172 Ausführlich zur Gegenüberstellung der Begriffe "Qualität" und "Wertschätzung" *Engelage*, Qualitätswahrnehmung bei Lebensmitteln, S. 92 ff. m.w.N.

173 Vgl. *Jasper*, Leitfaden zur Regionalentwicklung, S. 26.

174 So etwa *Streusloff*, Die Relevanz der Kennzeichnung, S. 13 f.

175 *Sander/Heim/Kohnle*, Zeitschrift für Agrarpolitik und Landwirtschaft Band 94, S. 3.

176 *Hensche* et al., Verbraucherpräferenzen, S. 22.

55350-11 heißt es: „Qualität ist die Gesamtheit von Eigenschaften und Merkmalen eines Produktes oder einer Tätigkeit, die sich auf deren Eignung zur Erfüllung gegebener Erfordernisse beziehen". Diese Definition macht bereits die unterschiedlichen Qualitätseinschätzungen der Marktbeteiligten deutlich, die gar nicht übereinstimmen müssen, sich im Laufe der Zeit wandeln können und stets das Ergebnis subjektiver Bewertung bleiben.[177]

Demnach bleibt der Qualitätsbegriff „ein übergeordnetes und abstraktes, von Wissenschaft, Politik und Medizin bestimmtes Konstrukt",[178] das ähnlich dem Begriff der Wertschätzung stark von der persönlichen und situativen Verbraucherwahrnehmung,[179] sowie vom Vergleich mit Alternativen abhängt. Die Eingrenzungsschwierigkeit weist insofern Parallelen zum unbestimmten Begriff der Region auf. Gleichbedeutend für alle unterschiedlichen Sichtweisen auf den Qualitätsbegriff ist aber, dass der „wahrgenommene Wert" durch die „wahrgenommene Qualität" geprägt wird.[180]

2. *Entwicklung des Regionalitätswerts*

Da die regionale Herkunft ein „Signal für Erfahrungs- und Vertrauenseigenschaften" ist,[181] kommt ihr ein bestimmter Wert zu. Dieser Umstand war jedoch nicht von Anfang an manifest, sondern hat eine lange geschichtliche Entwicklung durchlaufen.

Noch bis in das 19. Jahrhundert war die Lebensmittelproduktion von den natürlichen, vor allem witterungsbedingten Produktionseigenschaften einer Region abhängig, bis dass sie im Zuge der Industrialisierung durch verbesserte Konservierungs- und Transportmethoden „überregionalisiert" wurde.[182] Der Konsum regionaler Erzeugnisse bestand also zunächst einmal in der alternativlosen Notwendigkeit der regionalen Erzeugnisgewinnung. Auch noch Mitte des letzten Jahrhunderts bestand im Wesentlichen nur ein Wirtschaften mit knappen Gütern, was sich erst im Laufe der Jahrzehnte zu einem scheinbar grenzenlosen

---

177 *Hensche* et al., Verbraucherpräferenzen, S. 22.

178 *Härlen/Simons/Vierboom*, Die Informationsflut bewältigen, S. 13.

179 *Engelage*, Qualitätswahrnehmung bei Lebensmitteln, S. 95 ff., *Streusloff*, Die Relevanz der Kennzeichnung, S. 51.

180 Vgl. *Profeta*, Der Einfluss geschützter Herkunftsangaben, S. 56.

181 *Becker*, GJAE 49 (2000), 418 (426); zu den Erfahrungs- und Vertrauenseigenschaften im Einzelnen *Sander/Heim/Kohnle*, Zeitschrift für Agrarpolitik und Landwirtschaft Band 94, S. 3.

182 *Fleissner*, Energetische Bewertung, S. 6.

Warenangebot gewandelt hat und psychologische Einkaufsfaktoren in den Vordergrund rücken ließ.[183]

Die historischen Ursprünge der psychologischen Konsummotive können beispielsweise aus einer traditionellen Volkskultur stammen, sich (wie in den späten 1970er und 1980er Jahren) aus einem schichtenübergreifenden, distinguierten Lebensstil entwickeln oder in wirtschaftlichen Krisenzeiten dem Motiv der solidarischen Unterstützung der heimischen Wirtschaft unterworfen sein.[184]

Insofern haben Käuferpräferenzen, die auf der expliziten regionalen Herkunftsausweisung beruhen, mit der Kaufentscheidung des „homo oeconomicus“[185] häufig wenig gemein. Denn dieser wird in der klassischen Ökonomie als „ein perfekter, kalter Rechenautomat ohne Emotionen“ beschrieben, der sich zudem durch unbegrenzte Rationalität, Willenskraft und Eigennutzstreben auszeichnet.[186] Der Verbraucher von heute ist aber anspruchsvoller geworden und gibt sich nicht (mehr) mit irgendeinem Produkt mittlerer Art und Güte zufrieden. Infolgedessen werden die Annahmen zum homo oeconomicus hinterfragt, weil der Mensch eben ein viel reicheres Lebewesen als die ökonomische Kunstfigur ist und sich die ökonomischen Modellprognosen systematisch nicht mit dem beobachtbaren Verhalten decken.[187] Statt vom homo oeconomicus auszugehen, sollte also vielmehr der homo sapiens mit all seinen Makeln wissenschaftliche Beachtung finden.[188] Denn entgegen der Rationalitätsannahme nehmen wir die Wirklichkeit meist nur selektiv wahr, aufgrund von systematischer Informationsüberbewertung im Zeitpunkt der Kaufentscheidung, der Orientierung an vergangene Aufwendungen, oder wegen der unbewussten Verwendung fragwürdiger Filter, mit denen wir gerade solche Informationen ausblenden, die unseren persönlichen Einstellungen widersprechen könnten.[189] Auch wenn der Produktpreis, der Preis des Alternativprodukts und das jeweilige Gehaltseinkommen überwiegend relevant für das rationale Nachfrageverhalten sind,[190] verlangt der

183 Vgl. *Zenner*, Konsumentenverhalten. S. 1 f., 22.

184 Vgl. *Stockebrand*, Regionalmarketing für Lebensmittel, S. 9.

185 Ausführlich zur Charakterisierung des „Homo oeconomicus“ Gabler Wirtschaftslexikon, Bd. 3: F - J, Stichwort: „Homo oeconomicus“, S. 1619; siehe auch *Tamm*, Verbraucherschutzrecht, S. 148 ff.

186 *Beck*, Behavioral Economics, S. 1 f.

187 *Lüdemann*, in: Engel et al., S. 21.

188 In diese Richtung *Thaler/Sunstein*, Nudge, S. 6 f..

189 *Lüdemann*, in: Engel et al., S. 22.

190 Ausführlich mit grafischer Darstellung zum Nachfrageverhalten vgl. *Niels/Jenkins/Kavanagh*, Economics for Competition Lawyers, S. 33.

Verbraucher von heute gewissermaßen nach einem emotionalen Mehrwert. Dieser individuelle Zusatznutzen stellt nicht selten das zentrale, handlungsrelevante Motiv für den Kauf regionaler Erzeugnisse dar.[191] Ebenso wird die grundsätzliche Wertschätzung regionaler Produkte durch diverse Studien bestätigt.[192] Überspitzt formuliert lässt also der Verbrauchertypus des 21. Jahrhunderts an Rationalität vermissen und wird vielmehr von emotionalen und psychischen Einflüssen im Kaufentscheidungsprozess geleitet.[193] Auch wenn die emotionalen Einstellungen nur von relativ prognosetauglicher Stabilität sind und sich oftmals durch geeignete Kommunikationsmaßnahmen im Sinne der Anbieter als flexibel erweisen,[194] können Emotionen für die eigene Region direkt auf Produkte projiziert werden und einen gewichtigen Beitrag zur Kaufentscheidung liefern.[195]

Mit regionalen Erzeugnissen werden daher nicht selten positiv besetzte Eigenschaften verbunden, wie Frische, Heimatverbundenheit, Unterstützung der Heimatregion als auch Stolz auf überregionalen Vertrieb und somit Verkörperung von Heimat in der Ferne.[196] Viele Fernsehbiermarken haben diese Form der gedanklichen Verbundenheit erkannt und vermarkten daher regionale Herkunft assoziativ durch das Zurschaustellen der jeweiligen Landschaftskulisse, wobei dem eigentlichen Produktions-/Rohstoffherkunftsort häufig keine weitergehende Bedeutung zukommt.[197] Über Herkunftszeichen können dann gezielt auch solche Informationen weitergegeben werden, die zum Beispiel die Rohstoffqualität basierend auf deren Herkunft betreffen oder zusätzliche, außerstaatliche Produktkontrollen anbelangen.[198] Dagegen vermag ein beliebiges, regionenunspezifisches Produkt nicht unbedingt derartige Informationen zu vermitteln.

---

191 Vgl. *Stockebrand*, Regionalmarketing für Lebensmittel, S. 53 m.w.N.

192 In diese Richtung *GfK*, Nachhaltig oder regional? – am besten beides, Consumer Index 03/2014, S. 2 f.; *Nessel/Dudek*, Wie steht der Verbraucher heute zur Regionalität?, DLG-Studie 2013; insbesondere *Warschun* et al., Lebensmittel: Regional ist keine Eintagsfliege, A.T. Kearney-Studie 2014, S. 2 f.

193 *Zenner*, Konsumentenverhalten. S. 26, 149.

194 *Leitow*, Produktherkunft, S. 9 f., 14.

195 Vgl. *Henseleit* et al., Agrarökonomische Diskussionsbeiträge der Justus-Liebig-Universität Gießen Nr. 83, S. 8; zur grundsätzlichen Annahme der Wichtigkeit von Emotionen bei der Entscheidungsfindung *Beck*, Behavioral Economics, S. 291 ff.

196 Ausführlich *Schirrmann*, Lokale Produktherkunft und Konsumentenverhalten, S. 147 ff., 208 f.

197 *Ermann*, Regionalprodukte, S. 194.

198 *Sattler*, Herkunfts- und Gütezeichen im Kaufentscheidungsprozess, S. 191 f.

So brachten bereits Verbraucherbefragungen von Anfang der 1990er Jahre den Stellenwert des Herkunftsbezuges von Nahrungsmitteln zu Tage.[199] Vor allem ist eine zwischenzeitig noch gestiegene Produktherkunftsbedeutung bei grundsätzlicher Herkunftspräferenz für die eigene Region auszumachen.[200] Bestätigt wird diese Entwicklung nicht zuletzt durch eine im Jahr 2016 veröffentlichten Studie, in der annähernd 80% der 411 Befragten in unterschiedlichen Einkaufsstätten einer deutschen Universitätsstadt angaben, „sehr häufig bis häufig Produkte aus regionaler Erzeugung zu kaufen", während weitere knapp 15% zumindest gelegentlich zu regionalen Produkte griffen.[201] Auch die langjährige Berücksichtigung der Ernährungsreporte der Bundesregierung bestätigt, dass regelmäßig weit mehr als ¾ der befragten Verbraucher Wert auf Lebensmittel aus ihrer Region legen.[202] Vor diesem Hintergrund bleibt anzunehmen, dass insbesondere Erzeugnisse, die spezielle Geschmacks- oder Verbrauchsgewohnheiten bedienen, regelmäßig dort regional stark verwurzelt sind, wo ihre spezifischen Produkteigenschaften nachgefragt werden.[203]

Ein anderes Bild ergibt sich wiederum bei Öko-/Bio-Erzeugnissen. Bei dieser Produktgattung wird zuvorderst eine Kundenzielgruppe mit höherem Einkommen und besserer Bildung im Vergleich zu konventionellen Pendants angesprochen.[204] Nach einer repräsentativen Analyse in Berlin-Brandenburg ist zudem die Produktnachfrage in ländlichen Regionen geringer, weil dort vermutlich die beschriebene Zielgruppe weniger stark vertreten ist und Öko-/Bio-Erzeugnisse, wegen Lücken bei der Verarbeitung bzw. regionaler Vermarktung, auch nur einen geringen regionalen Wertschöpfungsanteil aufweisen.[205] Gerade weil der regionale Ursprung oft als wichtigster Kaufgrund von biologischen Lebensmitteln genannt wird, präferieren viele Verbraucher regionale Lebensmittel gegenüber biologischen aus dem Ausland.[206] Die benannten Umstände lassen

---

199 *Hensche* et al., Verbraucherpräferenzen für Nahrungsmittel aus der näheren Umgebung, S. 79, 148.

200 Mit Verweis auf verschiedene Verbraucherbefragungen siehe *Balling*, in: Werner, S. 19 f., 24.

201 *Sander/Heim/Kohnle*, Zeitschrift für Agrarpolitik und Landwirtschaft Band 94, S. 7 f.

202 *Bundesministerium für Ernährung und Landwirtschaft*, Der BMEL-Ernährungsreport 2019, S. 21; *Bundesministerium für Ernährung und Landwirtschaft*, Der BMEL-Ernährungsreport 2018, S. 10; *Bundesministerium für Ernährung und Landwirtschaft*, Der BMEL-Ernährungsreport 2017, S. 13.

203 *Geigenmüller*, Regionale Marken und Konsumentenverhalten, S. 71.

204 Vgl. *Mellin/Spiller/Zühlsdorf*, in: Zikeli et al., S. 743.

205 Vgl. *Nölting*, in: Zikeli et al., S. 702.

206 Vgl. *Streusloff*, Die Relevanz der Kennzeichnung, S. 3 f. m.w.N.

sich insoweit zusammenführen, dass regionale Erzeugnisse von einer zum Teil unwissenden Verbraucherschaft ganz selbstverständlich mit Öko-/Bioprodukten in Verbindung gebracht oder gar als austauschbar erachtet werden.[207] Regionalprodukte brauchen demnach nicht unbedingt „Bio“ zu sein.[208] Für Verbraucher steht nunmehr „die regionale Herkunft im Mittelpunkt ihres Interesses.“[209]

3. *Präferenzbildende Faktoren für regionale Erzeugnisse*

Ob die Erzeugnisherkunft als Schlüsselinformation für die Produktbewertung dient und sich im Einzelfall als kaufauslösend erweist, entscheidet sich letztlich am wahrgenommenen Ursachenzusammenhang zwischen der regionalen Herkunft und weiteren Entscheidungskriterien.[210]

Da sich die kaufentscheidungserheblichen Faktoren am Herkunftsverständnis orientieren, soll zunächst eine kurze begriffliche Differenzierung angestellt werden.

So versteht sich die Herkunft im Kaufentscheidungsprozess sowohl im geografischen, als auch im produktionsorientierten Sinne. Während nach dem geografischen Verständnis der Ursprungsbezug zum Erzeugungsort wie einem Land oder einer Region gemeint ist, bezieht sich die produktionsorientierte Auffassung von Herkunft auf die Art und Weise der Erzeugung von Produkten.[211] Beide herkunftsbildenden Elemente können zusammenfallen oder auch divergieren. Vor allem im Rahmen der produktionsorientierten Herkunftsauffassung kommt der Person des Erzeugers ein umso größeres Gewicht zu, je höher die Verarbeitungstiefe eines Produktes ist,[212] wie zum Beispiel bei der Herstellung von Bier. Mit zunehmendem Verarbeitungsgrad der Produkte ist dagegen wiederum eine Abnahme des regionalen Konsumbedürfnisses bei Nahrungsmitteln anzunehmen.[213] Die dabei bestehenden Unterschiede bei der Herkunftsbedeutung zwischen den Erzeugnissen lassen sich gerade auf Gesichtspunkte wie

---

207 In Bezug auf die wahrgenommene Austauschbarkeit von regionalen und biologischen Lebensmitteln siehe *Streusloff*, Die Relevanz der Kennzeichnung, S. 7.

208 Zu diesem zusammenfassenden Ergebnis *FiBL Deutschland/MGH GUTES AUS HESSEN*, Entwicklung von Kriterien für ein bundesweites Regionalsiegel, S. 46.

209 *Heinze* et al., Verbraucherpräferenzen gegenüber regionalen Produkten, S. 1 m.w.N.

210 Vgl. *Leitow*, Produktherkunft, S. 40 f.; zur grafischen Übersicht präferenzbildender Faktoren für Lebensmittel regionaler Herkunft, *Stockebrand*, Regionalmarketing für Lebensmittel, S. 55.

211 *Hauser*, Verbraucherpräferenzen für Nahrungsmittel aus der näheren Umgebung, S. 2.

212 Vgl. *Stuller/Kainz/Bichler-Ripfel*, in: Kirchler, S. 167.

213 *Hausladen*, Regionales Marketing, S. 19.

Verarbeitungsgrad, produktspezifische Verunsicherung, regionsspezifische Produktkompetenz aber auch soziodemografische Entwicklungen zurückführen.[214]

Im Großen und Ganzen zeichnet sich jedoch nach beiden begrifflichen Herkunftsauffassungen eine ganze Reihe von positiv wahrgenommenen Aspekten bei regionalen Erzeugnissen ab, die sich bei den Verbrauchern im Kaufentscheidungsprozess widerspiegeln. Dazu zählen etwa Transparenz aufgrund der Erzeugernähe, Vertrauen hinsichtlich der Produktherkunft und der Herstellungsweise, sowie besondere regionale Eigenschaften durch optimal reife, landwirtschaftliche Frischeprodukte mit Rohstoffcharakter.[215] Daneben kann genauso die Wohnortlage relevant sein für die regionale Produktpräferenz. Anders als den Städtern wird der ländlichen Bevölkerung, aufgrund ihres direkten Bezugs zur Agrarwirtschaft, prinzipiell eine größere Vorliebe für regional erzeugte Produkte nachgesagt.[216] So passt es auch ins Bild, dass die „Saisonalität der Erzeugnisse und dadurch gegebene Einbindung in natürliche Kreisläufe" einen weiteren Gegenpol zur Entfremdung von der Lebensmittelerzeugung schaffen kann.[217] Im Gegensatz zu globalen Produktionsstrukturen gewährt die regionale Erzeugung den Verbrauchern einen vertrauensfördernden Blick hinter die Herstellungskulisse, um eine steigende Nachfrage nach Herkunftsgarantien und Sicherheitsversprechen angesichts Verunsicherung und Überforderung zu befriedigen.[218] Insoweit liegt es auch nicht fern, wenn Verbraucher die Vertrauenswürdigkeit regionaler Erzeugnisse vom Landwirt auf dem Wochenmarkt höher einschätzen, als die der Lebensmittelindustrie insgesamt.[219] Die Besinnung auf die regionale Identität geht daher maßgeblich mit der Undurchsichtigkeit und Anonymität entlang globaler Lebensmittelproduktionsketten einher, die oftmals großräumige Verteilungs- und Transportwege sowie eine starke

214 Mit grafischer Darstellung zu verschiedenen Produktgruppen vgl. *Balling*, in: Werner, S. 26 ff.

215 Vgl. *Dorandt*, Analyse des Konsumenten- und Anbieterverhaltens, S. 15 f; in diesem Zusammenhang auch *Roosen*, in: Vorträge zur Hochschultagung 2004 der Christan-Albrechts-Universität zu Kiel, S. 50; in Bezug auf Frischeprodukte mit Rohstoffcharakter: vgl. *Hausladen*, Regionales Marketing, S. 19; vgl. auch *Heinze* et al., Verbraucherpräferenzen gegenüber regionalen Produkten, S. 8 m.w.N.

216 *Henseleit* et al., Agrarökonomische Diskussionsbeiträge der Justus-Liebig-Universität Gießen Nr. 83, S. 10.

217 *Härlen/Simons/Vierboom*, Die Informationsflut bewältigen, S. 57.

218 Vgl. *Dorandt*, Analyse des Konsumenten- und Anbieterverhaltens, S. 15; in diese Richtung *Kullmann*, Erfolgsfaktorenanalyse regionaler Vermarktungsprodukte, S. 22.

219 Zur Vertrauenswürdigkeit von Informationsquellen siehe *Franz*, Bestimmungsgründe der Verbraucherverunsicherung, S. 154 f.

Trennung von Produktion und Handel umfasst.[220] Ferner deuten Datenerhebungen darauf hin, dass der natürlich bedingten Saisonalität eine vertrauensfördernde Funktion zukommt.[221] Allein diese Beispiele tragen zum Abbau von Misstrauen bei, weil mit ihnen primär die Vorstellung von Kontrollierbarkeit verbunden wird.[222]

Als konkrete, motivartige Einflussgröße für die verbraucherseitige Bevorzugung regionaler Produkte gegenüber herkunftsunspezifischen zählt neben der Unterstützung der heimischen Landwirtschaft besonders die persönliche Identifikation mit einer bestimmten Herkunft.[223] Abgesehen der geografischen Abgrenzung von Regionen bietet regionale Identität auch eine Projektionsfläche für die persönliche Identität des Einzelnen und schafft zugleich ein „sinnstiftendes Forum", wenn nicht gar eine Art Sinnordnung.[224] „Man kann sich mit einer bestimmten Region identifizieren, sich ihr zugehörig fühlen und diese Zugehörigkeit als Bestandteil der eigenen Ich-Identität deklarieren."[225] Regionaler Bezug spricht die Menschen an, womit die Region als etwas Beruhigendes, Überschaubares wahrgenommen wird, das sich eine positive Eigenartigkeit bewahrt hat.[226] Vielleicht ist es auch gerade der Halt in schnelllebigen und unsicheren Zeiten, der den Rückzug in die Region attraktiv erscheinen lässt. Es gilt die Devise: Je kleinräumiger die regionalen Assoziationen sind, desto höher fallen auch Identifikation sowie Nachfrage auf der regionalen Ebene durch „vertraute und erlebbare Bezüge" aus.[227] Das hierbei neu hinzugewonnene regionale Bewusstsein ist gleichermaßen der gesteigerten Herkunftsbeachtung von regionalen Produkten dienlich.[228]

---

220 Vorwort in *Jasper*, Leitfaden zur Regionalentwicklung, S. 10; auch in diese Richtung: *Sander/Heim/Kohnle*, Zeitschrift für Agrarpolitik und Landwirtschaft Band 94, S. 1; *Stuller/Kainz/Bichler-Ripfel*, in: Kirchler, S. 166.

221 *Franz*, Bestimmungsgründe der Verbraucherverunsicherung, S. 137, 140.

222 Vgl. *Banik/Simons*, in: Zikeli et al., S. 751.

223 *Balling*, in: Werner, S. 33 f.; siehe auch *Henseleit* et al., Agrarökonomische Diskussionsbeiträge der Justus-Liebig-Universität Gießen Nr. 83, S. 20.

224 *Geigenmüller*, Regionale Marken und Konsumentenverhalten, S. 74; *Nitschke*, in: Brunn, S. 291.

225 *Weichhart*, in: Brunn, S. 37.

226 *Jasper*, Leitfaden für Regionalentwicklung, S. 27.

227 In diese Richtung *Balling*, in: Werner, S. 32; *Grimm/Malschinger*, in: Kirchler, S. 119, 143.

228 Vgl. *Balling*, in: Werner, S. 31; vgl. *Spieß*, Marketing für Regionen, S. 23 f.

All jene vorgenannten Motive stellen die zielgerichteten, gefühlsmäßigen und kognitiv gesteuerten Antriebe des Konsumentenverhaltens dar,[229] welche der regionalen Erzeugnisherkunft einen fundierten Bedeutungsgehalt verleihen. Zuvorderst sind es aber die beschriebenen emotionalen Beziehungen der Verbraucher zu ihrer Heimatregion, getrieben vom Bedürfnis nach Entanonymisierung durch die Beachtung von Bildern und Geschichten,[230] aus der die regionale Produktpräferenz im affektiven Kaufentscheidungsprozess hervorgeht.[231]

Solche Emotionalitäten würden bei Annahme der Figur des homo oeconomicus sicherlich auf taube Ohren stoßen. Nicht zuletzt aus diesem Grund drängt es sich geradezu auf, „die traditionellen Modelle der Ökonomie um die Erkenntnisse der Psychologie zu bereichern" und mit Hilfe von „behavioral economics" konkret im Verhalten von Menschen nach psychologischen Motiven zu suchen, wo diese im ökonomischen Kontext relevant sind.[232] Zu diesen psychologischen Motiven zählen Verbrauchereinstellungen wie zur emotionalen Produktqualität oder zum Preisbewusstsein. Sie bilden das verhaltenswissenschaftliche Rückgrat im Kaufentscheidungsprozess regionaler Erzeugnisse.[233] Dabei lassen sich die Verbrauchereinstellungen wirtschaftswissenschaftlichen Theorien zuführen, um Erwartungsprognosen bzgl. des Kaufverhaltens anzustellen. In diesem Zusammenhang wird beispielsweise die Erwartungsnutzentheorie als „zentrale Theorie in der Ökonomie zur Bestimmung menschlicher Entscheidungen unter Unsicherheit" angesehen, nach der die „Entscheider ihren erwarteten Nutzen maximieren, unter Berücksichtigung der Eintrittswahrscheinlichkeiten der verschiedenen Alternativen."[234] Dennoch lassen sich mit der Erwartungsnutzentheorie viele „Verhaltensanomalien" nicht erklären, weil diese schlichtweg mit dem Rationalverhaltensmodell unvereinbar sind.[235] Aus diesem Grund sind

---

229 Zu den motivtheoretischen Grundlagen im Marketing siehe *Trommsdorff/Teichert*, Konsumentenverhalten, S. 102 ff.

230 In diese Richtung *Banik/Simons*, in: Zikeli et al., S. 751; vgl. auch *Klein* et al., in: Zikeli et al., S. 776.

231 Vgl. *Alvensleben*, in: Werner, S. 7.

232 *Beck*, Behavioral Economics, S. 9.

233 Zum verhaltenswissenschaftlichen „Einstellungsbegriff" vgl. *Zenner*, Konsumentenverhalten. S. 27 ff.; in Bezug auf Direktvermarktung vgl. *Zenner*, Konsumentenverhalten. S. 125.

234 Bei der Berücksichtigung der Eintrittswahrscheinlichkeiten können objektive Wahrscheinlichkeiten, wie die 50%-Chance beim klassischen Münzwurf Einzug finden, aber genauso auch subjektive Wahrscheinlichkeiten, wie die Einschätzung der Ehrlichkeit eines Verhandlungspartners. Dazu *Beck*, Behavioral Economics, S. 101 f.,

235 Gabler Wirtschaftslexikon, Bd. 5: P - S, Stichwort: „Prospect-Theorie", S. 2822.

anderweitige Erklärungsansätze erforderlich, die beispielsweise die sogenannte „Prospect Theory" liefern kann, um die Entstehung von Preisurteilen zu erklären.[236] Diese Wirtschaftstheorie ist verhaltenswissenschaftlich motiviert und versucht, menschliches Verhalten möglichst realistisch zu beschreiben.[237] Durch sie lässt sich beispielsweise ein aus der experimentellen Forschung wohlbekanntes Phänomen darlegen, wonach ein und dieselbe Person den Wert eines Gutes unterschiedlich einschätzt, je nachdem, ob sie sich als Eigentümer desselben versteht oder nicht.[238] So gesehen fasst der Eigentümer die Veräußerung eines Produktes häufig als Verlust auf und bewertet die Nutzeneinbuße durch den Verkauf entsprechend höher als den Nutzengewinn beim Kauf, was wiederum aus Sicht der Prospect Theory mit der Änderung des Bezugspunkts erklärt wird.[239] Die Verlust- bzw. Gewinnwahrnehmung ist insofern „nicht konstant, sondern hängt davon ab, wie das Entscheidungsproblem jeweils eingekleidet ist."[240]

Das Beispiel der Prospect Theory lässt sich in gewisser Weise auch auf regionale Erzeugnisse übertragen, weil auch hier die Änderung des äußeren Rahmens und des Bezugspunkts entscheidend ist. Schließlich zeigen diverse Studien, dass Verbraucher für regionale Produkte höhere Preise zu zahlen bereit sind, sofern sie aus der gleichen Region wie das Erzeugnis stammen, bzw. die Region bekannt ist und auch einen guten Ruf besitzt.[241]

4. *Regionenimage*

Die mehr oder minder umfassenden Regionalkenntnisse prägen zum einen das Bild von den wirtschaftlichen, politischen, geografischen und kulturellen Gegebenheiten der Region und bestimmen zum anderen die Sympathie für Land und Leute.[242] In diesem Zusammenhang wird häufig der Begriff des Images bemüht, der prinzipiell alles an subjektiven und objektiven Vorstellungen umfasst, die einem Objekt zugeschrieben werden kann und zu denen im Besonderen die subjektiven Ansichten, Vorstellungen und gefühlsmäßigen Wertungen einer Person zählen.[243] Auf der Verbraucherseite werden dabei zur

236 *Nieschlag/Dichtl/Hörschgen*, Marketing, S. 765.
237 *Beck*, Behavioral Economics, S. 125.
238 Gabler Wirtschaftslexikon, Bd. 5: P - S, Stichwort: „Prospect-Theorie", S. 2822.
239 Gabler Wirtschaftslexikon, Bd. 5: P - S, Stichwort: „Prospect-Theorie", S. 2822; *Trommsdorff/Teichert*, Konsumentenverhalten, S. 278.
240 *Lüdemann*, in: Engel et al., S. 22.
241 Näheres dazu Fn. 147 ff.
242 *Lebrenz*, Länderimages, S. 97.
243 *Profeta*, Der Einfluss geschützter Herkunftsangaben, S. 64 m.w.N.

herkunftsbezogenen Produktbeurteilung zuvorderst solche Imagedimensionen assoziiert, von denen besonders einprägsame und herkunftstypische Vorstellungen existieren.[244] Das Image ist hier das vereinfachte Abbild der wahrgenommenen Realität, bei der gerade nicht die objektive, sondern vielmehr die subjektive Wirklichkeit handlungsrelevant ist.[245] Das Image selbst bildet sich aus der Summe von Überzeugungen, Assoziationen sowie Informationen und beschreibt die inneren „Bereitschaften eines Individuums, auf bestimmte Stimuli der Umwelt konsistent positiv oder negativ zu reagieren".[246] Je intensiver es mit Emotionen verbunden ist, desto langlebiger ist das Image. Imagekorrekturen erfordern also wegen ihrer tiefen Verwurzelung in den Köpfen der Verbraucher eine lange Zeit.[247] Der Strategiefaktor Kontinuität ist folglich im Marketing von hoher Priorität.[248] Nur durch den nachhaltigen Einfluss eines bestimmten regionalen Images kann auch ein bestandskräftiger Eindruck desselben beim Verbraucher haften bleiben. Im großen Angebot an wahrnehmbaren Informationen setzt deswegen das Behalten und Verinnerlichen eines bestimmten Images stets die Aufmerksamkeit des Verbrauchers voraus.[249] Wenn also eine Region durch ein stabiles Image die Aufmerksamkeit der Verbraucher auf sich zieht, kann dies zugleich Auswirkungen auf das Image der jeweiligen regionalen Produkte haben und einen Imagetransfer auslösen, sodass der Verbraucher mit der Region die entsprechenden Produkteigenschaften assoziiert.[250] Zum Imageübertrag der Region auf das regionale Erzeugnis kommt es, wenn die Produkte in einer bestimmten Region hergestellt bzw. verarbeitet werden und die Erzeuger dann ihre Absatzmärkte regional, überregional, national oder gar international suchen.[251]

Da es Verbrauchern erschwert ist, eigene Einschätzungskriterien zu entwickeln und die Richtigkeit von Informationen zu überprüfen, kommt dem Regionenimage als Informationsträger ein dominanter Bedeutungsgehalt zu.[252]

---

244 Vgl. *Stich*, Herkunftszeichen als Qualitätssignal, S. 43.
245 *Leitow*, Produktherkunft, S. 11 f.
246 Zur Definition „Einstellung" in weitgehend synonymer Verwendung des Imagebegriffs siehe *Meffert* et al., Grundlagen des Marketing, S. 197 f.
247 In diese Richtung *Greib*, Regionalmarketing in Euroregionen, S. 59.
248 *Becker*, Marketing-Konzeption, S. 144.
249 Zur Aufmerksmankeit als Konstrukt der Marketingforschung siehe *Trommsdorff/Teichert*, Konsumentenverhalten, S. 45 ff.
250 In diese Richtung *Alvensleben*, in: Werner, S. 7; vgl. *Engelage*, Qualitätswahrnehmung bei Lebensmitteln, S. 160; vgl. *Hausladen*, Regionales Marketing, S. 32.
251 *Dorandt*, Analyse des Konsumenten- und Anbieterverhaltens, S. 43.
252 Vgl. *Härlen/Simons/Vierboom*, Die Informationsflut bewältigen, 15.

Erfahrungen, etwa durch Urlaubsreisen oder Medienberichte mit Produkten aus einer Region, werden zwangsläufig und unbewusst auf weitere Waren gleichen Ursprungs transferiert, was ebenso für den Imagetransfer einer Region auf dessen Produkte gilt.[253] So ist es durch ein positiv besetztes Regionenimage möglich, die regionale Herkunft als Marketinginstrument einzusetzen und mehrdimensionale Kaufgründe für regionale Erzeugnisse zu erwirken.[254] Zur Übertragung dieser herkunftstypischen Vorstellungen ist ein Produktherkunftshinweis wie etwa ein „Made in-Zeichen" zwingend erforderlich,[255] da der regionale Imagetransfer meist über die Angabe der Region im Markennamen oder Logo und seltener über Werbeslogans erfolgt.[256] Umgekehrt kann die Aneignung eines Produktursprungs zu Wahrnehmungskonflikten und damit zur Verwässerung des Regionenimages führen, wenn die künstliche Ursprungszuordnung von der Verbraucherseite nicht nachzuvollziehen ist.[257]

So vermag speziell die als kleinere, räumlich eingeengte Einheit kommunizierte und real existierende Region, den Verbrauchern im Unterschied zu größeren geografischen Ebenen oder zur Phantasieregion klarere Vorstellungen und Erwartungen sowie insgesamt bessere Einschätzungen produktbezogen zu vermitteln.[258] Erst durch die prägnante Produktherkunftskennzeichnung wird es zudem möglich, beim nächsten Einkauf darauf zurückgreifen zu können.[259] Jeglicher produktspezifischer Informationsnutzen setzt also zunächst immer einmal das von Fehlvorstellungen und Missinterpretationen bereinigte individuelle Verständnis der Verbraucher voraus,[260] damit sich im Rahmen der aktiven Suche nach entsprechenden Produktzusatzinformationen stärkere Einstellungen entwickeln und eventuell Kaufgewohnheiten entstehen können.[261] Diese nicht näher bezeichnete Banalität entstammt den 1990er Jahren, in denen sich ein

---

253 Vgl. *Engelage*, Qualitätswahrnehmung bei Lebensmitteln, S. 156; in Bezug auf Länderimages vgl. *Profeta*, Der Einfluss geschützter Herkunftsangaben, S. 53.

254 Vgl. *Spieß*, Marketing für Regionen, S. 101; vgl. *Stockebrand*, Regionalmarketing für Lebensmittel, S. 10.

255 *Stich*, Herkunftszeichen als Qualitätssignal, S. 43.

256 *Wirthgen*, Regional- und ökologieorientiertes Marketing, S. 192.

257 *Geigenmüller*, Regionale Marken und Konsumentenverhalten, S. 69.

258 Vgl. *Schirrmann*, Lokale Produktherkunft und Konsumentenverhalten, S. 48.

259 Vgl. *Hauser*, Verbraucherpräferenzen für Nahrungsmittel aus der näheren Umgebung, S. 139.

260 Vgl. *Engelage*, Qualitätswahrnehmung bei Lebensmitteln, S. 63 f.

261 In diese Richtung *Feldmann/Hamm*, Food Quality and Preference 2015, 152 (154); vgl. auch *Metz*, Verbraucherschützende Informationspflichten, S. 19.

wahres Informationsüberangebot hinsichtlich Produktkennzeichnungen festsetzte und zur Erschwerung der eindeutigen Herkunftsbestimmung beitrug.[262] Dementsprechend hat der Umgang mit Lebensmittelinformationen generell gemein, dass er „von der Notwendigkeit zur Reduktion der Informationsflut geleitet“ wird.[263] Gerade das informative Überangebot bei Produktangaben kann die intellektuelle Aufnahme- und Verarbeitungsbereitschaft von Verbrauchern überfordern und den Abbruch oder die Fehlleitung der Informationsaufnahme einläuten.[264] So wird in diesem Zusammenhang auch gerne vom undurchsichtigen „Labeldschungel“ gesprochen, bei dem es für Konsumenten „kaum mehr möglich ist, seriöse Labels wahrzunehmen.“[265] Verbraucher suchen daher besonders nach Vereinfachung in ihrer Kaufentscheidung. Eine derartige Erkenntnis ruft in Bezug auf regionale Erzeugnisse eine einheitliche und möglichst simple Kennzeichnung der regionalen Herkunft auf den Plan. Erfolgt eine solche, ist die mühselige, einzelfallbezogene Verifizierung auf Verbraucherinformationsportalen wie „Label online“[266], „Lebensmittelklarheit“[267] oder „Regionalfenster“[268] obsolet. Hierzu kann vor allem eine Reduktion auf wesentliche Schlüsselinformationen beitragen, die neben dem Markennamen und dem Preis eben auch die Herkunft als Eigenschaft beinhalten kann.[269] Ein besseres Informationsangebot hinsichtlich der Region und seiner Erzeugnisse kann folglich der kleinräumigen gedanklichen Verknüpfung nur zuträglich sein;[270] wobei als wichtigste

---

262 Vgl. *Hauser*, Verbraucherpräferenzen für Nahrungsmittel aus der näheren Umgebung, S. 138.

263 *Härlen/Simons/Vierboom*, Die Informationsflut bewältigen, S. 35.

264 Angelehnt an die Erklärung des Begriffs „Information overload“: vgl. *Engelage*, Qualitätswahrnehmung bei Lebensmitteln, S. 66 ff.; hierzu auch *Metz*, Verbraucherschützende Informationspflichten, S. 19 f., 48.

265 *Sander/Heim/Kohnle*, Zeitschrift für Agrarpolitik und Landwirtschaft Band 94, S. 1 m.w.N; zur Definition des Begriffs Label („Informationen für Konsumenten, die in konzentrierter Form dargestellt werden“) siehe ebd., S. 2.

266 Herausgeber von „Label online“: Die VERBRAUCHER INITIATIVE e.V. (Bundesverband).

267 Herausgeber von „Lebensmittelklarheit“: Bundesverband der Verbraucherzentralen und Verbraucherverbände - Verbraucherzentrale Bundesverband e.V. (vzbv).

268 Herausgeber von „Regionalfenster“: Trägerverein „Regionalfenster e.V.“

269 In diese Richtung *Hausruckinger*, Herkunftsbezeichnungen, S. 2; *Sander/Heim/Kohnle*, Zeitschrift für Agrarpolitik und Landwirtschaft Band 94, S. 1; *Schirrmann*, Lokale Produktherkunft und Konsumentenverhalten, S. 4 f., 25, 29.

270 In diese Richtung vgl. *Dorandt*, Analyse des Konsumenten- und Anbieterverhaltens, S. 1; vgl. *Härlen/Simons/Vierboom*, Die Informationsflut bewältigen, S. 7.

Informationsquelle das Produkt selbst mit seiner Verpackungsaufmache gilt.[271] Sofern die Herkunftseigenschaft dann noch für den einzelnen Verbraucher eine dominante Bedeutung hat, kann im Prinzip „die Aufnahme von Produkten in das Gedächtnis" nur gelingen.[272] Daraus lässt sich für den Kaufentscheidungsprozess die schlichte These ableiten: Die regionale Herkunft von Erzeugnissen kommt insbesondere dann stark zum Tragen, wenn sie zuvor bereits intellektuell verankert war. Beispielsweise kann auch hier die Neigung mancher Verbraucher zur Heimatverbundenheit maßgeblich sein. Umgekehrt wird die regionale Produktherkunft jedoch nicht auf fruchtbaren Boden stoßen, sofern Verbraucher nicht zu dieser Einstellung tendieren.

5. *Regionale Erzeugnisse, „Made in Germany"?*

Bei regionalen Erzeugnissen aus Deutschland stellt sich die Frage, inwiefern sich das der Region übergeordnete nationale Herkunftsimage auf das regionale Produkt im Kaufentscheidungsprozess auswirkt. Im Allgemeinen gilt jedenfalls das Herkunftsland als signifikanter Gradmesser zur Beurteilung verschiedenster Produktkategorien.[273]

Zur näheren Bestimmung wird auf die Herkunftslandforschung zurückgegriffen und mithilfe der sogenannten Hypothesentheorie[274] nach Hinweisen auf die Entstehung von urteilsvereinfachenden Hypothesen wie „Bier aus Herkunftsland XY taugt nichts" gesucht.[275] Mit wachsender Verfestigung einer solchen Auffassung nehme beispielsweise die zu deren Bestätigung erforderliche Menge an Reizinformationen ab, während zugleich die Wahrscheinlichkeit der Anwendung und Unwiderlegbarkeit steige.[276] Empirischen Erhebungen zur Folge besteht eine Tendenz, dass das Regionalbewusstsein vor allem in Süddeutschland den Kaufentscheid positiv beeinflusst.[277] Einheimischen Produkten werden daher im Vergleich zu solchen Erzeugnissen anderer Herkunft ständig

---

271 *Engelage*, Qualitätswahrnehmung bei Lebensmitteln, S. 59.

272 Vgl. *Schirrmann*, Lokale Produktherkunft und Konsumentenverhalten, S. 24.

273 Ausführlich *Hausruckinger*, Herkunftsbezeichnungen, S. 187.

274 Nach dieser Theorie sei die Wahrnehmung eines Produkts wesentlich von den existierenden Einstellungen zu diesem Objekt abhängig und damit ein stark subjektiv geprägter Vorgang gegeben, bei dem die Wahrnehmungsprozesse stets mit Erwartungshypothesen (cognitive predispositions, perceptual sets) begönnen. Dazu *Hausruckinger*, Herkunftsbezeichnungen, S. 82 m.w.N.

275 Ibid., S. 84.

276 Ibid., S. 85.

277 *Profeta*, Der Einfluss geschützter Herkunftsangaben, S. 185.

hohe Präferenzwerte aufgrund von Erscheinungen wie Lokalpatriotismus zugerechnet.[278] Entsprechend patriotisch veranlagte Verbraucher, die Regionalerzeugnisse hinsichtlich ihrer qualitativen Eigenschaften hoch bewerten, sollen demnach eher dazu neigen bayerisches Bier oder Rindfleisch gegenüber den niederländischen bzw. argentinischen Pendants vorzuziehen.[279] Die Empfänglichkeit und die Einstellung zum heimischen Einkauf scheint jedenfalls eng mit den persönlichen Einstellungen vieler Konsumenten verknüpft zu sein, was auch gerade in wirtschaftlich schwierigeren Zeiten zur Entstehung eines regionalen Produktbewusstseins mit spezifischen „Made in-Images" beitragen kann.[280]

Daneben wird von Verbraucherseite bei landwirtschaftlichen Frischwaren wie Eiern oder Milch – nicht zuletzt wegen der kaum vorhandenen Konkurrenz – häufig auf eine bestimmte regionale Herkunft zurückgegriffen bzw. auf das Herkunftsland geachtet, wohingegen bei länger haltbaren Produkten eher das Markenimage kaufentscheidend ist.[281] Studienergebnisse zur Folge gewinne aber die Erzeugnisherkunft tendenziell umso mehr an Bedeutung, je gewichtiger die wahrgenommene Prestigeträchtigkeit des Produkts ausfalle, wie etwa bei Automobilen.[282] Desgleichen kann die Bedeutung der Produktherkunft von der Vertrautheit der Verbraucher mit den Erzeugnissen eines Landes abhängen.[283] Europäisierungs- und Globalisierungstendenzen mögen daher vielleicht vordergründig die Tragweite der regionalen bzw. nationalen Erzeugnisherkunft schmälern, doch obliegt es abschließend den Verbrauchern, welchen Images gefolgt wird und wie sich die Bedeutung der Herkunft eines Produkts entwickelt.[284]

Entsprechend oft wird die nationale Herkunft durch geeignete verbale und nonverbale Informationen vermittelt und die Produktherkunft über „Made in-Siegel" kommuniziert. Regelmäßig erfolgt eine landestypische Marken- oder Produktpositionierung mit Bezug auf das tatsächliche Produktherkunftsland. Dahingegen existiert jedoch genauso ein Produktlabeling mit Nationalflaggen,

278 Vgl. *Hausruckinger*, Herkunftsbezeichnungen, S. 15 ff.

279 *Profeta*, Der Einfluss geschützter Herkunftsangaben, S. 185, 202.

280 Vgl. *Schirrmann*, Lokale Produktherkunft und Konsumentenverhalten, S. 152, 165, 276.

281 *Balling*, in: Werner, S. 35; *Engelage*, Qualitätswahrnehmung bei Lebensmitteln, S. 177 f. m.w.N.

282 *Hausruckinger*, Herkunftsbezeichnungen, S. 18.

283 *Schirrmann*, Lokale Produktherkunft und Konsumentenverhalten, S. 55.

284 Vgl. *Lebrenz*, Länderimages, S. 215.

das einen dem faktischen Herstellungsland gänzlich verschiedenen Herkunftshintergrund vermuten lässt.[285]

Neben der prinzipiell staatsbezogenen Herkunftsdeklaration können weitere geografische Einheiten der Produktherkunft bestehen, zu denen exemplarisch die Ebene der Region zählen kann.[286] Dabei bestehen enorme Wirkungsunterschiede beim Vergleich zwischen der nationalen und der regionalen Herkunft, wobei diese Abweichungen noch weiter durch das jeweilige Image der Regionen getragen werden.[287]

Die besondere Außenwirkung ist gerade bei der Fülle an regionalen Erzeugnissen aus Deutschland nicht selten der kaufrelevante Dreh- und Angelpunkt für die Verbraucher. Abhängig von der Größe des Vermarktungsgebiets mag sich ein gewisser Bekanntheits- bzw. Präferenzgrad für so manches regionale Produkt eingestellt haben. Fraglich ist aber gerade, ob das auch in pauschalisierender Weise für ein unbestimmtes Vermarktungsgebiet gelten kann und das regionale Produkt aus Deutschland somit der Außenwirkung von „Made in Germany" gleichzusetzen ist. Zur besseren Einordnung dieser Thematik erfolgt zunächst die Schilderung des Hintergrunds dieser nationalen Produktkennzeichnung und seiner Geltungskraft.

Das übergeordnete Landesimage spielt bei der Wirkungsstärke der Produktherkunft eine prinzipiell wichtige Rolle und ist bestimmt durch Faktoren wie den politischen bzw. wirtschaftlichen Verhältnissen eines Landes.[288] Die seit Jahrzehnten gebräuchliche Bezeichnung „Made in Germany" hat sich in vielen Branchen national wie international als ein nahezu selbstverständlicher Nachweis hoher Produktqualität etabliert. So gelten Erzeugnisse aus Deutschland im Allgemeinen zwar als teuer, doch werden sie von Verbrauchern auch in puncto Qualität exzellent beurteilt.[289] Ursprünglich hatte das Label jedoch einen

---

285 Mit dem beispielhaften Verweis auf die stets in US-amerikanischer Hand befindliche Kosmetikmarke „Neutrogena", die mit der Nationalflagge Norwegens und entsprechender Werbung offensichtlich als kompetenter, länderspezifischer Problemlöser für schwierige Witterungsbedingungen wahrgenommen werden will vgl. *Schirrmann*, Lokale Produktherkunft und Konsumentenverhalten, S. 42.

286 Ibid., S. 48.

287 In Bezug auf Herkunftspräferenzen von Verbrauchern vgl. *Wirthgen*, Regional- und ökologieorientiertes Marketing, S. 40 f. m.w.N.

288 In Bezug auf „Herkunftslandeffekte" *Schirrmann*, Lokale Produktherkunft und Konsumentenverhalten, S. 83 f.

289 *Hensche* et al., Verbraucherpräferenzen für Nahrungsmittel aus der näheren Umgebung, S. 118, 121, 129.

ganz anderen Charakter. Zu Beginn der Industrialisierung galten die Erzeugnisse Deutschlands gemeinhin als schlecht und wenig haltbar etwa im direkten Vergleich zu Produkten aus Großbritannien. So kam es, dass das britische Unterhaus am 23. August 1887 zum Schutz der Verbraucher vor der Einfuhr von minderwertigen Waren aus Deutschland mit einem Gesetz, dem Merchandise Marks Act, reagierte.[290] Jenes britische Gesetz implizierte, dass Produkte aus Deutschland künftig mit dem Schriftzug „Made in Germany" versehen sein mussten, sofern sie ins Vereinigte Königreich eingeführt werden sollten. Mit diesem Gesetzgebungsakt verbarg sich die unausgesprochene Aufforderung „buy british".[291] Im damaligen Deutschen Reich sah man diese protektionistische Maßnahme seitens Großbritanniens als Eingriff in die Bezeichnungsfreiheit deutscher Gewerbetreibenden bei der Kennzeichnung ihrer Waren.[292] Erst mit stetigen Qualitätssteigerungen hat sich aus der ursprünglich aufgezwungenen Herkunftsdeklarierung „Made in Germany" eine Entwicklung weg vom Stigma hin zur Auszeichnung vollzogen, die nunmehr branchen- und produktübergreifend verwurzelt ist.[293]

So fungieren allgemeine, produktunspezifische Merkmale wie „Made in Germany" gebührend oft als Zeichen, mit denen der Empfänger gewöhnlich in komprimierter Form einen erhöhten Informationsgehalt über die Produkteigenschaften verbindet und eine Vorstellung vom Grundnutzen eines Produkts erlangt.[294] Dem Herkunftslabel kommt damit die Funktion eines Informationssubstituts zu.[295] Obgleich also der bloßen Produktbezeichnung „Made in Germany" üblicherweise eine hohe Qualität beigemessen wird, entferne sich aber nach Ansicht des BGH eine qualitative Deutung von „Made in Germany" vom ursprünglichen Wortsinn „hergestellt in…".[296] Doch unabhängig eines solchen Standpunkts sind alltägliche Fehlvorstellungen beim Einkauf nicht weniger vermeidbar, weil „Made in Germany" sich bereits dem Charakter einer echten Qualitätsmarke angeglichen hat. Teilweise gilt dies auch für regionale

---

290 *Borck*, WRP 1993, 301.

291 *Lebrenz*, Länderimages, S. 1.

292 Ausführlich zur historischen Darstellung *Kickler*, Geschichte geographischer Herkunftsangaben, S. 64 ff.

293 Zur Entwicklung kurz auch *Gründling*, GRUR 2007, 921.

294 In Bezug auf „Made in Germany" als Qualitätszeichen vgl. *Stich*, Herkunftszeichen als Qualitätssignal, S. 7, 9, 23, 39.

295 *Sander/Heim/Kohnle*, Zeitschrift für Agrarpolitik und Landwirtschaft Band 94, S. 4.

296 BGH, Beschluss vom 27. November 2014, I ZR 16/14, juris Rn. 20 f.

Erzeugnisse aus Deutschland, die von Verbrauchern häufig gleichermaßen mit hoher Qualität und weiteren positiven Aspekten gleichgesetzt werden.[297]

Mit einer speziellen Herkunftsbezeichnung wird bei regionalen Erzeugnissen bekanntermaßen auf eine besondere Güte aufmerksam gemacht. Die Herkunftskennzeichnung ist aber nur dann zur Produktbeurteilung nutzbar, wenn mit der alternativen Herkunft auch mindestens eine unterschiedliche Produkteigenschaft verbunden wird.[298] Es geht also auch um die Verknüpfung von Eigenständigkeitsfaktoren wie Erzeugnisherkunft und Naturbelassenheit, weil anderenfalls der isolierten Herkunftsnennung in diesem Belang kurzerhand die Sinnhaftigkeit verloren ginge. Letztlich steht aber die Wahrnehmung regionaler Erzeugnisse ganz besonders in Abhängigkeit von Person und Biographie des einzelnen Verbrauchers, während Länder- bzw. Regionenkenntnisse aber auch soziodemographische sowie psychographische Merkmale das Vorstellungsbild von Erzeugnissen beeinflussen.[299] Diese Betrachtungsweise ist gerade für Erzeuger aus wirtschaftlich schwächeren Herkunftsgebieten relevant, um „die Einstellungen von Konsumenten mit bisher ablehnender Haltung zum eigenen Vorteil zu verändern."[300] Allerdings dürfte der Grad der Beeinflussung bei Verbrauchern mit geringem sachbezogenen Kompetenzempfinden größeren Erfolg haben als bei jenen Verbrauchern mit hohem Kompetenzempfinden.[301]

Doch was genau macht die spezielle Wirkung einer Herkunftslandkennzeichnung wie „Made in Germany" aus? Die Annäherung an eine mögliche Antwort führt zwangsläufig über das Konstrukt der geografischen Herkunftsangaben.

Der eigentlich pleonastische Begriff der geografischen Herkunftsangabe weist im Zusammenhang von Produktkennzeichen auf den örtlichen Warenursprung hin und beschreibt in begrifflich erst sinngebender Abgrenzung zur Marke nicht die betriebliche, sondern die geografische Herkunft.[302] Dieses Verständnis gilt mangels einheitlicher wissenschaftlicher Begriffsbestimmung jedoch nicht als herrschend, und so besteht diesbezüglich auch weiterhin Klärungsbedarf.[303]

---

297 Mit Verweis auf Erhebungen der Bundesforschungsanstalt für Ernährung (BFE) *Dorandt*, Analyse des Konsumenten- und Anbieterverhaltens, S. 19; vgl. *Greib*, Regionalmarketing, S. 67; *Jasper*, Leitfaden, S. 26.

298 In Bezug auf Qualitätskriterien vgl. *Stich*, Herkunftszeichen als Qualitätssignal, S. 126.

299 Vgl. *Lebrenz*, Länderimages, S. 33 ff., 81.

300 *Stich*, Herkunftszeichen, S. 228.

301 Ibid., S. 219 f.

302 Vgl. *Rauffus*, Der internationale Schutz geografischer Herkunftsangaben, S. 21; vgl. *Thiedig*, Spezialitäten mit geographischer Herkunftsangabe, S. 47.

303 *Rauffus*, Der internationale Schutz geografischer Herkunftsangaben, S. 39 f.

Neben der begrifflichen Auffassung ist die immense wirtschaftliche Bedeutung geografischer Herkunftsangaben hingegen unstreitig.[304] Dabei gewinnen geografische Herkunftsangaben ihre ökonomische Relevanz zuerst auf ihrem Heimatmarkt.[305] Aber gerade auch durch weltweite wirtschaftliche Verflechtungen nimmt ihr Stellenwert für eine Exportnation wie Deutschland enorm zu.[306] Maßgeblich angetrieben wird dieser Wertzuwachs durch die Marktwahrnehmung der Verbraucher, die die Produkte mit geografischen Herkunftsangaben zu einem wichtigen Wirtschaftsgut haben aufkommen lassen. Vor diesem Hintergrund kann von einer Art Wechselwirkung zwischen Verbraucher und Hersteller gesprochen werden, die sich in der gegenseitigen Beeinflussung äußert. Konkret kommt dies in den Fällen zum Ausdruck, in denen geografische Herkunftsangaben vermehrt als Werbemittel der Hersteller eingesetzt werden und bei Verbrauchern wiederum spezielle Reizwirkungen entfalten.[307] Diese Reizwirkungen werden wiederum maßgeblich von der Warenidentität, sowie dem Wissen über das Land und dessen Produkte beeinflusst.[308] So zählen etwa zu jener Identität im Falle „Made in Germany", Attribute wie „Qualität, Verlässlichkeit, Langlebigkeit, Termin- und Liefertreue".[309] Im Zusammenspiel mit objektiven Qualitätskriterien kommt es zum Entstehen einer herkunftsbedingten Reputation von Waren. Die Reputation ist folglich die ausschlaggebende Eigenschaft einer geografischen Herkunftsangabe. Durch sie wird die erforderliche Verbindung der Erzeugnisse mit ihrer Ursprungsregion verkörpert und gleichzeitig den Käufern Qualitätsmerkmale von Produkten vermittelt.[310] Auf Märkten der Erfahrungs- und Vertrauensgüter, wie den der Lebensmittel oder der Technik, erfüllen geografische Herkunftsangaben die beschriebene Funktion der Reputation besonders wirksam. Hierbei ist nämlich eine große Anzahl von Produktattributen und Assoziationen für Verbraucher relevant,[311] die über den Ortsnamen, oder die Regionen-, Landes- oder Landschaftsbezeichnung oft symbolhaft, etwa durch Flaggen, kommuniziert wird.[312]

---

304 *Büscher*, GRUR Int. 2008, S. 979.
305 In diese Richtung *Wulf*, Made in Germany, S. 22, 25.
306 *Dück*, „Made in Germany", Rn. 33 ff. m.w.N.
307 *Rauffus*, Der internationale Schutz geografischer Herkunftsangaben, S. 55.
308 Vgl. *Lebrenz*, Länderimages, S. 138, 156.
309 *Dück*, „Made in Germany", Rn. 34 m.w.N.
310 *Van de Kop/Sautier/Gerz*, Origin-Based Products, S. 22.
311 *Schirrmann*, Lokale Produktherkunft und Konsumentenverhalten, S. 25, 59 ff.
312 Vgl. *Wulf*, Made in Germany, S. 37.

In diesem Kontext ist heutzutage „Made in Germany" nicht zuletzt für seine anspruchsvollen Erzeugnisse bekannt.[313]

a) Signalwirkung des Ländereffekts

Der Grund für eine positive Wahrnehmung von Ländern lässt sich als sympathieauslösender „Ländereffekt" beschrieben. Hierbei handelt es sich um eine länderspezifische, gefühlsmäßige Wertung, die auf Erzeugnisse abfärbt und über die normative Ebene, durch heimatverbundene Erwägungen, mitgetragen wird.[314] Gleichermaßen spielen ethnozentrische Tendenzen, also die Bewertung einer anderen Kultur oder Gruppe aus Sicht der eigenen Kultur, eine nicht unwesentliche Rolle bei der Erfassung des Ländereffekts.[315] Die beschriebene Signalwirkung und der positive Einfluss der Produktherkunft auf die Produktwahrnehmung werden zudem durch diverse empirische Untersuchungen bestätigt.[316]

Vor alledem bleibt aber die zentrale Erkenntnis zu berücksichtigen, dass die besondere Signalwirkung der Produktherkunft nur dann verbraucherrelevant ist, wenn sie sich auch identifizieren lässt und die Verbraucher der Produktherkunftszuordnung hinreichend sicher sind.[317] Sicheres Herkunftswissen der Verbraucher bezüglich der für sie relevanten Erzeugnisse ist also Voraussetzung dafür, dass das Herkunftsland als solches auch bei der Produktbeurteilung erfasst wird und nicht bloß eine lapidare Unterscheidung in heimische sowie nicht heimische Produkte vorgenommen wird.[318] Jenes sichere Herkunftswissen gerät allerdings mit Zunahme der länderspezifischen Erzeugnisvielfalt ins Hintertreffen, wenn der klarstellende Informationsgehalt der ausgewiesenen Produktherkunft abnimmt.[319] Darauf deuten auch Studienergebnisse zur Herkunftsbeurteilung von Autos auf dem amerikanischen Markt hin, wonach die Produktherkunft von den Verbrauchern häufig falsch beurteilt werde.[320] Dieses

---

313 *Dück*, „Made in Germany", Rn. 25.

314 Vgl. *Lebrenz*, Länderimages, S. 104 f.

315 Ausführlich zum (Konsumenten-)Ethnozentrismus *Profeta*, Der Einfluss geschützter Herkunftsangaben, S. 78 ff.

316 So z.B. von: *Profeta*, Der Einfluss geschützter Herkunftsangaben, S. 46, 51 m.w.N.; *van de Kop/Sautier/Gerz*, Origin-Based Products, S. 25; *Schirrmann*, Lokale Produktherkunft und Konsumentenverhalten, S. 25, 49.

317 *Lebrenz*, Länderimages, S. 195.

318 Vgl. *Schirrmann*, Lokale Produktherkunft und Konsumentenverhalten, S. 40.

319 Vgl. *Profeta*, Der Einfluss geschützter Herkunftsangaben, S. 85 f.

320 *Schirrmann*, Lokale Produktherkunft und Konsumentenverhalten, S. 40, 46 m.w.N.

Fazit mag auf den ersten Blick überraschen. Da zweifelsohne der verbraucherseitige Erwerb eines Automobils die (wirtschaftlich) bedeutsamere Entscheidung im Vergleich zum alltäglichen Einkauf von Lebensmittelerzeugnissen darstellt, sollte gerade bei der Produktauswahl eine stärkere, subjektiv empfundene Miteinbezogenheit bzw. Ich-Beteiligung[321] anzunehmen sein.[322]

Dennoch zeigen Verbraucherbefragungen zum Herkunftsaspekt bei Lebensmitteln, dass die Herkunftsangabe nicht lediglich von beiläufigem Interesse ist, sondern vor allem nachhaltiges Vertrauen und dadurch bedingtes Einkaufsverhalten schaffen kann.[323] Vertrauen zu Erzeugnissen aus der eigenen Region stellt demnach die Hauptgrundlage für die spezifische Verbraucherpräferenz dar.[324] Dieses Vertrauen gilt es in einer zunehmend auf Arbeitsteilung beruhenden Ernährungsindustrie nicht zu verspielen und „Missbrauchsmöglichkeiten von asymmetrischen Informationen" so gering als möglich zu halten.[325] Reichhaltige Informationsauswahl sowie die sogenannte Marktsignalisierung („Signalling")[326] durch den anbieterseitigen Aufbau von Reputation und die freiwillige Übernahme von Garantien bilden daher Lösungsmöglichkeiten zur Vertrauensstabilisierung,[327] wohingegen Unbehagen ausgelöst wird bei der Idealisierung von wissenschaftlich differenzierten Informationen von Erzeugern.[328]

So haben Verbraucher nur in den seltensten Fällen umfangreiche Informationen etwa zur länder- oder regionenspezifischen Herkunft der zu beurteilenden Produkte. Wegen Zeit-, Kosten- und Fähigkeitsrestriktionen sind sie regelmäßig weder gewillt noch in der Lage sich entsprechend umfassend zu informieren bzw. eine stärker subjektiv empfundene Miteinbezogenheit an den Tag zu legen; weshalb Produktbeurteilungen oft eher auf der Basis von Assoziationen, anstelle des tatsächlichen Informationsangebots, vorgenommen werden.[329] Eine mit Informationen überfrachtete Umwelt bewirkt somit, dass sich Verbraucher auf

321 Zur Begrifflichkeit Gabler Wirtschaftslexikon, Bd. 3: F - J, Stichwort: „Involvement", S. 1817.

322 Vgl. Gabler Wirtschaftslexikon, Bd. 3: F - J, Stichwort: „Involvement", S. 1817.

323 In diese Richtung *Hensche* et al., Verbraucherpräferenzen für Nahrungsmittel aus der näheren Umgebung, S. 114 f.

324 In diese Richtung *Stockebrand*, Regionalmarketing für Lebensmittel, S. 9.; *Wirthgen/Schmidt/Gewert*, in: Landwirtschaftliche Rentenbank Band 13, S. 148.

325 *Härlen/Simons/Vierboom*, Die Informationsflut bewältigen, S. 71.

326 Hierzu *Streusloff*, Die Relevanz der Kennzeichnung, S. 39.

327 *Sander/Heim/Kohnle*, Zeitschrift für Agrarpolitik und Landwirtschaft Band 94, S. 4.

328 Vgl. *Härlen/Simons/Vierboom*, Die Informationsflut bewältigen, S. 43.

329 In diese Richtung *Stich*, Herkunftszeichen als Qualitätssignal, S. 1.

ausgewählte Produkteigenschaften konzentrieren, zu denen neben der Marke und dem Preis vornehmlich auch das Herkunftsland bzw. die Herkunftsregion zählen kann.[330]

b) Länderspezifische Made in-Images

Länderspezifisch betrachtet umfasst das „Made in-Image“ „die Vorstellungen einer Person von den Produkten und/oder Unternehmen eines Landes“, welche sich entweder auf die Gesamtheit aller Güter und Firmen eines Landes beziehen oder sich auf eine oder mehrere selektive Branchen beschränken.[331] Bei aller Vielfältigkeit an Definitionen, wird das „Made in-Image“ bestimmt durch die Kategorien: Merkmale der Produkte und der Unternehmen sowie imageprägende Branchen und Firmen.[332] Oft werden die spezifischen „Made in-Images“ aber auch von Stereotypen geprägt, wenn eben im Falle Deutschlands Vorstellungen von hoher Qualität hervorgerufen werden. Diese länderspezifische Vorstellung kann auch auf eine niedrigere Ebene, die Region und ihre regionalen Erzeugnisse übertragen werden. Freilich mag ein solcher Imageübertrag kein Selbstzweck sein. Prägen beispielsweise Wein, Käse und Oliven die Globalvorstellung der Produkte eines Landes, scheidet eine undifferenzierte Projektion auf das Image von technischen Erzeugnissen wie Autos aus, weil die jeweiligen Produkteigenschaften nicht übereinstimmen und somit der Rückschluss vom allgemeinen auf das spezielle „Made in-Image“ ungeeignet ist.[333]

Generell können herkunftslandspezifische Annahmen nur bedingt auf die Ebene der Region übertragen werden. Während sich nämlich in Bezug auf Nationalstaaten wie Deutschland eine Vielzahl der beispielhaft genannten Merkmale leichter umfassen und in einen Ländervergleich heranziehen lässt, gestaltet sich dies bei Regionen wesentlich schwieriger. Das liegt vor allem an der begrifflichen Mehrdeutigkeit der Region sowie an den häufig sehr stark divergierenden regionstypischen Charakteristika und Qualitätsmerkmalen.

Auch bei einem existenten, patriotischen Gemeinschaftsgefühl innerhalb einer größeren Region – etwa eines Bundeslandes – ist nicht automatisch von einer Solidarisierung der kleineren, untergeordneten Regionen – z.B. der Landkreise – und ihrer Erzeugnisse auszugehen. Dafür liegt die produktbezogene

330 *Lebrenz*, Länderimages, S. 3.

331 Ibid., S. 14 f.

332 Vgl. *Profeta*, Der Einfluss geschützter Herkunftsangaben, S. 68 f.

333 *Lebrenz*, Länderimages, S. 24 f.; in diese Richtung auch *Profeta*, Der Einfluss geschützter Herkunftsangaben, S. 71.

regionale Heimatverbundenheit oft zu weit mit der nationalen Landesverbundenheit auseinander. Zwar deuten empirische Untersuchungen darauf hin, dass Erzeugnisse mit einem kulturell ähnlichen Hintergrund zum eigenen Land der beurteilenden Verbraucher signifikant besser eingestuft werden als solche aus weniger ähnlichen Länder.[334] Doch lassen sich diese Studienergebnisse eben nicht auf die Ebene der Region übertragen.

Dennoch hängt ein regionales Erzeugnis aus Deutschland, losgelöst seines tatsächlichen Wertschöpfungsgrades, selbstverständlich mit Deutschland als Nationalstaat zusammen. Allerdings gibt es eben auch regionsspezifische Unterschiede, genauso wie „Unterschiede zwischen der Einstellung zur Gesamtheit der Produkte eines Landes und derjenigen zu einzelnen Produkten desselben Landes bestehen."[335] Während sich bei der Gesamtheit der Produkte „Made in Germany" ein recht einheitliches Bild qualitativ hochwertiger Güter herauskristallisiert hat, mag sich diese Sichtweise für das einzelne regionale Erzeugnis aus Deutschland nicht unbedingt in Gänze durchgesetzt haben.

Bestehende strukturelle und wirtschaftliche Ungleichheiten zwischen den Regionen in Deutschland lassen den als gesichert geltenden Schluss zu, dass ein Imagetransfer von der wahrgenommenen, wirtschaftlichen Entwicklung eines Herkunftsgebiets auf die Qualität der dort gefertigten Produkte stattfindet.[336] Global betrachtet haben beispielsweise Entwicklungsländer in fast allen Produktkategorien mit Imageproblemen zu kämpfen, wohingegen Industriestaaten oft eine produktspezifische Länderkompetenz sowie generell die Herstellung von qualitativ hochwertigen und komplexen Erzeugnissen zugetraut wird.[337] Im Industriestaat Deutschland sind nicht zuletzt auf der internen, regionalen Ebene parallele Tendenzen zu beobachten – freilich mit erheblich geringeren Abweichungen. So gesehen lassen sich also jene produktspezifischen Länderkompetenzen durchaus auch im innerstaatlichen Bereich einzelnen Regionen zuordnen. Zum Beispiel weist Baden-Württemberg mit Stuttgart eine produktspezifische, traditionsreiche Kompetenz im Bereich des Automobilbaus auf, die das Bundesland Bayern mit München und Ingolstadt teilt. Ähnliches gilt im Übrigen auch für Kompetenzen auf dem Agrarsektor der genannten Bundesländer. Deswegen ist es denkbar, dass Verbraucher aus Bayern und Baden-Württemberg

334 *Hausruckinger*, Herkunftsbezeichnungen, S. 23 f. m.w.N.
335 Ibid., S. 44.
336 *Stich*, Herkunftszeichen als Qualitätssignal, S. 86 ff. m.w.N., 193.
337 Vgl. *Hausruckinger*, Herkunftsbezeichnungen, S. 12; vgl. *Stich*, Herkunftszeichen als Qualitätssignal, S. 86 ff. m.w.N., 193.

die landesspezifischen Produkte ihres jeweiligen Nachbarbundeslandes wegen des ähnlichen Hintergrunds besser einstufen, als solche aus unähnlicheren Regionen. Untersuchungsergebnisse zum bzw. im Bundesland Brandenburg offenbaren beispielsweise ein erheblich differenzierteres Bild im Vergleich zur untergeordneten Region Spreewald. Bei der Region Spreewald bestünden aus Verbrauchersicht überwiegend positive Assoziationen in Bezug auf „Lebensmittel, Natur und (persönliche) Freizeitaktivitäten", während das Bild Brandenburgs allgemein „von Aussagen zu gesellschaftlichen, politischen und wirtschaftlichen Problemen geprägt" sei und insgesamt weniger homogen ausfalle.[338] Es kommt also stets auf den jeweiligen Zusammenhang an, in dem das zu beurteilende regionale Erzeugnis eingebettet ist. Dementsprechend lassen sich besonders Produkte aus faktisch zusammengewachsenen Regionen ähnlichen, geschichtlich-kulturellen und/oder wirtschaftlichen Hintergrunds unter einem gemeinsamen „Made in-Zeichen" erfolgreich vermarkten, indem Verbrauchern auf visuellem Wege gemeinschaftlicher Sachverstand nahegelegt wird.

Im Endeffekt empfehlen sich aber keine pauschalen Rückschlüsse vom etablierten nationalen Herkunftssiegel „Made in Germany" auf regionale Erzeugnisse aus Deutschland im Sinne eines argumentum a maiore ad minus. Da die Region als solche schon nicht einheitlich zu definieren ist, können konsequenterweise auch keine regionalen Erzeugnisse wegen ihrer vielfältigen Bedeutungsdimensionen mit einfachen Produkten aus einem bestimmten Gebiet gleichgesetzt werden.[339] Die produktspezifischen regionalen Kompetenzen und Inkompetenzen sind aus Verbrauchersicht schlichtweg zu vielgestaltig. Erst müssen also hinreichende Informationen zur jeweiligen Region sowie zur Befähigung der regionalen Erzeuger vorhanden und den Verbrauchern auch zugänglich sein, damit Vertrauen in Bezug auf Herkunftssiegel entstehen kann.

II. Regionalität im Marketing

Der wirtschaftliche Erfolg regionaler Erzeugnisse korreliert stark mit dessen Vermarktung. Aufgrund der besonderen Brisanz der Produktherkunft im Kaufentscheidungsprozess kommen entsprechend oft Werbeslogans mit Regional- und Heimatbezug vor. Mit der gezielten und verbraucherorientierten Form der Präsentmachung des regionalen Angebots können sodann Wettbewerbsvorteile gegenüber der überregionalen Auswahl erwachsen.

---

338 *Leitow*, Produktherkunft, S. 122, 126.

339 *Dorandt*, Analyse des Konsumenten- und Anbieterverhaltens, S. 8 f.

Während produktives Marketing im Allgemeinen von den Instrumenten der Kommunikationspolitik – der (Media-)Werbung und Public Relations[340] – bestimmt wird,[341] können sich die einzelnen Erfolgsfaktoren konkret zusammensetzen aus: Image-, Nachfrage-, Absatz- und Synergiepotentialen, Marketingkonzeptionen, politischen, rechtlichen sowie wirtschaftlichen Rahmenbedingungen.[342] Diese Liste ließe sich um zahlreiche Erfolgsgrößen ergänzen, doch haben im Grunde alle genannten und nicht genannten Faktoren in diesem Zusammenhang eine banale Gemeinsamkeit – sie sind voneinander stark abhängig. Daher kann in der Regel auch keines der als erfolgsversprechend eingestuften Faktoren für sich alleine und unabhängig bestehen. Nur die Kombination verschiedener Instrumentarien führt letztendlich auch zum wahrnehmbaren Erfolg. Es verwundert demnach also nicht, wenn erst das Ineinandergreifen verschiedener Variablen wie etwa Öffentlichkeitsarbeit, Werbung, Eigen- und Fremd-Image, Verbraucherbeteiligung, Überzeugung und Mitwirkungsbereitschaft der Marktakteure zur Erhöhung des Leistungsangebots eine positive, vielleicht sogar die erfolgsentscheidende Wirkung auf das Marketing hat.[343]

Da sich Marketing primär durch den Einsatz verschiedener Akteure aus dem öffentlichen und dem privaten Sektor vollzieht und oft einer immensen Aufgabenvielfalt und situativen Komplexität ausgesetzt ist,[344] bedarf es auch immer mindestens eines fixen Trägers, sprich einer Person bzw. Institution, zur Gestaltung und Umsetzung der zuvor festgelegten Marketingkonzeption.[345] Marketing versteht sich dabei im Sinne der bedürfnisorientierten Ausrichtung am Markt zur Absatzförderung und ist aus wirtschaftlicher Sicht sehr bedeutsam.[346] Ausgehend von einer rein betrieblichen Vermarktungsfunktion[347] wird Marketing gar als Denkhaltung und umfassende strategische Führungskonzeption vom

340 Hierzu zählt z.B. die Öffentlichkeitsarbeit durch Pressemitteilungen.
341 Vgl. hierzu *Birk/Löffler*, Marketing- und Vertriebsrecht, S. 138.
342 Überblickshalber zu ausgewählten Erfolgsgrößen verschiedener Studien *Schwerdtner*, Erfolgsfaktoren im Regionalmarketing ländlicher Räume, S. 96 ff.
343 Vgl. ibid., S. 119, 203 ff.
344 Vgl. *Fritz*, Marketing für Regionen, S. 21, 23.
345 Vgl. *Spieß*, Marketing für Regionen, S. 36 ff.
346 Vgl. Duden – Das große Wörterbuch der deutschen Sprache, Stichwort: „Marketing"; vgl. Gabler Wirtschaftslexikon, Bd. 4: K - O, Stichwort: „Marketing", S. 2242.
347 Zur Marketingentwicklung *Nieschlag/Dichtl/Hörschgen*, Marketing, S. 3.

Absatzmarkt her verstanden.[348] Praxisbezogen geht es also um einen gesamtunternehmerischen Ansatz,[349] der vor allem die Eruierung und Befriedigung von Kundenwünschen zum Ziel hat.[350]

1. Einordnung der Marketingformen

Eine spezielle Form des Marketings stellt das Agrarmarketing dar, welches gemeinhin seine Wurzeln mindestens ebenso sehr in der Volkswirtschaftslehre wie in der Betriebswirtschaftslehre hat, sowie „an der Grenzstelle von mikroökonomischer und verhaltenswissenschaftlicher Forschung eine wichtige Brückenposition einnehmen kann."[351] Auf die Region übertragen, ergeben sich wiederum einige Besonderheiten beim Agrarmarketing.

In Bezug auf das „Produkt Region" wird Marketing verstanden als „die Anpassung und Vernetzung aller von der Region erbrachten Leistungen auf die Bedürfnisse und Erwartungen der relevanten Zielgruppen" durch den Aufbau einer kooperativen Trägerschaft regionaler Akteure, der Vernetzung dezentral erbrachter regionaler Einzelleistungen und der Identifikation von Zielgruppen und Konkurrenten.[352]

Regionales Marketing lässt sich damit beschreiben als „eine Handlungsweise des Marketings, die durch ihren zielgerichteten Instrumentaleinsatz der lokalen Erzeugung, Verarbeitung und dem regionalen Absatz von Lebensmitteln dient,"[353] sowie Austauschvorgänge mit Zielgruppen von Standortnachfragern bezweckt.[354]

Werden also die vier gängigen Instrumente des Marketings, bestehend aus der Produkt-, Preis-, Distributions- und Kommunikationspolitik, auf die Region übertragen, ist von Regionalmarketing die Rede,[355] das sich „zur Formung von Beziehungen zwischen verschiedenen Marktpartnern und einem Gebiet innerer Homogenität" eignet.[356] Dies entspricht einer Form des Marketing „aus der

348 Vgl. *Becker*, Marketing-Konzeption, S. 1, 3; vgl. *Nieschlag/Dichtl/Hörschgen*, Marketing, S. 7; vgl. *Spieß*, Marketing für Regionen, S. 4.

349 *Thiedig*, Spezialitäten mit geographischer Herkunftsangabe, S. 37.

350 Zur Definition des Marketingbegriffs vgl. *Kotler* et al., Grundlagen des Marketing, S. 38.

351 *Spiller*, in: Vorträge zur Hochschultagung 2004 der Christan-Albrechts-Universität zu Kiel, S. 342, 344.

352 *Balderjahn*, Marketing für Regionen, S. 5.

353 *Hausladen*, Regionales Marketing, S. 6.

354 Vgl. *Spieß*, Marketing für Regionen, S. 9.

355 *Hausladen*, Regionales Marketing, S. 3, 8; *Jasper*, Leitfaden zur Regionalentwicklung, S. 158 f.; *Wirthgen*, Regional- und ökologieorientiertes Marketing, S. 39.

356 *Besch/Hausladen*, in: Landwirtschaftliche Rentenbank Band 13, S. 7.

Region für die Region", das ebenso darauf abzielt, die Bedürfnisse und Wünsche der Standortnachfrager in Erfahrung zu bringen und das eigene Leistungsprogramm anhand der Verbraucherbedürfnisse zu optimieren.[357]

Ganz allgemein ist Marketing für Regionen gekennzeichnet durch bewusst ausgewählte Adressaten sowie Marktrelationen zwischen Angebotsmerkmalen und Nutzersegmenten, aus denen schlussendlich die Identifikation für gezielte Marketingmaßnahmen in der Region erfolgt.[358] Hinsichtlich des reinen Werbeaspekts wird daher versucht, „in Form von Kampagnen das Besondere oder Typische einer Region hervorzuheben" und im Kontext der Regionalentwicklung zugleich „auf die Schaffung und Verbesserung weicher Standortfaktoren zur Förderung der regionalen wirtschaftlichen Entwicklung" hinzuwirken.[359] Im Vordergrund steht hierbei die werbebezogene Bekanntmachung und Zuordenbarkeit zur leichteren Identifizierung durch die Verbraucher.[360] Zweckorientiert betrachtet wird mit Regionalwerbung also ein marktorientiertes Steuerungskonzept angesprochen, das die nachhaltige Stärkung des Images einer bestimmten Region und deren Produkte zum Ziel hat sowie durch die Wirtschaftsbereiche Landwirtschaft, Handwerk und Handel maßgeblich vom Erfolg der externen Situation jener Region abhängt.[361] Zuvor bildet die eingehende Situationsanalyse den Ausgangspunkt für die Entwicklung eines erfolgreichen Regionalmarketings,[362] das prinzipiell zwischen nationaler oder internationaler Ebene (einer Form des „Made in-Marketings") und der Vermarktung von regionalen Lebensmitteln in unmittelbarer Nähe zum Produktionsort stattfinden kann.[363]

Obschon der Begriff des Regionalmarketing als eine bloße Maßnahme oder schlichtes Kommunikationsinstrument dargestellt wird und aufgrund der Nähe zur Landes- oder Regionalentwicklung möglicherweise falsche Assoziationen auszulösen vermag, erscheint eine Aufspaltung in die Begriffe „regionales

357 *Greib*, Regionalmarketing in Euroregionen, S. 49, 54.
358 Vgl. *Scheuch*, Marketing für Regionen, der markt 2003, 45 (48).
359 In diese Richtung *Fritz*, Marketing für Regionen, S. 6; Gabler Wirtschaftslexikon, Bd. 5: P - S, Stichwort: „Regionalmarketing", S. 2914.
360 In Bezug auf den allgemeinen Werbeaspekt *Metz*, Verbraucherschützende Informationspflichten, S. 17.
361 In diese Richtung *Schwerdtner*, Erfolgsfaktoren im Regionalmarketing ländlicher Räume, S. 19, 25, 65 f., 118, 202.
362 *Spieß*, Marketing für Regionen, S. 55 ff.
363 *Stockebrand*, Regionalmarketing für Lebensmittel, S. 5.

Marketing", „regionale Vermarktung" und „Regionalmarketing" wenig hilfreich.[364] Eine derartige Differenzierung würde sich tendenziell auch eher verwirrend darstellen, wenn eben nur auf die grundsätzliche Wirkung von Marketing im Zusammenhang von Regionen und regionalen Produkten abgestellt wird. Deshalb werden die Begriffe „regionales Marketing" und „Regionalmarketing" für die Ausführungen dieser Arbeit synonym verwendet.

2. Regionale Erzeugnisse und die Marketingentwicklung

Wie zuvor dargelegt, wird der Kaufprozess geprägt durch verschiedene Einflussfaktoren, bestehend aus kulturellen, sozialen und persönlichen Charakteristika.[365] Mit Hilfe der Psychometrie, also der quantitativen Messung psychischer Funktionen, Fähigkeiten und der Zeitdauer psychischer Vorgänge,[366] können diese Eigenschaften auch für das Marketing um regionale Erzeugnisse genutzt werden. Auf dem sich fortwährend wandelnden Marktgeschehen muss es dementsprechend aus Marketingsicht oberstes Ziel sein, die Bedürfnisse bzw. Erwartungen der Verbraucher zum Mittelpunkt des Marketingkonzepts zu machen und mit geeigneten Produkten zu befriedigen.[367] Vor allem auf Märkten mit ausgereiften Erzeugnissen kommen der Präsentation und Kommunikation von Produkten sowie deren Verkaufsversprechen besondere Bedeutung zu, um Individualität herauszustellen.[368] Diese Annahme basiert auf Untersuchungen, wonach der nationale als auch der europäische Agrarmarkt bereits seit den 1980er Jahren Marktsättigungstendenzen aufweist und diese, neben der Liberalisierung und Globalisierung der Märkte, zu einem vereinheitlichten Angebot und verstärktem Wettbewerb führen.[369] Wettbewerb kann demnach als Ausgangspunkt für Marketing betrachtet werden. Ebenso der internationale Wettbewerb der Regionen, der von einem Bedeutungsverlust geografischer Grenzen begleitet wird,

---

364 Zur Unterscheidung von „regionalem Marketing" und „Regionalmarketing" *Greib*, Regionalmarketing in Euroregionen, S. 61 f.; a.A., *Hausladen*, Regionales Marketing, S. 9.

365 Im Einzelnen *Kotler* et al., Grundlagen des Marketing, S. 256 ff., 284.

366 Duden – Das große Wörterbuch der deutschen Sprache, Stichwort: „Psychometrie".

367 *Becker*, Marketing-Konzeption, S. 95; vgl. *Kotler* et al., Grundlagen des Markting, S. 34, 39.

368 Vgl. *Becker/Burchardi*, Möglichkeiten und Grenzen der Lebensmittelwerbung, S. 4; vgl. *Leitow*, Produktherkunft, S. 54.

369 *Wirthgen*, Regional- und ökologieorientiertes Marketing, S. 1.

beansprucht ein komplexes Regionalmarketing.[370] Dafür spricht auch der vollzogene „Wandel vom Verkäufer- zum Käufermarkt", der einmal mehr die Reaktion der Anbieter bei ähnlichen, austauschbaren Waren erforderlich macht.[371] Supermarktketten haben diese Entwicklung jedenfalls aufgenommen und sich mit regionalen Erzeugnissen entsprechend rechtzeitig positioniert.[372] Ihnen dient Regionalität vor allem als Kommunikationsmittel, über das Beziehungen anschaulich gemacht und Netzwerke geknüpft werden, um den regionalen Absatz sowie die überregionale Wettbewerbsfähigkeit zu stärken.[373]

Gerade die regionale Herkunft von Erzeugnissen stellt ein Argument dar, das dem Verbraucher als Zusatznutzen zur Befriedigung seiner veränderten Konsumansprüche nähergebracht wird.[374] Dabei geht es primär um die Vermittlung von Gefühlen.[375] Es gilt die Devise, je emotionaler die Erzeugnisse vermarktet werden, desto stärker wird in der Einkaufssituation das Produktnutzenversprechen wahrgenommen und letzten Endes die Kaufwahrscheinlichkeit erhöht.[376] Auch wenn sich die eingehende Ergründung aus verhaltenswissenschaftlicher Sicht als äußerst komplex bis fast unmöglich darstellt,[377] wird das Zusammenspiel von Charakteristika wie Persönlichkeit, Demografie, Kultur und sozialer Schicht unter dem Konstrukt „Lebensstil" zusammengefasst und im Marketing auf vielfältige Weise genutzt.[378] Zur erfolgreichen Vermarktung gehört in diesem Zusammenhang nicht nur die Herkunftsangabe, sondern vor allem auch die Schaffung eines besonderen, mehrwertfähigen Einkaufserlebnisses.[379] Darauf basierende Mehrausgaben setzen nämlich zuvor immer die Entscheidung potentieller Käufer gegen alternative, möglicherweise sogar preisgünstigere Angebote voraus.[380] Gerade das Hervorheben von Alleinstellungsmerkmalen nimmt eine

---

370 Vgl. *Greib*, Regionalmarketing in Euroregionen, S. 47; vgl. *Spieß*, Marketing für Regionen, S. 1.

371 Ähnlich *Jasper*, Leitfaden zur Regionalentwicklung, S. 158.

372 Als Beispiele seien etwa die Eigenmarken „Unsere Heimat – echt & gut" des EDEKA-Verbunds und „REWE Regional" der REWE Group genannt.

373 Vgl. *Nölting*, in: Zikeli et al., S. 704.

374 Vgl. *Hausladen*, Regionales Marketing, S. 76.

375 Zu Gefühlen in Werbung und Produktgestaltung *Trommsdorff/Teichert*, Konsumentenverhalten, S. 65 ff.

376 *Meffert* et al., Grundlagen des Marketing, S. 1268.

377 Vgl. *Nieschlag/Dichtl/Hörschgen*, Marketing, S. 590.

378 Vgl. *Trommsdorff/Teichert*, Konsumentenverhalten, S. 173.

379 Vgl. *Mellin/Spiller/Zühlsdorf*, in: Zikeli et al., S. 744.

380 Vgl. *Scheuch*, Marketing für Regionen, der markt 2003, 45 (50).

ganz zentrale Handlungsweise im Wettbewerb um regionale Erzeugnisse ein.[381] Durch die konkrete Verwendung von Produktmerkmalen, wie der Herkunftskennzeichnung, kann nämlich aus den Assoziationen der Verbraucher mit der Region Kapital geschlagen werden. Besonders die „Betonung von emotional besetzten vermeintlichen oder tatsächlichen Produktattributen" trägt dazu bei.[382] Die wachsende Emotionalisierung des Verbraucherverhaltens aufgrund der technischen Homogenität vieler Produkte ist daher als Chance und bedeutsames Differenzierungskriterium zu begreifen.[383] Besonders der entsprechenden Nutzbarmachung von produktbezogenen Gefühlen über ausgewählte Sprache und Bilder kommt eine Schlüsselfunktion in der Marketingkommunikation zu.[384] Als Instrument hierfür kommt es auf das sogenannte „Framing", sprich den kommunizierten Produktkontext an, in dem die regionalen Erzeugnisse eingebettet sind.[385] Da sich Verbraucher häufig mit dem eigenen Bundesland identifizieren, spricht dies im Besonderen für die substanzielle Verbraucherempfängnis von emotional-bundeslandspezifischen Werbemaßnahmen.[386] „Regionale Identifikation kann eben nicht politisch verordnet werden, sondern ist ein Entwicklungsprozess",[387] der sich erst mit Hilfe von gezieltem Marketing dirigieren lässt.

Seitens der Lebensmittelwirtschaft wird es verstanden, das Image regionaler Erzeugnisse als Markenzeichen gewinnbringend einzusetzen und die Sehnsucht der Menschen nach Harmonie, Gemütlichkeit, Heimatnähe und Identität, durch Übertragung des regionalen Wertes auf die Erzeugnisse zu bedienen.[388] Diese Form der Identitätsbedienung durch einen Denkanstoß im Sinne eines gedanklichen „Auf-den-Weg-Bringens" wird auch als sogenanntes „Nudging" bezeichnet, mit dem sich etwa Verbraucherverhalten in einer erwartbaren Weise modifizieren lässt, ohne dass Verbote oder wirtschaftliche Anreize spürbare Entscheidungsveränderungen herbeiführen.[389] Im Bereich von regionalen Erzeugnissen würde beispielsweise die Produktsiegelplatzierung unter Zugrundelegung einer sehnsuchtsweckenden Werbeaufmachung durch entsprechende Bilder mit dem Verweis auf eine bestimmte regionale Herkunft eine Erscheinung des

381 *Kullmann*, Erfolgsfaktorenanalyse regionaler Vermarktungsprodukte, S. 18.
382 *Becker/Burchardi*, Möglichkeiten und Grenzen der Lebensmittelwerbung, S. 10.
383 Vgl. *Meffert* et al., Grundlagen des Marketing, S. 186.
384 Vgl. *Trommsdorff/Teichert*, Konsumentenverhalten, S. 66 f.
385 Mit Beispielen zum besagten „Framing" siehe nur *Thaler/Sunstein*, Nudge, S. 36 f.
386 Vgl. *Herrmann/Anders/Thompson*, GJAE 54 (2005), 171 (172).
387 *Jasper*, Leitfaden zur Regionalentwicklung, S. 165.
388 *Weiss*, in: Brunner et al., S. 188.
389 Zur begrifflichen Darlegung des „Nudging" *Thaler/Sunstein*, Nudge, S. 5 f.

Nudging ausmachen. Analog zur Markenidentität umfasst der regionale Wert hierbei regelmäßig die gleichartigen Merkmale der Region, die in nachhaltiger Weise den Charakter der Region prägen.[390] Um Produkte auf Grund ihrer Herkunftsregion dementsprechend ergebnisreich abzusetzen, werden vor allem zwei zu erfüllende Bedingungen vorausgesetzt. Zum einen kommt es auf die Sensibilisierung des Zielmarktes für das regionale Produkt an. Sofern die Verbraucher schlichtweg keine Kenntnis von der zu bewerbenden Region haben, werden sie konsequenterweise auch keine Assoziationen damit verknüpfen können. Diese Tatsache führt auch zur naheliegenden Erklärung, weshalb die Verwendung des Produktherkunftshinweises einer bestimmten Region auf internationalen Märkten oftmals weniger vorteilhaft ausfällt als vergleichsweise auf dem heimischen Markt. Zweitens ist es für die zielführende Vermarktung eines Produkts mit regionalem Bezug ebenso unerlässlich, dass die Verbraucher starke, positive Assoziationen zur betreffenden Region aufweisen, um die Natürlichkeit oder die Ursprünglichkeit einer Region mit einer Fülle an gesunden Erzeugnissen aus diesem Bereich verbinden zu können.[391] Erst mit der Schaffung eines darauf basierenden Nutzens jenseits objektiver Produktmerkmale, wird letztlich auch eine vorteilhafte Wettbewerbsposition der regionalen Erzeuger und ihrer Produkte ausbaufähig sein.[392]

In diesem Zusammenhang ist zudem die Wirkungskraft von Marken relevant. Je angesehener die Marke innerhalb einer Produktart ist, desto irrelevanter ist zugleich die fakultative Produktherkunftskennzeichnung.[393] Ausgehend von diesem Abhängigkeitsverhältnis wurde regionalen Markenprodukten vom konventionellen Handel um die Jahrtausendwende wenig Geltung beigemessen, während zugleich eine auf die Region bezogene Werbung praktisch nicht existent war.[394] Dies hat sich aber spätestens in Zeiten von Produktkampagnen à la „REWE Regional"[395] oder „Unsere

390 Angelehnt an die Definition „Markenidentität" in *Meffert* et al., Grundlagen des Marketing, S. 449.

391 Ausführlich *van der Lans* et al., ERAE 2001, 451 (453 f.).

392 Vgl. *Trommsdorff/Teichert*, Konsumentenverhalten, S. 66.

393 In Bezug auf das Herkunfts- und Gütezeichen Schleswig-Holsteins *Sattler*, Herkunfts- und Gütezeichen im Kaufentscheidungsprozess, S. 183.

394 *Wirthgen*, Regional- und ökologieorientiertes Marketing, S. 44 m.w.N.

395 Laut dem „REWE Group-Nachhaltigkeitsbericht 2013/2014" bieten REWE-Märkte deutschlandweit seit 2012 unter der Eigenmarke REWE Regional vor allem Obst und Gemüse an, bei Ausweisung der Herkunftsregion auf der Verpackung.

Heimat“[396] drastisch verändert,[397] sodass nunmehr für 96% der deutschen Handelsunternehmen das Thema „Regionalität“ einen absolut zentralen Stellenwert hinter dem Themenbereich „Kostendruck“ einnimmt.[398] Dabei dienen die Handelsmarken unterschiedlichen Zwecken, zu denen unter anderem die Signalisierung von Vertrauensattributen im Premiumproduktsegment bei enger Kundenbindung zählt.[399] Bemerkenswert dabei ist, dass regionalen Marken in einigen Gebieten sogar ein höherer Stellenwert zuteil wird als nationalen, herkunftsunspezifischeren Marken.[400] Die Entscheidung zwischen Marke oder geografische Herkunftsangabe ist insoweit nicht nur in theoretischer Hinsicht kein Zielkonflikt, sondern sie kann oftmals als eine Kombination von Marke und geografischer Herkunftsangabe bei unterschiedlich starker Gewichtung der beiden Parameter begriffen werden.[401] Springen vor diesem Hintergrund neben den Supermarktketten auch noch die Lebensmitteldiscounter auf den Marketingzug der vorwiegend im Premiumsegment angesiedelten (Marken-) Produkte regionaler Herkunft auf, kann dies allerdings wegen der prinzipiell preisaggressiven Discounterstrategie zu Glaubwürdigkeitseinbußen bei den Verbrauchern führen.[402]

Möglicherweise lassen sich diese Erkenntnisse zusammenführen, indem Regionalmarketing einem ursprünglich rein regional verhafteten Produkt zu nationaler Bekanntheit verhilft, ohne den Regionalitätsaspekt übermäßig, inhaltsleer und abgekapselt im Hochpreissegment anzupreisen.

So gesehen bestehen zwei Sorten von regionalen Erzeugern. Der eine agiert regional und seinen Produkten kommt auch nur in seiner Region ein gewisser Markenwert zu. Der andere Erzeugertypus trägt seine Vermarktung weit über die Grenzen seiner Herkunftsregion hinaus und schafft durch unternehmerisches

396 Seit 2006 bestehende Regionalmarke der Supermarktkette EDEKA Südwest. URL: https://www.edeka.de/suedwest/unsere-region-suedwest/'unsere-heimat-echt-gut'/mehr-zur-regionalmarke/unsere_heimat_echt_und_gut_1.jsp (Abruf 08.04.2019).

397 Ausführlich zum konkreten Regionalmarketing von Super- und Verbrauchermärkten *Stockebrand*, Regionalmarketing für Lebensmittel, S. 11 f., 47 ff., 58 f.

398 So Verbraucherzentralen Hamburg/Rheinland-Pfalz (Federführung), Lebensmittel mit Regionalangaben, S. 6.

399 Vgl. *Roosen*, in: Vorträge zur Hochschultagung 2004 der Christan-Albrechts-Universität zu Kiel, S. 47.

400 Vgl. *Wirthgen*, Regional- und ökologieorientiertes Marketing, S. 44.

401 Vgl. *Thiedig*, Spezialitäten mit geographischer Herkunftsangabe, S. 47.

402 *Stockebrand*, Regionalmarketing für Lebensmittel, S. 12.

Geschick eine spezielle regionale Individualität.[403] Zu dem beschriebenen letzteren Erzeugertypus gehören beispielsweise Produkte der geschaffenen Marke „Berchtesgadener Land". Diese werden mit besonderen qualitativen Eigenschaften und einer Herkunftsgarantie[404] beworben und auch im europäischen Ausland vertrieben. Prinzipiell wird eine solche überregionale Vermarktung aber erst dann möglich, wenn entsprechende Erzeuger, auch beim Verlassen des Herkunftsraums der Markengeltung, zum selbstständigen Träger der Sinnordnung aufsteigen und die Markenwahrnehmung vielmehr von der soziokulturellen als von der räumlichen Erzeugerzugehörigkeit abhängt.[405]

Gleiches gilt im Übrigen auch für die Unternehmensgruppe und gleichnamigen Markenprodukte „Schwarzwaldmilch", bei der Slogans wie „Unser Schwarzwald – unsere Milch" offenbar auf das Wir-Gefühl der Verbraucher aus der Schwarzwaldregion setzen und nach eigenen Bekundungen ein Vertrieb „weit über die Grenzen Baden-Württembergs hinaus" stattfindet.[406]

Beim Marketing um regionale Erzeugnisse steht jedoch nicht allein das Erzeugnis selbst oder nur die produktbezogene Herkunft im Mittelpunkt des Interesses. Es kommt ebenso auf das Erzeugnisumfeld, sprich die Einbettung in ein bestimmtes Sortiment oder die Präsentationsart an.[407]

Obwohl es die Fülle und Komplexität an Zielvorstellungen nicht leicht machen, eine allgemein konsensfähige Marketinggrundstruktur zu schaffen,[408] besteht doch zumindest im Kontext von regionalen Produkten das gemeinsame Ziel der Steigerung des positiven Bekanntheitsgrades derselben.[409] Ein solches Bestreben ist sicherlich nicht durch die alleinige Verwendung von Produktherkunftszeichen zu erreichen und erfordert daher die bessere Wahrnehmbarkeit regionaler Erzeugnisse; etwa durch die Realisierung der Idee eines speziellen Regionalregals im Lebensmitteleinzelhandel.[410] Mit jener möglichen Produktzusammenführung eröffnet sich gar ein zusätzliches Marketingpotential. Doch

403 *Lueger* et al., in: Kirchler, S. 76.

404 Zur Herkunftsgarantie der Marke „Berchtesgadener Land" URL: https://bergbauern-milch.de/die-heimat-unserer-milch/unsere-bergbauern/unsere-herkunftsgarantie/ (Abruf 08.04.2019).

405 Vgl. *Geigenmüller*, Regionale Marken und Konsumentenverhalten, S. 75.

406 URL: http://www.schwarzwaldmilch.de/ueber-schwarzwaldmilch/ (Abruf 08.04.2019).

407 *Hausruckinger*, Herkunftsbezeichnungen, S. 53.

408 Vgl. *Spieß*, Marketing für Regionen, S. 86.

409 Vgl. *Fritz*, Marketing für Regionen, S. 14, 19.

410 Vgl. *Franz*, Bestimmungsgründe der Verbraucherverunsicherung, S. 201 f.

hierbei gilt, dass auch die am besten entwickelte, großangelegte Werbestrategie nicht die Ebene des persönlichen Verkaufs zu ersetzen vermag und den regionalen, mittelständischen Erzeugern mit Hofladenverkauf durchaus Marktchancen verbleiben.[411] Über direktvertreibende Erzeuger wird Regionalität dem Verbraucher konkret und greifbar gemacht. Auf den ersten Blick erscheint es daher etwas befremdlich, wenn *Spieß* die Metapher der Region als eigenständiges Produkt bemüht, welches erst durch Regionenmarketing seine existentielle Berechtigung erhalte.[412]

Dass aber eine Region tatsächlich auch als selbstständiges Produkt auftreten kann, macht beispielsweise das Käseerzeugnis „Emmentaler" deutlich. Ursprünglich in der Schweizer Landschaftsregion Emmental hergestellt, wurde im Laufe der Zeit die Region selbst zum Produkt.[413] Dementsprechend reicht inzwischen auch das Wort „Emmentaler" im allgemeinen Sprachgebrauch völlig aus, ohne dass nähergehende Angaben für die grundsätzliche semantische Einordnung der Produktgattung erforderlich wären. Der prinzipiell vorherrschende Sortenreichtum um das Käseerzeugnis „Emmentaler" hat zu dieser Entwicklung beigetragen. Als entlokalisiertes Erzeugnis ist Emmentaler folglich im allgemeinen Handelsverkehr ansässig, ohne auf eine bestimmte Stadt, Region oder ein spezielles Land festgelegt zu sein. Dieses Beispiel zeigt, dass sich Regionen gewissermaßen zu eigenständigen, vermarktungsfähigen Produkten aufschwingen können. Eine solche Transformation, dass die ursprüngliche Region selbst zum vielschichtigen Produkt wird, ist höchst selten und nur auf erfolgreiches Regionalmarketing zurückzuführen.

Mit der Herausstellung der regionalen Herkunft ergibt sich durch die räumliche Einengung meist eine spezifizierte Herkunftsinformation, die auf Konsumentenseite klarere Vorstellungen sowie Erwartungen erwachsen lässt und auf Erzeugerseite zu einer Positionierung von Marken mit Regionalbezug führen kann.[414] Als Beispiel sei der „Allgäuer Emmentaler" genannt, der seit 1997 als unionsrechtlich geschützte Ursprungsbezeichnung nur den Landkreisen Lindau, Oberallgäu, Ostallgäu, Unterallgäu, Ravensburg und Bodenseekreis sowie den Städten Kaufbeuren, Kempten und Memmingen zugeschrieben wird.[415]

---

411 Vgl. *Jasper*, Leitfaden zur Regionalentwicklung, S. 164.

412 Zur Metapher der Region als Produkt *Spieß*, Marketing für Regionen, S. 28, 116.

413 Duden – Das große Wörterbuch der deutschen Sprache, Stichwort: „Emmentaler".

414 Vgl. *Schirrmann*, Lokale Produktherkunft und Konsumentenverhalten, S. 2.

415 Zur Bekanntmachung der Eintragung „Allgäuer Emmentaler" siehe ABl.EG 1997 Nr. L 22/20.

In erster Linie sind es die Leitbilder solch vorgenannter Räume, die zu einer erfolgreichen Profilierung regionaler Erzeugnisse beitragen und als langfristige Orientierungshilfen für die Produktzuordnung dienen können.[416] Im Marketing werden die Entstehung und die Entwicklung von Leitbildern natürlich nicht dem Zufall überlassen. Das beispielsweise vom Bundesland Hessen mitentwickelte Regionalsiegel „Geprüfte Qualität – Hessen“[417] suggeriert offensichtlich ein solches, qualitativ vertrauenswürdiges Leitbild. Ob sich ein solches Siegel durch die gedankenstrichliche Verbindung der Herkunftsregion mit geprüfter Qualität tatsächlich zum Leitbild hochstilisieren lässt, entscheiden am Ende die Verbraucher.

Obgleich das Bewerben von Qualität für den messbaren, unmittelbaren Erfolg des Regionalmarketings sehr bedeutsam ist, reicht auch die zielorientierteste, strategieadäquateste Kombination einzelner Marketinginstrumente zu einem ausgewogenen Marketingmix[418] mit der besten Marketingkampagne schlichtweg nicht aus, wenn nur die Bekanntheit gesteigert wird, ohne nachhaltiges Qualitätsmanagement zu betreiben.[419] Abgesehen von der intendierten Marketingwirkung von Regional- bzw. Qualitätssiegeln dienen diese auch als Sammelbezeichnung, unter der sich wesentliche Marketingaktivitäten regionaler Erzeuger zusammenfinden und koordiniert werden können. Eine solche kooperative Koordination des regionalen Marketings ist gerade deshalb von Nöten, weil einzelne landwirtschaftliche Erzeuger im Vergleich zu Industrieunternehmen nur relativ beschränkte Möglichkeiten haben, aktives Marketing zu betreiben, und erst der Zusammenschluss zu Erzeugergemeinschaften diese Unzulänglichkeit kompensieren kann.[420] Anderenfalls könnte sich die Befürchtung bewahrheiten, dass dem Regionalmarketing nur eine zweifelhafte Zukunft zu prognostizieren ist.[421] Diverse zwischenzeitig initiierte Kooperationsmodelle von Bundesland und Erzeugern, wie eben die 2005 gegründete

416 Vgl. *Fritz*, Marketing für Regionen, S. 13 f.

417 Genehmigung der EU Kommission vom 11.06.2003, Kommission C(2003)1746fin, Beihilfe Nr. N 260/A/2002.

418 Zum Wesen und den instrumentalen Grundfragen des Marketingmixes *Becker*, Marketing-Konzeption, S. 485 ff.; zum Marketingmix als das operative Glied in der Marketing-Konzeption *Hausladen*, Regionales Marketing, S. 12; zur Systematik des Marketinginstrumentariums *Spieß*, Marketing für Regionen, S. 113 f.

419 Vgl. *Greib*, Regionalmarketing in Euroregionen, S. 58.

420 In diese Richtung *Hensche* et al., Verbraucherpräferenzen für Nahrungsmittel aus der näheren Umgebung, S. 42, 47.

421 In diese Richtung *Danielzyk*, in: Wolf/Tharun, S. 48 ff., 51.

Marketinggesellschaft „MGH GUTES AUS HESSEN“ mit ihrem Zeichen „Geprüfte Qualität – Hessen“, geben aber Grund zur Annahme einer Trendwende. Treffenderweise liegt also die Erkenntnis nahe, dass aus Marketingsicht zur Ausschöpfung konstruktiven Konsenspotentials nicht nur davon profitiert werden kann Erzeuger untereinander, sondern auch Erzeuger und Verbraucher einander verständlich bekannt zu machen.[422] Dementsprechend zählt auch die Schaffung von Win-Win-Situationen zu den Erfolgsfaktoren im Marketing, welche durch „die Synergie aus der Kombination von Einzelinteressen unterschiedlicher Beteiligter zum gemeinsamen Nutzen“ entstehen sollen.[423] Wahrnehmbare Vorteile gegenüber weniger synergetisch vernetzten Strukturen ergeben sich dadurch, dass „der Informationsfluss innerhalb regionaler Bündnisse zwischen Erzeugern, Vermarktern, Händlern und den engagierten Verbraucherinnen und Verbrauchern auf direktem Wege – und unentgeltlich“ stattfinden kann.[424]

Ferner erfordern sich wandelnde ökonomische, technologische, politisch-rechtliche und soziokulturelle Rahmenbedingungen die Verbesserung der Anpassungsfähigkeit von Erzeugern, durch Selbstorganisation über die Ausrichtung an „Nachfrage- und Konkurrenzbedingungen sowie an den verfügbaren Ressourcen“.[425] Die Verfolgung der beiden Strategien, sprich die Vernetzung der beteiligten Marktakteure und die gezielte Stärkung der erzeugerseitigen Selbstorganisation, bilden die Eckpfeiler für erfolgreiches Regionalmarketing. Mit dem Realisierungsstreben nach derartigen Hauptmarketingzielen wird zugleich das regionale Bewusstsein gestärkt.[426]

Die zentrale Herausforderung im Regionalmarketing liegt daher letzten Endes in der „sinnstiftenden Hinterlegung“ des Regionalgedankens, in der gerade auch die konsequente und glaubwürdige Produktkennzeichnung an Tragweite gewinnt.[427] Beim Marketing regionaler Erzeugnisse ist gerade der Ausbau der Erreichbarkeit und der Erkennbarkeit von immenser Bedeutung, der ähnlich den Bio-Produkten, zwangsläufig einige Zeit zur Marktetablierung in Anspruch nimmt.[428] Daher muss gerade das Defizit der begrenzten Aussagekraft allgemein

---

422 In diese Richtung wohl auch *Jasper*, Leitfaden für Regionalmarketing, S. 25 f., 30.

423 Vgl. *Kullmann*, Erfolgsfaktorenanalyse regionaler Vermarktungsprodukte, S. 13.

424 Vgl. *Jasper*, Leitfaden zur Regionalentwicklung, S. 159 f.

425 Vgl. *Spieß*, Marketing für Regionen, S. 81, 92.

426 Zu den typischen Marketingzielen siehe beispielshalber *Becker*, Marketing-Konzeption, S. 16 f.; vgl. *Greib*, Regionalmarketing in Euroregionen, S. 56 f.

427 Vgl. *Stockebrand*, Regionalmarketing für Lebensmittel, S. 289, 292 f.

428 Vgl. *Kullmann*, Erfolgsfaktorenanalyse regionaler Vermarktungsprodukte, S. 19; in diese Richtung auch *Wiesmann/Vogt/Lorleberg/Mergenthaler*, Forschungsberichte desFachbereichs Agrarwirtschaft Soest Nr. 35, S. 27.

gehaltener Gütesiegel, die lediglich die Einhaltung von Produktionskriterien gewährleisten,[429] behoben werden. Ausgehend von der Annahme einer weiteren Verbreitung des Regionalmarketings kann der latenten Gefahr von Verbrauchertäuschungen nur dergestalt zu begegnen sein, dass der vielfältig verstandene und kritisch zu hinterfragende Begriff der Authentizität im Bereich der regionalen Erzeugnisse größere Aufmerksamkeit erfährt.[430] Demgemäß wird samt und sonders die Kommunikation von Glaubwürdigkeit immer zentrale Voraussetzung für die Akzeptanz von Informationen bleiben und sich auch weiterhin auf die Produkte selbst sowie die Vermittler von Informationen beziehen.[431]

Die Grenzen erfolgreichen Regionalmarketings liegen im Übrigen dort, wo regionale Wirtschaftskreisläufe wegen großindustrieller Branchenstrukturen nicht geschlossen werden können, eine Produktverarbeitung in der Region nicht mehr möglich ist und schlussendlich die nachvollziehbare Kommunikation von Regionalität des Erzeugers bzw. des Produkts ausbleibt.[432]

3. *Regionalität vor dem Hintergrund der Globalisierung*

Nach der These von *Fritz* seien nicht Nationen, sondern Regionen „die Hauptakteure der Weltwirtschaft und damit auch die maßgeblichen Träger der nationalen und weltweiten Wirtschaftsleistung."[433]

Doch auch die Annahme einer solch wirtschaftlich bedeutenden Stellung der Region vermag keineswegs auszublenden, dass der vernetzte Weltmarkt nicht nur zwischen Unternehmen einen verstärkten Konkurrenzkampf befördert, sondern auch Regionen mit ihren Erzeugern und Produkten diesem Trend aussetzt.[434] So wächst mit zunehmender Eingliederung der Wirtschaft in den Globalisierungsprozess zugleich auch die Zahl der zu integrierenden, sich im wachsenden Wettbewerb um günstige Standortbedingungen befindenden Regionen und regionalen Erzeuger.[435] Die Globalisierungsentwicklung wird daher als Grund genannt für die Verschärfung der regionalen Wettbewerbssituation.[436] Vor

429 Hierzu *Schwan*, Der informierte Verbraucher?, S. 116.
430 Vgl. *Stockebrand*, Regionalmarketing für Lebensmittel, S. 173 ff., 185, 295.
431 *Härlen/Simons/Vierboom*, Die Informationsflut bewältigen, S. 75, 78.
432 Vgl. *Greib*, Regionalmarketing in Euroregionen, S. 68.
433 *Fritz*, Marketing für Regionen, S. 3.
434 *Jasper*, Leitfaden zur Regionalentwicklung, S. 16 f.
435 Vgl. *Fritz*, Marketing für Regionen, S. 4 f.
436 Vgl. *Schwerdtner*, Erfolgsfaktoren im Regionalmarketing ländlicher Räume, S. 215.

diesem Hintergrund stellt sich die Frage, ob überhaupt noch Platz für regionale Strömungen besteht.[437]

Sicherlich hat auch das Regionalmarketing keine pauschale Antwort, um der Globalisierung wirksam zu begegnen. Es geht letztlich um ein ganzes Bündel mannigfaltiger Maßnahmen der Profilierung, das speziell auf die Region bzw. die regionalen Erzeugnisse zugeschnitten sein muss. Ebenso angesprochen sei die Bewahrung von Autonomie. Nur so kann das Besondere und Individuelle an regionalen Erzeugnissen in einem stark vereinheitlichten, weltweiten Massenmarkt erhalten werden. Wenngleich ein grundsätzlicher Bedeutungsgewinn von Regionalität binnen der letzten Jahre und Jahrzehnte zu verzeichnen ist, wird aber die regionale Ebene – speziell wegen der Europäisierungs- und Globalisierungsentwicklung – immer nur eine „relative Autonomie" haben können.[438] Eine solche relative Autonomie schließt jedoch keineswegs aus, dass Regionalität im Handlungs- und Gestaltungsraum globaler Verflechtung auftreten kann.[439] Häufig ermöglicht gerade erst jene überregionale Verwobenheit der Regionen und ihrer Erzeuger entlang der Wertschöpfungskette die Anpassung und den wirtschaftlichen Fortbestand im Globalisierungsprozess. Durch die hierbei entstehenden, diversen Vermarktungsstufen im Lebensmittelbereich weicht der Bezug zwischen landwirtschaftlichen Erzeugnissen und den Erzeugern fortwährend auf, womit Verbrauchern das Erkennen von Zusammenhängen signifikant erschwert wird.[440] Einerseits vermag die vielfältige Globalisierung der Märkte die Absatzchancen von Erzeugnissen ohne eindeutig identifizierbare Herkunft zu fördern, während zugleich der Wegfall von Grenzschranken auf dem Europäischen Binnenmarkt zum Bedeutungsverlust der Produktherkunft führen kann.[441] Entgegen solcher Annahmen gewinnt jedoch die vermarktete regionale Herkunft als Auszeichnungskriterium im Rahmen der „Globalisierung der Speisezettel" an Bedeutung und kann als Gegenbewegung zu einer teils undurchschaubaren Industrie gesehen werden.[442]

---

437 *Hausladen*, Regionales Marketing, S. 17.

438 *Danielzyk*, in: Wolf/Tharun, S. 42.

439 Vgl. *Blotevogel*, in: Brunn, S. 48.

440 Vgl. *Hauser*, Verbraucherpräferenzen für Nahrungsmittel aus der näheren Umgebung, S. 131 f.; *Hensche* et al., Verbraucherpräferenzen für Nahrungsmittel aus der näheren Umgebung, S. 100.

441 Vgl. *Hausruckinger*, Herkunftsbezeichnungen, S. 1 f.

442 Vgl. *Dorandt*, Analyse des Konsumenten- und Anbieterverhaltens, S. 18; vgl. *Lindner*, in: Brunn, S. 94.

So liegt auch die Vermutung nahe, dass das internationale Zusammenwachsen von Volkswirtschaften bei vielen Verbrauchern Ängste auslöst, die nationale Identität verlieren zu können.[443] Teilweise wird diese Annahme sichtbar, wenn gegen Freihandelsabkommen demonstriert wird. Häufig ist von der Verbraucherschaft sodann eine Rückbesinnung auf „ursprüngliche Werte" und die Betonung regionaler Besonderheiten die Folgereaktion, die sich genauso in patriotischen, ethnozentrischen und nationalistischen Verhaltensweisen oder einem Denken in Stereotypen äußern kann.[444] Diese Sichtweise hängt freilich auch mit dem Kontakt zu fremden Regionen, Ländern und Kulturen zusammen, sodass Heimatbehafteteren tendenziell höhere Präferenzen für regionale Produkte zugerechnet werden als Vielreisenden.[445]

Umgekehrt spielt in der regionalen Vermarktung aber nicht nur die Identifikation mit der eigenen Region eine Rolle, sondern oft sind es weitgereiste, weltoffene Menschen, die erst die identitätsstiftende Grundlage für die Region schaffen mit ihrem Wunsch nach authentischen, zuverlässigen und unverfälschten Erzeugnissen.[446] So mag es der ein oder andere mit Goethe halten und sich fragen: Warum in die Ferne schweifen, wenn das Gute liegt so nah? Diese Erkenntnis setzt wahrscheinlich einen bestimmten kosmopolitischen Erfahrungshorizont voraus, der erst einer schrittweisen Entwicklung bedarf. Je mehr aber Regionen zu präsenten Aktionsräumen des alltäglichen wirtschaftlichen und gesellschaftlichen Lebens werden, desto eher ist auch von einer stärkeren regionalen anstelle einer nationalen oder weltbürgerlichen Identifikation auszugehen.[447] Mit jener Präsentmachung von Regionalität geht es demnach auch um die Förderung der regionalen Unabhängigkeit vom Globalisierungsprozess, indem Verbrauchern „buy local" als eine Art bürgerliche Pflicht eingeimpft wird.[448]

---

443 *Schirrmann*, Lokale Produktherkunft und Konsumentenverhalten, S. 4.

444 Vgl. ibid., S. 4, 29.

445 Mit dem Verweis auf eine Studie unter Studenten in Spanien siehe *Leitow*, Produktherkunft, S. 38

446 Vgl. *Jasper*, Leitfaden für Regionalentwicklung, S. 27; vgl. *Stockebrand*, Regionalmarketing für Lebensmittel, S. 280.

447 Vgl. *Geigenmüller*, Regionale Marken und Konsumentenverhalten, S. 3.

448 In diese Richtung bereits *Ciuchta/O'Toole*, Business & Society 2018, 1481 (1482 f.).

C. Staatliche Regionalförderung

Die wirtschaftliche Bedeutung von regionalen Erzeugnissen ist fernerhin eng mit der staatlichen Regionalförderung verwoben. Während heutzutage im Rahmen der Regionalförderung von Staats wegen die Kompensation sozialer und wirtschaftlicher Ungleichgewichte im Vordergrund steht, erfolgte diese historisch betrachtet vorrangig aus militärischen und machtpolitischen Zielen zur Sicherung und Erweiterung von Territorien.[449]

Wirtschaftliche Ungleichgewichte zwischen regionalen Wirtschaftsräumen können beispielsweise aufgrund einer extremen Witterung oder globalen Wirtschaftsentwicklungen entstehen. So lassen nicht zuletzt stark schwankende Weltmarktpreise staatliche Förderungshilfe für regionale Erzeuger notwendig erscheinen.[450] Exemplarisch sei an dieser Stelle auf die Situation vieler Milcherzeuger aus Deutschland verwiesen. Wegen mangelnder Exportnachfrage bei gleichbleibender Produktionshöhe und Wegfall der europäischen Milchquotenregelung im April 2015 sind deutsche Milcherzeugnisse einem erheblichen Preisverfall ausgesetzt.[451] Indes zeigt man sich seitens der Bundesregierung bestrebt, die heimischen, regionalen Milcherzeuger finanziell zu stützen und eine entsprechende Hilfe zu gewähren.[452]

Aus ökonomischer Sicht kennt die staatliche Regionalförderung nur zwei wesentliche Ausprägungen. Zum einen kann sie auf eine Produktivitätssteigerung abzielen, indem etwa der bildliche Herstellungsversuch eines größeren Kuchens unternommen bzw. der wirtschaftliche Absatz angekurbelt wird. Zum anderen kann mit staatlicher Förderung auch die Steigerung von wirtschaftlicher Gleichheit beabsichtigt sein, sodass der Wohlstandskuchen verteilt wird.[453] Die jeweilige Umsetzung der Regionalförderung in Deutschland ist letztlich mannigfaltig und gestaltet sich im Unterschied zu einem rein auf Produzentenabgaben setzenden System wie in den USA,[454] als Gemeinschaftsaufgabe von Bund und

---

449 *Schwerdtner*, Erfolgsfaktoren im Regionalmarketing ländlicher Räume, S. 67.

450 Vgl. *Jasper*, Leitfaden zur Regionalentwicklung, S. 24.

451 Zum Hergang *Gassmann*, Darum wird unsere Milch für ein paar Cent verramscht, Die Welt Online vom 20.05.2016.

452 *Bundesregierung*, Artikel vom 7.6.2016, Fallende Milchpreise. URL: https://www.bundesregierung.de/Content/DE/Artikel/2016/05/2016-05-30-milchgipfel-soforthilfen-fuer-milchbauern.html (Abruf 08.04.2019).

453 Zum bildlichen Vergleich des Kuchens im Rahmen der staatlichen Förderung vgl. *Niels/Jenkins/Kavanagh*, Economics for Competition Lawyers, S. 384.

454 In Bezug auf die finanzielle Förderung von Regionalvermarktungsprogrammen in den USA und Deutschland vgl. *Herrmann/Anders/Thompson*, GJAE 54 (2005), 171 (173).

Ländern zur „Verbesserung der Agrarstruktur und des Küstenschutzes" (GAK) sowie zur „Verbesserung der regionalen Wirtschaftsstruktur" (GRW).[455] Neben der Gemeinschaftsaufgabe von Bund und Ländern und dem 2001 vom Bundesministerium für Ernährung, Verbraucherschutz und Landwirtschaft (BMELV) gestarteten Modellvorhaben „Regionen aktiv – Land gestaltet Zukunft" erfährt die Herstellung und Vermarktung regionaler Erzeugnisse in Deutschland bereits eine Förderung seit Anfang der 1990er Jahre im Rahmen der europäischen LEADER-Initiative[456], wobei Finanzhilfen der Europäischen Union, des Bundes und der Länder das Förderungsgrundgerüst darstellen und sich im Wesentlichen auf die Unterstützung von geografischen Herkunftsangaben, Qualitätszeichen, Werbung, Verbraucherberatung und Ausstellungen erstrecken.[457] Die öffentlichen Förderungsformen korrespondieren dabei im Wesentlichen mit der Aufgabe der staatlichen Fürsorge, um die individuelle Selbstbestimmung im Hinblick auf die Ernährung durch Kommunikation zu ermöglichen.[458]

Die Annahme unterstellt, dass Märkte nicht immer perfekt funktionieren, erklärt insofern die Existenz staatlicher Förderung zur Korrektur von Marktfehlverhalten, sowie zur Erreichung von Gemeinwohlzielen.[459] Allerdings können staatliche Förderungsformen eine große Ambivalenz aufweisen. In Bezug auf die staatliche Regionalförderung soll der Fokus auf die Region durch öffentliche Fördermaßnahmen zugunsten regionaler Betriebe regelmäßig den Erhalt alter und die Schaffung neuer Arbeitsplätze gewährleisten wie auch der zunehmenden Landflucht entgegenwirken, während gleichzeitig jene Förderung nur kurzfristig wirkt und keine grundsätzlichen Strukturprobleme überwinden kann.[460] Darüber hinaus wird durch staatlich-fiskalische Unterstützungsmaßnahmen die eigenständige Entwicklung einer regionalen Landwirtschaft mit qualitativ hochwertigen Nischenprodukten erschwert, wenn auch die als nicht wachstumsfähig geltenden regionalen Erzeuger und Erzeugnisse künstlich in der Produktion gehalten werden.[461] Es besteht letztlich eine Fülle an Herausforderungen, die es

---

455 Vgl. Jasper, Leitfaden zur Regionalentwicklung, S. 391, 409.

456 „LEADER" ist hierbei ein englischsprachiges Apronym von französisch „Liaison entre actions de développement de l'économie rurale" (Verbindung zwischen Aktionen zur Entwicklung der ländlichen Wirtschaft).

457 Vgl. *Kögl/Tietze*, Regionale Erzeugung, S. 31.

458 Vgl. *Hahn*, in FS Horst, S. 12.

459 Vgl. *Niels/Jenkins/Kavanagh*, Economics for Competition Lawyers, S. 381, 425.

460 Zur kontroversen Darstellung regionaler Problemfelder *Schwerdtner*, Erfolgsfaktoren im Regionalmarketing ländlicher Räume, S. 14 f.

461 In diese Richtung *Jasper*, Leitfaden zur Regionalentwicklung, S. 24.

vielen Regionen und regionalen Erzeugern trotz Eigenbemühungen beinahe unmöglich macht, ohne fremde Unterstützung auszukommen und regionale Ungleichgewichte auszugleichen.[462] Das Ziel des Ausgleichens wird seitens der Europäischen Union in Gestalt des Europäischen Fonds für regionale Entwicklung (EFRE) forciert. Nach Art. 2 der Verordnung (EU) Nr. 1301/2013 bildet das EFRE die finanzielle Grundlage, „die nachhaltige Entwicklung und Strukturanpassung der regionalen Wirtschaften, einschließlich der Umstellung der Industrieregionen mit rückläufiger Entwicklung und der Regionen mit Entwicklungsrückstand" zu stärken.[463] Dennoch konnte in der Vergangenheit dem Ziel der Schaffung gleichwertiger Lebensbedingungen in den unterschiedlichen Regionen Deutschlands durch bloße finanzielle Förderung von außen nicht entscheidend nähergekommen werden.[464] Daher wird zum Beispiel auf hessischer Landesebene auch verstärkt darauf gesetzt, die Entwicklung regionaler Wirtschaftsräume „in erster Linie als eigene Gestaltungsaufgabe der ländlichen Regionen" unberührt zu belassen.[465] Die umfangreichste finanzielle Unterstützung regionaler Wirtschaftsräume nützt schließlich wenig, wenn das Vermarktungsumfeld unstimmig ist und sich gegenüber Fördergeldern als Fass ohne Boden herausstellt. Das Erkennen dieses Umstands ist womöglich ein Grund, warum gerade der regionalen Vermarktung landwirtschaftlicher Produkte vermehrt Beachtung im Kontext der staatlichen Regionalförderung geschenkt wird.[466]

Eine ähnliche Entwicklung ist im Übrigen beim Öko-Landbau zu beobachten. Hier tragen die staatliche Festlegung, Kontrolle und Öffentlichkeitsarbeit hinsichtlich einheitlicher Standards, sowie die finanzielle Unterstützung entscheidend zur Marktstabilisierung bei, während „die hohe Regulierungsdichte im Agrarsektor durch Bürokratie, Kontrollen, staatliche Bevormundung und Politikwechsel verbunden mit Investitionsunsicherheit" behindernd wirkt.[467] Diese

---

462 Zusammenfassend in Bezug auf Deutschland und Österreich vgl. *Schwerdtner*, Erfolgsfaktoren im Regionalmarketing ländlicher Räume, S. 80.

463 Verordnung (EU) Nr. 1301/2013 des Europäischen Parlaments und des Rates vom 17. Dezember 2013 über den Europäischen Fonds für regionale Entwicklung und mit besonderen Bestimmungen hinsichtlich des Ziels „Investitionen in Wachstum und Beschäftigung" und zur Aufhebung der Verordnung (EG) Nr. 1080/2006 (ABl. EU 2013 Nr. L 347/289).

464 *Jasper*, Leitfaden zur Regionalentwicklung, S. 19.

465 Richtlinien zur Förderung der regionalen Entwicklung in Hessen, StAnz. Nr. 16/2013, S. 515.

466 Vgl. *Jasper*, Leitfaden zur Regionalentwicklung, S. 21.

467 *Nölting*, in: Zikeli et al., S. 703.

allgemeine Annahme in Bezug auf den gesamten Agrarbereich gilt selbst dann, wenn durch finanzielle Zuwendungen für Regionen die Einigkeit unter den Regionen schnell hergestellt sowie regionale Identität aus dem Zusammenhalt im Kampf um Subventionen bezogen wird.[468] In diesem Zusammenhang wurde die Konkurrenzthese zu einem Schlagwort, wonach Regionen angehalten werden, ihre Besonderheiten sichtbar zu machen, sodass sie im Konkurrenzkampf um private Investitionen und öffentliche Gelder mithalten können.[469] Obwohl sich der Umsatzerfolg mit regionalen Produkten bei Betrachtung des einzelnen Erzeugers bzw. von Erzeugergemeinschaften durchaus feststellen lässt, kann der Förderungserfolg bei der Regionalentwicklung nicht einfach wie im Unternehmensbereich anhand von Umsatz- oder Marktanteilsteigerungen gemessen werden.[470] Vielfach sind es nämlich eher demoskopische, weiche Faktoren, die erst Rückschlüsse auf Erfolg oder Misserfolg einer Entwicklungsstrategie zulassen.

Das Bundesland Hessen weist zum Beispiel eine insgesamt recht heterogene sozioökonomische Struktur auf, während jedoch abseits des wirtschaftlich starken Rhein-Main-Gebiets noch Entwicklungspotentiale in Bezug auf die internationale wirtschaftliche Wettbewerbsfähigkeit bestehen.[471] Ein Primärziel hessischer Regionalförderung muss es daher sein, neben der direkten finanziellen Einflussnahme, landesweite Produktkampagnen zu lancieren (etwa durch die „MGH Gutes aus Hessen GmbH“), um eine größere Präsenz wie auch eine funktional stärkere wirtschaftliche Verknüpfung der Ballungszentren zu erreichen.[472] Insoweit kann den regionalen Erzeugnissen im Zusammenspiel der staatlichen Regionalförderungsformen eine Schlüsselfunktion zukommen, mit der sich Nachhaltigkeit und die Vermeidung struktureller Schwächen im Rahmen eines ausgeprägten Stadt-Land-Gefälles erreichen lassen.

D. Regionale Erzeugnisse und die Umweltdimension

I. Zusammenspiel von regionalem Wirtschaftswachstum und Umweltbelastung

Die Vermarktung von landwirtschaftlichen Erzeugnissen durchläuft regelmäßig ein mehrstufiges System. Ein solches, grundsätzlich sehr transportaufwendiges

---

468 Mit besonderem Verweis auf die Region des Ruhrgebiets *Kunzmann*, in: Brunn, S. 91.
469 *Ipsen*, in: Brunn, S. 116.
470 Vgl. *Danielzyk*, in: Wolf/Tharun, S. 46.
471 OP Hessen EFRE 2014–2020, S. 2.
472 Vgl. ibid., S. 3.

System umfasst die anfängliche Rohstoffgewinnung bzw. –produktion, setzt sich mit der Rohstoffverarbeitung und dem Handelsvertrieb fort, bis es schlussendlich beim Endverbraucher mündet.[473] Nicht zuletzt der Einsatz moderner Produktionsmittel, wie mineralischer Dünger, chemische Pflanzenschutzmittel und leistungsfähige Maschinen ermöglicht eine immer effizientere Erzeugnisgewinnung.[474] Daher liegt es auch nicht fern, dass Regionen in Deutschland mit einem radialen Zuschnitt von 100 Kilometern rein rechnerisch rund drei Viertel jener Lebensmittel hervorbringen können, „die ein Verbraucher pro Jahr in seinen Warenkorb legt."[475] Doch abgesehen von den Ansprüchen der Verbraucher ist es in Deutschland zuvorderst den bestehenden agrarischen Anbaustrukturen und der Bevölkerungszahl geschuldet, weshalb eine vollständige Lebensmittelselbstversorgung nicht gewährleistet werden kann und entsprechende Agrarimporte erforderlich sind.[476] Dabei verlangt nicht zuletzt die gestiegene Verkehrsleistung im Lebensmittelbereich binnen der letzten Jahrzehnte ein Nachdenken über die vielgestaltigen Umweltauswirkungen.[477]

Vor diesem Hintergrund nimmt die Ökobilanz (englisch: Life Cycle Assessment (LCA)) als Beurteilungsmethode von ökologischen Produktaspekten eine sehr zentrale Rolle ein. Mit ihr lassen sich (unter Beachtung der Rahmennormen ISO 14040 bis 14043 (ISO 1997)) die Umweltfolgen eines Erzeugnisses über den gesamten Lebensweg, sprich „von der Wiege bis zur Bahre", erfassen.[478] Mit einer produktspezifischen Ökobilanzierung sind Umweltaspekte, Produktgruppen, Systeme, Verfahren oder Verhaltensweisen quantifizierbar und anhand von Wirkbereichen wie etwa dem Treibhauseffekt, dem Ozonabbau oder der Beanspruchung fossiler Ressourcen gewichtungsfähig.[479] Nicht zuletzt mithilfe der beschriebenen Ökobilanzen wird angeführt, dass Umweltbelastungen sowie

473 Zum System der Lebensmittelbereitstellung *Fleissner*, Energetische Bewertung, S. 2.

474 Ibid., S. 26 ff.; in diese Richtung *Jungbluth*, Umweltfolgen des Nahrungsmittelkonsums, S. 5 f.

475 *Demmeler*, Klimaschutz auf kurzen Wegen, S. 9.

476 Ähnlich *Schröder*, Vergleichende Energiebilanzierung, S. 1, 13.

477 Ausführlich zum Entwicklungstrend im Lebensmittelgüterverkehr *Demmeler*, Ökologische und ökonomische Effizienzpotenziale einer regionalen Lebensmittelbereitstellung, S. 23 ff., 30 ff.

478 Ausführlich zur Verfahrensweise bei Ökobilanzierungen vgl. ibid., S. 35 ff.; mit weiteren Methoden der ökologischen Beurteilung *Jungbluth*, Umweltfolgen des Nahrungsmittelkonsums, S. 17 u. S. 44 ff.

479 Vgl. *Fleissner*, Energetische Bewertung, S. 39; vgl. *Schröder*, Vergleichende Energiebilanzierung, S. 6.

Abhängigkeiten von Exportmärkten und globalisierten Wirtschaftsstrukturen durch regionale Wirtschaftskreisläufe zu vermindern wären.[480] Nach landläufiger Auffassung werden daher speziell an regionale Erzeugnisse große Hoffnungen hinsichtlich ihrer Umweltverträglichkeit geknüpft.[481] Bei der vielseitig angestrebten Regionalität erheben sich aber auch Stimmen, denen die Hinterfragung der Hintergründe und Ziele regionaler Vermarkter sowie die rationale Abwägung der Vor- und Nachteile von regionalen Lebensmitteln wichtig erscheinen.[482]

Ob also die spezifischen Hoffnungen und Erwartungen erfüllt werden, hängt zumindest auch stark vom Transport der Produkte ab. So hat sich im Transportsektor von Agrarerzeugnissen das Transportaufkommen und der dadurch verursachte CO2-Ausstoß binnen der letzten Jahrzehnte enorm erhöht.[483] *Demmeler* konstatiert, dass primär infolge fallender Transportkosten gegenüber den Arbeits- und Produktionskosten in einem Zeitraum von gerade einmal fünf Jahren die innerdeutschen Verkehrsleistungen bei Lebens- und Futtermitteltransporten um 30 Prozent, der grenzüberschreitende Verkehr um mehr als 40 Prozent sowie die Transittransporte durch Deutschland gleichzeitig um das Doppelte zunahmen.[484] In diesem Bereich ist folglich eine Korrelation von Wirtschaftswachstum mit der Umweltbelastung durch konventionelle Transportmittel zu beobachten. Hinsichtlich des beschriebenen erhöhten Transportaufkommens wird jedoch vielfach außer Acht gelassen, dass selbst weite Transportwege nicht zwangsläufig einen hohen Endenergieumsatz und damit ökologische Negativauswirkungen zur Folge haben müssen.[485] Von zentraler Bedeutung erweist sich in diesem Zusammenhang gerade das jeweilige Transportmittel und dessen Auslastung.[486] So erweisen sich der Hochseeschiff- und Bahntransport – in Bezug auf die Umweltbelastungen –gegenüber dem LKW- und Flugtransport in der Regel als vorteilhaft.[487] Gleichwohl sind andere Faktoren hierbei nicht weniger

---

480 Vorwort von *T. Griese*, in: *Jasper*, Leitfaden zur Regionalentwicklung, S. 10.

481 Vgl. nur: *Kirchhoff*, in: F.A.Z. vom 04.02.2014; in diese Richtung auch *Vihma*, in: Sumelius, 51 (53).

482 Siehe nur *Born/Purcell*, JPER 2006, 26:195 ff.

483 Vgl. *Schröder*, Vergleichende Energiebilanzierung, S. 7, 10 ff.

484 Mit Verweis auf eine grafische Darstellung und den Messzeitraum von 1995 bis 2000 *Demmeler*, Klimaschutz auf kurzen Wegen, S. 7.

485 In diese Richtung *Born/Purcell*, JPER *2006*, 26:195 ff., (200).

486 *Schlich*, Äpfel aus deutschen Landen, S. 1. *Schlich* führt das Beispiel an, dass ein großer LKW mit einem Kühlcontainer an Bord weniger Energie verbrauche, als 100 Kleintransporter für dieselbe Ladung.

487 Zum Transportmittelvergleich *Demmeler*, Ökologische und ökonomische Effizienzpotenziale, S. 93 f.

relevant. Datenerhebungen zu Milcherzeugnissen zeigen etwa, dass mit zunehmender Betriebsstättengröße bzw. Menge der hergestellten Güter und damit einhergehender Ausweitung des Erfassungs- bzw. Transportgebietes, ein kontinuierlicher Kostenanstieg für die Erfassung und Distribution von Rohmilch einhergeht, während der Bereich der Be- und Verarbeitung eine zunehmende Kostensenkung verzeichnet.[488] Diese Beobachtung ist in der Ökonomik unter der Begriff „economies of scale" geläufig, wonach der finanzielle Aufwand einer Produktion eng mit der Menge der hergestellten Güter verwoben sei.[489]

Übertragen auf die ökologischen Auswirkungen einer steigenden Betriebsstättengröße ergibt sich, dass die Vermeidungskosten[490] für den Bereich Rohstofferfassung und Distribution ansteigen,[491] während der effizientere Faktoreinsatz bei Be- und Verarbeitung in größeren Betrieben einen geringeren Emissions- und Rohstoffgrad erfordert.[492] Demgemäß wird anhand von Untersuchungen verschiedener regionaler Betriebe dargelegt, dass ein größenabhängiger ökologischer Effizienzgrad bestehe.[493] Neben der Menge an hergestellten Gütern spiele die Betriebsgröße für die ökologische Einwirkung eine ähnlich bedeutende Rolle wie im ökonomischen Bereich, was die These der „ecology of scale" rechtfertige.[494] Der Begriff der „ecology of scale" beschreibt also abstrakt eine geringere energetische Umweltauswirkung pro produzierter Einheit bei steigender Produktionsmenge, was konkret importierte und interkontinental transportierte Produkte bis zum Konsum teilweise energieeffizienter erscheinen lässt als regionale, aber ineffizient produzierte Erzeugnisse.[495]

Studienergebnissen zur „ecology of scale", die sich allein an Endenergieumsätzen orientieren, wird entgegengesetzt, dass Lebensmittel nicht nur Träger eines Energierucksackes seien, sondern sich multifunktional in einer Fülle weiterer

---

488 Ausführlich mit grafischer Darstellung *Höper* et al., in: Werner, S. 119 f., 127 f.

489 *Niels/Jenkins/Kavanagh*, Economics of Competition Lawyers, S. 12, 136 f.; Gabler Wirtschaftslexikon, Bd. 2: C - E, Stichwort: „Economies of Scale", S. 906.

490 „Kosten, die der Verursacher eines negativen → externen Effekts zur Schadenssenkung aufwendet" – Zitat nach Gabler Wirtschaftslexikon, Bd. 6: T - Z, Stichwort: „Vermeidungskosten", S. 3640.

491 Zum Beispiel wegen eines ansteigenden durchschnittlichen Kraftstoffverbrauchs sowie der hervorgerufenen Luftemissionen durch Kraftstoffverbrennung.

492 Ausführlich mit grafischer Darstellung *Höper* et al., in: Werner, S. 125 f., 127 f.

493 *Schröder*, Vergleichende Energiebilanzierung, S. 102, 112.

494 Zur zentralen Hypothese der „Ecology of Scale": *Schlich*, Äpfel aus deutschen Landen, S. 1 f., 11.; *Schlich/Fleissner*, Int J LCA 2005, 219 (223).

495 *Schröder*, Vergleichende Energiebilanzierung, S. 18, 20, 102, 112.

Aspekte wie etwa dem Arten- und Biotopschutz oder dem Schadstoffausstoß zu bewähren hätten.[496] Demgemäß griffen alleinige Energiebilanzen zu kurz für die Einschätzung des Nachhaltigkeitspotenzials von regional und global erzeugten Lebensmitteln.[497] Erst mit umfassenderen Nachhaltigkeitsuntersuchungen sowie der Heranziehung einer Vielzahl an Wirkungsindikatoren aus der sozialen, ökonomischen und ökologischen Dimension seien unter anderem Auswirkungen wie transportbedingte Emissionen oder Flächenverbrauch des Transportes zu erfassen und die Ableitung einer Über- oder Unterlegenheit regional erzeugter Produkte möglich.[498] Überdies stößt die These der „ecology of scale" auf Ablehnung, weil kleineren und mittleren Betrieben auf regionaler Ebene zu Unrecht unterstellt werde, regelmäßig ökologisch weniger effizient zu produzieren als größere, überregional oder sogar international agierende Betriebe.[499] Neben der fragwürdigen methodischen Herleitung und der dünnen Studienlage zur „ecology of scale",[500] sei der Begriff bzw. die These der „ecology of scale" letztlich theoretischer Natur und in der Realität nicht belegbar.[501]

Nach der hier vertretenen Ansicht mag die Betriebsgröße in gewissem Maße eine mitentscheidende Rolle bei der ökologischen Einwirkung spielen. Doch zumeist sind es gerade nicht allein die größenmäßigen Betriebsauswüchse, die über die Umweltverträglichkeit einer Produktion entscheiden. In erster Linie kommt es auf die ökologische Effizienz eines jeden Erzeugers an, welche mit einer umwelt- und ressourcenschonenden Produktionsmaschinerie beginnt und mit einer positiven Ökobilanzierung im Bereich der Distribution endet.

Wenn nämlich „die Regionalisierung der gesamten Nahrungsmittelkette" als ökologisch sinnvoller Gegentrend zum zunehmenden Energieverbrauch durch Überregionalität postuliert wird, muss bei der Bemessung der

---

496 *Heißenhuber/Demmeler*, in: Regionale Lebensmittel in der Ökobilanz, S. 8.

497 *Heißenhuber/Demmeler/Burdick/Gensch*, in: Regionale Lebensmittel in der Ökobilanz, S. 22.

498 Vgl. *Demmeler*, Ökologische und ökonomische Effizienzpotenziale, S. 48; vgl. *Demmeler/Burdick*, Der kritische Agrarbericht 2005, S. 185 f.; vgl. *Heißenhuber/Demmeler/Burdick/Gensch*, in: Regionale Lebensmittel in der Ökobilanz, S. 21.

499 *Demmeler/Burdick*, Der kritische Agrarbericht 2005, S. 185; mit Verweis auf die Untersuchung der Betriebsgrößenstruktur und Energieeffizienz am Beispiel baden-württembergischer Apfelsaftverarbeitungsbetriebe siehe *Demmeler/Heißenhuber*, in: Regionale Lebensmittel in der Ökobilanz, S. 12 ff.

500 Vgl. *Demmeler/Burdick*, Der kritische Agrarbericht 2005, S. 186 f.; zur Kritik an der „Ecology of Scale" vor allem *Jungbluth/Demmeler*, Int J LCA 2005, S. 168 ff.

501 *Demmeler/Heißenhuber*, in: Regionale Lebensmittel in der Ökobilanz, S. 18.

Umweltauswirkungen neben der Entfernung zwischen Produktions- und Verbrauchsort vor allem auch die Effizienz des Transportmittels, die teils „versteckten Transporte“ zwischen den verschiedenen Verarbeitungsstufen und die Komplexität der Distributionswege insgesamt berücksichtigt werden.[502] Oftmals sind es nämlich viele vermeintlich kurze Transportwege zwischen Produktverarbeitungsstätten, die in der Gesamtbetrachtung einen negativen Einfluss auf die Ökobilanz eines Produktes haben.[503] Hinzu kommt, dass in der überregionalen Produktvermarktung durch den größtenteils auf Arbeitsteilung beruhenden, vorherrschenden Spezialisierungs- und Rationalisierungsgrad, einzelne Verarbeitungsschritte nicht nur betrieblich, sondern häufig eben auch geografisch voneinander entkoppelt sind.[504] Der Schlüssel für eine gute Umweltbilanz bei regionalem Wirtschaftswachstum durch Regionalvermarktung ist daher am ehesten in der Kombination aus kurzen Wegen und effizienten Transportmitteln zu suchen,[505] ohne dabei weitere Einflussgrößen wie Saisonalität und Betriebsgröße außer Acht zu lassen.[506]

II. Vergleich regionaler mit überregionalen Erzeugnissen

Nicht nur im nationalen, sondern auch im globalen Rahmen werden weitläufige Weidegebiete eher in größerer Entfernung zu Ballungszentren bewirtschaftet. Dabei können die Produktionskosten durch einen geringen Arbeitsaufwand pro Flächeneinheit so niedrig ausfallen, dass die landwirtschaftliche Erzeugnisgewinnung trotz der weiten Strecken ökonomisch rentabel ist.[507] Doch nicht nur aus ökonomischer Sicht können weite Transportwege durchaus sinnvoll sein.

Auch wenn Studienergebnisse häufig eindringlich die ökologische Vorteilhaftigkeit regionaler, kurz gereister Erzeugnisse gegenüber solchen aus dem europäischen Ausland bzw. aus Übersee verdeutlichen,[508] ist stets eine

---

502 *Jungbluth*, Umweltfolgen des Nahrungsmittelkonsums, S. 26 m.w.N.

503 Ausführlich zum innerdeutschen Transport von Äpfeln *Schröder*, Vergleichende Energiebilanzierung, S. 71 ff., 98.

504 Vgl. *Dorandt*, Analyse des Konsumenten- und Anbieterverhaltens, S. 14.

505 Im Ansatz auch *Zahrnt*, in: Marauhn/Heselhaus, S. 11.

506 Zu beeinflussenden Faktoren auf die Klimabilanz kurz auch *Märtlbauer/Meyer*, ZLR 2014, 245 (247).

507 *Fleissner*, Energetische Bewertung, S. 11.

508 Zum CO2-Vergleich von Äpfeln, Spargel und Rindfleisch *Demmeler*, Klimaschutz auf kurzen Wegen, S. 15 ff., 21; exemplarisch in Bezug auf den Kraftstoffverbrauch eines jahreszeitlich angepassten Import-Menues *Zahrnt*, in: Marauhn/Heselhaus, S. 9. *Fleissner*, Energetische Bewertung, S. 11.

Einzelfallbetrachtung vorzunehmen. Denn sowohl Untersuchungen zu Endenergieumsätzen (kWh/l) als auch zu CO2-Emissionen (kg/l) von fruchtsaftproduzierenden Betrieben aus Deutschland zeigen, dass die Produktion mit Rohstoffen aus teils weit entfernten Ländern energetisch deutlich besser ausfallen kann, als jene von Betrieben mit regional produzierten Säften.[509] Daher können Betriebe den Rohstoffbezug durch einen energetisch effizienten Einsatz moderner Produktions- und Transportmethoden auch überregional organisieren, ohne dass die Energiebilanz zwangsläufig schlechter ausfallen muss als in rein regionaler Produktion.[510] Augenfällig wird dies beispielsweise beim Vergleich von regional hessischen mit neuseeländischen Betrieben der Lammfleischproduktion. Trotz logistischer Herausforderungen wie der Kühlketteneinhaltung und des immens langen Transports von Neuseeland nach Deutschland in die hiesigen Verkaufsstätten können sowohl der Endenergieumsatz (kWh/kg) als auch der CO2-Emissionswert (kg/kg) des neuseeländischen Lammfleischs beträchtlich unter den entsprechenden Werten des deutschen Anbieters liegen, was auf optimierte Produktionsstrukturen und klimatisch günstigere Bedingungen (keine Stallhaltung und aufwendige Futtermittelproduktion in Neuseeland) zurückzuführen ist.[511] So gesehen kann sich allein der Futtermittelimport um ein Vielfaches negativer auf die Ökobilanz auswirken als der bloße Import des Endprodukts, womit die globalen Zusammenhänge der Lebensmittelproduktion deutlich werden und sich Pauschalaussagen zur ökologischen Vorteilhaftigkeit regionaler Produkte verbieten sollten.[512]

Ähnliche Beobachtungen bestehen auch im Bereich von Backwaren und Salat. Beim Getreideanbau wurde abgeschätzt, dass beispielsweise die Produktion in Kanada aufgrund höherer Erträge und geringerem Maschineneinsatz deutlich weniger Umweltbelastungen verursacht als hierzulande.[513] Der Import von spanischem Kopfsalat gestaltet sich im Winter regelmäßig ökologisch günstiger als regional produzierter Salat aus beheizten Gewächshäusern in Deutschland.[514]

---

509 Ibid., S. 112 ff., 122, 124 f.

510 Ibid., S. 147.; allgemein auch *Marauhn*, in: Marauhn/Heselhaus, S. 286 f.

511 Ausführlich hierzu *Fleissner*, Energetische Bewertung, S. 127 ff., 132 ff., 135 f., 157.

512 In diese Richtung *Demmeler*, Ökologische und ökonomische Effizienzpotenziale, S. 113 f.; *Jungbluth*, Umweltfolgen des Nahrungsmittelkonsums, S. 26; ähnliche Annahme in Bezug auf Rindfleisch, *Kögl/Tietze*, Regionale Erzeugung, S. 142 f.

513 In Bezug auf die Schweiz vgl. *Jungbluth*, Umweltfolgen des Nahrungsmittelkonsums, S. 27 m.w.N.

514 *Demmeler*, Ökologische und ökonomische Effizienzpotenziale, S. 50 m.w.N.; *Kögl/Tietze*, Regionale Erzeugung, S. 142.

Insofern können internationale Erzeugnisse bei unterschiedlichen Produktionsbedingungen im Vergleich zu ihren regionalen Pendants aus Deutschland dann eine ökologisch bessere Bilanz aufweisen, wenn die längeren Transportentfernungen beispielsweise durch günstigere Standortfaktoren überkompensiert werden.[515]

Bei annähernd identischen Produktionsbedingungen sind aber die regionalen Erzeugnisse wegen der Vermeidung von emissions- und energieintensiven Transporten für den Klima- und Ressourcenschutz unentwegt vorteilhaft. Dies verdeutlicht der Vergleich des Primärenergieumsatzes (kWh/t) zweier bestimmter Apfelsorten aus Neuseeland, aus Südafrika sowie aus Meckenheim bei Bonn bis zum Verkauf auf dem deutschen Markt. Erwartungsgemäß weisen die regionalen Äpfel aus Deutschland den niedrigsten und jene Äpfel aus Neuseeland den höchsten Primärenergieumsatz auf.[516] Aufgrund des grundsätzlich eher geringen Mechanisierungsgrades bei der Apfelernte sind hier offenbar die nötige energieintensive Kühlung bzw. Haltbarmachung der Äpfel sowie die weite Transportstrecke nach Deutschland ausschlaggebend für das Ergebnis.[517]

Vergleiche zwischen südafrikanischen und deutschstämmigen Äpfeln verweisen in die gleiche Richtung. Bereits der seetransportbedingte Endenergieumsatz (kWh/t) beim Import von Äpfeln eines Betriebes aus Südafrika fällt demnach um ein Vielfaches höher aus als der spezifische Endenergieumsatz eines gesamten Betriebes aus Deutschland einschließlich seines hiesigen Anbaus.[518] Es zeichnet sich folglich eine recht klare Tendenz ab, dass beim Apfelimport ein ganz übergewichtiger Teil der Energie dem Transport zuzurechnen ist, während sich der Rest auf die Bereiche Landwirtschaft, Verarbeitung, Verpackung und Konsum verteilt.[519] So fällt zum Beispiel auch beim Apfeltransport aus der Region Bodensee nach Gießen lediglich ein Bruchteil der CO2-Emissionen (kg/t) an, die vergleichsweise beim Seetransport vom Hafen in Kapstadt zum europäischen Entladungshafen in Rotterdam zu Buche schlagen.[520] So gesehen wird das bereits Festgestellte nur bestätigt.

Eine gar ungünstige deutsche Erzeugung unverarbeiteter, saisonal vermarkteter Frischeprodukte wie Äpfel, die in Deutschland grundsätzlich ohne

---

515 Vgl. *Kögl/Tietze*, Regionale Erzeugung, S. 142.

516 *Schröder*, Vergleichende Energiebilanzierung, S. 42 m.w.N.

517 Mit Beispielen zum transportbedingten Energieumsatz vgl. ibid., S. 44 ff. m.w.N.

518 Ibid., S. 61, 64, 87, 98, 100, 128 f.

519 *Demmeler*, Ökologische und ökonomische Effizienzpotenziale, S. 51 m.w.N.

520 Ibid., S. 98 ff.

energieintensive menschliche Einflussnahme gedeihen können, ist für den Klima- und Ressourcenschutz immerzu effizienter als der Transport aus Übersee.[521] Diese Annahme wird zudem belegt von Ökobilanzen zu gering bzw. unverarbeiteten Erzeugnissen wie Obst, Gemüse und Eiern; wohingegen bei Produkten mit einem höheren Verarbeitungsgrad der Anteil der Transporte an der Gesamtbilanz wieder abnimmt und sodann größere Einheiten in der Verarbeitung energetische Vorteile mit sich bringen können.[522] Es kommt demnach maßgeblich auf den jeweiligen Verarbeitungsgrad der Erzeugnisse an.

Daneben sind neben der Herkunft der Erzeugnisse auch die Konservierung, die Verpackung und der Konsum selbiger entscheidend für die Bestimmung der messbaren Umweltauswirkungen.[523] Bei Gemüse fällt der Transport mit dem Flugzeug, eine Verpackung aus Glas und Tiefgekühltes besonders umweltbelastend aus, während es bei Fleisch stark von der Produktions- bzw. Tierart abhängt und der Import mit dem Flugzeug nicht zwangsläufig zu höheren Umweltbelastungen führen muss.[524] In aller Regel können aber regionale Lebensmittelbereitstellungssysteme durch die Kombination von Transporten über kurze Entfernungen mit dem Einsatz von Transportmitteln mit relativ hoher Nutzlastkapazität (im Gegensatz zum Frachtflugzeug) dazu beitragen, die eingesetzte Transportenergie sowie die Emission von Umweltschadstoffen zu verringern.[525]

Außerdem sind die umweltrelevanten Handlungsmöglichkeiten der Verbraucher zu beachten. Bereits durch das Verbrauchernachfrageverhalten und der Kaufentscheidung für regionale Produkte wird die spezifische Ökobilanz eingegrenzt. Zum Beispiel kann ein vegetarisch-exotisches Gericht wegen seines Transportaufwands einen wesentlich größeren Emissionswert aufweisen als vergleichsweise das fleischlich-regionale Gericht.[526] Doch auch wenn ein ganz wesentlicher Teil der im Produktlebensweg aufgewendeten Energie auf die erzeugerseitige Herstellung fällt, sich zudem das wachsende ökologische Bewusstsein in der Kaufentscheidung etabliert und schließlich für kurze

521 Vgl. hierzu: ibid., S. 50; *Kögl/Tietze*, Regionale Erzeugung, S. 142; *Schröder*, Vergleichende Energiebilanzierung, S. 138.

522 Vgl. *Demmeler*, Local Food, S. 168.

523 Zum Anteil an Umweltschadstoffen für die Module Konservierung, Herkunft, Verpackung sowie Konsum bei Fleisch und Gemüse siehe *Jungbluth*, Umweltfolgen des Nahrungsmittelkonsums, S. 209.

524 Ibid., S. 218 f., 223 f.

525 *Demmeler*, Ökologische und ökonomische Effizienzpotenziale, S. 99, 109 ff.

526 *Brunner*, in: Brunner et al, S. 12.

Vertriebswege spricht,[527] sind die verbraucherseitigen Energieverbräuche durch den PkW-Transport zum Haushalt, die Lagerung im Kühlschrank, die Zubereitungsart sowie die Entscheidung über die genutzten Entsorgungswege von nicht zu vernachlässigender Relevanz für die messbaren Umweltauswirkungen.[528]

Zusammenfassend ist also stets zu berücksichtigen, dass Ergebnisse zum Energiebedarf bzw. zu Emissionen stark von der genauen Fragestellung, den spezifischen Produktionsbedingungen des Vertriebs sowie des Konsums abhängen und prinzipiell nicht verallgemeinerungsfähig sind.[529]

III. Ausblick

Beim Themenkomplex um regionale Erzeugnisse aus Deutschland (speziell beim Anbau) steht nicht selten das Prinzip der Nachhaltigkeit im Fokus der Umweltdimension. Gemeint ist das Konzept einer intertemporalen Ressourcennutzung zur Bestandserhaltung von natürlichem und künstlichem Kapital, indem nicht mehr verbraucht wird als wieder bereitgestellt werden kann – also der Ertrag und nicht die Substanz selbst genutzt wird.[530]

Die Verfolgung jener nachhaltigen Entwicklung kann ebenso mit der Bezeichnung „Umweltwirtschaft" gleichgesetzt werden, bei der die natürliche Umwelt als Ressourcenlager bewirtschaftet und der Verbrauch an Ressourcen zumindest durch die Bereitstellung neuer Entwicklungschancen kompensiert wird.[531] In Bezug auf regionale Erzeugnisse beschränkt sich die Umweltwirtschaft jedoch oft nur auf die beabsichtigte Vereinbarung von „Regionalität" und (ökologischer) „Effizienz". Zur Verwirklichung dieser Intention wird die parallele Verfolgung der Effizienz- und der Vermeidungsstrategie proklamiert.[532] In Bezug auf kleinere Betriebe und Regionalinitiativen bestehe nämlich zum einen oft noch ein gewisses, strategisches Effizienzsteigerungspotential im Bereich der Verarbeitung und der Vermarktung. Zum anderen müsse für den marktdominierenden, bereits effizient agierenden Großhandel primär die Vermeidungsstrategie gelten,

---

527 In Bezug auf Vertriebswege *Lakkis*, in: Martinek/Semler/Flohr, § 56 Rn. 2, 16.

528 Vgl. *Jungbluth*, Umweltfolgen des Nahrungsmittelkonsums, S. 106 f.; messbare Umwelteffekte während des Nahrungsmittelkonsums vgl. ibid., S. 197 f.; in diese Richtung hinsichtlich haushaltsbezogener CO2-Emissionen *Schröder*, Vergleichende Energiebilanzierung, S. 16 m.w.N.

529 Vgl. *Kögl/Tietze*, Regionale Erzeugung, S. 143 f.

530 In Bezug auf Ökologie vgl. Duden – Das große Wörterbuch der deutschen Sprache, Stichwort: „Nachhaltigkeit"; vgl. *Carnau*, Nachhaltigkeitsethik, S. 12.

531 Vgl. *Müller-Christ/Remer*, in: Seidel, S. 69 f.

532 Vgl. *Demmeler/Heißenhuber*, in: Regionale Lebensmittel in der Ökobilanz, S. 16.

wonach im Besonderen – zur Minimierung negativer Umweltauswirkungen – der Transportaufwand stärker zu vermeiden sei.[533] Vor dem Hintergrund der Globalisierung der Märkte und seiner Akteure nimmt somit gerade die Transportvermeidungsstrategie einen zentralen Platz ein. Denn Globalisierung bewirkt auch, dass sich die saisonal beschränkte Verfügbarkeit landwirtschaftlicher Erzeugnisse wie Kartoffeln oder Spargel umgehen lässt und die immer länger werdende Ernährungskette zwischen Erzeugern und Verbrauchern durch ein erhöhtes, umweltschädigendes Transportaufkommen erst überwunden werden muss.[534] Dennoch dürfen die Verfolgung der Vermeidungsstrategie, sowie generell eine effizientere Art des Wirtschaftens seitens der Erzeuger keinesfalls nur „ökologische Gratiseffekte" bedeuten, wonach mögliche Ressourceneinsparungen gleich wieder durch Produktionswachstum kompensiert werden.[535] Daher ist geradewegs die wirtschaftlich entkoppelte Verfolgung von Klimaschutzzielen angebracht, um einen nachhaltigen Umgang mit Ressourcen zu gewährleisten.

Regionale Erzeugnisse ausschließlich oder ganz überwiegend in Bezug auf den Klimaschutz beurteilen zu wollen, greift jedoch viel zu kurz. Regelmäßig sind es auch gerade „multifunktionale" Effekte auf die Umwelt, zu denen unter anderem Nährstoffkreisläufe, Pestizide, Erosion sowie die Artgerechtheit der Tierhaltung zählen und von mindestens gleichrangiger Bedeutung mit dem Klimaschutz sind bzw. regionale Erzeugnisse letztlich in verschiedenen Dimensionen der Nachhaltigkeit positiv hervorstechen lassen können.[536] Mit der Vermarktung regionaler Produkte können die landwirtschaftlichen Erzeuger unter anderem auch einen konkreten Beitrag für mehr Diversifizierung und den Erhalt der Landschaft leisten, indem beispielshalber auf energieintensive Konservierungsverfahren oder aufwendiges Verpackungsmaterial verzichtet wird.[537] Einer nachhaltigen Agrarerzeugung im Sinne eines mehrdimensionalen, wechselbezüglichen Prinzips, das neben der ökologischen, genauso die ökonomische sowie die soziale Dimension miteinbezieht,[538] kommt deswegen eine Schlüsselfunktion

533 Vgl. ibid., S. 16 f.
534 *Brunner,* in: Brunner et al, S. 8, 13.
535 Vgl. *Müller-Christ/Remer*, in: Seidel, S. 77.
536 Vgl. *Demmeler*, Local Food, S. 167 f.; vgl. *Demmeler/Burdick*, Der kritische Agrarbericht 2005, S. 186.
537 Vgl. *Demmeler*, Ökologische und ökonomische Effizienzpotenziale, S. 49 f., 52 m.w.N.; vgl. *Demmeler/Burdick*, Der kritische Agrarbericht 2005, S. 186; in diese Richtung *Dorandt*, Analyse des Konsumenten- und Anbieterverhaltens, S. 14.
538 Ausführlich zu den verschiedenen Dimensionen von Nachhaltigkeit, *Brunner* in: Brunner et al, S. 2 ff., 5.

zu. Erreichen lässt sich diese Entwicklung, wenn etwa im Zuge der Diskussion um eine nachhaltige Wirtschaftsweise, das politische Bestreben nach Stärkung regionaler Kreisläufe im Sinne eines mehrdimensionalen Gestaltungsraums angestrebt wird.[539] Vorbilder für einen solchen auf Nachhaltigkeit beruhenden Gestaltungsraum, in dem sich unter anderem Ressourcenverbrauch und -nachschub die Waage halten, finden sich zuhauf in Ökosystemen, deren Organismen in „wechselseitigen Ressourcenbeziehungen" leben.[540] Die Anforderungen einer nachhaltigen Entwicklung dieses Gestaltungsraums richten sich auch nicht einseitig gegen die Eigengesetzlichkeiten der Wirtschaft. Vielmehr stellt das Erfüllen jener Anforderungen einen bedeutsamen Beitrag zum Überleben von Wirtschaft, Gesellschaft und Natur dar, indem im Sinne einer „guten Haushaltsführung" am Ende mit Hilfe der vorhandenen Ressourcen unter Erhaltung der Ressourcenbasis die meisten Probleme gelöst worden sind.[541] Wenn es folglich gelingt, wirtschaftliches Handeln über Einzelinteressen hinaus konsequent auf eine nachhaltige Entwicklung auszurichten, kann von zukunftsfähigem, wirtschaftlichem Verhalten die Rede sein.[542]

Sicherlich empfiehlt sich hierzu keine regionale Mehrproduktion an ungeeigneten Standorten, weil dies zu Bodenerosion führen und die Eutrophierung der Gewässer verschlimmern könnte.[543] Ebenso würde eine Beschränkung des Aktionsradius von Unternehmen auf die regionale Vermarktung an der Umweltbelastung wenig ändern, weil bloße Handelsaktivitäten im Vergleich zu Produktions- und Konsumaktivitäten in aller Regel positivere Umwelteffekte aufweisen.[544] Es drängt sich somit geradezu auf, bestehende und potentielle Umweltprobleme an der Wurzel anzupacken. Die soeben beschriebene gute Haushaltsführung lässt sich aus Erzeugersicht am ehesten durch umweltfreundliche Produktionsweisen an geeigneten Standorten sowie durch die Reduzierung des zur Distribution notwendigen Transports auf ein Minimum erreichen. Darüber hinaus gebietet es die Konzentration im Ernährungsgewerbe, Änderungen im gesellschaftlichen, politischen und ökomischen Handlungsbewusstsein hinsichtlich einer stärkeren Berücksichtigung umweltrelevanter Belange vorzunehmen.[545] In diese Richtung weist beispielsweise auch die konkrete

---

539 In diese Richtung *Blotevogel*, in: Brunn, S. 46.

540 Vgl. *Müller-Christ/Remer*, in: Seidel, S. 79 f.

541 Vgl. ibid., S. 79, 83.

542 Vgl. *Carnau*, Nachhaltigkeitsethik, S. 288.

543 *Schmitz*, in: Werner, S. 111 m.w.N.

544 Ibid., S. 110.

545 Vgl. *Höper* et al., in: Werner, S. 115.

Umsetzung der Europa-2020-Strategie durch das Land Hessen, welches nicht nur die Durchführung gemeinschaftlicher Umweltschutzziele und Umweltschutzstrategien intendiert, sondern zusätzlich einen aktiven Beitrag zur Verbesserung der Umweltsituation anstrebt.[546] Genannt seien an dieser Stelle „zum einen die Förderung der Entwicklung und Implementierung innovativer und umweltschonender Produktionstechniken, Produkte und Dienstleistungen" und zum anderen die „gezielte Förderung Erneuerbarer Energien und der Energieeffizienz sowie die Ausrichtung wirtschaftsnaher Infrastrukturinvestitionen auf das Prinzip der Nachhaltigkeit".[547] Dadurch können letztlich bei der Bewertung von Förderanträgen auch Umweltfolgen einbezogen und die entsprechenden Vorhaben außerdem hinsichtlich ihrer potentiellen klimarelevanten Auswirkungen bewertet werden. Isoliert betrachtet reichen diese politischen und administrativen Maßnahmen allerdings kaum aus, damit saisonale, regionale Erzeugnisse, wie Äpfel, auch künftig annähernd sinnbildhaft für Nachhaltigkeit „Made in Germany" stehen können. Deshalb ist vor allem die Verfolgung eines ganzheitlichen Nachhaltigkeitsleitbildes um regionale Erzeugnisse erforderlich. Ein solches Leitbild lässt sich schrittweise, mit jeweils konkreten Teilzielen im Rahmen eines kontinuierlichen Verbesserungsprozesses unter Mitwirkung der Akteure aus Politik, Wirtschaft und Gesellschaft umsetzen.[548] Darüber hinaus erscheint es für die effektive Steigerung von Nachhaltigkeit durch regionale Produkte auch nötig, dass die Einkaufsmärkte in den Städten die Erzeugerregionen verstärkt präsent machen, um wiederum eine „moralische Region" wechselseitiger Verantwortung zu schaffen.[549] Nur so lässt sich dem Verbraucher, unter Nutzbarmachung einer entsprechenden Marketingstrategie, die oft bestehende ökologische Vorteilhaftigkeit regionaler Erzeugnisse wirksam und eindringlich näherbringen.

E. Zusammenfassung von Teil 1

Aus wirtschaftlicher Sicht bleibt zusammenzufassen, dass vielfältige und vor allem gute Perspektiven für regionale Erzeugnisse aus Deutschland bestehen. Diese Einschätzung wird zuvorderst von der grundsätzlich positiven Verbrauchereinstellung gegenüber regionalen Produkten bekräftigt. Allerdings können sich die Verbrauchereinstellungen nicht zuletzt in schnelllebigen Zeiten mit

546 OP Hessen EFRE 2014–2020, S. 163.
547 Ibid.
548 Vgl. *Carnau*, Nachhaltigkeitsethik, S. 17.
549 Vgl. *Ipsen*, in: Brunn, S. 118.

wechselnden Trends als äußerst volatil herausstellen und auch die Bedeutung sowie das Kaufinteresse an Regionalität wieder abnehmen.[550] Es empfiehlt sich daher eine Aufrechterhaltung bzw. Verstärkung der Präsenz von Regionen und ihrer Produkte. Dabei sind die marketingspezifischen Besonderheiten zu berücksichtigen, um gezielt Verbraucher auf der kognitiven, normativen und affektiven Ebene anzusprechen. Insofern ist der perspektivische Erfolg von regionalen Erzeugnissen eng mit erfolgreichem Marketing verknüpft. Problemfelder in diesem Bereich können sich aus dem beschriebenen Abhängigkeitsverhältnis der Erfolgsgrößen voneinander im Regionalmarketing ergeben. Lösen lassen sich solche Konflikte durch rechtzeitiges Eingreifen der Marktakteure, wobei Subventionierung und sonstige staatliche Regionalförderungsmaßnahmen nur kurzfristige Mittel sein können. Einerseits hat der Staat nicht zuletzt in diesem Belang für die Funktionsgewähr der Märkte Sorge zu tragen. Andererseits obliegt es aber nicht auch noch seinem alleinigen Verantwortungsbereich, „dass die Verbraucher ausreichend informiert sind, um kritische Kaufentscheidungen entsprechend ihrer tatsächlichen Präferenzen zu treffen."[551] Von Staats wegen können allenfalls Standards zur Verifizierung des Regionalmarketings geschaffen werden. Letzten Endes bleibt es aber stets Sache der Verbraucher, sich beispielsweise für Herkunftslabel zu interessieren und darüber entsprechend zu informieren. Wenn jedoch keine verbraucherseitige Aufnahmefähigkeit bzw. Aufnahmebereitschaft besteht, nützt auch die beste staatliche Informationsoffensive nichts. Das primäre Ziel einer wirtschaftlich starken und vor allem eigenständigen Region sollte sein, mit Erzeugern von originären Produkten hohen Bekanntheitsgrades aufwarten zu können. Die Betonung der Eigenständigkeit einer Region und ihrer Erzeugnisse kommt somit eine Art Türöffnerfunktion zu, um auch in Zukunft erfolgreich am Markt zu agieren.

---

550 Vgl. Fn. 130 ff., 177.

551 Wohl a.A. *Sander/Heim/Kohnle*, Zeitschrift für Agrarpolitik und Landwirtschaft Band 94, S. 5.

Teil 2: Rechtliche Dimension regionaler Erzeugnisse

Die produktbezogene Nutzung von regionalen Herkunftsangaben hat eine lange Tradition. Bereits im antiken Ägypten stellten Steinmetze die exklusive Herkunft ihrer Waren zur Vermarktung heraus und auch die Geschichte des regionalen Käseerzeugnisses „Parmigiano Reggiano" reicht bis ins Jahr 1344 zurück.[552] Vor diesem tradierten Hintergrund und der Bewahrung wirtschaftlich funktionsfähiger Märkte zeigt sich nicht nur die Schutznotwendigkeit vor einer irreführenden Produktherkunftskennzeichnung, sondern auch vor wirtschaftsprotektionistischen Maßnahmen.

In ständiger Rechtsprechung geht der EuGH davon aus, dass sekundärrechtliche Harmonisierungsmaßnahmen eine ausschließende Wirkung auf das Primärrecht wie die Warenverkehrsfreiheit haben.[553] Daher werden regionale Erzeugnisse im folgenden Teil zunächst hinsichtlich harmonisierenden Sekundärrechts betrachtet sowie im Kontext der Herkunftsirreführung auch die Bezüge zum nationalen Lauterkeits-, Lebensmittel- und Markenrecht berücksichtigt. Anschließend erfolgt die Einordnung regionaler Produkte in den Themenbereich des Protektionismus, wobei hier – mangels harmonisierenden Sekundärrechts – die primärrechtliche Verbürgung der Warenverkehrsfreiheit im Vordergrund steht.[554]

A. Irreführung bei regionalen Erzeugnissen

Da die herkunftsbezogene Irreführung bei regionalen Erzeugnissen gehäuft im alltäglichen Verbrauchereinkauf auftreten kann, soll einleitend der Verbraucher und seine Typisierung nähere Veranschaulichung finden, bevor sodann auf die Verantwortlichkeit bei Verstößen gegen das Lebensmittelrecht sowie den unionsrechtlichen und den nationalrechtlichen Schutz geografischer Herkunftsangben eingegangen wird.

---

552 *Leitow*, Produktherkunft, S. 23.

553 St. Rspr. seit EuGH, Urteil vom 12. Oktober 1993, Rs. C-37/92 (Vanacker und Lesage), ECLI:EU:C:1993:836, Rn. 9; hierzu auch *Glinski*, EuR 2014, 567 (569).

554 Zum Verhältnis von Sekundärrecht und Warenverkehrsfreiheit vgl. nur *Streinz*, JuS 2013, 472 (474).

I. Verbraucher als Anknüpfungspunkt für eine Irreführung

Im europäischen Verbraucherrecht tritt der Verbraucher als natürliche Person in Erscheinung, der rechtsgeschäftlich und außerhalb seines eigenen Geschäfts oder seines Berufes agiert.[555] Da jedoch „der" Verbraucher als solcher schlichtweg nicht existent ist, wird klar, dass jegliche Informationsgewährung –wie zum produktbezogenen Regionalitätsgrad durch die Unternehmerseite – nur in einem generalisierten Stil und nicht individualisiert erfolgen kann.[556] In diesem Zusammenhang stellen sogenannte Verbraucherleitbilder nichts Anderes als vereinfachte Typisierungsergebnisse einer bestimmten Personengruppe dar.

1. Verbraucherleitbilder

Rechtlich gesehen erlangt das Verbraucherleitbild konkrete Bedeutung bei der Entscheidung, ob eine verbotene Irreführung des Verbrauchers vorliegt.[557]

Davor stellt sich allerdings die Frage, was überhaupt unter einem Verbraucherleitbild zu verstehen ist und inwiefern sich dieses bildet. Einfach wäre es hier schlicht darauf zu verweisen, dass ein Verbraucherleitbild eben normativ sei und keiner näheren Ergründung bedarf. Eine solche Sichtweise kann aber nur als eine bequeme Ausrede ohne wissenschaftlichen Zugewinn angesehen werden, aus der letztlich erst die Begründungsnotwendigkeit zu erwachsen hat.[558]

Leitbilder dienen nicht der Vorbereitung von auf den Einzelfall bezogener Aktivitäten, sondern sie fassen ein Teilgebiet unter einer sprachlichen Kurzformel zusammen, das anstelle einer unionsrechtlich verorteten Definition des Verbraucherbegriffs[559] im Sinne eines situations- bzw. problembezogen Verständnisses,[560] vielmehr auf die Konkretisierungserleichterung offener Tatbestandsmerkmale und Generalklauseln bei der Einordnung einzelner Fallgestaltungen abzielen soll.[561] Geprägt von nationalen Traditionen und kulturellen Gebräuchen sind entsprechend generalisierte Verbraucherleitbilder aus unterschiedlichen,

---

555 Zur Beschreibung des Verbrauchers im europäischen Verbraucherrecht vgl. *Reich/Micklitz*, in: Reich/Micklitz/Rott/Tonner, S. 52.

556 *Von Oppen*, Recht auf Lebensmittelkennzeichnung, S. 45.

557 Hierzu *Becker/Benner*, Zur Problematik der Herkunftsangabe im regionalen Marketing, S. 9 f.

558 Vgl. *Rehberg*, in: Klinck/Riesenhuber, S. 37.

559 Ausführlich zur Verbraucherbegriffsentwicklung *Wiedenmann*, Verbraucherleitbilder, S. 134 ff.

560 Vgl. *Calliess*, in: Ehlers, § 25 Rn. 7.

561 Vgl. *Schmidt-Kessel/Germelmann*, in: Schmidt-Kessel/Germelmann, S. 25, 33.

sich ständig verändernden Elementen zusammengesetzt, die zum Beispiel empirischen, psychologischen, soziologischen, ökonomischen, philosophischen oder eben normativen Ansätzen entstammen können und sowohl allein als auch interdisziplinär eine Rolle spielen.[562] Sie werden oftmals als Verhaltensmuster den Verbrauchern vom Gesetzgeber zugeschrieben und bilden dabei zugleich die inhaltliche Richtschnur für verbraucherschutzrechtliche Regelungen.[563] Doch weil Bilder keineswegs nur der Realität entsprechen, handelt es sich beim Verbraucherleitbild auch nicht zwangsläufig „um eine rein tatsächlich-psychologische Beschreibung menschlichen Verhaltens“ mit klarer Möglichkeit der Begriffsdefinierung.[564]

In der verhaltensökonomischen Betrachtungsweise erscheint der Verbraucher beispielsweise deutlich verwundbarer und schutzbedürftiger als aus neoklassischer Sicht, während das Verbraucherleitbild der Ordnungsökonomik von der Übernahme verbraucherseitiger Eigenverantwortung ausgeht und einen Konsumententypus darstellt, der weder vollständig rational, noch gegen Fehler gefeit ist.[565] Aufgrund der unterschiedlichen Blickwinkel und der daraus resultierenden Vielfältigkeit ökonomischer Modellansätze existiert jedoch kein ganzheitliches wirtschaftswissenschaftliches Verbraucherleitbild, sondern es bestehen lediglich verschiedene Herangehensweisen zum Verständnis von Verbraucherverhalten durch die wirtschaftstheoretische Möglichkeit, Varianten des Konsumentenverhaltens zu modellieren und daraus Ableitungen anzustellen.[566]

Im Gegensatz zu den ökonomischen Leitbildern dienen die juristischen Leitbilder zum mündigen sowie zum flüchtigen Verbraucher nicht der Erklärung oder Beschreibung von Marktzusammenhängen, sondern sie versuchen zuvorderst ein möglichst realitätsnahes Bild vom Verbraucher zu skizzieren, an dem sich die verbraucherseitige Zumutbarkeit und Erwartbarkeit bemisst.[567] Aus juristischer Perspektive ist daher keine starre Vorstellung eines Verbrauchertypus gemeint, sondern eher ein sich den fortlaufenden Entwicklungen in der Gesetzgebung und Rechtsprechung sowie der Markt- und Produktionsdynamik anpassendes Konstrukt.[568] Gerade der kritische Diskurs mit den Nachbarwissenschaften bringt immer neue Facetten zur Interpretation des Verbraucherleitbildes

562 *Klinck/Riesenhuber*, in: Klinck/Riesenhuber, S. 1, 7 f.
563 *Diekmann*, Das Verbraucherleitbild, S. 5.
564 *Rehberg*, in: Klinck/Riesenhuber, S. 34, 36.
565 *Schnellenbach*, in: Klinck/Riesenhuber, S. 69 f. m.w.N.
566 Vgl. ibid., S. 53, 71.
567 *Schwan*, Der informierte Verbraucher?, S. 55.
568 Vgl. ibid., S. 56.

in der Jurisprudenz.[569] Diese können im Übrigen auch der Gegenstand einer politischen Entscheidung sein,[570] wenn sie etwa die Adressaten zu einem konkreten Handeln anleiten sollen.[571]

Der juristische Hauptanwendungsfall des Verbraucherleitbilds ist der Täuschungsschutz und damit die Lauterkeit der Informationspraxis.[572] Die juristische Frage, ob etwa eine Werbung irreführend ist, hängt im Endeffekt davon ab, wie sie der durchschnittliche Verbraucher des angesprochenen Personenkreises aufzufassen hat.[573] Entscheidende Kriterien können in diesem Zusammenhang sein, wie die Werbung im Einzelfall ausgestaltet ist, an wen sie sich genau richtet, welche Produktart genau beworben wird, in welcher Situation dem Verbraucher die Werbung gegenübertritt, in welchem Maß sowie in welcher Qualität verifizierbare, sachgemäße Werbeinformationen erscheinen und inwiefern ein durchschnittlicher Verbraucher selbst in der Lage ist, sich über das beworbene Produkt zu informieren. Nicht zuletzt in der Zusammenschau von Art. 5 Abs. 2 und Abs. 3 der UGP-RL wird deutlich, dass im Übrigen der als durchschnittlich geltende Verbraucher lediglich den Durchschnitt einer bestimmten, ins Auge gefassten Zielgruppe repräsentiert und dabei eine beträchtliche Personenanzahl jener Gruppierung regelmäßig als Gradmesser herangezogen wird.[574] Die Angemessenheit einer Produktkennzeichnung bemisst sich somit daran, was jener durchschnittliche Verbraucher mit den betreffenden Kennzeichnungselementen assoziiert und inwiefern er die ihm offerierten Informationen auffasst und verarbeitet.[575]

a) Entwicklung eines europäischen Verbraucherleitbildes durch den EuGH

Die Präzisierung eines europäisierten Verbraucherleitbildes durch den EuGH ist vor allem auf die voranschreitende europäische Integration infolge der Warenverkehrsfreiheit zurückzuführen, mit der die Relativierung der unterschiedlichen nationalen Verbraucherleitbilder einherging.[576] Während zum Beispiel in Deutschland generell der schutzbedürftige, flüchtige Verbraucher im

569 Vgl. *Purnhagen*, VuR 2016, S. 401.

570 Vgl. *Schmidt-Kessel*, in: Schmidt-Kessel/Germelmann, S. 175.

571 *Schwan*, Der informierte Verbraucher?, S. 56.

572 In Bezug auf die Lauterkeit der Informationspraxis im Lebensmittelbereich *Schäfer*, in: Schmidt-Kessel/Germelmann, S. 111.

573 Ausführlich *Diekmann*, Das Verbraucherleitbild, S. 212 f.

574 In diese Richtung *Stuyck*, in: Klinck/Riesenhuber, S. 120 f., 123.

575 *Meyer*, Potentiale für eine bessere Verbraucherinformation, S. 50.

576 *Meisterernst/Muffler*, ZLR 2013, 25 (28).

Vordergrund stand, der 10 bis 15% der angesprochenen Verkehrskreise entsprechen sollte und sich eben wegen jener engen Auffassung harscher Kritik ausgesetzt sah,[577] fand in Frankreich eher das umsichtigere Pendant Berücksichtigung und in Italien wurde wiederum das Leitbild eines Verbrauchers mittlerer Klugheit angenommen.[578] Zwar wird vor diesem Hintergrund die Ansicht vertreten, dass gerade aufgrund der divergierenden Informationsbedürfnisse, -motivationen und -verhaltensweisen der Verbraucher ein einheitliches Leitbild dieser Typenvielfalt nicht gerecht werden könne und die Gestaltung von Kennzeichnungen sowie anderen Verbraucherinformationen eine möglichst große Zahl an Verbrauchern trotz ihrer Heterogenität zu erreichen hätte,[579] doch ergibt sich gleichermaßen für den Handel bei kommerzieller Kommunikation gegenüber der Öffentlichkeit die Unvermeidlichkeit, nicht auf jeden einzelnen Verbraucher Rücksicht nehmen zu können, sodass die Festlegung eines einheitlichen Schutzniveaus angezeigt ist.[580]

Eine erste Weichenstellung hin zu einem solchen einheitlichen Schutzniveau nahm der EuGH 1979 im Rahmen seiner Entscheidung *Cassis de Dijon* vor.

Dabei ging es um eine deutsche Regelung, die den Vertrieb von Fruchtsaftlikören in Deutschland bei einem Mindestalkoholgehalt von 25 Vol.-% festschrieb und von Seiten der deutschen Regierung mit dem Schutz der Verbraucher vor unlauterem Wettbewerb der Hersteller oder Händler alkoholischer Getränke begründet wurde.[581] Der EuGH stellte vor diesem Hintergrund fest, dass sich eine angemessene Unterrichtung der Verbraucher problemlos auch mit der „Angabe von Herkunft und Alkoholgehalt auf der Verpackung des Erzeugnisses“ erreichen ließe.[582]

Im Unterschied zur Auffassung der deutschen Regierung wurde seitens des EuGH folglich von einem solchen Verbrauchertypus ausgegangen, „der deutlich klüger, verständiger, aufmerksamer, mündiger und besser informiert ist“ und insofern „staatliche Ge- und Verbote (weitgehend) obsolet macht.“[583]

---

577 In diese Richtung *Heiderhoff*, Europäisches Privatrecht, Rn. 203 f.; zum in Deutschland vorherrschenden Verbraucherleitbild vgl. auch: *Meisterernst/Muffler*, ZLR 2013, 25 (26 f.); *Klinck/Riesenhuber*, in: Klinck/Riesenhuber, S. 3 m.w.N.

578 *Streinz*, in: Möstl, S. 27 ff.

579 So *Meyer*, Potentiale für eine bessere Verbraucherinformation, S. 50 f.

580 Vgl. *Rott*, VuR 2015, 163 (164); in diese Richtung auch *Streinz*, in: Möstl, S. 42.

581 EuGH, Urteil vom 20. Februar 1979, Rs. 120/78 (Cassis de Dijon), ECLI:EU:C:1979:42, Rn. 12.

582 Ibid., Rn. 13.

583 *Cremer/Ostermann*, in: Klinck/Riesenhuber, S. 86.

In der EuGH-Entscheidung „Mars" vom 6. Juni 1995 erfolgte sodann erstmals eine ausdrückliche Formulierung eines Verbraucherleitbildes.[584] Der Entscheidung lag die Frage zugrunde, ob die farbliche Hervorhebung eines Produktverpackungsteils größer sein durfte, als der auf dem Verpackungsaufdruck (+10%) ausgewiesene Mehrinhalt.[585] Der EuGH stellte fest, dass von „verständigen Verbrauchern" das Wissen um einen nicht notwendigerweise bestehenden Zusammenhang „zwischen der Größe von Werbeaufdrucken, die auf eine Erhöhung der Menge des Erzeugnisses hinweisen, und dem Ausmaß dieser Erhöhung" erwartet werden könne.[586]

Wenig später nahm der EuGH im Fall „Gut Springenheide" eine inhaltliche Präzisierung des vorgenannten Verbrauchertypus vor. Bezüglich der Frage nach der Irreführungseignung einer „auf Eierverpackungen angebrachten Angabe und einen diesen Verpackungen beigefügten Einlegezetteln"[587] wurde vom EuGH darauf abgestellt, „wie ein durchschnittlich informierter, aufmerksamer und verständiger Durchschnittsverbraucher diese Angabe wahrscheinlich auffassen wird."[588]

Diese wiederholt bemühte Formel zum „Durchschnittsverbraucher" lässt zwar eine weitergehende Konkretisierung durch den EuGH vermissen,[589] doch ist jener Leitbildannahme aufgrund der Unbestreitbarkeit über- und unterdurchschnittlich informierter, aufmerksamer und verständiger Verbrauchertypen seither die Akzeptanz der Heterogenität der Verbraucherschaft zu unterstellen, mit der das Verbraucherleitbild auf eine normative Entscheidung zurückgeführt wird, ein bestimmtes, aber keineswegs absolutes Schutzniveau zu gewähren.[590]

Zweck und damit zugleich Grenze der Auffassung über das Leitbild eines durchschnittlich informierten, aufmerksamen und verständigen Verbrauchers liegt darin, dass eben nur dieser Konsumententypus etablierte Konsumgewohnheiten hintenanzustellen vermag und zudem auch sachgerechte Kaufentscheidungen hinsichtlich ungewohnter Erzeugnisse infolge des breiten Angebots auf

584 *Kramme*, in: Schmidt-Kessel/Germelmann, S. 81.

585 EuGH, Urteil vom 6. Juni 1995, Rs. C-470/93 (Mars), ECLI:EU:C:1995:224, Rn. 8.

586 Ibid., Rn. 24.

587 EuGH, Urteil vom 16. Juli 1998, Rs. C-210/96 (Gut Springenheide), ECLI:EU:C:1998:369, Rn. 2.

588 EuGH, Urteil vom 16. Juli 1998, Rs. C-210/96 (Gut Springenheide), ECLI:EU:C:1998:369, Rn. 37; hierzu auch: *Sosnitza*, ZLR 2012, 258 (260); *Steinbeck*, ZLR 2014, 302 (302 f.).

589 *Wiedenmann*, Verbraucherleitbilder, S. 211.

590 Vgl. *Kramme*, in: Schmidt-Kessel/Germelmann, S. 83.

dem EU-Binnenmarkt trifft.[591] Insoweit dient es also dem freieren Umgang von Werbeaussagen.[592] Auf der anderen Seite wird mit der Anhebung der Irreführungsquote zugleich ein höherer Anteil von Fehlvorstellungen bei den angesprochenen Verbraucherkreisen hingenommen,[593] ohne dass das vom EuGH aufgestellte Verbraucherleitbild durch Ergebnisse der Konsumentenforschung bestätigt würde, wonach sich Verbraucher im Hinblick auf die Kaufentscheidungsfindung gerade als vielschichtige, nicht immer vernunftgemäße und aufmerksame Wesen darstellen.[594] Wie bereits zur „Entwicklung des Regionalitätswerts" (Teil 1 B. I. 2.) beschrieben, orientieren sich beispielsweise Kaufentscheidungen von regionalen Erzeugnissen oftmals an irrationalen Parametern wie der Heimatbezogenheit des Verbrauchers.

Treffenderweise wird von *Tilmann* bezüglich der Annahme eines verständigen Verbrauchertypus angemerkt, dass schon die Wortwahl ein Stück weit pharisäerhaft anmute und fraglich bliebe wer denn nun „verständig" sei: „der Richter hinter seinem grünen Tisch oder der Anwalt A oder der Anwalt B oder der Mann auf der Straße, der kundige Einkäufer oder der Gelegenheitskäufer, der rechtsanwendende Mann oder die einkaufende Frau?"[595] Sofern keine Willkür einkehren soll, lassen sich Schwierigkeiten bei einer Verständigung über den „verständigen" Verbraucher und das spezifische Schutzniveau nur über eine Anknüpfung an tatsächliche Umstände bewältigen.[596] So wie kein allgemeingültiger Maßstab festgelegt werden kann, wie viel und welche Informationen ein bestimmter Verbraucher benötigt und allenfalls empirische Ermittlungen Schlussfolgerungen für bestimmte Gruppen zulassen,[597] kann auch der aufmerksame, verständige Verbraucher nur Maßstab sein, wenn der Grad der Aufmerksamkeit sowie der Verständigkeit bestimmt wird und ebenso beim Abstellen auf den durchschnittlich informierten Verbraucher die Ermittlung dieses Durchschnitts vorausgesetzt wird.[598] Da der von der Rechtsprechung zugrunde gelegte Irreführungsmaßstab des durchschnittlich informierten, verständigen und hinreichend aufmerksamen Vertreters des Rechtsverkehrs jedenfalls an einer deskriptiven Beurteilung

591 *Von Oppen*, Recht auf Lebensmittelkennzeichnung, S. 58 f.
592 *Diekmann*, Das Verbraucherleitbild, S. 58.
593 *Sosnitza*, GRUR 2007, 462 (464).
594 So auch *Diekmann*, Das Verbraucherleitbild, S. 67.
595 So *Tilmann*, in: FS Piper, S. 491.
596 *Tilmann*, in: FS Piper, S. 491.
597 *Metz*, Verbraucherschützende Informationspflichten, S. 56.
598 Vgl. *Rathke*, ZLR 2017, 559 (564).

zweifeln lässt,[599] sowie vielmehr die normative Bestimmung impliziert,[600] scheint der Rückgriff auf ein demoskopisches Gutachten vor der Annahme eines rein normativ ermittelten Verbraucherleitbildes allein schon wegen der Diskrepanz zwischen dem Teil der Verbraucher ratsam zu sein, der etwa bei der Deklarierung eines regionalen Erzeugnisses eine Herkunftsangabe sieht und den verständigen Verbrauchern, die vielleicht sogar von einem Gattungsbegriff ausgehen.[601]

Zwar können zur richterlichen Bestimmung des Inhalts einer Information durchaus vielfältige, objektive Kriterien Einzug erhalten, wie der allgemeine Sprachgebrauch, gesetzliche Zusammenhänge oder der Sachverständigenrat.[602] Doch sollte diesbezüglich keineswegs von einem zementierten Verbraucherleitbild ausgegangen werden. Aufgrund der Unverkennbarkeit, dass Verbraucher weder dem Informations- noch dem Rationalitätsaxiom entsprechen, könnte sich statt des Phantoms eines durchschnittlich informierten, aufmerksamen und verständigen Durchschnittsverbrauchers eher der Typus eines grundsätzlich informierbaren, jedoch psychisch Grenzen gesetzten, nicht immer rational handelnden und darum manipulierbaren Verbrauchers als realistische Alternative erweisen.[603] Zumindest hat sich der EuGH bereits von einer apodiktischen Anwendung seiner etablierten Formel des durchschnittlich informierten, aufmerksamen und verständigen Durchschnittsverbrauchers entfernt, wenn er bereichs- und situationsbezogene Unterscheidungen vornimmt. Die Frage nach einem gewandelten Verbraucherleitbild betrifft hierbei sowohl das Lauterkeitsrecht als auch das Lebensmittelrecht, weil beide Rechtsgebiete schon wegen ihrer Bedeutung für die Werbung der Lebensmittelwirtschaft in enger Verbindung stehen,[604] bzw. von einem einheitlichen Leitbild ausgehen.[605] In Bezug auf warenverkehrsfreiheitsbeschränkende Maßnahmen wurde mit dem Leitbild des verständigen Verbrauchers ein strenger Maßstab angelegt sowie eine Änderung der Lauterkeitsrechtsprechung in Deutschland herbeigeführt, während dem Unionsgesetzgeber bei der gemeinsamen Agrarpolitik ein großer Einschätzungsspielraum beigemessen und der Verbraucher keineswegs als verständig

599 Zur Ermittlung der maßgeblichen Verkehrsauffassung durch den Tatrichter auch *Zakrzewski*, Umweltschutzbezogene Verbraucherinformationen, S. 207 f.

600 In Bezug auf die Beurteilung der geografischen Erzeugnisherkunft aufgrund eines deskriptiven Maßstabs *Dück*, WRP 2015, 695 (696).

601 Vgl. auch *Thiedig*, Spezialitäten mit geographischen Herkunftsangaben, S. 135.

602 Vgl. *Rathke*, ZLR 2017, 559 (563).

603 *Wiedenmann*, Verbraucherleitbilder, S. 221 f. m.w.N.

604 *Streinz*, in: Möstl, S. 24.

605 *Steinbeck*, ZLR 2014, 302 (307).

angesehen wurde.[606] Ausgehend von Persönlichkeitseigenschaften wie Mündigkeit und Eigenverantwortlichkeit kommt das Leitbild des verständigen Verbrauchers gewissermaßen als Kompromiss daher, bei dem auch gruppenindividuelle Differenzierungen je nach Schutzbedürftigkeit einfließen können. Modifikationen sind diesem Verbraucherleitbild folglich in Situationen beizumessen, bei denen die vertraglichen Vereinbarungen komplexer sowie zeitlich nachhaltiger sind, sich die finanziellen Folgen tiefgreifender darstellen, der Verbraucher einer besonders schutzbedürftigen Personengruppe angehört oder eines speziellen situativen Schutzes bedarf.[607]

Eine solche Modifikation nahm der EuGH beispielsweise im Rahmen der Rechtssache *Teekanne* vor. Gegenstand dieser EuGH-Entscheidung war ein vom gleichnamigen Unternehmen vertriebener Früchtetee mit der Bezeichnung „Felix Himbeer-Vanille Abenteuer".[608] Dieser Früchtetee wies einer Reihe von schriftlichen sowie grafischen Verpackungselementen auf, die sich neben Abbildungen von Himbeeren und Vanilleblüten unter anderem auch aus den Angaben „Früchteteemischung mit natürlichen Aromen – Himbeer-Vanille-Geschmack" zusammensetzten.[609] Aus dem Zutatenverzeichnis ging allerdings hervor, dass der Früchtetee, entgegen den vordergründigen Verpackungsangaben, keinerlei Bestandteile oder Aromen von Vanille oder Himbeere enthielt.[610]

Vor diesem Hintergrund führte der EuGH in Bezug auf die Irreführungseignung einer Produktetikettierung aus, dass zwar hauptsächlich auf die mutmaßliche Erwartung eines normal informierten, angemessen aufmerksamen und verständigen Durchschnittsverbrauchers abzustellen sei, die dieser in Bezug auf den Ursprung, die Herkunft und die Qualität des Lebensmittels hege, es aber gleichermaßen darauf ankomme, dass der Verbraucher nicht irregeführt und nicht zu der irrtümlichen Annahme einer tatsächlich nicht bestehenden Produkteigenschaft verleitet werde.[611] Dabei betonte der EuGH ausdrücklich, „dass Verbraucher, die sich in ihrer Kaufentscheidung nach der Zusammensetzung des Erzeugnisses richten, zunächst das Verzeichnis der Zutaten lesen" würden.[612]

606 *Streinz*, in: Möstl, S. 33.
607 Vgl. *Cremer/Ostermann*, in: Klinck/Riesenhuber, S. 107.
608 EuGH, Urteil vom 4. Juni 2015, Rs. C-195/14 (Teekanne), ECLI:EU:C:2015:361, Rn. 14.
609 Ibid., Rn. 15.
610 Ibid., Rn. 16.
611 Ibid., Rn. 36.
612 Ibid., Rn. 37.

Mit seiner Entscheidungsbegründung begibt sich der EuGH auf einen zwiespältigen Modifikationskurs des bestehenden Verbraucherleitbildes. Einerseits wird klargestellt, dass der Gesamteindruck einer Produktpräsentation, samt seiner Darstellung und Platzierung im Laden sowie werbemäßig herausgestellten Bildern und Texten, beim Verbraucher keinen falschen Eindruck über bestimmte Produkteigenschaften erzeugen darf.[613] Insofern geht der EuGH „davon aus, dass der „mündige“ Verbraucher doch gar nicht so mündig ist und die ihm zur Verfügung gestellten Pflichtinformationen unbeachtet lässt und lassen kann. Dies wird im Rahmen der Kaufentscheidung noch als eine situationsadäquate Aufmerksamkeit bezüglich des Werbeverhaltens begriffen.“[614]

Andererseits klammert sich der EuGH am bestehenden Verbraucherleitbild eines durchschnittlich informierten, angemessen aufmerksamen und verständigen Durchschnittsverbrauchers fest, wenn er die Annahme ins Feld führt, der Verbraucher werde zunächst das Zutatenverzeichnis lesen. Ohne diese Annahme, begäbe sich der EuGH unweigerlich in die Nähe einer Verbraucherleitbildänderung und würde dem durchschnittlich informierten, angemessen aufmerksamen und verständigen Durchschnittsverbraucher die Kompetenz absprechen, sich anhand des Zutatenverzeichnisses zu informieren.[615]

Da der EuGH zu diesem Schritt nicht bereit war, bleibt schließlich abzuwarten, inwieweit die vom EuGH bisher praktizierte Auslegung des „Durchschnittsverbrauchers“ weiterhin moduliert wird, möglicherweise doch noch eine Erneuerung durch eine realistischere Auslegung erfährt und die Mitgliedstaaten sodann einen erheblichen Souveranitätsverlust im Kernbereich des Verbraucherrechts hinzunehmen haben.[616]

b) *Figur des real existierenden Verbrauchers*

Angesichts der Verschiedenheit von Menschen, rechtlichen Ausgangslagen und persönlichen Lebensumstände kann und muss das Verbraucherleitbild zwar nicht unbedingt das exakt realtypische Verbraucherverhalten widerspiegeln, „wohl aber die vertragliche Wertschöpfung für reale Menschen mit ihren realen Fähigkeiten verwirklichen“ und dabei zumindest eine „prägnante Zusammenfassung zahlreicher Einzelprobleme“ liefern.[617] Obgleich der Verbraucher

---

613 *Spasova*, EuZW 2015, 562 (565).
614 *Bings*, GRUR-Prax 2015, 288.
615 *Grube*, ZLR 2015, 478 (482).
616 Vgl. *Purnhagen*, VuR 2016, 401.
617 *Rehberg*, in: Klinck/Riesenhuber, S. 50 f.

weitgehend mehr oder weniger gleichartig in den diversen Verbraucherrechte-Richtlinien und -Verordnungen umrissen ist, kann das dahinterstehende Verbraucherleitbild Unterschiede aufweisen und bisweilen nicht bewusst berücksichtigte, verhaltenswissenschaftliche Erkenntnisse rechtfertigen.[618] Wie bereits festgestellt führen Zeit-, Kosten- und Fähigkeitsrestriktionen zu einer selektiven Wahrnehmung der Verbraucher im Rahmen der Informationsgewinnung, während emotionale Einflüsse sowie gewillkürrte Assoziationen an Bedeutung gewinnen (Teil 1 B.). Dementsprechend liegt es bei der Diskussion um das Verbraucherleitbild nahe, statt eines fortwährend aufmerksamen, umfassend interessierten und aufgeklärten Konsumenten, vielmehr die Alltagsrealität wie den Feierabendeinkauf einzubeziehen und dabei die Problemlosigkeit des Kaufverhaltens durch eine vereinfachte, routinemäßige Bedürfnisbefriedigung mit leicht verfügbaren herstellerseitigen Verbraucherinformationen zu fokussieren.[619] Bei alledem erscheint die Ausrichtung am Leitbild des real existierenden Verbrauchers besonders dort wichtig zu sein, „wo dieser dem Ideal des Bürgers, der seine Rechte selbst durchsetzen kann, am wenigsten entspricht, gleichzeitig aber auf die Einhaltung des Rechts angewiesen ist.“[620] Auch wenn hiermit zuvorderst grundständige Dienstleistungen im allgemeinen Interesse wie Strom oder Gas angesprochen sind,[621] bestehen indes Parallelen zur Werbung mit regionalen Erzeugnissen. Allein das diffuse Verständnis von Regionalität (Teil 1 A. I.) beschert der Lebensmittelwirtschaft einen bunten Strauß an Werbemöglichkeiten. Allein diesbezügliche Verbrauchertäuschungen werden von seiten der Lebensmittelwirtschaft nicht selten billigend in Kauf genommen.[622] Dabei offenbart nicht nur die vielfältige Uneinheitlichkeit des Verbraucherrechts innerhalb der Europäischen Union zugleich dessen zentrale Schwäche, sondern es existiert (weltweit) zudem kein repräsentativer Verbraucherverband, der Standards im kollektiven Verbraucherinteresse fördern, oder zumindest überwachen und unterstützen könnte.[623] Zwar wurde bereits allein wegen des Inverkehrbringens von Waren eine wettbewerbsrechtliche Haftung i.V.m § 823 Abs. 2 BGB erwogen und mit dem gewandelten Schutzzweck des Wettbewerbsrechts zugunsten des Endverbrauchers argumentiert, doch vermochte sich diese Auffassung wegen

618 Vgl. *Stuyck*, in: Klinck/Riesenhuber, S. 119.
619 Vgl. *Rehberg*, in: Klinck/Riesenhuber, S. 49.
620 *Rott*, VuR 2016, 281 (282).
621 Hierzu *Rott*, VuR 2016, 281 (282).
622 Beispielhaft zur überdehnten Auffassung des Begriffs der Region LG Offenburg, Urt. v. 26. März 2008, Az. 5 O 114/07 KfH, juris Rn. 20.
623 Hierzu *Reich*, in: Reich/Micklitz/Rott/Tonner, S. 333.

der dem Verbraucherschutzinteresse hinreichend und abschließend dienenden Verbandsklage nicht durchzusetzen.[624]

Ein neuerlicher Vorstoß der EU-Kommission zur Thematik könnte allerdings eine Trendwende einläuten. Unter der Überschrift „Neugestaltung der Rahmenbedingungen für die Verbraucher" (aus dem Englischen „A New Deal for Consumers") macht die EU-Kommission unter anderem Vorschläge zu einer beabsichtigten Verbesserung des Rechtsschutzes für Verbraucher durch ein modernisiertes System von Verbandsklagen, das auf der bestehenden Richtlinie 2009/22/EG über Unterlassungsklagen aufbaut.[625] Ob die diesbezüglich unterbreiteten Vorschläge fruchten werden, wird sich letztlich erst bei deren konkreter Umsetzung entscheiden sowie maßgeblich von der Ausgestaltung beabsichtigter „Schutzmechanismen" zur Haltung der „Balance zwischen dem Zugang zur Justiz und der Verhinderung möglichen Missbrauchs" abhängen. Nach den diesbezüglichen Plänen der EU-Kommission wird es mit der Beschränkung der Klagebefugnis auch künftig Sache der sogenannten „qualifizierten Einrichtungen" im Sinne des § 8 Abs. 3 Nr. 3 UWG sein, Täuschungen, etwa zur Produktherkunft, nachzugehen. Gerade weil hierbei das beschriebene Ideal des Bürgers, der seine Rechte selbst durchsetzen kann, weit gefehlt ist, zugleich aber die verbraucherseitige Angewiesenheit auf die Einhaltung des Rechts bestehen bleibt, tritt die Orientierung am Leitbild des real existierenden Verbrauchers mit seiner zum Teil bestehenden Ohnmachtsstellung in eine wirklichkeitsgetreue Erscheinung. Die Berücksichtigung dieses Aspekts drängt sich sodann im Rahmen der Auslegung des Durchschnittsverbrauchers auf.

2. *Verbraucherschutz und Verbraucherleitbilder im Interessenkonflikt*

Mit der Etablierung des Europäischen Binnenmarkts, der Vielfältigkeit des grenzüberschreitenden Waren-/Leistungsangebots und des darauf beruhenden Informationsmehraufwands, erhält die Schutzbedürftigkeit des Verbrauchers zusätzliches Gewicht, die in der Europäischen Union inzwischen als europäische Querschnittsaufgabe gem. Art. 12 AEUV berücksichtigt wird.[626] Im Zuge dessen sieht der europäische Verbraucherschutz gem. Art. 169 Abs. 2 lit. a) eine enge Bindung an das Binnenmarktprojekt vor und teilt Verbrauchern die Rolle von „Marktakteuren" zu,[627] die bei der Festlegung und Durchführung der

---

624 *Von Oppen*, Recht auf Lebensmittelkennzeichnung, S. 96 f. m.w.N.
625 Vgl. Mitteilung der Kommission vom 11.04.2018, COM(2018) 183 final.
626 Oppermann/*Classen*/Nettesheim, Europarecht, § 36, Rn. 5.
627 Vgl. *Tamm*, Verbraucherschutzrecht, S. 21, 59.

Unionspolitiken Beachtung finden.[628] Zwar wird also den Erfordernissen des Verbraucherschutzes ausdrücklich in Art. 12 AEUV Rechnung getragen und auch die Förderung der Interessen der Verbraucher, sowie ein hohes Verbraucherschutzniveau finden in Art. 169 AEUV Anklang, doch bleibt zugleich die Suche nach einer diesbezüglich, eigenständigen Kompetenzgrundlage vergebens und im Konfliktfall der Verbraucherschutz gegenüber dem Binnenmarkt mit seiner Marktfreiheit ein untergeordnetes Anliegen.[629] So ist gerade die Marktfreiheit nicht nur als durchsetzbares Recht effektiv vorrangig, sondern auch dadurch, dass sie gesetzlich bindend zum höchsten Gradmesser aufrückte, an dem sich das Gemeinwohl auszurichten hat und im Endeffekt der Verbraucher dem Markt dient und nicht der Markt dem Verbraucher.[630] Ebenso gestaltet sich das sekundäre Unionsrecht in Bezug auf den Verbraucherschutz als vielverästelt, während es sich grundlegend an den fünf in Art. 169 Abs. 1 AEUV genannten Verbraucherrechten orientiert und dabei auch immer wieder Konfliktpotential „zwischen sozial gemeinten Verbraucherschutzinteressen und den Binnenmarktfreiheiten" zu Tage fördert.[631]

Auf unionaler Ebene erfolgt insgesamt eine deutlich marktpolitische und binnenmarktfunktionale Ausrichtung des Verbraucherleitbildes,[632] die auch vor dem Hintergrund des durchschnittlich informierten, aufmerksamen und verständigen Verbrauchertypus deutlich wird. Dieses vom EuGH bemühte Leitbild ergibt sich nämlich weniger aus dem Interessenausgleich zwischen der Warenverkehrsfreiheit und dem Verbraucherschutz, als vielmehr aus der bloßen Interessenberücksichtigung selbiger, indem vom zuvor festgelegten Verwirklichungsgrad der Warenverkehrsfreiheit auf den Verbraucherschutz geschlossen wird.[633] Schließlich greift ein informierter Verbraucher auf das ihm durch den freien Warenverkehr zuteil gewordene erweiterte Warenangebot wohl eher zurück und ist dabei dem Binnenmarktziel zuträglicher, als sein in nationalen Gewohnheiten verhaftetes Pendant.[634] Allerdings stellt sich schon aufgrund der immensen Vielfalt an kulturellen Mustern, Verhaltensweisen und Marktverhältnissen zwischen den Mitgliedstaaten der Europäischen Union die Frage, ob ein

628 Vgl. *Blanke/Böttner*, in: Niedobitek, § 2 Rn. 58.
629 In diese Richtung *Schwarz*, VuR 2013, S. 123 (124).
630 Zu dieser Sichtweise vgl. ibid., 123 (127).
631 Oppermann/*Classen*/Nettesheim, Europarecht, § 36, Rn. 11 f.
632 Vgl. *Heiderhoff*, Europäisches Privatrecht, Rn. 190 f., 193; *Wiedenmann*, Verbraucherleitbilder, S. 46.
633 Vgl. *Cremer/Ostermann*, in: Klinck/Riesenhuber, S. 91 f.
634 Vgl. *Diekmann*, Das Verbraucherleitbild, S. 26.

einheitliches, europaweites Verbraucherleitbild nicht bloß als ein Trugbild mit vordergründigem Bezug zum Verbraucherschutz auszumachen ist, das zuvorderst die rechtliche Harmonisierung des Binnenmarktes und damit die Erleichterung grenzüberschreitender Verbrauchertransaktionen intendiert.[635]

Eine klare Antwort liefert beispielsweise *Rott*, der das Ziel bei der Entwicklung des Leitbilds des Durchschnittsverbrauchers nicht darin sieht, „das „richtige" Niveau des Verbraucherschutzes zu ermitteln, sondern vielmehr den grenzüberschreitenden Handel zu fördern" und damit nunmehr auch Erwägungsgrund 18 der UGP-RL zu entsprechen.[636] So ist in besagtem Erwägungsgrund 18 S. 2 der UGP-RL die Rede von einem „Durchschnittsverbraucher, der angemessen gut unterrichtet und angemessen aufmerksam und kritisch ist". Im Endeffekt läuft aber der exklusive Schutz dieses europäischen Verbrauchertypus gewissermaßen „auf eine Reduktion des Marktschutzes für die Marktgegenseite „Verbraucherschaft" hinaus."[637]

Wohlwissend um diese Diskrepanz wird der Ruf laut nach einer Flexibilisierung des Verbraucherleitbildes. Obzwar auch die Leitbildannahme in der Rechtsprechung des EUGH zum Teil sogar als offen gegenüber situativer Schutzbedürftigkeit oder dem Schutz besonderer Personengruppen angesehen wird,[638] sowie unverschlossen in Bezug auf die Berücksichtigung sprachlicher, kultureller oder sozialer Unterschiede zwischen den Mitgliedstaaten daherkommt,[639] ist die Entwicklung eines „beweglichen Systems des Verbraucherschutzes" mit differenzierten Verbrauchertypen gefordert,[640] das nicht nur wie im Falle der UGP-RL nach der jeweils angesprochenen Gruppe unterscheidet,[641] sondern zum Beispiel auch die Renaissance der Figur des „flüchtigen Verbrauchers" erwägt, wie es sich etwa in der neueren, deutschen Rechtsprechungsentwicklung[642] und im

---

635 Zu dieser Fragestellung vgl. *Tamm*, Verbraucherschutzrecht, S. 159, 285.

636 *Rott*, VuR 2015, 163 (163 f.).

637 In Bezug auf den „verständigen Verbraucher" im Sinne der Mars-Rechtsprechung des EuGH bereits *Tilmann,* in: FS Piper, S. 491.

638 Vgl. *Cremer/Ostermann*, in: Klinck/Riesenhuber, S. 95 f., 98 mit beispielhaftem Verweis auf EuGH, Urteil vom 16. Mai 1989, Rs. 382/87 (Buet), ECLI:EU:C:1989:198, Rn. 11, 13.

639 Vgl. *Heermann*, Warenverkehrsfreiheit, S. 32.

640 In diese Richtung *Klinck/Riesenhuber*, in: Klinck/Riesenhuber, S. 5 f. mit Verweis auf *Micklitz*, Gutachten A zum 69. Deutschen Juristentag 2012, S. 108 ff.

641 *Streinz*, in: Möstl, S. 24.

642 Vgl. zur deutschen Rechtsprechungsentwicklung beispielhaft: OLG Frankfurt, Urteil vom 20. Oktober 2011, 6 U 40/11; OLG Schleswig, Beschluss vom 21. Juni 2012, 6 W 1/12; OLG Karlsruhe, Urteil vom 14. November 2012, 6 U 12/11; OLG Karlsruhe,

Rahmen der LMIV bezüglich der Information der Verbraucher über Lebensmittel abzuzeichnen scheint.[643] Eine solch auszumachende Tendenz mutet sich schon deswegen als nachvollziehbar an, weil der Verbraucher als Maßstab für die Anwendung der lebensmittelrechtlichen Irreführungsverbote beinahe alle augenfälligen Konturen eingebüßt hat.[644] Dem sich andeutenden Wandel des vom EuGH entwickelten Leitbildes eines mündigen Verbrauchers aufgrund nicht ausdrücklicher Bezugnahme im Rahmen der LMIV,[645] stehen allerdings gewichtige Argumente entgegen. Nicht nur dass eine Renaissance des flüchtigen Verbrauchers mit dem Unionsrecht unvereinbar wäre,[646] sondern vor allem verdeutlicht bereits die Entstehung des Verbraucherleitbildes auf Basis des unionalen Primärrechts, dass die Anwendung und Ausgestaltung des betreffenden Leitbildes nicht unbedingt eine explizite Thematisierung im Normtext oder den zugehörigen Erwägungsgründen erfordert, während die tatsächliche Abkehr und Fortentwicklung des geltenden Verbraucherleitbildes gewiss eine unionsgesetzgeberische Erwähnung nach sich ziehen würde.[647] Losgelöst von der Diskussion, ob der Wandel des Leitbildtypus eines mündigen, informierten und umsichtigen Verbrauchers bereits eingesetzt hat oder nicht, vermag jedenfalls die Ergänzung dieses Leitbilds um Kategorien schutzbedürftiger Verbraucher sowie die Beeinflussung durch differenziertere Bilder, die ein unterschiedliches, situationsabhängiges Verbraucherverhalten beschreiben, wie etwa das des flüchtigen, fahrlässigen oder gewissermaßen ungebildeten Verbrauchers,[648] einer allzu groben Pauschalisierung am effektivsten entgegenzuwirken.

Dabei liegt das Problem eines Verbraucherleitbildes gewiss weniger im Bereich der Mündigkeit und Aufmerksamkeit von Verbrauchern in Bezug auf den Erfahrungsgewinn von Produktinformationen, sondern eher im Leitbild

---

Urteil vom 22. November 2012, 4 U 156/12; ausführlich hierzu auch *Steinbeck*, ZLR 2014, 302 (303 ff.).

643 Zur scheinbaren Wiederbelebung des „flüchtigen Verbrauchers" in der LMIV vgl. *Klinck/Riesenhuber*, in: Klinck/Riesenhuber, S. 6 m.w.N.

644 *Rathke*, ZLR 2017, 559 (561).

645 Zum sich andeutenden Wandel des Verbraucherleitbildes auch *Meisterernst/Muffler*, ZLR 2013, S. 25 (36, 40).

646 Ausführlich *Steinbeck*, ZLR 2014, 302 (307 ff.).

647 Mit weiteren Argumenten und dem Fazit, dass sich „aus der LMIV keine tragfähigen Gründe ergeben, die einen grundlegenden Wechsel im Leitbild des durchschnittlich verständigen und aufmerksamen Verbrauchers gebieten, nahelegen oder auch nur veranlassen" *Sosnitza*, in: Möstl, S. 58 ff., 63.

648 Vgl. *Stuyck*, in: Klinck/Riesenhuber, S. 133 f.

eines informierten, verständigen Verbrauchers und der tatsächlichen Schwierigkeit der korrekten Erfassung von immensen Lebensmittelinformationen.[649] Denn schließlich kann das Konstrukt eines Durchschnittsverbrauchers nur auf der Annahme basieren, dass ein Teil von Konsumenten Kaufentscheidungen mit mangelhaften Informationen fällt und insofern benachteiligt wird gegenüber Verbrauchern mit einer nahezu vollständigen Marktübersicht. Durch die Berücksichtigung eines flüchtigen Verbrauchertypus wird jedoch der durchaus praxisrelevante Aspekt miteinbezogen, dass die Informationsschwemme von Werbeaussagen und Etikettierungen beim Kauf von alltäglichen Gütern nur flüchtig wahrgenommen wird und die erwähnte Benachteiligung minimiert werden kann.[650]

3. *Verbraucherschutz und Unternehmerinteressen*

Damit sowohl Unternehmer- als auch Verbraucherinteressen zu optimaler Wirksamkeit gelangen können, sind im Sinne der Herstellung einer praktischen Konkordanz jeweils Grenzen zu setzen und auf die Einhaltung derselbigen zu achten.[651] Gewiss stellt Verbraucherschutz in diesem Kontext eine Aufgabe dar, die sich nur mit staatlicher Beteiligung bewältigen lässt, weil es grundsätzlich mehr als nur um den Interessenausgleich in Individualvertragsverhältnissen geht.[652] Gefordert ist an dieser Stelle aber ein einzelfall- sowie situationsabhängiges Zusammenspiel von Grenzziehung und Grenzwahrung durch Judikatur und staatlicher Kontrolle, um hierbei dem insinuierten Prinzip der praktischen Konkordanz Leben einzuhauchen. Im umgekehrten Fall führte ein nicht erfolgender Ausgleich zwischen Unternehmer- und Verbraucherinteressen zu Disproportionalitäten und einem damit verbundenen Risiko der Binnenmarktschwächung. Denn wenn ein Ungleichgewicht zu Lasten eines der beiden Parteiinteressen bestehen bleibt, könnte dadurch eine mehr oder minder starke Zurückhaltung und Vorsicht des benachteiligten Marktakteurs beim Binnenmarktgeschehen bewirkt werden. Eine solche Reaktion wäre zumindest die denkbare Antwort auf ein Zuviel oder ein Zuwenig an Verbraucherschutzelementen. So hätte sich etwa der nicht oder nur unzureichend geschützte Verbraucher wohl besonders vorsichtig am Marktgeschehen zu beteiligen, um nicht in den Konflikt mit

---

649 In diese Richtung *Engelage*, Qualitätswahrnehmung bei Lebensmitteln, S. 233, 237.

650 *Diekmann*, Das Verbraucherleitbild, S. 56.

651 Vgl. *Tamm*, Verbraucherschutzrecht, S. 306, 311.

652 In Bezug auf das Verbraucherschutzverständnis in Großbritannien *Rott*, VuR 2016, 281 (282).

diametralen Unternehmerinteressen zu geraten. Ein auf diese Weise entstehendes Misstrauen gegenüber unternehmerischen Werbeaussagen kann schließlich zur verbraucherseitigen Zurückhaltung und damit zur Schwächung des Binnenmarkts führen. Genauso können aber auch übermäßige, unternehmensbezogene Verbraucherschutzregelungen die wirtschaftliche Prosperität auf dem Binnenmarkt beschneiden. Bezüglich der EuGH-Entscheidung *Deroo-Blanquart*[653] und den erstmals aufgestellten Kriterien für die Bestimmung, ob eine Geschäftspraxis einer „beruflichen Sorgfaltspflicht“ des Unternehmers nach Art. 5 Abs. 2 lit. a), Art. 2 lit. h) der UGP-RL widerspricht und eine „wesentliche Beeinflussung“ gem. Art. 5 Abs. 2 lit. b), Art. 2 lit. e) UGP-RL vorliegt, wird insofern konstatiert, dass die Handlungsfreiheit des Unternehmers zunehmend dem Postulat des Verbraucherschutzes unterliege.[654] Diese Annahme resultiert daraus, dass bereits ein Verstoß gegen die berufliche Sorgfalt anzunehmen sein wird, wenn das konkrete Warenangebot nicht den Erwartungen des Durchschnittsverbrauchers entspricht.[655] Denn anders als bisher, wo es seitens des EuGH typischerweise in den Bereichen der Irreführung oder der unternehmerischen Informationspflichten auf die Verbrauchervorstellung als zentrale Bezugspunkte der UGP-RL bei der Auslegung ankam und das unternehmerische Angebot selbst unberührt blieb, ist mit dem Abstellen auf die Verbrauchererwartung im Rahmen der beruflichen Sorgfalt nunmehr die Angebotsfreiheit und damit die Geschäftspraxis des Unternehmers betroffen, ohne dass eine Interessenabwägung oder das Spannungsfeld zwischen Verbrauchererwartungen und unternehmerischer Angebotsfreiheit Berücksichtigung fände.[656] Da nicht nur effektiver Verbraucherschutz einer wirksamen, zum Verbraucher durchdringenden Informationsoffensive bedarf,[657] sondern auch weil unter Wahrung der Balance zwischen Eigenverantwortung und staatlicher Schutzpflicht die Verbraucherinformation als schonendstes Mittel des Interessenausgleichs zwischen Verbraucher- und Unternehmerinteressen daherkommt, drängt sich eine nähere Betrachtung geradezu auf.

653 EuGH, Urteil vom 7. September 2016, Rs. C-310/15 (Deroo-Blanquart), ECLI: EU:C:2016:633.

654 Hierzu *Scherer*, GRUR 2017, 580 (580 ff.). Aufgrund der vom EuGH angelegten Kriterien und Maßstäbe im Rahmen der *Deroo-Blanquart*-Entscheidung besteht laut *Scherer* sogar „Anlass zu der Befürchtung, dass die Handlungsfreiheit des Unternehmers mehr und mehr marginalisiert wird – und zwar im Namen des Verbraucherschutzes.“

655 Ibid., 580 (582).

656 Ibid., 589 (583).

657 So *Streinz*, in: FS Horst, S. 52.

4. *Verbraucherschutz durch Information*

Neben dem Konzept des Verbraucherschutzes durch Information gem. Art. 169 Abs. 1 AEUV und der Sichtweise von Informationspflichten als Ausdruck eines Transparenzgrundsatzes, der gleichermaßen vom BVerfG als „Grundlage der Funktionsfähigkeit des Marktes“ betrachtet wird,[658] hat auch bereits der EuGH aus den Grundfreiheiten der Verträge spezielle Informationspflichten zwecks Verbraucherschutzgewährleistung abgeleitet.[659] Nach Auffassung des EuGH erweist es sich in diesem Zusammenhang dergestalt, dass das Unionsrecht „eines der grundlegenden Erfordernisse des Verbraucherschutzes in der Unterrichtung der Verbraucher sieht.“[660] Schließlich benötigt der Verbraucher Informationen um sein Verhalten zu beeinflussen, bereitwillig Entscheidungen zu treffen und sich nicht bloß im Sinne der Werbenden einzufügen.[661] Von der Union wird daher das Verbraucherrecht auf Information avanciert, welches nicht gestört oder begrenzt werden darf.[662] Aufgrund des nicht einfachen Informationsverständnisses, kann allerdings jenes Recht auf Information zum einen den Zugang zu Informationen beinhalten, zum anderen die Möglichkeit der verbraucherseitigen Informationssicherstellung bezüglich spezifischer Produkteigenschaften und Herstellungsverfahren.[663] Dabei beabsichtigt das Unionsrecht keineswegs, dass der Verbraucher stets eine informierte Kaufentscheidung zu treffen hat; vielmehr soll die Möglichkeit einer informierten Kaufentscheidung durch die Bereitstellung korrekter Informationen eröffnet sein.[664] Vor diesem Hintergrund geht es also vordinglich um den aufklärerischen Informationszugang.

Aufklärung ist mithin die zentrale Bestimmungsgröße des Verbraucherschutzes. Die entscheidende Frage hierbei ist jedoch, wie viel Aufklärung und Pädagogik ein Verbraucher erwarten kann,[665] sowie welche Rolle im informativen

---

658 BVerfG, Beschluss des Ersten Senats vom 26. Juni 2002, 1 BvR 558/91, juris Rn. 44; hierzu auch *Schroeder*, in FS Welsch, S. 147.

659 Vgl. *Heiderhoff*, Europäisches Privatrecht, Rn. 248, 250 mit Verweis auf EuGH, Urteil vom 20. Februar 1979, Rs. 120/78 (Cassis de Dijon), ECLI:EU:C:1979:42, Rn. 13 und EuGH, Urteil vom 5. Dezember 2000, Rs. C-448/98 (Guimont), ECLI:EU:C:2000:663, Rn. 31 ff.; vgl. auch *Schroeder*, in FS Welsch, S. 144.

660 EuGH, Urteil vom 7. März 1990, Rs. C-362/88 (GB-INNO-BM), ECLI:EU:C:1990:102, Rn. 18.

661 So *Micklitz*, in: Reich/Micklitz/Rott/Tonner, S. 92.

662 In diese Richtung *Reich/Micklitz*, in: Reich/Micklitz/Rott/Tonner, S. 22.

663 *Gorny*, in: FS Doepner, S. 210.

664 *Köhler*, in: Möstl, S. 7.

665 Zu dieser Fragestellung bereits *Micklitz*, in: Reich/Micklitz/Rott/Tonner, S. 78.

Beschaffungs- und Verarbeitungsprozess dem Durchschnittsverbraucher selbst zukommt. Positiv gesehen lässt ein reichhaltiges Informationsspektrum einem jeden Verbraucher selbst die Wahl, welche Informationen er für sich persönlich aufgreift und welche er wiederum als irrelevant unberücksichtigt lässt. Zur Unterstützung des Verbraucherwohls setzt der unionale Gesetzgeber insofern auf die Wirkungen des Binnenmarktes und des Wettbewerbs, indem er insbesondere das Recht der verbraucherseitigen Wahlfreiheit gewährleistet.[666] Demnach ist es gleichgültig, ob ein Verbraucher als vollständig rational oder nur als beschränkt rational gilt, da schlussendlich beide Typen gleichermaßen von der Informationsbereitstellung profitieren.[667] Es könnte also durchaus die Divise ausgerufen werden, je mehr Informationen bereitgestellt werden, desto besser. Doch auch wenn sich die Information als der beste Weg darstellt, dem mündigen Verbraucher die autonome Entscheidung zu belassen und dadurch Verbraucherschutz zu gewährleisten, besteht durchaus die Gefahr, dass die Informationsrechte allein nicht ausreichen oder sich in der geistigen Verarbeitung als zu anstrengend erweisen.[668] Immer neue Forderungen nach alleinigen Produktzusatzinformationen durch Signalkennzeichnungen wie etwa Regionalsiegel dürfen daher nicht zu einer „Entrechtlichung" des Kennzeichnungsrechts führen und der Politik eine veritable Ausweichstrategie gegenüber dem Erlass sowie der Überprüfung von gesetzlichen Vorschriften bieten.[669] Dementsprechend wird das Verbraucherrecht auf Informationen auch nur dann zufriedenstellend abgegolten, sofern die Informationen in einer verständlichen Art und Weise verfügbar gemacht werden.[670] Außerdem sind jene Verbraucher nicht außer Acht zu lassen, denen es an Fähigkeiten mangelt oder die schlichtweg kein Interesse daran haben sich eingehend mit den Informationsangeboten zu befassen, bzw. einer „informativen Reizüberflutung" zu trotzen.[671] Insoweit bewirkt gerade die gemeinhin als unterlegen geltende Stellung des Verbrauchers gegenüber derjenigen des Unternehmers aufgrund von wirtschaftlicher Übermacht, Informationsdefiziten oder Schwierigkeiten bei der verbraucherseitigen Organisation sowie Rechtsdurchsetzung, dass das Verbraucherschutzrecht allgemein sowie speziell auch im Bereich von Produktherkunftstäuschungen auf die Etablierung

666 So *Reich/Micklitz*, in: Reich/Micklitz/Rott/Tonner, S. 46.
667 *Schnellenbach*, in: Klinck/Riesenhuber, S. 67.
668 Vgl. *Heiderhoff*, Europäisches Privatrecht, Rn. 256 ff., 260.
669 Vgl. *Sosnitza*, ZLR 2012, 258 (268 ff.).
670 In diese Richtung auch *Reich/Micklitz*, in: Reich/Micklitz/Rott/Tonner, S. 23.
671 Unter Verwendung des Begriffs „Information Overload" vgl. *Härlen/Simons/Vierboom*, Die Informationsflut bewältigen, S. 33.

ausbalancierender Regelungen zur Herstellung eines Kräftegleichgewichts am Markt abzielt.[672] Zur Bewahrung von verbraucherseitiger Selbstbestimmtheit verbieten sich allerdings erzieherische, bevormundende, paternalistische Tendenzen[673] des Unionsgesetzgebers.[674] Aus Sicht des Konsumentenschutzrechts ist es insoweit von ganz erheblicher Bedeutung, dem Verbraucher die Chance der eigenständigen Entscheidungsfindung einzuräumen und ihm hierzu die Möglichkeit einer zutreffenden und richtig gewichteten Entscheidungsgrundlage beim Vertragsschluss zu eröffnen.[675] Zur Gewährleistung eines unionalen Verbraucherschutzminimums bei einem weitestgehend transparenten Anbieterwettbewerb sind vorwiegend Informationspflichten des Unternehmers mit dem Ansatz der Inhaltskontrolle zu koppeln und als die wesentlichen Verbraucherschutzinstrumente anzuführen.[676] Denn auch ausgehend von der Annahme, dass der Verbraucher bei Vorliegen der für ihn wesentlichen Sachinformationen selbst in der Lage ist eine verständige Kaufentscheidung zu treffen, hat jedenfalls die angemessene Information der Verbraucher unter dem Gesichtspunkt der Verhältnismäßigkeit Vorrang gegenüber einem Verkehrsverbot.[677] Dementsprechend hohe Hürden werden an Warenimportverbote geknüpft,[678] wenn schließlich bereits ein weniger einschneidender Eingriff in die Warenverkehrsfreiheit, wie dem Einsatz von Verbraucherproduktinformationen erreicht werden kann.[679]

Zum Teilbereich der Verbraucherinformation zählt hierbei die gesetzliche Produktkennzeichnung, die grundsätzlich zum Ziel hat Verbraucher vor Gesundheitsgefahren zu warnen, sie vor Irreführung und Täuschung zu schützen und sie darüber hinaus über die Eigenschaften der angebotenen Erzeugnisse in Kenntnis zu setzen.[680] Doch abseits von gesetzlich verpflichtenden

---

672 Zum bestehenden Ergebnis des Kräfteungleichgewichts am Markt vgl. *Tamm*, Verbraucherschutzrecht, S. 14 ff., 44, 54.

673 Hierzu *Streinz*, in: FS Horst, S. 50.

674 In diese Richtung auch *Streinz*, in: Möstl, S. 36 f., 39.

675 *Wiedenmann*, Verbraucherleitbilder, S. 224.

676 Zur Entwicklung des Verbraucherschutzes vgl. *Tamm*, Verbraucherschutzrecht, S. 39 f., 42.

677 *Millarg*, Die Schranken des freien Warenverkehrs, S. 170.

678 Vgl. etwa nur EuGH, Urteil vom 13. Januar 2000, Rs. C-220/98 (Lifting), ECLI:EU:C:2000:8, Rn. 26 ff., 28; vgl. hierzu auch *Streinz*, in: Möstl, S. 30.

679 Beispielhaft EuGH, Urteil vom 20. Februar 1979, Rs. 120/78 (Cassis de Dijon), ECLI:EU:C:1979:42, Rn. 13.

680 *Meyer*, Potentiale für eine bessere Verbraucherinformation, S. 55.

Produktangaben, erfolgt im Bereich der freiwilligen Produktkennzeichnung ein zum Teil schwer zu durchblickendes Überangebot, insbesondere was die Charakteristika der regionalen Herkunft und Qualität von Erzeugnissen ausmacht. Diesbezüglich ist der Komplex der Verbraucherinformation durch eine immense Vielschichtigkeit geprägt, die sich zuvorderst in diversen Ansätzen hinsichtlich Informationsinhalten, -wegen und –zielen äußert und auch Konflikte sowie Konkurrenzsituationen mitumfassen kann, wenn etwa unterschiedliche Bewertungen verschiedener Akteure oder nicht einfach aufeinander abzustimmende Informationsformen aufeinandertreffen.[681]

Ausweislich seiner Rechtsprechung überlasst es der EuGH im Übrigen dem Ermessen der nationalen Gerichte, ob eine streitige Beschreibung, Markierung oder Werbung tatsächlich die Verbraucher irregeführt hat.[682] Die Grenze zulässiger Verbraucherinformation kann aber gemeinhin dort gezogen werden, wo es sich um nützliche Schlüsselinformationen handelt, die der Durchschnittsverbraucher im Hinblick auf die Produkteigenart in seine Kaufentscheidung regelmäßig miteinfließen lässt.[683] Fraglich ist jedoch, ob irreführende Handlungen im Sinne des Art. 6 UGP-RL subjektiv oder objektiv zu verstehen sind. Das subjektive Verständnis stützt sich bei der Bestimmung irreführender Praktiken auf die Durchführung von Verbraucherumfragen, nötigenfalls auch dann, wenn die Werbeaussage objektiv zutreffend ist. Konkret wird nur das nachweisbare Risiko von getäuschten Verbrauchererwartungen Anlass geben diese Handlungen zu unterbinden. Der EuGH bemisst wiederum irreführende Werbung anhand objektiv, konkreter Kriterien, indem er nicht etwa die Vorzüge eines Falles festsetzt, sondern die Auslegungshoheit über Unionsrecht vorsieht.[684] Dabei lässt es der so oft bemühte Maßstab des verständigen und angemessenen Durchschnittsverbrauchers auch durchaus zu, Gewichtungen nach Produktgestaltungen im Zuge des Verhältnismäßigkeitsgrundsatzes vorzunehmen.[685] Beim Verbraucherschutz vor Irrtum im Zusammenhang der Warenverkehrsfreiheit ist

681 *Meyer*, Potentiale für eine bessere Verbraucherinformation, S. 52.

682 EuGH, Urteil vom 13. Januar 2000, Rs. C-220/98 (Lifting), ECLI:EU:C:2000:8, Rn. 29 f., 31.

683 Vgl. EuGH, Urteil vom 17. März 1983, Rs. 94/82 (De Kikvorsch), ECLI:EU:C:1983:85, Rn. 11 f.; *Diekmann*, Das Verbraucherleitbild, S. 24.

684 EuGH, Urteil vom 18. Mai 1993, Rs. C-126/93 (Yves Rocher), ECLI:EU:C:1993:191; EuGH, Urteil vom 6. Juni 1995, Rs. C-470/93 (Mars), ECLI:EU:C:1995:224; EuGH, Urteil vom 13. Januar 2000, Rs. C-220/98 (Lifting), ECLI:EU:C:2000:8; hierzu auch *Micklitz*, in: Reich/Micklitz/Rott/Tonner, S. 98.

685 *Sosnitza*, in: Möstl, S. 54.

eine gewachsene Rechtsprechungslinie aus dem Verhältnismäßigkeitserfordernis feststellbar, die einen „Vorrang der Verbraucherinformation vor dem Vertriebsverbot“ beinhaltet.[686] Dabei erweist sich das vom EuGH bemühte Leitbild des durchschnittlich informierten, aufmerksamen und verständigen Durchschnittsverbrauchers als bereichsspezifische Konkretisierung des Grundsatzes der Verhältnismäßigkeit.[687] Da sich der aufgeklärte Verbraucher grundsätzlich selbst informieren und auf dieser Grundlage entscheiden kann, sind Vertriebsverbote oder Einfuhrbeschränkungen im Sinne der Verhältnismäßigkeitsprüfung regelmäßig nicht erforderlich und zudem im Wege der Information durch entsprechende Produktetikettierung als milderes Mittel zu ersetzen.[688] Gleichermaßen sind solche Regelungen nicht zu rechtfertigen, die das Recht zur Produktbezeichnung an die Erfüllung spezieller qualitativer Anforderungen knüpfen, weil auch insoweit eine Information durch angemessene Kennzeichnung genügt.[689] Allerdings müssen die Informationspflichten im Hinblick auf die Mündigkeit des Verbrauchers ihrerseits verhältnismäßig sein,[690] sodass sich im Übrigen zur Bestimmung unter welchen Umständen der Begriff der Irreführung ein Informationserfordernis begründet, aus der Praxis des EuGH drei Hauptbestandteile hinsichtlich des Zusammenhangs von Information und Aufklärung herauskristallisiert haben:[691] Zum einen ist der informierte Verbraucher aufgefordert, fehlende Informationen einzuholen.[692] Zum anderen sind zutreffende Informationen dem Verbraucher nicht vorzuenthalten.[693] Zu guter Letzt hat der verständige Verbraucher falsche Informationen zu erkennen.[694] Hierbei werden zum Teil Wechselwirkungen zwischen der Durchsetzung des Binnenmarktes und der Verfolgung öffentlicher Interessen offenbar, wenn sich etwa das

686 *Cremer/Ostermann*, in: Klinck/Riesenhuber, S. 89, 91.

687 So EuGH, Urteil vom 13. Januar 2000, Rs. C-220/98 (Lifting), ECLI:EU:C:2000:8, Rn. 27 f.

688 Vgl. nur EuGH, Urteil vom 12. März 1987, Rs. 178/84 (Reinheitsgebot für Bier), ECLI:EU:C:1987:126, Rn. 53 f.; EuGH, Urteil vom 14. Juli 1988, Rs. 407/85 (3 Glocken), ECLI:EU:C:1988:401, Rn. 12 ff.

689 EuGH, Urteil vom 12. März 1987, Rs. 178/84 (Reinheitsgebot für Bier), ECLI:EU:C:1987:126, Rn. 24 ff.; EuGH, Urteil vom 14. Juli 1988, Rs. 298/87 (Smanor), ECLI:EU:C:1988:415, Rn. 25.

690 650 EuGH, Urteil vom 11. Mai 1989, Rs. 76/86 (Kommission/Deutschland), ECLI:EU:C:1989:184, Rn. 17.

691 Im Einzelnen *Micklitz*, in: Reich/Micklitz/Rott/Tonner, S. 101.

692 EuGH, Urteil vom 13. Januar 2000, Rs. C-220/98 (Lifting), ECLI:EU:C:2000:8, Rn. 32.

693 EuGH, Urteil vom 7. März 1990, Rs. 362/88 (GB-Inno), ECLI:EU:C:1990:102, Rn. 18.

694 EuGH, Urteil vom 6. Juni 1995, Rs. C-470/93 (Mars), ECLI:EU:C:1995:224, Rn. 24.

Recht des Verbrauchers auf Information bzw. Unterrichtung und der Schutz des Verbrauchers vor (vermeintlich) irreführender Werbung gegenüberstehen.[695] Spätestens in der Zusammenschau der Erwägungsgründe 6, 14 und 15 sowie der Art. 2 e) bzw. j) und Art. 7 UGP-RL wird jedoch klar, dass die jeweiligen Formulierungen auf eine autonome, verbraucherseitig „informierte (geschäftliche) Entscheidung" abzielen und damit eine wesentliche Harmonisierungszielsetzung innerhalb der Europäischen Union angestrebt wird.

Diese Feststellung lässt sich auf die Rechtsvereinheitlichung des Lebensmittelrechts im Unionsgebiet insofern übertragen, als dass beispielsweise in Erwägungsgrund 5 der LMIV ausdrücklich auf die Verbraucherinformationsbelange der UGP-RL eingegangen und eine Ergänzung um lebensmittelrelevante Aspekte gefordert wird. Dementsprechend beinhaltet die LMIV nach Art. 1 Abs. 1 auch den Anspruch zur Bildung der „Grundlage für die Gewährleistung eines hohen Verbraucherschutzniveaus in Bezug auf Informationen über Lebensmittel unter Berücksichtigung der unterschiedlichen Erwartungen der Verbraucher und ihrer unterschiedlichen Informationsbedürfnisse bei gleichzeitiger Gewährleistung des reibungslosen Funktionierens des Binnenmarkts." Sowohl die Informationsvorschriften des Lauterkeitsrechts als auch die des Lebensmittelrechts eint also die gemeinsame Zweckbestimmung der Gewährleistung sachgerechter Verbraucherinformation.[696]

Allerdings begnügt sich die beispielhaft genannte Harmonisierung der Rechtsvorschriften der Mitgliedstaaten bislang mit einem beschränkten Anwendungsbereich, weil schon keine umfassende Harmonisierungskompetenz besteht, lediglich verschiedene Einzelkomponenten genutzt werden können, Zuständigkeiten in der Europäischen Union jeweils von unterschiedlichen, inhaltlichen Zielsetzungen bezüglich der Rechtsangleichung geprägt sind und vor allem die Schwierigkeit immanent ist, allgemein akzeptierte Definitionen und Abgrenzungen festzulegen.[697] Um daher eine weitergehende Rechtsangleichung in der Europäischen Union zu erreichen, sowie auch den Verbraucherschutz durch die Förderung der autonomen, verbraucherseitig informierten (geschäftlichen) Entscheidung zu stärken, bedarf es vielmehr unmittelbar anwendbarer Verordnungen, die losgelöst der Territorialität des mitgliedstaatlichen Rechts bestehen, nationale Sonderwege unterbinden und den unionalen Binnenmarkt besonders wirksam verwirklichen.[698]

---

695 *Amtenbrink*, in: Nordhausen, S. 61.
696 *Köhler*, in: Möstl, S. 6.
697 Oppermann/*Classen*/Nettesheim, Europarecht, § 36, Rn. 1 f.
698 *Haedicke*, in: Ehlers/Fehling/Pünder, § 7 Rn. 67.

5. *Zwischenfazit*

Wenn dem Leitbild des informierten, angemessen aufmerksamen und verständigen Durchschnittsverbrauchers die nötige Flexibilität für den konstruktiven Interessenausgleich zwischen Anbieter und Verbraucher attestiert wird,[699] sollte einmal mehr das erwähnte, bewegliche System des Verbraucherschutzes mit differenzierten Verbrauchertypen in den Vordergrund gerückt werden. In bestimmten Alltagsbereichen wie etwa dem Lebensmitteleinkauf ist es nämlich schlichtweg realitätsfern, einen Verbrauchertypus zum Maßstab zu nehmen, der lediglich auf einen geringen Bruchteil der Verbraucherschaft zutrifft und eben keine praxisrelevanten Ergebnisse der Konsumentenforschung widerspiegelt.[700]

Hinzu kommt, dass das Leitbild des informierten, angemessen aufmerksamen und verständigen Durchschnittsverbrauchers primär dem Anbieter und seinen nicht erforderlichen (Werbungsausgestaltungs-)Bemühungen um Verbraucher zu Gute kommt und damit zugleich der Annahme entspricht, dass das Verbraucherinteresse primär von Unternehmen bedient wird, die hinreichend bedarfsgerechte Informationen zur Verfügung stellen.[701] Erst unter Berücksichtigung dieses Aspekts kann die Judikative für einen realitätsnahen, bereichsbezogenen Interessenausgleich zwischen Anbieter und Verbraucher sorgen. Wenngleich das vom EuGH hervorgehobene Leitbild eines mündigen Verbrauchers gewissermaßen als alternativlose Verbraucheranschauung proklamiert wird, weil der Staat schließlich in hohem Maße für einen funktionierenden Binnenmarkt verantwortlich ist und eben ein einfältiger, besonders schutzbedürftiger Verbrauchertypus eher zur Rechtfertigung von protektionistischen Handelsbeschränkungen führen würde,[702] wird jedenfalls eine zu kurz gegriffene, pauschale Verbraucherleitbildannahme früher oder später nur zu unbilligen Ergebnissen führen. Demgemäß sollte eher vom bereichsspezifischen Durchschnittsverbraucher die Rede sein, der aus einer Teilmenge herausdestilliert werden muss und der irrigen Annahme eines allgemeingültigen Verbrauchertypus vorbaut.[703]

II. Regionale Erzeugnisse und deren rechtlicher Schutz

Der rechtliche Schutz regionaler Erzeugnissen erfolgt anhand geografischer Herkunftsangaben und wird heutzutage weltweit mithilfe von mannigfaltigen,

699 So *Sosnitza*, in: Möstl, S. 64.

700 Vgl. *Diekmann*, Das Verbraucherleitbild, S. 67.

701 Vgl. *Stuyck*, in: Klinck/Riesenhuber, S. 115, 131 f.

702 Vgl. *Cremer/Ostermann*, in: Klinck/Riesenhuber, S. 92, 113.

703 Ähnlich auch *Metz*, Verbraucherschützende Informationspflichten, S. 116 f.

schwer überschaubaren Vorschriften und Abkommen wie durch die Pariser Verbandsübereinkunft, das Madrider Herkunftsabkommen oder auch durch das TRIPS-Abkommen gewährleistet, ohne dass ein einheitlicher Schutzmechanismus bestünde oder auch nur geklärt wäre, in welchem Verhältnis die rechtlichen Regelungen zueinander stehen.[704] Aufgrund der Tatsache, dass regionale Produkte durch sehr unterschiedliche Herkunftsangaben und Regelungen gefördert und geschützt werden können,[705] soll zur besseren Übersichtlichkeit vorab eine Aufteilung der unterschiedlichen Erscheinungsformen von Herkunftsangaben erfolgen.[706]

Der Oberbegriff der geografischen Herkunftsangabe umfasst ganz allgemein Zeichen oder Symbole, die eine bestimmbare Lokalität anhand des geografischen Gehalts belegen,wohingegen die im deutschen Rechtssystem ungebräuchliche Untergruppierung der Ursprungsbezeichnungen nicht nur auf eine bestimmte geografische Herkunft hinweist, sondern darüber hinaus der objektiven Eigenschaftskennzeichnung eines Erzeugnisses dient im Sinne eines ausschließlich oder überwiegend den geografischen Verhältnissen entstammenden Qualitätsmerkmals, ausgehend der natürlichen und menschlichen Einflüsse.[707]

Obgleich die hauptsächliche Funktion der Herkunftsangabe derweil in einem Qualitätsmerkmal gesehen wird,[708] sind im Rahmen der Differenzierung auch sogenannte einfache geografische Herkunftsangaben – wie die Angabe „Äpfel aus Hessen“ – auszumachen, deren Aussagegehalt sich auf die bloße Herkunft beschränkt und eben keinen direkten Bezug zur Produktqualität herstellt.[709]

Dahingegen weisen kombinierte Herkunftsangaben neben der Ursprungsbezeichnung auch qualitätsbezogene Eigenschaften aus, die sie dann als geografische Qualitätszeichen erscheinen lassen können. Allerdings müssen diese kombinierten Herkunftsangaben nicht für die ausgewiesene Region alleine stehen, wie beispielsweise das Herkunfts- und Qualitätszeichen „MGH Gutes aus Hessen“ veranschaulicht.

---

704 *Gloy*, in: FS Piper, S. 553.

705 Ausführlich hierzu *Karpenstein/Werres*, Staatliche Unterstützung für regionale Produkte, S. 9 ff.

706 Zur Einkategorisierung geografischer Herkunftsangaben *Becker*, GJAE 49 (2000), 418 (419).

707 Vgl. *Kahler*, Die geografischen Herkunftsangaben, S. 14 f.; vgl. auch *Omsels*, Geografische Herkunftsangaben, Rn. 1, 11 f.

708 So *Lakkis*, in: Martinek/Semler/Flohr, § 56 Rn. 17.

709 In diese Richtung auch *Omsels*, Geografische Herkunftsangaben, Rn. 13 m.w.N.

Des Weiteren bestehen auch sogenannte qualifizierte geografische Herkunftsangaben, die ähnlich den kombinierten Herkunftsangaben neben der Herkunft auch Angaben zu besonderen qualitätsbestimmenden Produkteigenschaften enthalten. Bei der zuletzt genannten Gruppe der qualifiziert geografischen Herkunftsangaben ist allerdings eine derartige Verknüpfung von Herkunft und qualitätsbestimmenden Eigenschaften gegeben, dass bereits Rückschlüsse vom Erzeugungsort auf die qualitativen Produkteigenschaften möglich sind.[710] Solche Schlussfolgerungen sind zum Beispiel im Bereich des Weinbaus gang und gäbe und insoweit stehen die qualifiziert geografischen Herkunftsangaben den Ursprungsbezeichnungen nahe.[711] Während jedoch im deutschen Rechtssystem eine Differenzierung zwischen kombinierter und qualifizierter Herkunftsangabe unterbleibt und sich der Schutz primär gegen die Irreführungsgefahr von Verbrauchern richtet, besteht aus unionsrechtlicher Sicht nur Schutz für qualifiziert geografische Herkunftsangaben.[712] Dieser Schutz wird im Rahmen der Regelungen zur geografischen Angabe als auch zur Ursprungsbezeichnung auf Grundlage der Verordnung (EU) Nr. 1151/2012 bei jeder Form der Anlehnung bzw. Nachahmung gewährleistet und auf Basis bundeslandspezifischen Rechts kontrolliert.[713] Demnach ist es bei qualifiziert geografischen Herkunftsangaben eine bestandskräftige Strategie, die Registrierung gem. Verordnung (EU) Nr. 1151/2012 anzustreben.[714] Aufgrund der zentralen Rolle für regionale Erzeugnisse, soll zunächst die Verantwortlichkeit bei Verstößen gegen das Lebensmittelrecht erläutert und anschließend das vollharmonisierende Sekundärrecht in Form der Verordnung (EU) Nr. 1151/2012 sowie der LMIV näher betrachtet werden.

1. Verantwortlichkeit bei Verstößen gegen das Lebensmittelrecht

Vor dem Hintergrund der beschriebenen Verbrauchertypisierung und dem vielfältigen rechtlichen Schutz geografischer Herkunftsangaben bei regionalen Erzeugnissen stellt sich die Frage nach der unternehmerseitigen Verantwortlichkeit bei Verstößen gegen das Lebensmittelrecht.

---

710 *Becker*, GJAE 49 (2000), 418 (419).

711 *Omsels*, Geografische Herkunftsangaben, Rn. 14.

712 Hierzu auch *Becker/Benner*, Zur Problematik der Herkunftsangabe im regionalen Marketing, S. 18.

713 *Becker*, GJAE 49 (2000), 418 (419 f.).

714 Vgl. *Becker/Benner*, Zur Problematik der Herkunftsangabe im regionalen Marketing, S. 39.

Erzeugnisse mit allgemeinen Werbehinweisen wie „Frisch aus unserer Region" legen die Verbraucherassoziation nahe, dass hierbei die Region gemeint ist, in der der potentielle Käufer wohnt und es sich bei dem betreffenden Produkt um ein solches der heimischen Landwirtschaft mit kurzen Transportwegen handelt.[715] Ein negatives Abweichen von dieser Auffassung erfordert die Klärung, ob jeder Unternehmer uneingeschränkt für alles innerhalb der Kette, also vom Hersteller bis zur Abgabe an den Endverbraucher haftet oder ob es wiederum spezifische Verantwortlichkeiten gibt, die auf den jeweiligen Stufen erfüllt werden müssen und der jeweilige Unternehmer nur die Einhaltung der rechtlichen Bestimmungen im Rahmen seiner eigenen Tätigkeit zu gewährleisten hat.[716]

Die eigene Verantwortung des Lebensmittelvertreibers für die Aufmachung und Werbung von Lebensmitteln ist bereits in der EuGH-Entscheidung *Lidl Italia* ausdrücklich festgehalten worden.[717] Gegenstand der Entscheidung war die Verantwortlichkeit eines italienischen Supermarkts für ein in Deutschland hergestelltes, hinsichtlich des Alkoholgehalts unzutreffend deklarierten Getränks. Der EuGH stellte in diesem Zusammenhang fest, dass die Pflicht zur treffenden Produktetikettierung nicht nur den Hersteller treffe,[718] sondern eine nationale Regelung, „wonach ein Vertreiber für einen Verstoß gegen eine nach den betreffenden Bestimmungen bestehende Etikettierungspflicht haftbar gemacht werden kann", unionsrechtskonform ausfalle.[719]

Hinsichtlich der Bemessung der erforderlichen Sorgfaltspflicht gebietet sich allerdings eine differenzierte Betrachtungsweise, sodass die Anforderungen an den einzelnen Unternehmer in Abhängigkeit von dessen Stellung im Lebensmittelverkehr zu sehen ist und die Untersuchungspflicht eines Herstellers größere Beachtung verdient als die eines Einzelhändlers.[720] Gleichwohl beispielsweise ein Supermarktbetreiber den Herstellungsprozess seiner feilgebotenen Produkte nicht kontrollieren kann (mit Ausnahme etwaiger Eigenmarken), sieht *Meyer* den Einzelhandel als Folge des EuGH-Urteils in der Sache *Lidl Italia* im Rahmen

715 In diese Richtung LG Offenburg, Urteil vom 26. März 2008, 5 O 114/07 KfH, juris Rn. 20.

716 *Gallusi*, in: FS Welsch, S. 75 f.

717 EuGH, Urteil vom 23. November 2006, Rs. C-315/05 (Lidl Italia), ECLI:EU:C:2006:736, Rn. 24 ff.

718 Ibid., Rn. 41.

719 Im Hinblick auf die Richtlinie 2000/13 über die Etikettierung und Aufmachung von Lebensmitteln sowie der Werbung hierfür bereits EuGH, Urteil vom 23. November 2006, Rs. C-315/05 (Lidl Italia), ECLI:EU:C:2006:736, Rn. 43.

720 So auch bereits *Meyer*, ZLR 2007, 91 (93).

seiner Stufenverantwortung „gut beraten, sich die Spezifikation der gelieferten Lebensmittel zusichern zu lassen“ und eine entsprechend stichprobenartige Produktverifizierung vorzunehmen.[721]

Diese Sichtweise findet spätestens mit der Kodifizierung der LMIV Bestätigung. Nach Art. 8 Abs. 5 LMIV „stellen die Lebensmittelunternehmer in den ihrer Kontrolle unterstehenden Unternehmen die Einhaltung der für ihre Tätigkeiten relevanten Anforderungen des Lebensmittelinformationsrechts und der einschlägigen einzelstaatlichen Rechtsvorschriften sicher und prüfen die Einhaltung dieser Vorschriften nach.“ Insofern haben alle am Lebensmittelverkehr beteiligten Unternehmen über ein betriebsinternes Organisationssystem zu verfügen, wobei auch den Einzelhandel die Prüfpflicht trifft, ob etwa freiwillige Produkteigenschaftsangaben wie die regionale Herkunft zutreffend sind. Diese Determinierung macht schon deshalb Sinn, weil mangels deutscher Prüfstelle, die die Korrektheit der geografischen Warenmarkierung von regionalen Erzeugnissen aus Deutschland mit formaler Legalisierungswirkung bestätigen könnte,[722] die Produktkennzeichnung im individuellen Verantwortungsbereich des jeweiligen Produzenten verbleibt und damit alle Wirtschaftsakteure in der Kette ihre jeweils obliegenden Sorgfaltspflichten eindeutig wahrnehmen.[723]

2. *Unionsrechtlicher Schutz geografischer Herkunftsangaben für Agrarerzeugnisse und Lebensmittel*

a) *Verordnung (EU) Nr. 1151/2012*

Mit dem Schutzsystem für geografische Herkunftsangaben nach der Verordnung (EU) Nr. 1151/2012 erfolgt etwa im Gegensatz zum TRIPS-Abkommen nicht nur eine präzisere Definition der geografischen Angaben,[724] sondern gem. Art. 4 Verordnung (EU) Nr. 1151/2012 ist ausdrücklich neben der erzeugerseitigen Gewährleistung fairer Einkünfte für die Qualität ihrer Erzeugnisse und eines einheitlichen Schutzes der Namen im Gebiet der Union als Recht des geistigen Eigentums, auch die klare Information der Verbraucher über die wertsteigernden Erzeugnismerkmale intendiert. Gerade der letztgenannte Aspekt, also die klare Information zugunsten von Verbrauchern gem. Art. 4 lit. c) Verordnung (EU) Nr. 1151/2012 soll schließlich nach Erwägungsgrund 18 Verordnung (EU) Nr. 1151/2012 dazu dienen, dass „der Verbraucher seine Kaufentscheidungen

---

721 Vgl. ibid., 91 (94 f.).

722 In Bezug auf „Made in Germany“ vgl. *Gründling*, GRUR 2007, S. 921.

723 Vgl. *Gallusi*, in: FS Welsch, S. 83 f.

724 Hierzu *Loschelder*, GRUR 2016, 339 (345).

gut informiert treffen kann" und nicht zuletzt auch dem in Erwägungsgrund 29 postulierten Schutzziel der Unterbindung von irreführenden Praktiken Genüge getan wird.

aa) Hintergrund der Verordnung (EU) Nr. 1151/2012

Ursächlich ist die in der Europäischen Union verfolgte Harmonisierung zum Schutz geografischer Herkunftsangaben auf stark divergierende nationale Regelungen zurückzuführen. Während in Staaten wie Italien oder Frankreich der Schutz von Herkunftsangaben seit jeher nahe des geistigen Eigentums verortet wird, sticht in Deutschland vielmehr der Schutz des Verbrauchers vor einer Herkunftsirreführung hervor.[725] Ohne die in Deutschland ansässige Auffassung in Anschlag zu bringen, dass Lagenamen, also regional abgegrenzte Herkunftsgebiete, keinen absoluten Werthinweis implizieren und dem Standort insofern nur eine Drittkausalität bei der Wertbestimmung zukommt, wurde bereits mit Einführung der ursprünglichen Verordnung (EWG) Nr. 2081/92 vom 14. Juli 1992 (zum Schutz von geografischen Angaben und Ursprungsbezeichnungen für Agrarerzeugnisse und Lebensmittel) die Position des romanischen Systems im Sinne einer engen Verbindung der Qualitätsvorstellung eines Produktes mit seiner Herkunft übernommen, die nicht nur einen unionsweit unverbreiteten Begriff wie Ursprungsbezeichnung (in Frankreich geläufig als appellation d'origine contrôlée) aufgriff, sondern sich beispielsweise auch an einem in Italien, Spanien oder Portugal bekannten Eintragungs-/Kontrollverfahren orientierte.[726]

bb) Umfang der geografischen Herkunftsdeklaration im Rahmen der Verordnung (EU) Nr. 1151/2012

Im Rahmen der Verordnung (EU) Nr. 1151/2012 findet grundsätzlich eine Aufteilung der geografischen Herkunftsdeklaration statt.

Gem. Art. 29 Abs. 1 Verordnung (EU) Nr. 1151/2012 werden fakultative Qualitätsangaben wie etwa das sogenannte „Bergerzeugnis" im Sinne des Art. 31 Verordnung (EU) Nr. 1151/2012 geschaffen und dabei ohne weitergehende Präzisierung der relevanten Auszeichnungskriterien in geografischer Hinsicht auf die in Art. 18 Abs. 1 Verordnung (EG) Nr. 1257/1999 bezeichneten Berggebiete Bezug genommen.

---

725 Ibid., 339 m.w.N.

726 Zur Entwicklungsgeschichte des Schutzes geografischer Herkunftsangaben in der EU vgl. *Ramírez*, Der Schutz von geographischen Angaben, S. 114 f., 144 m.w.N; vgl. auch *Thiedig*, Spezialitäten mit geographischen Herkunftsangaben, S. 114

Daneben besteht die in Art. 5 Verordnung (EU) Nr. 1151/2012 geregelte, zweiteilige Herkunftsdeklaration. Während die „geografische Angabe" gem. Art. 5 Abs. 2 Verordnung (EU) Nr. 1151/2012 belegt, dass sich eine bestimmte Qualität, das Ansehen oder eine andere Eigenschaft des Erzeugnisses aus dem in der Region vorhandenen Know-how ergibt und in dem abgegrenzten geografischen Gebiet die Erzeugung und/oder Verarbeitung und/oder Herstellung erfolgt, ist beim weitergehenden EU-Produktsiegel „geschützte Ursprungsbezeichnung" nach Art. 5 Abs. 1 Verordnung (EU) Nr. 1151/2012 neben der vollumfänglichen Erzeugung, Aufbereitung und Verarbeitung in dem eingegrenzten Gebiet zudem auch ein objektiver Zusammenhang zwischen Örtlichkeit und Produktqualität erforderlich.[727] Die geschützte Ursprungsbezeichnung als auch die geschützte geografische Angabe haben wiederum gemein, dass sie beide dem Kriterienkatalog der Produktspezifikation gem. Art. 7 Abs. 1 Verordnung (EU) Nr. 1151/2012 entsprechen müssen. Bei Erfüllung dieses Kriterienkatalogs umfasst die abschließende Eintragung als Ursprungsbezeichnung oder geografische Angabe einen unionsweiten Schutz, ohne dass die jeweilige Herkunftsangabe in den anderen Mitgliedstaaten überhaupt bekannt sein muss, geschweige denn eine weitergehende nationalstaatliche Registeraufnahme bzw. bilaterale Vereinbarungen nötig wäre.[728]

Nichtsdestominder besteht auch Unsicherheit was den Grad des Schutzniveaus und das weitreichende Spektrum von Herkunftsangaben anbelangt.[729]

Ein Stück weit Klarheit schafft die im Dezember 2018 ergangene EuGH-Entscheidung zum „Schwarzwälder Schinken". Grundlage war hier der Rechtsstreit zwischen einem Fleischproduzenten, der den Schinken in der Schwarzwaldregion hergestellt, jedoch außerhalb des betreffenden Gebiets geschnitten sowie verpackt hat, und dem Schutzverband Schwarzwälder Schinkenhersteller, der hierbei die Qualität des Schinkens negativ beeinträchtigt sah.[730] Die zentrale Vorlagefrage lautete, ob Schinken auch außerhalb der Schwarzwaldregion weiterverarbeitet werden und trotzdem die geschützte geografische Angabe „Schwarzwälder Schinken" tragen darf.[731]

---

727 Zum Umfang der Herkunftssiegel: ansatzweise *Demmeler*, Ökologische und ökonomische Effizienzpotenziale einer regionalen Lebensmittelbereitstellung, S. 8; *Omsels*, Geografische Herkunftsangaben, Rn. 42 f.; *Riemer*, Herkunftsangaben, S. 43.

728 Vgl. *Omsels*, Geografische Herkunftsangaben, Rn. 200.

729 Ähnlich *Becker*, GJAE 49 (2000), 418 (422).

730 EuGH, Urteil vom 19. Dezember 2018, Rs. C-367/17 (Schwarzwälder Schinken), ECLI:EU:C:2018:1025, Rn. 2, 12 f.

731 Zu dieser zentralen Vorlagefrage vgl. ibid., Rn. 18.

Nach der Auffassung des EuGH führe die in der Sache relevante Auslegung des Art. 7 Abs. 1 lit. e) Verordnung (EU) Nr. 1151/2012 dazu, dass die Beschränkung des Schneidens und Verpackens des Schinkens auf die Schwarzwaldregion erlaubt sei, wenn es ein erforderliches und verhältnismäßiges Mittel zur Wahrung der Erzeugnisqualität darstelle oder dessen Ursprung bzw. die Kontrolle der Spezifikation für die geschützte geografische Angabe gewährleiste.[732]

cc) Reichweite der Verordnung (EU) Nr. 1151/2012

Der nationale Gesetzgeber kann sich wegen der unionsrechtlichen Vorgaben im Bereich des rechtlichen Schutzes von Herkunftsangaben nur innerhalb eines festen Handlungsspielraums bewegen.[733] Schon die ursprüngliche Verordnung (EWG) Nr. 2081/92 wirft die Frage auf, inwieweit der unionsrechtliche Schutz von geografischen Angaben und Ursprungsbezeichnungen überhaupt noch Raum lässt für nationale Regelungen zum Schutz geografischer Herkunftsangaben.[734] Spätestens mit der EuGH-Entscheidung *Budějovický Budvar* wird diesbezüglich Klarheit geschaffen.[735] Ausgangspunkt der Rechtssache war die Klage der tschechischen Bierbrauerei „Budějovický Budvar, národní podnik" gegen das in Österreich ansässige Getränkeuntenrehmen „Rudolf Ammersin GmbH", in der die Klägerin beantragte, es der Beklagten zu untersagen, aus der USA-stämmigen Brauerei Anheuser-Busch Inc. „Bier unter der Marke „American Bud" zu vertreiben, da nach bilateralen Verträgen zwischen der Tschechischen Republik und der Republik Österreich die Bezeichnung „Bud" in Österreich nur für Bier verwendet werden dürfe, das aus der Tschechischen Republik stamme".[736] In Bezug auf die Frage des vorlegenden Gerichts, ob ein nationaler bzw. ein bilateral in einen anderen Mitgliedstaat erstreckter Schutz einer weiteren Bezeichnung für dasselbe Produkt nicht mehr aufrechterhalten werden darf und der Verordnung zum Schutz von geografischen Angaben und Ursprungsbezeichnungen für Agrarerzeugnisse und Lebensmittel insofern eine abschließende Wirkung zukommt,[737] antwortete der EuGH ausdrücklich, dass die entsprechende europäische Verordnung einen einheitlichen und abschließenden Schutz der von ihr erfassten geografischen Bezeichnungen in der Europäischen Union sicherstellen

---

732 Ibid.,Rn. 36.

733 *Streinz*, in: FS Horst, S. 54.

734 *Sosnitza*, in: FS Welsch, S. 269 f.

735 So auch *Sosnitza*, in: FS Welsch, S. 272 f.

736 EuGH, Urteil vom 8. September 2009, Rs. C-478/07 (Budějovický Budvar), ECLI:EU:C:2009:521, Rn. 2.

737 Ibid., Rn. 60.

soll und sich der Rückgriff auf nationales Recht erübrigt,[738] wenn der Antrag zur Eintragung der geografischen Herkunftsangabe eines Erzeugnisses in das unionale Schutzsystem erfolgt.[739] Im Übrigen dürfte aber auch ein Schutz nach nationalen Maßstäben ausscheiden, sofern für die betreffende, qualifizierte geografische Herkunftsangabe ein Antrag nach der Verordnung (EU) Nr. 1151/2012 hätte gestellt werden können, aber tatsächlich nicht gestellt wurde.[740]

Da der Hinweis auf den Erzeugnisursprung exakt mit demjenigen auf der unional eingetragenen Ebene übereinstimmen muss, werden zudem darüberhinausgehende Werbekampagnen für Regionalprodukte grundsätzlich nicht vom Schutzbereich der Verordnung (EU) Nr. 1151/2012 erfasst.[741] Es sind somit ausschließlich diejenigen Agrarprodukte und Lebensmittel, die nach der Verordnung (EU) Nr. 1151/2012 registriert wurden und damit das Antragsverfahren[742] erfolgreich durchlaufen haben umfassend und abschließend geschützt vor jedem Missbrauch des Namens (vgl. Art. 13 Abs. 1 lit. a), jedweder Aneignung, Nachahmung oder Anspielung (vgl. Art. 13 Abs. 1 lit. b), sowie vor allen Angaben und Praktiken, die geeignet sind, den Verbraucher in Bezug auf den tatsächlichen Ursprung des Erzeugnisses irrezuführen (vgl. Art. 13 Abs. 1 lit. c und d). Hinsichtlich dieser Verletzungstatbestände besteht ein Konkurrenzverhältnis zueinander, sodass etwa bei Bejahung einer direkten Verwendung des geschützten Namens gem. Art. 13 Abs. 1 lit. a) Verordnung (EU) Nr. 1151/2012 keine weitergehende Prüfung des etwaigen Vorliegens einer verbotenen Anspielung gem. Art. 13 Abs. 1 lit. b) Verordnung (EU) Nr. 1151/2012 mehr erfolgt.[743]

Wenngleich es zur Annahme eines Verstoßes gegen einen Verletzungstatbestand aus Art. 13 Abs. 1 der Verordnung (EU) Nr. 1151/2012 gewiss nicht bereits genügt, dass der streitige Bestandteil einer Herkunftsbezeichnung bei den angesprochenen Verkehrskreisen lediglich eine irgendwie geartete Assoziation mit der eingetragenen geografischen Angabe oder dem zugehörigen geografischen Gebiet zu wecken vermag,[744] haben jedenfalls in Deutschland die in § 8 Abs. 3

---

738 Vgl. ibid., Rn. 114, 129.

739 EuGH, Urteil vom 9. Juni 1998, verb. Rs. C-129/97 u. C-130/97 (Chiciak und Fol), ECLI:EU:C:1998:274, Rn. 33.

740 *Von Jagow*, in: FS Horst, S. 146.

741 Vgl. *Karpenstein/Werres*, Staatliche Unterstützung für regionale Produkte, S. 33, 36.

742 Ausführlich zum Antragsverfahren siehe nur *Beutner*, in: Hartwig, S. 201 f.

743 Zum Konkurrenzverhältnis im Rahmen von Art. 13 Abs. 1 Verordnung (EU) Nr. 1151/2012 Schoene, GRUR 2018, 784 (785, 788).

744 In Bezug auf die spezielle Verordnung (EG) Nr. 110/2008 des Europäischen Parlements und des Rates vom 15. Januar 2008 zur Begriffsbestimmung, Bezeichnung, Aufmachung und Etikettierung von Spirituosen sowie zum Schutz geografischer Angaben

UWG genannten Berechtigten die grundsätzliche Möglichkeit der Inanspruchnahme auf Unterlassung gem. § 135 Abs. 1 MarkenG. So gewähren auch die Urspungbezeichnung und die geografische Angabe als nicht betriebliche Herkunftsangaben einen Schutz wie eine Marke, der bei unzulässigen Bezugnahmen neben Unterlassung, auch in Form von Auskunft und Schadensersatz gegenüber Verletzern geltend gemacht werden kann.[745]

Etwas anderes gilt allerdings für einfache Herkunftsangaben, bei denen kein Zusammenhang zwischen den Eigenschaften des Erzeugnisses und seiner geografischen Herkunft besteht. Während nämlich die Herausstellung eines Zusammenhangs zwischen Herkunft und Qualität in der Absatzförderung nur für die geschützten geografischen Herkunftsbezeichnungen auf Unionsrechtsebene zulässig ist und bei einfachen Herkunftsangaben, also solchen Angaben ohne Zusammenhang zwischen den Eigenschaften des Erzeugnisses und seiner geografischen Herkunft, die zu widerlegende Vermutung einer Irreführung der Verbraucher angenommen wird,[746] können jene einfachen geografischen Herkunftsangaben durchaus im Rahmen einer nationalen Regelung eines Mitgliedstaats rechtlichen Schutz erfahren.[747] Die Gerichte sind folglich nicht davon abgehalten andere, durch die Verordnung nicht ausgeschlossene Aspekte des wettbewerbsrechtlichen Verhaltens hinsichtlich der Bezeichnungsverwendung zu berücksichtigen.[748] Dies ist zum Beispiel der Fall, wenn mit einer nationalen Regelung nur die Herkunftgarantie von Erzeugnissen aus dem betreffenden geografischen Gebiet bewirkt wird.[749]

dd) Erzeugnisherkunftsbestimmung im Rahmen der Verordnung (EU) Nr. 1151/2012

Von Verordnung (EU) Nr. 1151/2012 geht eine zum Teil zwiespältige Praxis der Herkunftsbestimmung aus. So werden von der Europäischen Kommission

---

von Spirituosen siehe EuGH, Urteil vom 7. Juni 2018, Rs. C-44/17 (Scotch Whisky), ECLI:EU:C:2018:415, Rn. 39.

745 *Riemer*, Herkunftsangaben, S. 51.

746 *Becker/Benner*, Zur Problematik der Herkunftsangabe, S. 54 f.

747 Vgl. hierzu EuGH, Urteil vom 7. November 2000, Rs. C-312/98 (Warsteiner), ECLI:EU:C:2000:599, Rn. 44 f., 54; vgl. auch *Kopp*, Geografische Qualitätszeichen, S. 65.

748 *Ramírez*, Der Schutz geographischer Angaben, S. 439.

749 Vgl. hierzu EuGH, Urteil vom 8. Mai 2014, Rs. C-35/13 (Salame Felino), ECLI:EU:C:2014:306, Rn. 28, 34, 38.

beispielsweise Erzeugnisse wie die „Stromberger Pflaume“[750] oder die Hopfensorte „Spalt Spalter“[751] geschützt, die sich unmissverständlich und konkret auf einen bestimmten Ortsteil oder eine Stadt beziehen. Ebenso werden aber auch Produkte mit einem weit weniger erkennbaren Zusammenhang zwischen regionaler Herkunft und Qualität als geschützte Ursprungsbezeichnung protegiert, wie die Beispiele „Fränkischer Grünkern“[752] oder „Allgäuer Sennalpkäse“[753] zeigen.[754] Wenngleich alle vier genannten Exempel geschützter Ursprungsbezeichnungen die in Art. 5 Abs. 1 der Verordnung (EU) Nr. 1151/2012 gelisteten Eintragungsvoraussetzungen erfüllen, bleibt auch die zu Grunde gelegte Ein- und Abgrenzbarkeit der regionalen Produktherkunft insgesamt recht vage.

Für die Erlangung der Ursprungsbezeichnung gem. Art. 5 Abs. 1 lit. a) reicht es schließlich aus, dass der Produktursprung „in einem bestimmten Ort, in einer bestimmten Gegend oder, in Ausnahmefällen, in einem bestimmten Land liegt“. Diese weit gefasste Begriffsbestimmung mag Erzeugern eine gewisse Flexibilität sowie einen größeren Handlungsspielraum für den Schutz ihrer Produkte bescheren, doch birgt sie zugleich die Gefahr einer nicht unerheblichen geografischen Verwässerung. Auch in diesem Zusammenhang ist wieder auf die Schwierigkeit einer allgemeingültigen Auffassung von Regionalität bzw. regionalen Erzeugnissen zu verweisen, wenn bei Art. 5 Abs. 1 lit. a) Verordnung (EU) Nr. 1151/2012 von „einer bestimmten Gegend“ die Rede ist. In diesem Zusammenhang lassen sich die Begriffe der Region und der Gegend synonym verwenden, weil sie beide zunächst mal ein nicht näher abgegrenztes Gebiet ausweisen.[755] Erst die Vornahme der präzisen geografischen Bestimmung schafft hier die Abgrenzungsmöglichkeit. Die Bestimmungshandlung selbst wird spätestens mit dem Eintragungsantrag erforderlich und umfasst gem. Art. 8 Abs. 1 lit. c) sublit. i) Verordnung (EU) Nr. 1151/2012 „eine kurze Beschreibung der Abgrenzung des geografischen Gebiets“. Da im Rahmen dieser Beschreibung eines regionalen, aus „einer bestimmten Gegend“ stammenden Produkts wiederum verschiedene begriffsbestimmende Strömungen miteinfließen (Teil 1 A. I.),

750 Zur Bekanntmachung der Eintragung „Stromberger Pflaume“, ABl.EU 2013 Nr. L 298, S. 19.

751 Zur Bekanntmachung der Eintragung „Spalt Spalter“, ABl.EU 2012 Nr. L 302, S. 1.

752 Zur Bekanntmachung der Eintragung „Fränkischer Grünkern“, ABl.EU 2015 Nr. L 92, S. 18.

753 Zur Bekanntmachung der Eintragung „Allgäuer Sennalpkäse“, ABl.EU 2016 Nr. L 155, S. 2.

754 Ähnlich *Becker*, GJAE 49 (2000), 418 (422 f.).

755 Vgl. Duden – Das große Wörterbuch der deutschen Sprache, Stichwort: „Gegend“.

wird sich eine unstreitige geografische Festlegung schlichtweg als unrealisitisch erweisen. In systematischer Zusammenschau von Art. 5 Abs. 1 lit. a) mit Abs. 1 lit. b) Verordnung (EU) Nr. 1151/2012 wird diese Sichtweise noch deutlicher. So verlangt die geschützte Ursprungsbezeichnung zusätzlich, dass sich die Produkteigenschaften aus den geografischen Verhältnissen einschließlich der natürlichen und menschlichen Einflüsse ergeben. Die soeben genannte kumulative Voraussetzung offenbart prinzipiell etwas Selbstverständliches. Der Ursprung eines Erzeugnisses wird nicht bloß geografisch statuiert, sondern es sind letztlich verschiedene gewachsene, oft auch kulturelle Parameter, die die Herkunft eines Produktes ausmachen. Wie im Kapitel über die „Begriffliche Erfassung des Regionsbegriffs“ (Teil 1 A. I.) beschrieben, verschwimmt je nach Blickwinkel die Grenzziehung von Regionen. Gewiss ist es möglich diesbezüglichen Unklarheiten durch eine klare Bestimmung der Ursprungsgegend zu begegnen, indem zum Beispiel starre administrative Grenzen in einem föderalistischen Staat wie Deutschland herangezogen werden. Genau diese Herangehensweise verkennt aber eine dynamische Entwicklung, die auf einem Markt mit regionalen Produkten stattfindet. Denn zum einen kommen und gehen regionale Erzeugnisse, wenn sie nicht nachhaltig beworben werden und durch nachhaltige Präsentmachung zu Produkten mit schützenswerter Herkunft aufsteigen.[756] Zum anderen findet dieser Prozess selten in einem administrativ abgrenzbaren Gebiet, wie etwa in nur einem bestimmten Landkreis statt. Außerdem sind oft mehrere Verarbeitungsschritte notwendig, um zum fertigen Endprodukt zu gelangen. Von der gemolkenen Kuh zum verkaufsfähigen Käse sind zahlreiche Herstellungsschritte zu durchlaufen, die im Wesentlichen auf Arbeitsteilung beruhen und sich nicht zwangsläufig auf lediglich ein bestimmtes regionales Gebiet oder gar einen administrativ abgrenzbaren Raum beschränken. Art. 5 Abs. 1 lit. c) Verordnung (EU) Nr. 1151/2012 fordert aber gerade, dass die „Produktionsschritte alle in dem abgegrenzten geografischen Gebiet erfolgen“. Während also ein solches Ansinnen bei nicht oder nur wenig verarbeiteten Erzeugnissen noch einfach sein mag, ändert sich dies mit zunehmendem Komplexitätsgrad eines zusammengesetzten Produkts.[757] So lässt nicht zuletzt auch das Beispiel der komplexeren Käseherstellung erkennen, dass verarbeitungsaufwendigere Produkte eine

---

756 Die grundsätzliche Dynamik zeigt sich anhand der jüngeren Eintragungen der genannten Erzeugnisse „Fränkischer Grünkern“ und „Allgäuer Sennalpkäse“ als geschützte Ursprungsbezeichnung, die beispielsweise bereits früher mit Entstehen des entsprechenden Siegels Mitte der 1990er Jahre hätten erfolgen können.

757 *Beutner*, in: Hartwig, S. 208.

Ungleichbehandlung bei der geschützten Ursprungsbezeichnung erfahren. Freilich liegt der Umstand erzeugnisbedingter Verarbeitungskomplexität nicht selten in der Natur der Sache begründet. Manche Endprodukte benötigen nun einmal mehrere Produktionsschritte und wiederum andere nicht. Weshalb aber die Verordnung (EU) Nr. 1151/2012 einer Differenzierung hinsichtlich der Verarbeitungskomplexität bei der geschützten Ursprungsbezeichnung überhaupt nicht Rechnung trägt, ist insbesondere im Hinblick auf die Warenverkehrsfreiheit als Rückgrat der mitgliedstaatlichen Volkswirtschaften in einem funktionierenden Binnenmarkt nur schwer verständlich. Ein Festhalten an fixen geografischen Gebietsgrenzen macht es zumindest Erzeugnissen aus länderübergreifenden Gebieten unmöglich, als geschützte Ursprungsbezeichnung eingetragen werden zu können. Diese Eintragungsunmöglichkeit für solche Produkte, die eben auch aus zwischenstaatlichen Erzeugerkooperationen hervorgehen können, konterkariert aber jenes stets hochgehaltene Postulat der Europäischen Union, „den wirtschaftlichen, sozialen und territorialen Zusammenhalt und die Solidarität zwischen den Mitgliedstaaten“[758] zu fördern.

Zweifelsohne kann die beschriebene Problematik um die Unmöglichkeit der Eintragung als geschützte Ursprungsbezeichnung leicht umgangen werden, wenn auf die geografische Angabe nach Art. 5 Abs. 2 Verordnung (EU) Nr. 1151/2012 ausgewichen wird. Zur Eintragung als jene geografische Angabe ist grundsätzlich die Erfüllung derselben Voraussetzungen von den Erzeugern zu erbringen, wie sie auch die Ursprungsbezeichnung nach der Verordnung (EU) Nr. 1151/2012 fordert.[759] Zentraler Unterschied ist jedoch genau der angesprochene Punkt der Verarbeitungskomplexität. Während also die Ursprungbezeichnung belegt, dass die Erzeugung, die Aufbereitung und die Verarbeitung in vollem Umfang einschließlich der Rohstoffe in dem eingegrenzten Gebiet erfolgen, ist die geografische Angabe meist aufgrund des konsumtechnischen Charakters überregionaler Natur.[760] So hat nämlich zur Erlangung des Produktsiegels der geografischen Angabe gem. Art. 5 Abs. 2 lit. c) Verordnung (EU) Nr. 1151/2012 „wenigstens einer der Produktionsschritte in dem abgegrenzten geografischen Gebiet“ zu erfolgen, welches zuvor von den Erzeugern festgelegt wurde.

758 Art. 3 Abs. 3 UA 3 EUV.

759 Art. 7 und Art. 8 der Verordnung (EU) Nr. 1151/2012 beziehen sich sowohl auf die Ursprungsbezeichnung als auch auf die geografische Angabe und stellen jeweils die gleichen Anforderungen auf.

760 Ähnlich *Demmeler*, Ökologische und ökonomische Effizienzpotenziale einer regionalen Lebensmittelbereitstellung, S. 8.

Dadurch, dass sich die Ursprungsbezeichnung und die geografische Angabe lediglich in puncto einer etwaigen Überregionalität der Verarbeitung sowie in ihrer farblichen Erscheinungsform als Herkunftssiegel[761] voneinander unterscheiden, drängt sich hier geradezu die Frage nach der grundsätzlichen Notwendigkeit zweier Herkunftsangaben auf. Zu bedenken ist darüber hinaus, dass aus Verbrauchersicht die Unterscheidung nicht oder zumindest nur geringfügig ins Gewicht fällt. Womöglich stiftet die bestehende Ähnlichkeit daher eher Verwirrung unter den Verbrauchern, als das verfolgte Ziel einer Gewährleistung der Verfügbarkeit zuverlässiger Informationen über Erzeugnisse für die Verbraucher gem. Art. 1 Abs. 1 lit. b) Verordnung (EU) Nr. 1151/2012 zu erreichen. Einmal mehr gilt diese Annahme für die Weiterverarbeitung eines regionalen Originalerzeugnisses. Wird nämlich beispielsweise Schwarzwälder Schinken zur Herstellung des Fertiggerichts Schinkennudeln gebraucht, geht zugleich das Recht verloren, die geschützte Bezeichnung im Blickfang zu verwenden.[762]

Zur erläuterten Problematik um die konkrete Festlegung „einer bestimmten Gegend“ nach Art. 5 Abs. 1 lit. a) Verordnung (EU) Nr. 1151/2012 und der prinzipiell fragwürdigen Existenz von zwei fast identischen Herkunftsangaben, gesellt sich auch die Schwierigkeit der geografischen Begriffszuordnung in vertikaler Ebene. So kann die Unterscheidung des Erzeugnisursprungs zwischen „einer bestimmten Gegend“ und einem „bestimmten Land“ nicht unerhebliches Konfliktpotential beinhalten, zumal speziell die geschützte Ursprungsbezeichnung gem. Art. 5 Abs. 1 lit. a) nur „in Ausnahmefällen“ für Erzeugnisse mit Ursprung aus einem „bestimmten Land“ vorgesehen ist. Wird der Begriff der „Gegend“ in einem größeren Kontext, etwa als Teilraum Europas verstanden, stellt sich die Frage nach der grundsätzlichen Bestimmungsfähigkeit. Möglicherweise lässt sich eine „Gegend“ im Sinne des Art. 5 Verordnung (EU) Nr. 1151/2012 geografisch über dem des „Ortes“ und unter dem des „Landes“ einordnen. Zu dieser Erkenntnis kann zumindest die systematische Auslegung des Begriffs in Hinblick auf Art. 18 Abs. 3 Verordnung (EU) Nr. 1151/2012 führen. Dort ist von einer Gegend innerhalb eines bestimmten Landes die Rede. Ungeachtet dessen wäre aber eine Auslegung obsolet und außerdem größere Rechtssicherheit geschaffen, wenn der Begriff der „Gegend“ als Legaldefinition

---

761 Während das Siegel der Urpsungsbzeichnung in den Farben Rot und Gelb erscheint, ist das der geografischen Angabe Blau und Gelb ausgestaltet. Ansonsten sind die beiden Herkunftsangaben, bis auf die jeweilige Bezeichnung inmitten des Siegels, optisch absolut identisch.

762 Vgl. *Eggers*, in: FS Welsch, S. 254.

bei den Begriffsbestimmungen in Art. 3 Verordnung (EU) Nr. 1151/2012 Einzug fände. Eine solche Definition könnte dabei durchaus auch Aspekte der künftig wohl noch an Bedeutung gewinnenden kulturellen Regionalvernetzung[763] aufgreifen und sich weg von starren Grenzen bewegen. Sofern nämlich nur die geografische Angabe im Sinne des Art. 5 Abs. 2 Verordnung (EU) Nr. 1151/2012 fortbestünde und die Ursprungsbezeichnung nach Art. 5 Abs. 1 Verordnung (EU) Nr. 1151/2012 aus genannten Gründen wegfiele, hätte sich bestenfalls die beschriebene Problematik um die zu erfolgende Ausschließlichkeit jeglicher Produktionsschritte in einem abgegrenzten geografischen Gebiet erledigt.

Weiterhin würde allerdings die Abgrenzungssituation zwischen geografischen Angaben nach Art. 5 Abs. 2 Verordnung (EU) Nr. 1151/2012 sowie rechtlich gem. Art. 6 Abs. 1 schutzunzugänglichen Gattungsbezeichnungen und privaten Marken mit geografischem Bezug vertrackt bleiben.

Während nämlich „Nürnberger Lebkuchen" und „Lübecker Marzipan" als nach der Verordnung (EU) Nr. 1151/2012 geschützte „geografische Angabe" bestehen,[764] wird doch anhand der genannten Beispiele die fadenscheinige Distanz zu Gattungsbezeichnungen und regionalen Pseudo-Herkunftsangaben wie dem „Hamburger" oder dem „Kasseler Rippenspeer" deutlich.[765]

Nichtsdestoweniger ist und bleibt eine strikte Ablehnung des Schutzes von Gattungsbezeichnungen, wie sie auch explizit in Art. 6 Abs. 1 i.V.m. Art. 13 Abs. 2 der Verordnung (EU) Nr. 1151/2012 statuiert ist, besonders aus Verbrauchersicht zur Verhinderung einer potentiellen Irreführung begrüßenswert. Denn losgelöst eines noch vorhandenen Herkunftsbezugs sind Gattungsbezeichnungen letztlich „zu einer allgemeinen Bezeichnung für ein Erzeugnis in der Union geworden"[766]. Dieser Bedeutungswandel korrespondiert in der deutschen Rechtsauffassung mit den Vorstellungen des Verkehrs sowie dem dahinterstehenden Prinzip der Interessenabwägung.[767] Mal abgesehen von prominenten Beispielen wie dem „Emmentaler"[768] und einer sich als äußerst herausfordernd

763 Verwiesen sei an dieser Stelle auf das Beispiel der Metropolregion „FrankfurtRhein-Main", in der sich zahlreiche Städte, Landkreise und der Regionalverband zur „KulturRegion" zusammengeschlossen haben. URL: http://www.krfrm.de/krfrm/ (Abruf 08.04.2019).

764 Zur Bekanntmachung der Eintragung von Nürnberger Lebkuchen und Lübecker Marzipan, ABl.EG 1996 Nr. L 163, S. 19 ff.

765 Vgl. *Birk/Löffler*, Marketing- und Vertriebsrecht, S. 217 m.w.N.

766 Art. 3 Nr. 6 Verordnung (EU) Nr. 1151/2012.

767 Vgl. *Becker/Benner*, Zur Problematik der Herkunftsangabe, S. 51.

768 Hierzu *Dorandt*, Analyse des Konsumenten- und Anbieterverhaltens, S. 36.

erweisenden Ermittlung der Verkehrsauffassung aufgrund unterschiedlicher Bezugspunkte sowie fehlendem allgemeingültigen Grenzwert,[769] können aber Indizien wie eine entsprechende Erwähnung in den Leitsätzen des deutschen Lebensmittelbuches, in Kochbüchern oder Rezeptdatenbanken für das Vorliegen einer Gattungsbezeichnung sprechen.[770]

ee) Erwägungen zur Anwendbarkeit der Verordnung (EU) Nr. 1151/2012

Neben der beschriebenen Praxis der Produktherkunftsbestimmung geht mit der Anwendung von Verordnung (EU) Nr. 1151/2012 einher, dass die einmal erfolgte Eintragung der Produktherkunft eines regionalen Erzeugnisses zu einer unverrückbaren Definition der produktspezifischen Qualität gem. Art. 8 Abs. 1 lit. b) i.V.m. Art. 7 Verordnung (EU) Nr. 1151/2012 führt. Damit wird faktisch ein bestimmtes „Qualitätsmonopol" zementiert, welches am Eintragungsprozess unbeteiligte Mitbewerber auch künftig von der Verwendung der Herkunftsangabe (bei Nichterfüllen der gesetzten Qualitätsmaßstäbe) ausschließt und überdies ein mögliches Produktqualitätsspektrum zum Nachteil der Verbraucher vereitelt.[771]

Dagegen würde ein System repressiven Verbots mit Befreiungsvorbehalt die grundsätzlichen Qualitätsmaßstäbe aufrechterhalten, aber zugleich die Entwicklungsmöglichkeit neuer Qualitätsparameter zulassen. Praktisch realisieren ließe sich dies, indem die besagte Entwicklungsmöglichkeit geschaffen würde, Qualitätsstandards durch die verschiedenen Verkehrskreise[772], ähnlich dem deutschen Lebensmittelbuch, aufzustellen.[773] Solchen Qualitätsstandards könnte in Form von erlassenen Leitsätzen die Funktion unverbindlicher Sachverständigengutachten zukommen, welche als produktspezifische Auslegungshilfe zur Ermittlung der Verkehrsauffassung Gebrauch fänden.[774] Die substanzielle Funktionalität und Praktikabilität eines solchen Systems beruhend auf Leitsätzen belegt die häufige Anwendung vor den Gerichten.[775] Durch die Schaffung eines

769 *Profeta*, Der Einfluss geschützter Herkunftsangaben, S. 12.

770 Hierzu *Beutner*, in: Hartwig, S. 207.

771 Vgl. *Becker*, GJAE 49 (2000), 418 (426 f.).

772 Die Verkehrskreise könnten sich wie beim deutschen Lebensmittelbuch aus Vertretern der Verbraucher, der Wirtschaft, der Wissenschaft und der Überwachung zusammensetzen.

773 Vgl. *Becker*, GJAE 49 (2000), 418 (427).

774 *Becker* et al., Projektendbericht, S. 11 f., 70 f.

775 Zur tabellarischen Auflistung gerichtlicher Entscheidungen zwischen 2004 bis 2014 ausführlich ibid., S. 23 ff.

solch flexiblen Systemrahmens könnte die Bandbreite an regionaler Erzeugnisqualität um ein Vielfaches gesteigert werden.

Fernerhin erfordert die Realisierung eines wirksamen und hohen Schutzniveaus zur Vermeidung von Produktherkunftstäuschungen bei regionalen Erzeugnissen die Festlegung einer Verständigungsnorm der geografischen Herkunftsangabe. Eine solche Verständigungsnorm lässt sich gängig durch die demoskopisch zu ermittelnde Verkehrsauffassung oder durch Produktzusätze wie „erzeugt und verarbeitet in“ bestimmen.[776] Allerdings beschränkt sich die Verordnung (EU) Nr. 1151/2012 nicht nur auf die Etablierung einer diesbezüglichen Verständigungsnorm. Der Schutz gegen jedwede Form der Anspielung an eine qualifizierte Herkunftsangabe nach Art. 13 Abs. 1 lit. b) Verordnung (EU) Nr. 1151/2012 schafft vielmehr ein extensives „Verständigungsmonopol“ mit dem Effekt der Einschränkung des begrifflichen Verwendungszusammenhangs.[777] Dadurch können begriffliche Alleinstellungsmerkmale regionaler Erzeugnisse sowie der Wettbewerb in verbraucherschädigender Weise blockiert werden.

Dies zeigt beispielsweise auch ein dem EuGH vom LG Hamburg vorgelegter Fall, bei dem der Betreiber einer Internetvertriebsplattform auf Unterlassung des Vertriebs eines in Deutschland hergestellten Whiskys mit der Bezeichnung „Glen Buchenbach“ in Anspruch genommen wird.[778] Die Klägerseite, eine nach schottischem Recht errichtete Organisation namens „Scotch Whisky Association“ mit dem Ziel des Handelsschutzes von schottischem Whisky sowohl in Schottland als auch im Ausland,[779] hat vorgetragen, „dass die für Spirituosen eingetragene geografische Angabe nicht nur gegen ihre Verwendung geschützt sei, sondern auch gegen jede Erwähnung, die auf ihren geografischen Ursprung hindeute. Die Bezeichnung „Glen“ wecke angesichts ihrer umfangreichen Benutzung in Schottland als Begriff für „valley“ und insbesondere als Markenelement im Namen von schottischem Whisky bei den angesprochenen Verkehrskreisen eine Assoziation mit Schottland und schottischem Whisky, ungeachtet der auf dem Etikett hinzugefügten übrigen Angaben zum deutschen Ursprung des Erzeugnisses.“[780] Salomonisch führte der EuGH vor diesem Hintergrund aus, dass die potentielle Weckung einer irgendwie gearteten Assoziation des streitigen

776 Ähnlich *Becker*, GJAE 49 (2000), 418 (424 f.).
777 In Bezug auf die Verordnung (EWG) Nr. 2081/92 vgl. ibid., 418 (425).
778 EuGH, Urteil vom 7. Juni 2018, Rs. C-44/17 (Scotch Whisky), ECLI:EU:C:2018:415, Rn. 2.
779 Ibid., Rn. 8.
780 Ibid., Rn. 12.

Bestandteils der Erzeugnisangabe mit der eingetragenen geografischen Angabe bei den angesprochenen Verkehrskreisen zwar nicht genüge,[781] sowie bei der Feststellung einer unzulässigen Anspielung bzw. einer falschen oder irreführenden Angabe auf eine eingetragene geografische Angabe, das Umfeld des streitigen Bestandteils nicht zu berücksichtigen ist.[782] Die Zulässigkeit einer falschen oder irreführenden Angabe aufgrund zusätzlicher, insbesondere den wahren Ursprung des betreffenden Erzeugnisses betreffender Angaben in ihrem Umfeld jedoch zum praktischen Verlust der Wirksamkeit des Schutzes geografischer Herkunftsangaben führen würde.[783]

Mit dieser Positionierung schlägt der EuGH gewissermaßen eine Brücke zwischen dem idealerweise hindernisfreien und von fairem Wettbewerb getragenen Binnenmarkt und dem sekundärrechtlich avisierten, hohen Schutzniveau hinsichtlich geografischer Angaben.[784] Die konkrete Beantwortung der Frage, ob also die „schottische Anmutung" des Wortes „Glen" für die Annahme einer Verletzung der eingetragenen geografischen Herkunftsangabe ausreicht, ist letztlich Sache des vorlegenden Gerichts und hat erhebliche praktische Brisanz. Sie entscheidet vor allem auch darüber, ob und gegebenenfalls wann und in welchen Erzeugniskategorien die namhafte und zutreffende Auslobung eines im Gebiet einer geschützten geografischen Herkunftsangabe oder einer geschützten Ursprungsbezeichnung liegenden Herstellungsortes eine verbotene Anspielung ist.[785] Wird demzufolge der schwäbische Whisky „Glen Buchenbach" als eine unzulässige Anspielung auf den Scotch Whisky erachtet, bleibt fraglich, ob etwa ein Whiskybrenner aus Edinburgh „Edinburgh Whisky" vermarkten dürfte, wenn sein Whisky nicht die Anforderungen an „Scotch Whisky" erfüllt.[786] Bei Bejahung einer Anspielung bezüglich des Whiskys „Glen Buchenbach", könnte dies jedenfalls erst recht für den hier exemplarischen „Edinburgh Whisky" gelten.

Vom Beispiel um den „Scotch Whisky" und den „Edinburgh Whisky" lässt sich der Bogen zu den beiden geschützten geografischen Angaben „Bayerisches Bier" und „Münchener Bier" spannen. Obwohl das „Münchener Bier" zuerst als geschützte geografische Angabe registriert wurde, konnte „Bayerisches Bier" nachträglich ebenfalls eingetragen werden.[787] Eine Anspielung könnte in diesem

---

781 Ibid., Rn. 39.
782 Ibid., Rn. 60, 71.
783 Ibid., Rn. 68.
784 Ähnlich *Parashu*, EuZW 2018, 602 (603).
785 So *Schoene*, GRUR-Prax 2017, 326.
786 *Schoene*, GRUR 2018, 784 (790).
787 Ibid.

Zusammenhang durchaus im Wort „Bayern“ in Bezug auf „München“ gesehen werden (genauso wäre dies auch im Falle der umgekehrten Eintragungsreihenfolge denkbar).

Es wird deutlich, dass jedenfalls auch nach der Eintragung einer geschützten geografischen Angabe bzw. geschützten Ursprungsbezeichnung die Verwendung von Teilgebietsnamen oder des Namens des umschließenden Gebiets möglich sein muss.[788] Nach *Schoene* ließe sich dies dogmatisch über Art. 6 Abs. 3 Verordnung (EU) Nr. 1151/2012[789] regeln.[790] Da Art. 6 Abs. 3 Verordnung (EU) Nr. 1151/2012 mit der traditionellen Koexistenz des zweiten Namens zugleich voraussetzt, dass dessen Verwendung keine Verletzung des zuerst eingetragenen Namens war, insofern nur die Eintragung bis dahin ungeschützter Namensvarianten ermöglicht wird und die parallele Namensverwendung der Eintragung des zweiten Namens nicht geregelt ist bzw. hierbei sogar eine Kollision mit Art. 13 Abs. 1 lit. a) Verordnung (EU) Nr. 1151/2012 anzunehmen bleibt, müsse nach der Ansicht von *Schoene* zur Ausfüllung dieser Lücke Art. 6 Abs. 3 Verordnung (EU) Nr. 1151/2012 im Wege der Analogie in die Verletzungstatbestände des Art. 13 Abs. 1 lit. a) Verordnung (EU) Nr. 1151/2012 hineingelesen werden. Wenn schließlich nach Art. 6 Abs. 3 Verordnung (EU) Nr. 1151/2012 gleichlautende Namen eingetragen werden können und diese Namen bereits vor ihrer Eintragung auf dem Markt koexistieren dürfen, dann ist die Schlussfolgerung a maiore ad minus von *Schoene* berechtigt, dass diese Koexistenz erst recht möglich sein muss, wenn sich der nicht eingetragene Name der geschützten geografischen Angabe bzw. geschützten Ursprungsbezeichnung weder klanglich noch visuell, sondern allenfalls begrifflich ähnelt.[791]

Auf dem soeben beschriebenen Weg ließe sich das eingangs erwähnte extensive „Verständigungsmonopol“ rund um den Begriff der Anspielung nach Art. 13 Abs. 1 lit. b) Verordnung (EU) Nr. 1151/2012 wieder einfangen und

788 Ibid.

789 Wortlaut von Art. 6 Abs. 3 Verordnung (EU) Nr. 1151/2012: „Ein zur Eintragung vorgeschlagener Name, der mit einem bereits in dem Register nach Artikel 11 eingetragenen Namen ganz oder teilweise gleichlautend ist, darf nicht eingetragen werden, es sei denn, in der Praxis kann deutlich zwischen den Bedingungen für die lokale und traditionelle Verwendung und Aufmachung für den später eingetragenen gleichlautenden Namen und den bereits in dem Register eingetragenen Namen unterschieden werden, wobei zu berücksichtigen ist, dass die betreffenden Erzeuger gleich behandelt werden müssen und die Verbraucher nicht irregeführt werden dürfen.“

790 Ausführlich *Schoene*, GRUR 2018, 784 (789 f.).

791 Ibid., 784 (790).

damit insbesondere die Aktualisierbarkeit des regionalen Erzeugnisangebots gewährleisten.

Was die Frage der unzulässigen Anspielung im Fall „Glen Buchenbach" betrifft, so umschiffte das LG Hamburg in seinem Urteil vom Februar 2019 den exemplarisch dargelegten, dogmatischen Exkurs rund um die Anwendungsmöglichkeit der Verordnung (EU) Nr. 1151/2012.[792]

Unter Zugrundelegung der Ausführungen des EuGH ging das LG Hamburg von keiner unzulässigen Anspielung auf eine geschützte geografische Angabe (i.S.d. Art. 13 Abs. 1 lit. b) Verordnung (EU) Nr. 1151/2012) aus, weil schließlich fehle es „an einem teilweisen Einschluss der geschützten geografischen Angabe in der streitigen Bezeichnung sowie einer klanglichen oder visuellen Ähnlichkeit."[793] Ebenso liege keine inhaltliche Nähe der Begriffe vor, denn die Begriffsinhalte der Worte „Scotch Whisky" und „Glen" seien nicht ähnlich.[794] „Glen" sei insbesondere kein Synonym für „Scotch Whisky", umschreibe diesen Begriff nicht inhaltlich und könne auch keine Assoziationskette auslösen, die den Verkehr zu der Annahme verleite, dass es sich um einen Scotch Whisky handle.[795]

Allerdings sah das LG Hamburg in dem Zeichen „Glen Buchenbach" eine in jedem werblichen Umfeld irreführende Herkunftsangabe (i.S.d. Art. 13 Abs. 1 lit. c) Verordnung (EU) Nr. 1151/2012), die geeignet sei, einen falschen Eindruck über den Ursprung des Whiskyerzeugnisses zu erwecken.[796]

Die Verwendung des Begriffs „Glen" erwecke schließlich beim europäischen Durchschnittsverbraucher nicht nur den Eindruck, dass der so bezeichnete Whisky ein Scotch Whisky sei, sondern im Übrigen handle es sich auch bei vorgehaltenen „Glen"-Whiskys in Supermärkten diverser europäischer Länder fast ausschließlich um Scotch Whiskys.[797] Streitentscheidend sei allein die in Frage stehende Gefahr, ob „der Verbraucher bei einem Whisky, der „Glen" im Namen führt, an Scotch Whisky denkt und nicht, ob er bei Scotch Whisky an „Glen" denkt."[798]

Hinsichtlich der Bejahung der Irreführungseignung der Bezeichnung „Glen Buchenbach" hielt sich das LG Hamburg strikt am Urteilswortlaut des EuGH.

---

792 Hierzu Fn. 788 ff.
793 LG Hamburg, Urteil vom 7. Februar 2019, 327 O 127/16, juris Rn. 48.
794 Ibid.
795 Ibid.
796 Ibid., Rn. 49, 51.
797 Ibid., Rn. 51.
798 Ibid.

So umfasse der geschützte Bereich geografischer Herkunftsangaben auch „alle sonstigen … Angaben" im Sinne von Informationen für Verbraucher wie die Produktbezeichnung, Aufmachung oder Etikettierung, die vorliegend zwar nicht auf die geschützte geografische Angabe „Scotch Whisky" anspielten, aber dennoch geeignet seien, Auskunft über wesentliche Produktmerkmale wie die Herkunft bzw. den Ursprung zu geben und angesichts der Verbindungen zwischen dem Erzeugnis und der Angabe eine Einstufung als falsch oder irreführend rechtfertigten.[799]

Mit seiner für die Rechtspraxis äußert relevanten Entscheidungsbegründung hat das LG Hamburg die unzulässige Anspielung der Bezeichnung „Glen Buchenbach" auf den „Scotch Whisky" substantiiert abgelehnt. Die i.S.d. Art. 13 Abs. 1 lit. c) Verordnung (EU) Nr. 1151/2012 angenommene Irreführungseignung der betreffenden Erzeugnisdeklaration ist schon aufgrund des berücksichtigten, multinational durchgeführten demoskopischen Gutachtens (zur Ratsamkeit bereits Teil 2 A. I. 1. a)) vertretbar, weil gerade ein signifikanter Teil der befragten Verbraucher (hier 62%) mit dem erzeugnisspezifischen Wortbestandteil „Glen" den „Scotch Whisky" verband.[800]

Für die Anwendbarkeit der Verordnung (EU) 1151/2012 ergibt sich infolge der im Fall „Glen Buchenbach" (bislang) ergangenen Rechtsprechung, dass in der Praxis zwar hohe Hürden für die Annahme einer unzulässigen Anspielung i.S.d. Art. 13 Abs. 1 lit. b) Verordnung (EU) Nr. 1151/2012 auf eine geschützte Herkunftsangabe bestehen, diese jedoch im Rahmen der Prüfung des Irreführungstatbestands i.S.d. Art. 13 Abs. 1 lit. c) Verordnung (EU) Nr. 1151/2012 wieder nivelliert werden.

b) Lebensmittelinformations-Verordnung (EU) Nr. 1169/2011

Die Herkunftssiegel im Sinne der Verordnung (EU) Nr. 1151/2012 mögen zwar einen grundsätzlichen Informationszugewinn für die Verbraucher darstellen, doch gilt diese Art der Erzeugniskennzeichnung nur für ausgewählte regionale Erzeugnisse, die den Anforderungen des Art. 5 Verordnung (EU) Nr. 1151/2012 genügen. Schon allein deshalb bedarf es ergänzender Regelungen zur Klarstellung des Herkunftsaspekts von regionalen Produkten, die von der LMIV ausgefüllt werden.

---

799 Ibid., Rn. 50 mit Verweis auf EuGH, Urteil vom 7. Juni 2018, Rs. C-44/17 (Scotch Whisky), ECLI:EU:C:2018:415, Rn. 65 f.

800 Hierzu ibid., Rn. 13, 51.

aa) Inhaltliche Vorgaben der LMIV

Hinsichtlich des Irreführungsschutzes im Zusammenhang von regionalen Erzeugnissen ist mangels spezifischer gesetzlicher Vorgaben auf die geltenden Irreführungsverbote zurückzugreifen und dabei die berechtigte Verbrauchererwartung aufgrund gemachter Werbeangaben in den Vordergrund zu rücken.[801] Auf unionaler Ebene sind hierbei Art. 7 und Art. 26 LMIV gemeint.[802]

Gleichwohl regionale Erzeugnisse nicht explizit unter die speziellen Regelungsziele der LMIV fallen, bestehen in diesem Kontext dennoch Anforderungen an die Lauterkeit der herkunftsbezogenen Informationspraxis. Im Unterschied zu gemeinsamen Marktorganisationen, auf denen etwa auch die Herkunftskennzeichnungsverpflichtungen für Fisch, Obst, Gemüse, Eier und Olivenöl beruhen und die im Sinne europäischer Marktordnungen gem. Art. 40 Abs. 1 lit. c) AEUV vorrangig den in Art. 39 Abs. 1 AEUV gelisteten Zielen wie der Märktestabilisierung oder der Versorgungssicherheit zuträglich sind, stellt die LMIV das Informationsinteresse der Verbraucher durch die Etikettierung von Lebensmitteln in den Vordergrund.[803] So müssen beispielsweise Informationen über Lebensmittel gem. Art. 7 Abs. 2 LMIV zutreffend sein. Abgesehen der Tatsache, dass dieser Normtatbestand keinerlei Differenzierung nach dem Grad der Unrichtigkeit oder der Relevanz für den Verbraucher beinhaltet und genauso wenig auf ein bestimmtes Verbraucherverhalten abstellt, bleibt jedenfalls auch nach dem Schutzzweck der Vorschrift zu prüfen, ob sie auf eine objektiv unrichtige Information Anwendung findet und „eine rechtliche Wertung entsprechend dem Schutzzweck des Verbotes erforderlich ist.“[804] Als entsprechende Wertungskriterien kommen dabei neben der Relevanz der Unrichtigkeit für den Verbraucherschutz, auch die Fragen nach den zu schützenden Verbrauchertypen sowie nach dem Differenzierungsgrad zwischen dem objektivem Informationsinhalt und den tatsächlichen Gegebenheiten in Betracht.[805] Während also Art. 7 Abs. 1 lit. a) i.V.m. Abs. 4 lit. a) unter anderem ein Irreführungsverbot vorschreibt, das sich explizit an die Werbung mit dem Herkunftsort eines Lebensmittels richtet, sind hinsichtlich dessen Schutzzweck die vorgenannten Wertungskriterien einzubeziehen. In Bezug auf den Verbotstatbestand von Art. 7 Abs. 1 lit. a) i.V.m.

---

801 Vgl. *Hartwig*, recht – die Zeitschrift für europäisches Lebensmittelrecht 2013, 15 (16); vgl. *Hartwig/Kappes*, LMuR 2012, 225 (227).
802 Vgl. *Märtlbauer/Meyer*, ZLR 2014, 245 (250).
803 *Sosnitza*, GRUR 2016, 347 (352).
804 *Rathke*, ZLR 2017, 559 (569).
805 Zu den einzelnen Wertungskriterien vgl. ibid.

Abs. 4 lit. a) sind der Verbraucherinformation im Übrigen die definitionsmäßige Klarstellung des Herkunftsortes in Art. 2 Abs. lit. g) LMIV zuträglich. In Negativabgrenzung zum Ursprungsland gilt der Name, die Firma oder die Anschrift des Lebensmittelunternehmens auf dem Erzeugnisetikett nicht als Angabe des Herkunftsorts. Insoweit sind weitergehende, informationelle Präzisierungen geografischer Natur angezeigt. Gleichwohl das Irreführungsverbot des Art. 7 Abs. 1 lit. a) LMIV von Art. 26 Abs. 2 lit. a) LMIV konkretisiert wird,[806] bleibt die Frage auch weiterhin ungeklärt, durch welche Angaben einer Irreführung über die Herkunft entgegengewirkt werden kann.[807] Dieser Umstand mag auch darauf zurückgeführt werden, dass Art. 26 Abs. 2 und 3 LMIV lediglich Fälle nennt, in denen die Herkunftsangabe des Lebensmittels verpflichtend ist, ohne das Begriffspaar Ursprungsland und Herkunftsort entsprechend differenziert zu verwenden.[808] Auch der das „Ursprungsland“ bestimmende Verweis in Art. 2 Abs. 3 LMIV auf die zollrechtlichen Bestimmungen der Art. 23 bis 26 der Verordnung (EWG) Nr. 2913/92 zur Festlegung des Zollcodex der Gemeinschaften („Zollverordnung“) ändert hieran nichts, da die LMIV mit ihrer Begriffsdifferenzierung im Endeffekt nur den Grad der Verbindung eines Erzeugnisses zu seinem Erzeugungsgebiet „nachempfinden“ will.[809]

Für die oft als besonders und exklusiv angepriesene Regionalität von Erzeugnissen ist aber die in Art. 26 Abs. 3 LMIV enthaltene Deklarierungspflicht von Relevanz. Fallen nämlich der angegebene Herkunftsort eines Lebensmittels mit dem seiner primären Zutat[810] auseinander, ist gem. Art. 26 Abs. 3 lit. a) LMIV „auch das Ursprungsland oder der Herkunftsort der primären Zutat anzugeben; oder b) ist anzugeben, dass die primäre Zutat aus einem anderen Ursprungsland oder Herkunftsort kommt als das Lebensmittel.“

Dabei wird das Begriffspaar „primäre Zutat“ in Art. 2 Abs. 2 lit. q) LMIV legaldefiniert als „diejenige Zutat oder diejenigen Zutaten eines Lebensmittels, die über 50 % dieses Lebensmittels ausmachen oder die die Verbraucher

---

806 So dürfen Informationen über Lebensmittel wie etwa in Bezug auf das Ursprungsland oder den Herkunftsort nicht irreführend sein.

807 Vgl. *von Jagow*, in: FS Horst, S. 152 f.

808 Vgl. *Grube/Schmölzer*, ZLR 2014, 364 (365).

809 Ibid., 364 (365 f., 369).

810 Der Begriff „Zutat“ i.S.d. Art. 2 Abs. 2 lit. f) umfasst: „jeden Stoff und jedes Erzeugnis, einschließlich Aromen, Lebensmittelzusatzstoffen und Lebensmittelenzymen, sowie jeden Bestandteil einer zusammengesetzten Zutat, der bei der Herstellung oder Zubereitung eines Lebensmittels verwendet wird und der – gegebenenfalls in veränderter Form – im Enderzeugnis vorhanden bleibt; Rückstände gelten nicht als „Zutaten““..

üblicherweise mit der Bezeichnung des Lebensmittels assoziieren und für die in den meisten Fällen eine mengenmäßige Angabe vorgeschrieben ist". Während die quantiative Verifizierung einer Zutatenmindestmenge noch weitgehend unproblematisch zu bewerkstelligen sein wird, gestaltet sich die normative Ermittlung der verbraucherseitigen Assoziation als wesentlich komplexer und auch einzelfallabhängig. Dies zeigt nicht zuletzt die Diskussion um die Verbraucherleitbilder (Teil 2 A. I. 1.).

Gleichwohl die LMIV keine Vorgaben trifft wann Verbraucher gewöhnlicherweise eine oder mehrere Zutaten mit der Erzeugnisbezeichnung assoziieren und insofern von einer primären Zutat i.S.d. Art. 2 Abs. 2 lit. q) LMIV auszugehen ist, trägt aber zumindest die grundsätzliche Herkunftshinweispflicht[811] der Primärzutat bei Lebensmittelerzeugnissen mit mehraktigen, geografisch dislozierten Produktionsschritten zu einem höheren Informations- und Verbraucherschutzniveau bei. Denn gerade bei jenen arbeitsteilig, mehrstufig hergestellten Produkten wird ohne konkrete Herkunftsauskunft der einzelnen Bestandteile auf einem Warenetikett nur die Länge des Vertriebswegs zum Verbraucher gewahr werden.[812] Aufgrund der Regelungen zu Art. 26 LMIV wird letztlich eine Kehrtwende des europäischen Gesetzgebers weg von der punktuellen produktspezifischen Herkunftsangabenregelung hin zu einer deutlichen Ausweitung der obligatorischen Kennzeichnung der Erzeugnisherkunft ausgemacht.[813]

Allerdings steht jene auf die primäre Zutat beschränkte Deklarierungspflicht gem. Art. 26 Abs. 8 LMIV unter dem Anwendungsvorbehalt von Durchführungsrechtsakten.

(1) Durchführungsverordnung (EU) Nr. 2018/775

Die Durchführungsverordnung (EU) Nr. 2018/775 vom 28. Mai 2018 mit unionsweiter Geltung ab dem 1. April 2020[814] intendiert eine ausdrückliche Konkretisierung der Anwendung von Art. 26 Abs. 3 LMIV.

---

811 Herkunftsort und Ursprungsland i.S.d. Art. 26 LMIV werden aus pragmatischen Erwägungen im Kontext der LMIV nach hiesiger Meinung als einheitlicher geografischer Hinweis aufgefasst – so auch *Grube/Schmölzer*, ZLR 2014, 364 (370); zur überflüssigen Unterscheidungspraxis auch *Kiontke*, ZLR 2018, 502 (507).

812 In Bezug auf die Textilbranche *Lakkis*, in: Martinek/Semler/Flohr, § 56 Rn. 18.

813 In diese Richtung auch *von Jagow*, in: FS Horst, S. 148; *Sosnitza*, GRUR 2016, 347 (347 f.).

814 Art. 4 Abs. 2 Durchführungsverordnung (EU) Nr. 2018/775.

Unter Ausklammerung des Geltungsbereichs für geschützte geografische Angaben,[815] geschützte Ursprungsbezeichnungen und eingetragene Marken gem. Art. 1 Abs. 2 Durchführungsverordnung (EU) Nr. 2018/775 werden nach Art. 1 Abs. 1 Durchführungsverordnung (EU) Nr. 2018/775 „die Modalitäten für die Anwendung von Artikel 26 Absatz 3 der Verordnung (EU) Nr. 1169/2011 in Fällen festgelegt, in denen das Ursprungsland oder der Herkunftsort eines Lebensmittels durch Angaben wie Erklärungen, Piktogramme, Symbole oder Begriffe erfolgt, die sich auf Orte oder geografische Gebiete beziehen, ausgenommen geografische Begriffe, die in verkehrsüblichen Bezeichnungen und Gattungsbezeichnungen enthalten sind, sofern diese Begriffe den Ursprung wortwörtlich angeben, sie jedoch allgemein nicht als Angabe des Ursprungslands oder Herkunftsorts des Lebensmittels verstanden werden."

Ob allerdings die Durchführungsverordnung (EU) Nr. 2018/775 den gesteckten Zielen gerecht wird – wie der in Erwägungsgrund 10 proklamierten Sicherstellung von hinreichend präzisen und aussagekräftigen Informationen – soll im Folgenden nachgegangen werden.

Nach Art. 1 Abs. 1 Durchführungsverordnung (EU) Nr. 2018/775 können prinzipiell alle Angaben mit Bezug auf geografische Gebiete die Herkunftskennzeichnungspflicht nach Art. 26 Abs. 3 LMIV auslösen. Unter Einführung und Zugrundelegung des subjektiven Korrektivs des Verbraucherverständnisses durch Art. 1 Abs. 1 Durchführungsverordnung (EU) Nr. 2018/775 kommt eine Herkunftskennzeichnung nach Art. 26 Abs. 3 LMIV wiederum nicht in Betracht, wenn „Erklärungen", „Begriffe", „Piktogramme", „Symbole" sowie sonstige Produktausstattungen mit geografischem Bezug (so etwa auch bei der Verwendung von Landesfarben, Wappen oder bestimmten Verpackungsformen) nicht als solche verstanden werden und vielmehr eine Fantasiebezeichnung, eine bestimmte Produktbeschaffenheit wie eine landestypische Rezeptur oder eine geografische Inbezugnahme ohne herkunftshinweisenden Gehalt nahelegen – so zum Beispiel bei einer Produktausschmückung in Landesfarben anlässlich sportlicher Großereignisse.[816]

Mit Art. 2 lit. a) und lit. b) enthält die Durchführungsverordnung (EU) Nr. 2018/775 wahlweise Regelungen zur Ausgestaltung der geografischen

815 Für eine g.g.A. wie „Schwarzwälder Schinken", bei der gem. Bekanntmachung ABl. EU 2012 Nr. C 274, S. 2 keine zwingende Verwendung von Schweinefleisch aus der Schwarzwaldregion vorgeschrieben ist, erübrigt sich folglich gem. Art. 1 Abs. 2 Durchführungsverordnung (EU) Nr. 2018/775 die alternative Fleischherkunftsdeklaration der primären Zutat – hierzu bereits *Kiontke*, ZLR 2018, 502 (514).

816 Ibid., 502 (512 f.).

Herkunftsangabe einer primären Zutat. Während Art. 2 lit. a) Durchführungsverordnung (EU) Nr. 2018/775 die „positive“ Angabe einer bestimmten Herkunft statuiert, wird in lit. b) auch die Möglichkeit der Negativabgrenzung geschaffen, sodass die Herkunft der primären Zutat nicht mit der für das Lebensmittel angegebenen Herkunft übereinstimmen muss.

Art. 2 lit. a) sublit. i) Durchführungsverordnung (EU) Nr. 2018/775 legt wiederum die Minimalvorgabe fest, dass zur Angabe der Herkunft der primären Zutat geografisch zumindest eine Abgrenzung zwischen „EU“, „Nicht-EU“ oder „EU und nicht-EU“ zu erfolgen hat.

Der informatorische Mehrwert einer solchen geografischen Grobunterscheidung ist praktisch marginal und wird hinsichtlich des eingangs in Erwägungsgrund 10 erwähnten Ziels – der Sicherstellung von hinreichend präzisen und aussagekräftigen Informationen – nur noch vom Regelungsgehalt des Art. 2 lit. b) Durchführungsverordnung (EU) Nr. 2018/775 unterboten.[817] So gewährt jener Art. 2 lit. b) den Lebensmittelunternehmern die Möglichkeit, in Form einer Produktergänzungserklärung auf die abweichende Herkunft einer primären Zutat hinzuweisen und abgesehen vom Marketingnutzen (hierzu Teil 1 B. II. 2.) informatorische Nullaussagen auszuloben wie „Deutsches Weißbrot – das Weizenmehl stammt nicht aus Deutschland“.[818]

In Art. 3 Durchführungsverordnung (EU) Nr. 2018/775 werden wiederum Einzelheiten zur Darstellungsform der Herkunftsinformationen, insbesondere zur Schriftgröße und zum Sichtfeld festgelegt. Dabei regelt Art. 3 Abs. 3 Durchführungsverordnung (EU) Nr. 2018/775 Fälle, in denen die Herkunft eines Lebensmittels nicht „mit Worten“, sondern optisch, etwa mit „Piktogrammen“ und „Symbolen“ dargestellt ist. Denknotwendigerweise ist für solche, lediglich „mittelbaren“ geografischen Herkunftsangaben kein gem. Art. 3 Abs. 1 Durchführungsverordnung (EU) Nr. 2018/775 entsprechendes Mindestschriftgrößenerfordernis vorgesehen, wohl aber ein Sichtfelderfordernis.

Bei einem mit Ansichten einer bayerischen Landschaft und mit deutschen Flaggen herkunftshinweisend ausgestatteten Lebensmittels könnte danach auch bei bloßer Bezeichnung als „Käse“ weiterhin ein Hinweis auf die Milchherkunft aus Österreich im Sichtfeld zu den nur mittelbaren Herkunftsangaben erforderlich sein.[819]

817 Mit ähnlicher Schlussfolgerung vgl. ibid., 502 (516).
818 Vgl. ibid., 502 (517).
819 Vgl. ibid., 502 (520).

Nach kurzer Vorstellung des Inhalts der Durchführungsverordnung (EU) Nr. 2018/775 bleibt auch weiterhin die Frage ungeklärt, ob in Bezug auf die Kennzeichnung der Herkunft primärer Erzeugniszutaten gem. Art. 26 Abs. 3 LMIV mehrere primäre Zutaten vorhanden sein können (die weniger als 50 Prozent eines Lebensmittels ausmachen) und wie diese wiederum nach Art. 26 Abs. 3 LMIV zu kennzeichnen sind. Unter Verweis auf den im Singular gehaltenen Wortlaut von Art. 2 Abs. 2 lit. q) sowie Art. 26 Abs. 3 lit. a) und lit. b) LMIV bzw. Art. 2 Durchführungsverordnung (EU) Nr. 2018/775 lässt sich zwar die Annahme von nur einer einzigen, quantitativ zu bemessenden „primären Zutat" vertreten, doch wird damit das bereits erwähnte, in Art. 2 Abs. 2 lit. q) LMIV verankerte, normative Kriterium „Verbraucherverständnis" – im Sinne der von Verbrauchern üblicherweise vorgenommenen Assoziation der Bezeichnung mit dem Lebensmittel – ausgeblendet.[820] Bei einem typischen Mischerzeugnis wie Pizza, bei dem beispielsweise 51 Prozent Weizenmehl aus den USA, 15 Prozent Mozzarella aus Italien und 10 Prozent Salami aus Ungarn stammen, könnte sich das Verbraucherverständnis nicht nur auf das ohnehin zu kennzeichnende Weizenmehl, sondern auch auf die wertbestimmenden Zutaten Mozzarella sowie Salami beziehen und – allein zur Vermeidung willkürlicher, verwirrender Ergebnisse – die Annahme mehrerer primärer Zutaten rechtfertigen.[821] Die Durchführungsverordnung (EU) Nr. 2018/775 hilft jedenfalls bei der Bestimmung des Verbraucherverständnisses hinsichtlich der primären Zutat i.S.d. Art. 2 Abs. 2 lit. q) LMIV nicht weiter und so bleibt es auch künftig Sache der Gerichte für eine entsprechende Konkretisierung der Verkehrsauffassung zu sorgen.

Davon abgesehen geht vor allem mit der Mindesteingrenzungsmöglichkeit der Produktherkunftsangabe auf die „EU/Nicht-EU" gem. Art. 2 lit. a) sublit. i) Durchführungsverordnung (EU) Nr. 2018/775 und der geschaffenen Verwendungsmöglichkeit einer Produktergänzungserklärung ohne Hinweispflicht auf die tatsächliche Produktherkunft gem. Art. 2 lit. b) Durchführungsverordnung (EU) Nr. 2018/775 ein massiver Verlust jedweden informatorischen Mehrwerts für die Verbraucher einher. Insofern verfehlt die Durchführungsverordnung (EU) Nr. 2018/775 das in Erwägungsgrund 10 formulierte Ziel der Sicherstellung von hinreichend präzisen und aussagekräftigen Informationen. Dadurch dass Art. 26 Abs. 3 LMIV sowie die zugehörige Durchführungsverordnung (EU) Nr. 2018/775 letztlich nur das allgemeine Irreführungsverbot aus Art. 7 LMIV konkretisieren und auch ohne die Detailregelungen zur Herkunftskennzeichnung

---

820 Vgl. ibid., 502 (510).

821 Zum Pizzabeispiel vgl. ibid., 502 (511).

primärer Zutaten jegliche Irreführung bezüglich der geografischen Erzeugnisherkunft untersagt ist, wäre der konsequente Verzicht auf eine unpraktikable Verpflichtung zur Herkunftskennzeichnung primärer Zutaten – allein schon vor dem Hintergrund der Entzugsmöglichkeit von Lebensmittelunternehmern aus dem Anwendungsbereich des Art. 26 Abs. 3 LMIV durch die Verwendung qualifizierter Herkunftsangaben oder eingetragener Marken – ehrlicher und sachgerechter gewesen.[822]

(2) Durchführungsverordnung (EU) Nr. 1337/2013

Neben der vorgestellten Durchführungsverordnung (EU) Nr. 2018/775 besteht mit der Durchführungsverordnung (EU) Nr. 1337/2013 vom 13. Dezember 2013 und deren unionsweiter Anwendung ab dem 1. April 2015 die bislang einzig produktspezifische Konkretisierung der LMIV bezüglich der Angabe des Ursprungslandes bzw. Herkunftsortes.[823] Die Durchführungsverordnung (EU) Nr. 1337/2013 bezieht sich ausschließlich auf frisches, gekühltes oder gefrorenes Schweine-, Schaf-, Ziegen- und Geflügelfleisch. Anderweitige Erzeugnisse werden nicht erfasst.

Bezüglich der Ausgestaltung jener Fleischetikettierungspflicht macht Art. 5 der Durchführungsverordnung konkrete Angaben, die gem. Art. 8 durch zusätzliche, freiwillige Informationen zur Herkunft seitens der Lebensmittelunternehmer ergänzt werden können und nicht im Widerspruch zu den Vorschriften der Durchführungsverordnung sowie zu den Bestimmungen von Kapitel V der LMIV über freiwillige Lebensmittelinformationen stehen dürfen. Nach Art. 8 S. 2 der Durchführungsverordnung (EU) Nr. 1337/2013 haben also freiwillige Herkunftsangaben zu Schweine-, Schaf-, Ziegen- und Geflügelfleisch vor allem auch Art. 36 Abs. 2 lit. a) LMIV zu genügen und dementsprechend für die Verbraucher nicht irreführend zu sein.

Etwaige Irreführungen bezüglich der Erzeugnisherkunft können sich insbesondere aus unterschiedlichen Herkunftsauffassungen ergeben. In diesem Zusammenhang verdeutlicht Erwägungsgrund 3 der Durchführungsverordnung (EU) Nr. 1337/2013, dass sich der Begriff des Ursprunglandes bei tierischen Erzeugnissen auf das Land bezieht, „in dem ein Erzeugnis vollständig gewonnen oder hergestellt wurde, d. h. bei Fleisch das Land, in dem das Tier

---

822 In diese Richtung ibid., 502 (521).

823 Neben den beiden genannten Durchführungsverordnungen zur LMIV existiert lediglich noch die Durchführungsverordnung (EU) Nr. 828/2014 vom 30. Juli 2014 über die Anforderungen an die Bereitstellung von Informationen für Verbraucher über das Nichtvorhandensein oder das reduzierte Vorhandensein von Gluten in Lebensmitteln.

geboren, aufgezogen und geschlachtet wurde. Wenn mehrere Länder an der Herstellung eines Lebensmittels beteiligt waren, bezieht sich der Begriff auf das Land, in dem es der letzten wesentlichen und wirtschaftlich gerechtfertigten Be- oder Verarbeitung unterzogen wurde." Die soeben dargelegten Erwägungen der Kommission zur Durchführungsverordnung (EU) Nr. 1337/2013 gelten zwar speziell für die genannten Fleischerzeugnisse, doch lassen diese durchaus eine Übertragung auf anderweitige regionale Erzeugnisse zu. Beispielsweise könnte bei Backwaren, die oftmals eine regionenübergreifende Produktion erfordern (Getreidegewinnung, Vermahlung und Backvorgang), hinsichtlich der Begriffsverwendung des Erzeugnisursprungs auf deren jeweilige Rohstoffe abgestellt werden und dabei die Ursprungsregion bei der Etikettierungsangabe maßgeblich sein, wo die letzte wesentliche und wirtschaftlich gerechtfertigte Be- oder Verarbeitung erfolgte.[824] Eine andere, deutlich engere Sichtweise könnte sich in Anlehnung an Erwägungsgrund 3 der Durchführungsverordnung (EU) Nr. 1337/2013 dargestellten Ursprungsbegriff ergeben. Demnach wäre das begriffliche Konglomerat, das sich um die Bezeichnung „regionales Erzeugnis" tümmelt und auch Produktherkunftsbeschreibungen wie „Frisch aus unserer Region" umfasst, ganz allgemein solchen Produkten vorzubehalten, die in ein und derselben Region ihre gesamte Wertschöpfung erfuhren.

bb) Verhältnis der LMIV zur Verordnung (EU) Nr. 1151/2012

Hinsichtlich des Verhältnisses der LMIV zur Verordnung (EU) Nr. 1151/2012 besteht insofern Klarheit, dass die Anwendung des Irreführungsverbotes gem. Art. 7 Abs. 1 LMIV grundsätzlich ausscheidet, wenn die Frage nach der Irreführungseignung einer registrierten geschützten Ursprungsbezeichnung bzw. geografischen Angabe i.S.d. Verordnung (EU) Nr. 1151/2012 etwa wegen Fehlvorstellungen über die Erzeugnisspezifikation im Raum steht.[825]

Wie bereits erwähnt, geht der EuGH hier von einer abschließenden Wirkung der Verordnung (EU) Nr. 1151/2012 aus (Teil 2 A. II. 2. a) cc)).[826]

Die abschließende Wirkung der Verordnung (EU) Nr. 1151/2012 zielt allerdings nur auf die Verhinderung der Aushöhlung des europäischen Schutzsystems für Ursprungsbezeichnungen und geografische Angaben durch freiwillige Herkunftskennzeichnungen ab, sodass etwa die Pflichtangabe des Ursprungslandes nach der LMIV zweifelsohne eine Ergänzungsfunktion gegenüber der

---

824 Kritisch *von Jagow*, in: FS Horst, S. 150 f.

825 Vgl. hierzu *Sosnitza*, ZLR 2018, 743 (758).

826 Siehe Fn. 738 f.

Herkunftsortangabe nach der Verordnung (EU) Nr. 1151/2012 auszuüben vermag.[827] Doch obwohl die obligatorische und die fakultative Herkunftskennzeichnung durchaus auch kumulativ gebräuchlich sind und beispielsweise die verpflichtende Herkunftsnennung des Produktursprungslands durch die freiwillig ergänzende Angabe einer bestimmten regionalen Herkunft eine geografische Konkretisierung erfahren kann, deutet sich Konfliktgefahr beim Abweichen jener freiwilligen Kennzeichnung von sekundärrechtlichen Vorgaben an.[828] Zu denken ist nur an den hypothetischen Fall, wenn Fleisch aufgrund des Schlachtungsorts als ein regionales Erzeugnis aus Deutschland angepriesen wird, obzwar zugleich die zuvor erfolgte Aufzucht des Tieres lediglich von sehr kurzer Dauer war und sich zusätzlich noch über mehrere Mitgliedstaaten erstreckte. Schließlich schreiben bereits für bestimmte Fleischerzeugnisse die in Art. 5 Abs. 1 lit. a) Verordnung (EU) Nr. 1337/2013 genannten Durchführungsbestimmungen zur LMIV präzise vor, dass das Nichterreichen festgelegter Aufzuchtsabschnitte in keinem der Länder der Europäischen Union die verpflichtende Herkunftsangabe „Aufgezogen in mehreren Mitgliedstaaten der EU" nach sich zieht. Eine freiwillige Erzeugnisherkunftsangabe zum angeblich regionalen Ursprung wäre spätestens dann unzulässig.

cc) Verhältnis von Lebensmittel- und Lauterkeitsrecht auf Unionsrechtsebene

Aufgrund des Geltungsbereiches der UGP-RL und der beinhalteten Definition des Art. 2 lit d) wird hinreichend deutlich, dass Lebensmittelinformationen in Form von Erklärungen und kommerziellen Mitteilungen eines Gewerbetreibenden, die sich direkt auf den Verkauf, die Absatzförderung oder die Lieferung eines Lebensmittels beziehen, auch unmittelbar der Richtlinie unterfallen.[829] So werden etwa gem. Art. 6 Abs. 1 lit. b) UGP-RL die Verbraucher nicht zuletzt vor aktiver Irreführung über die Erzeugnisherkunft bewahrt, sofern dem Relevanzerfordernis des Art. 6 Abs. 1 UGP-RL genüge getan wird und damit die in Frage stehende Irreführung den Verbraucher „tatsächlich oder voraussichtlich zu einer geschäftlichen Entscheidung veranlasst, die er ansonsten nicht getroffen hätte". Hierbei kommt es auf die verbraucherseitige Assoziation einer Herkunftsangabe mit dessen qualitativem Image an, die die geschäftliche Entscheidung zu beeinflussen vermag.[830] Ein abweichendes Ergebnis, sodass der Verbraucherschutz

827 *Sosnitza*, GRUR 2016, 347 (351).
828 Hierzu vgl. ibid., 347 (355).
829 Vgl. *Gorny*, in: FS Doepner, S. 211.
830 *Haberkamm*, Die Auslegung der Richtlinie über unlautere Geschäftspraktiken, S. 346.

hinter die Unternehmerinteressen tritt, ist nur in Ausnahmefällen vorstellbar. Hierzu zählt ein besonderes, schutzwürdiges Interesse des Verwenders der Herkunftsangabe, das andernfalls erheblich entwertet würde und darum eine korrigierend eingreifende Handhabung des zugrunde gelegten Verbraucherleitbildes rechtfertigt. Dies geschieht, indem das schutzwürdige Unternehmerinteresse im Tatbestandsmerkmal des Relevanzerfordernisses von Art. 6 Abs. 1 UGP-RL im Sinne einer Verhältnismäßigkeitsabwägung berücksichtigt wird.[831]

Im Hinblick auf die besonderen Informationsanforderungen des Lebensmittelrechts bestimmt das Unionsrecht allerdings auch, dass diese durch die UGP-RL nicht tangiert werden und das Lauterkeitsrecht im Kollisionsfall[832] hinter das speziellere Lebensmittelrecht zurücktritt.[833] Das Spezialitätsverhältnis ergibt sich aus Art. 3 Abs. 3 und 4 UGP-RL und wird im Übrigen durch Erwägungsgrund 10 S. 3 UGP-RL sowie Erwägungsgrund 5 LMIV unterstrichen.[834] Aus dem soeben beschriebenen Vorrang der LMIV ergibt sich etwa für die unternehmerische Geschäftspraktik der Produktwerbung gegenüber Verbrauchern bei tatbestandlicher Verwirklichung des Art. 7 LMIV selbst dann ein Verbot, wenn sie nach den Maßstäben von Art. 6 Abs. 1 i.V.m. Art. 5 Abs. 1 und 4 lit. a) UGP-RL nicht verboten wäre.[835] Ein und derselbe Sachverhalt kann demnach nicht wettbewerbsrechtlich unlauter sein, sofern dieser nach lebensmittelrechtlichen Vorschriften zulässig bzw. nicht als irreführend einzustufen ist; umgekehrt geht jedoch mit einer nach den lebensmittelrechtlichen Spezialnormen irreführenden Lebensmittelinformation stets auch eine wettbewerbsrechtlich relevante Irreführung einher.[836] Bei einem Lebensmittel, das die gesetzlich geregelten Informationsvorgaben einhält, kann im Übrigen eine Irreführung auch dann ausscheiden, wenn ein weiteres Informationsbedürfnis der Verbraucher

---

831 Vgl. ibid., S. 347.

832 Von einem solchen Kollisionsfall ist auszugehen, wenn sich beispielsweise die Vorschriften des Lebensmittelrechts zur Verbraucherinformation mit denen des Lauterkeitsrechts überschneiden und dadurch derselbe Sachverhalt eine rechtlich verschiedene Behandlung erfährt.

833 Ausführlich *Köhler*, in: Möstl, S. 8 f.; für ein uneingeschränktes „Nebeneinander" von lebensmittelrechtlichen und allgemein wettbewerbsrechtlichen Irreführungsvorschriften vgl. Voit/*Grube*, LMIV Art. 7, Rn. 23.

834 Hierzu auch *Sosnitza*, ZLR 2018, 743 (758 f.).

835 *Köhler*, in: Möstl, S. 11.

836 Voit/*Grube*, LMIV Art. 7, Rn. 23.

möglicherweise unbefriedigt bleibt.[837] Insoweit bleibt im Lebensmittelbereich kein Raum mehr für eine Prüfung nach der UGP-RL.

3. *Nationale Regelungen zum Schutz vor Irreführung im Zusammenhang geografischer Herkunftsangaben*

Auf nationaler Ebene sind bei Angaben – wie etwa zur regionalen Herkunft – im Zusammenhang von Lebensmitteln die allgemein gehaltenen,[838] von Seiten der Rechtsprechung die konkretisierungsbedürftigen Irreführungsverbote zu beachten,[839] die in §§ 3 Abs. 1, 5 UWG und § 11 LFGB bzw. Art. 7 und 26 LMIV zum Ausdruck kommen.[840]

a) Verhältnis von LFGB und LMIV

Fraglich ist, ob für den materiellen Regelungsgehalt des § 11 LFGB vor dem Hintergrund der am 13. Dezember 2014 in Kraft getretenen LMIV überhaupt noch Raum besteht. Bezüglich des Verhältnisses von LMIV und LFGB ist zunächst einmal festzustellen, dass sich sowohl das Irreführungsverbot des Art. 7 LMIV als auch des § 11 LFGB auf die gleiche Lebensmitteldefinition der Lebensmittel-Basisverordnung beziehen, der Irreführungsbegriff wegen Vorgaben der europäischen Rechtsprechung jeweils identisch auszulegen ist und zudem jedwede verbraucherbetreffende Lebensmittelinformation von beiden Normen erfasst wird.[841] Im Klartext besteht inhaltliche Deckungsgleichheit in Bezug auf die Anwendungsbereiche von Art. 7 LMIV und § 11 LFGB.[842] Wenngleich sich aus der Regelungskongruenz der beiden Vorschriften kein Widerspruch ergibt, mit § 11 LFGB der unmittelbaren Geltung des Art. 7 LMIV also kein Abbruch getan wird und somit auch keine Aufhebungspflicht des § 11 LFGB offenkundig ist,[843] darf zumindest die sinnhafte Bestandskontinuität einer rechtlich substanzlosen Norm mit einem Fragezeichen versehen werden. So lässt sich argumentieren, dass mit dem Aufgehen der Irreführungsregelung des Art. 2 der

---

837 Vgl. ibid., Rn. 26.

838 Da der Schutz geografischer Herkunftsangaben für regionale Erzeugnisse im deutschen Rechtssystem in dieser Arbeit nur kursorisch dargestellt sein soll, sei diesbezüglich auf weitergehende Literatur verwiesen.: Z.B. *Kopp*, Geografische Qualitätszeichen, S. 65 ff.

839 Vgl. *Hartwig*, in: Hartwig, S. 11.

840 Vgl. *Märtlbauer/Meyer*, ZLR 2014, 245 (250).

841 *Weitner*, Foodstyling, S. 20.

842 Voit/*Grube*, LMIV Art. 7, Rn. 15.

843 Vgl. *Weitner*, Foodstyling, S. 21 f.

Etikettierungs-Richtlinie 200/13/EG mit Wirkung zum 13. Dezember 2014 in Art. 7 LMIV und der damit gem. § 288 Abs. 2 AEUV erworbenen, verordnungstypischen Eigenschaft unmittelbar verbindliche Geltung in jedem Mitgliedstaat der Europäischen Union zu entfalten, im Endeffekt nichts vom § 11 LFGB für den Rechtsunterworfenen verbleibt.[844] Vor allem der sehr weit gefasste Wortlaut des Art. 7 LMIV, der gem. Abs. 4 jegliche Lebensmittelinformationen erfasst, liefert außerdem Grund zur Annahme eines abschließenden, soweit wie möglich auszudehnenden Anwendungsbereichs unter Berücksichtigung aller denkbaren Irreführungen im Lebensmittelkontext.[845] Darüber hinaus spricht aber auch die teleologische Auslegung von Art. 7 LMIV für eine solche Sichtweise. Gerade die in Erwägungsgrund 3 und 21 der LMIV proklamierten Sicherstellungsziele, dass „die Verbraucher in Bezug auf die Lebensmittel, die sie verzehren, in geeigneter Weise informiert werden" (Erwägungsgrund 3) und „es nicht zur Zersplitterung der Rechtsvorschrift über die Haftung von Lebensmittelunternehmern für Informationen über Lebensmittel kommt" (Erwägungsgrund 21), lassen sich nur mit einer abschließenden Regelung realisieren und sprechen für einen entsprechenden Willen des europäischen Gesetzgebers.[846] Die ersatzlose Streichung von § 11 LFGB durch den deutschen Gesetzgeber wäre demzufolge nur konsequent.[847]

b) Herkunftsbezogene Werbung und der Anwendungsbereich des deutschen Lauterkeitsrechts

Bisher hatte die Rechtsprechung in Deutschland wenig Gelegenheit, sich mit der Regionalwerbung anhand des Maßstabs der allgemeinen Irreführungsverbote zu beschäftigen und entsprechende Kriterien für deren Zulässigkeit herauszuarbeiten.[848]

Neben dem bereits genannten Urteil des LG Offenburg zum Verkehrsverständnis des Slogans „Frisch aus unserer Region",[849] entschied das OLG München bezüglich einer Produktwerbung zur Milchherkunft, die „ausschließlich von Höfen aus Ihrem Bundesland" stamme. Eine solche Angabe sei jedenfalls

844 In diese Richtung *Meisterernst*, in: Möstl, S. 66; vgl. auch Fußnote 272 bei *Schäfer*, in: Schmidt-Kessel/Germelmann, S. 111.
ausführlich mit Argumenten für die ersatzlose Streichung von § 11 LFGB *Sosnitza*, in: FS Horst, S. 216 ff., 221.

845 *Weitner*, Foodstyling, S. 16.

846 Ibid., S. 17 f.

847 So auch *Sosnitza*, in: FS Horst, S. 221; vgl. auch Voit/*Grube*, LMIV Art. 7, Rn. 17.

848 *Hartwig/Kappes*, LMuR 2012, 225 (227 f.).

849 Hierzu bereits Fn. 64 f.

dann geografisch irreführend im Sinne von § 5 Abs. 1 Nr. 1 UWG, wenn der Vertrieb der betreffenden Milch nur vereinzelt im Grenzgebiet eines benachbarten Bundeslandes erfolgt und entgegen der Verbrauchererwartung keine trennscharfe Separierung der Produktionschargen nach Bundesländern von der Handelskette durchgehalten wird.[850]

Abgesehen vom Verbot unzulässiger geschäftlicher Handlungen gem. §§ 3 Abs. 1 i.V.m. § 5 Abs. 1 Nr. 1 UWG im Zusammenhang der geografischen Erzeugnisherkunft, ermöglicht grundsätzlich auch der Rechtsbruchtatbestand des § 3a UWG eine Durchsetzung von lebensmittelrechtlichen Vorschriften über die Verbraucherinformation, sofern die betreffende geschäftliche Handlung „geeignet ist, die Interessen von Verbrauchern, sonstigen Marktteilnehmern oder Mitbewerbern spürbar zu beeinträchtigen."

Im Rahmen des Unterlassungsanspruchs aus §§ 3, 3a, 5, 8 UWG i. V. m. Art. 7 Abs. 1a LMIV ist bei Verstößen gegen Informationsvorschriften des Lebensmittelrechts das diesbezügliche Geeignetsein aber schon deshalb anzunehmen, weil hier nicht nur wirtschaftliche, sondern vor allem auch schützenswerte Verbraucherinteressen auf dem Spiel stehen und zudem die Ge- bzw. Verbote lebensmittelrechtlicher Vorschriften mit dem Gewährleistungsziel der fundierten Verbraucherentscheidung – wie etwa zur Erzeugnisherkunft gem. Art. 7 Abs. 1a LMIV – eine geschäftliche Relevanz vermuten lassen.[851]

Gleichwohl das Irreführungsverbot des Art. 7 LMIV im Übrigen auch neben §§ 5, 5a UWG Anwendung finden kann, ist § 5 UWG hinsichtlich der Zielrichtung des Irreführungsverbots des Art. 7 LMIV „in dessen Anwendungsbereich ausschließlich nach dem Maßstab des besonderen Irreführungsverbotes auszulegen."[852]

c) *Geografische Herkunftsangaben im Spannungsverhältnis von Marken- und Lauterkeitsrecht*

Fielen Sachverhalte mit dem Gegenstand der geografischen Produktherkunftskennzeichnung in den Anwendungsbereich der §§ 126 ff. MarkenG, so gingen diese Regelungen als leges speciales den Irreführungsregelungen des UWG vor.[853] Mit der ins deutsche Recht umgesetzten Bestimmung des Art. 6 Abs. 2

850 Vgl. OLG München, Urteil vom 1. März 2012, 6 U 1738/11, juris Rn. 52; hierzu auch *Hartwig/Kappes*, LMuR 2012, 225 (227 f.).

851 Vgl. *Köhler*, in: Möstl, S. 15.

852 OLG Nürnberg, Urteil vom 7. Februar 2017, 3 U 1537/16, juris Rn. 18.

853 BGH, Urteil vom 10. August 2000, I ZR 126/98, juris Rn. 42; BGH, Urteil vom 19. September 2001, I ZR 54/96, juris Rn. 25.

lit. a der UGP-RL bestehen nunmehr der individualrechtliche Schutz aus dem Markenrecht und der lauterkeitsrechtliche Schutz nach dem Gesetz gegen den unlauteren Wettbewerb nebeneinander.[854] Losgelöst dieses rechtlichen Verhältnisses, gebührt der nachfolgend beschriebene Aspekt einer gesonderten Beurteilung: Während im Rahmen des § 5 Abs. 1 S. 2 Nr. 1 UWG vom Irreführungsverbot unwahre oder zur Täuschung geeignete Angaben über die geografische Herkunft umfasst sind, deren Bestimmung der subjektiven Verbraucherwahrnehmung unterliegen und eine tatsächliche Auswirkung auf das Verbraucherverhalten voraussetzen, greift der markenrechtliche Schutz des § 127 Abs. 1 MarkenG zum Nutzen eines Kennzeichenberechtigten bereits bei der abstrakten Irreführungsgefahr eines hypothetischen Publikumskontakts mit der betreffenden geografischen Herkunftsangabe.[855] Da allerdings geografische Herkunftsangaben kein subjektives Ausschließlichkeitsrecht im Sinne einer unbilligen Monopolisierung durch den Erstanmelder gewähren und effektiver Verbraucherschutz insoweit gewiss nicht der Disposition des Rechtsinhabers unterliegen darf,[856] spricht viel dafür den Irreführungstatbestand des § 127 Abs. 1 MarkenG als Spezialfall des allgemeinen Täuschungsverbots nach § 5 UWG zu begreifen,[857] sowie diesen im Sinne der lauterkeitsrechtlichen Regelungen auszulegen und ebenfalls eine konkrete Irreführungsgefahr anzunehmen.[858] Dadurch könnte sich ein paritätischer Ausgleich zwischen Verbraucherschutz und den Interessen des Kennzeichenberechtigten ergeben. Werden folglich die §§ 126 ff. MarkenG als lauterkeitsrechtliche Normierung betrachtet, würde außerdem eine gesteigerte Flexibilität bei der ergänzenden Anwendung anderer lauterkeitsrechtlicher Tatbestände bestehen.[859]

III. Irreführungsbeispiele

Nachfolgend werden in der Praxis relevante Anwendungsbeispiele für eine mögliche Irreführung im Rahmen der Regionalwerbung dargestellt.

---

854 BGH, Urteil vom 15. August 2013, I ZR 188/11, juris Rn. 60; BGH, Urteil vom 23. Juni 2016, I ZR 241/14, juris Rn. 20.

855 Vgl. *Kiefer*, WRP 2016, 1458 (1464 f.).

856 Vgl. *Hafenmayer*, Der lauterkeitsrechtliche Schutz, S. 105, 112; vgl. *Thiedig*, Spezialitäten mit geographischer Herkunftsangabe, S. 103.

857 Vgl. *Sosnitza*, GRUR 2007, 462 (468).

858 *Hafenmayer*, Der lauterkeitsrechtliche Schutz, S. 112.

859 *Sosnitza*, WRP 2018, 647 (651).

1. Güte- bzw. Qualitätszeichen in der Regionalwerbung

In der Regionalwerbung finden sich häufig Produktzeichen, die besondere Erzeugniseigenschaften auspreisen. Dabei ist oftmals ungeklärt, welcher möglicherweise irreführende Aussagegehalt von den jeweiligen Produktzeichen ausgeht. Diese Ungeklärtheit kann auf die nur selten vorgenommene Abgrenzung zwischen Konformitäts- und Prüfzeichen bzw. -siegeln auf der einen und Gütezeichen auf der anderen Seite zurückzuführen sein. Während die von einer Gütezeichengemeinschaft organisierten Gütezeichen neben ihrer primären Qualitätsaussage noch weitere Propositionen wie eine „Globalgarantie" für die Güte der gekennzeichneten Produkte ausweisen, bescheinigen Prüf- und Konformitätszeichen hingegen die Normkonformität einer bestimmten Ware oder Leistung zu einem bestimmten Zeitpunkt, ohne auf laufende Kontrollen oder individuell zusammengestellte Gütestandards zurückzugreifen.[860]

Im Zusammenhang mit regionalen Erzeugnissen werden regelmäßig Gütezeichen vergeben, die durch Hervorhebung einer gemeinsamen geografischen Erzeugnisherkunft als Herkunftszeichen fungieren können und dem Verbraucher den besonderen, herkunftsspezifischen Produktwert nahebringen sollen.[861] Hierzu zählen etwa die bundeslandspezifischen Produktherkunftssiegel wie „Geprüfte Qualität - Hessen" oder „Geprüfte Qualität - Bayern". Fraglich ist nur, welche Sicherheiten solche Gütezeichen bieten. Gleichwohl keine Legaldefinition des Gütezeichens als solches existiert, kann zumindest aus § 20 Abs. 5 GWB und der ausdrücklichen Erwähnung des Begriffs der Gütezeichengemeinschaft von einer gesetzgeberisch feststehenden Begrifflichkeit ausgegangen werden.[862] Gütezeichen werden insoweit als Label verstanden, die erst nach einem bestimmten Prüfverfahren durch eine neutrale Stelle verwendet werden dürfen.

Vor dem Hintergrund der Gütezeichenvergabe wird zum Teil die Verwendung des Begriffs „Qualitätszeichen" als irreführend erachtet und im Zuge dessen der Verweis auf die schwindende Unterscheidungskraft des Begriffs „Gütezeichen" dargetan.[863] Allerdings ist die Sinnhaftigkeit einer solchen begrifflichen Differenzierung zweifelhaft. Schon allein die synonyme Verwendung der Wörter „Qualität" und „Güte"[864] spricht eher gegen eine Irreführung aufgrund versiegender

860 Ausführlich zur Begriffsabgrenzung: *Kopp*, Geografische Qualitätszeichen, S. 32, 40 f.; *Zakrzewski*, Umweltschutzbezogene Verbraucherinformationen, S. 57 ff.

861 Vgl. *Dorandt*, Analyse des Konsumenten- und Anbieterverhaltens, S. 36 f. m.w.N.

862 *Kopp*, Geografische Qualitätszeichen, S. 34 f.

863 Vgl. ibid., S. 43.

864 Siehe nur Duden – Das große Wörterbuch der deutschen Sprache, Stichwort: „Qualität" bzw. „Güte".

Unterscheidungskraft der beiden Begrifflichkeiten. Auch eine etwaige Abgrenzung von Seiten des RAL (Deutsches Institut für Gütesicherung und Kennzeichnung e. V.)[865], wonach die Verwendung des Begriffs Qualitätszeichen denjenigen Verbänden zugestanden sei, die ihre Gütezeichen nicht beim RAL e.V. registriert haben,[866] vermag nicht zu überzeugen. Zudem trägt die sich in der Praxis entwickelte „faktische Monopolstellung des RAL für die Anerkennung von Gütezeichen"[867] keineswegs zur objektiven Begriffsklärung bei. Mangels rechtlich bindender oder gewohnheitsrechtlich anerkannter Tätigkeit kommt dem RAL nicht die exklusive Befugnis zur Anerkennung von Gütezeichen zu.[868] Die Einordnung eines Zeichens als Gütezeichen beschränkt sich daher vornehmlich auf die Gewährleistung der laufenden Qualitätsüberwachung durch eine objektive, neutrale Stelle sowie zeicheninnehabenden Ländern und deren Behörden, die einen Mindeststandard gewährleisten,[869] ohne dass es hierbei auf eine etwaige Unbedenklichkeitsbescheinigung seitens des RAL ankommt.[870]

a) Markenzeichen

Regionalmarken, insbesondere des Milch- oder Getränkemarkts, können in der jeweiligen Region eine starke Verbreitung aufweisen und von den Konsumenten als qualitatives Markenzeichen akzeptiert werden.[871] Marken können insofern mit Güte- bzw. Qualitätszeichen gleichzusetzen sein. Prinzipiell eignen sich Markenzeichen jedoch keineswegs als Garanten für eine regionale Produktherkunft. Zwar können geografische Herkunftsangaben nach dem Markengesetz (§§ 126 ff. MarkenG) als Marke geschützt werden und auch vom Anbieter besondere Qualitätseigenschaften ausweisen, doch ist für die als geografische Herkunftsangaben geschützten Marken nach den §§ 126 ff. MarkenG nicht normativ geregelt, dass bestimmte Produktionsschritte in der genannten Region stattfinden müssen und beispielsweise eine geschützte Marke wie „Sachsenmilch" die

865 Die ursprüngliche Abkürzung RAL entstammt dem 1925 gegründeten „Reichs-Ausschuss für Lieferbedingungen".

866 Hierzu *Kopp*, Geografische Qualitätszeichen, S. 43 mit Verweis auf einem dem Verfasser vorliegenden Brief des RAL-Geschäftsführers vom 01.03.2006.

867 Ibid., S. 44.

868 Ibid., S. 38, 44; vgl. auch *Schwan*, Der informierte Verbraucher?, S. 110 f.

869 Ausführlich in Bezug auf die Klassifizierung des „Blauen Engels" *Zakrzewski*, Umweltschutzbezogene Verbraucherinformationen, S. 63.

870 *Kopp*, Geografische Qualitätszeichen, S. 39.

871 Vgl. *Dorandt*, Analyse des Konsumenten- und Anbieterverhaltens, S. 36.

sächsisch-stämmige Herkunft verbindlich in sich begreift.[872] Abgesehen davon, dass die markenrechtlichen Regelungen ohnehin nur reflexartig zum Schutz der Verbraucher wirken und ein geordnetes Markenwesen lediglich die rechtliche, verbraucherseitige Zurordnung der im Wettbewerb verwendeten Kennzeichen erlaubt,[873] besteht im Markenrecht außerdem nur eine Zulassungspflicht und keine unabhängige Kontrollpflicht.[874] So stellt beispielsweise auch die „Rügenwalder Teewurst“ ein Markenzeichen und keine geografische Herkunftsangabe dar,[875] weil der ehemals deutsche Ort Rügenwalde nunmehr unter dem polnischen Namen Darłowo geläufig ist und das Bezeichnungsmonopol von einem geografischen Gebiet auf eine Personengruppe übertragen wurde.[876] Im Unterschied zu geografisch fixierten Herkunftsangaben, deren wesentlicher Kern in der Herkunftsbestimmung sowie in einer festen Verbindung zwischen Angabe und Herkunftshinweis besteht, ist die Marke an sich also anonym und nicht mehr als ein bloßer Hinweisgeber auf einen abstrakten Markeninhaber zu verstehen.[877]

b) Begriffliche Einordnung von „Terroir“

Als Güte- bzw. Qualitätszeichen kommt beispielsweise auch die gehäuft auf Weinflaschen auftauchende, französischsprachige Begrifflichkeit „Terroir“ daher. Obzwar sich diese erkennbar aus den Worten „terre“ (Boden, Erde) und „territoire“ (Gebiet) zusammensetzt und in Frankreich als ein gewachsenes System verstanden wird, dem aufgrund menschlichen Wissens spezielle Praktiken zur Herstellung eines typischen Erzeugnisses zugrunde liegen, kann ohne Bedeutungsverlust und einer Irreführungsgefahr keine Übernahme ins Deutsche erfolgen.[878] Mit dem oftmals im Kontext von unionsrechtlich geschützten geografischen Herkunftsangaben einhergehenden Begriff werden schließlich mehr als nur vermeintlich besondere Bodenverhältnisse beschrieben. Als Rechtfertigung einer spezifischen Erzeugnischarakteristik unterliegt dem Begriff Terroir prinzipiell die bestimmte gebietsabgrenzende Zielsetzung in naturräumlicher

872 Verbraucherzentralen Hamburg/Rheinland-Pfalz (Federführung), Lebensmittel mit Regionalangaben, S. 7
873 *Zakrzewski*, Umweltschutzbezogene Verbraucherinformationen, S. 200.
874 Vgl. *Hafenmayer*, Der lauterkeitsrechtliche Schutz, S. 177 f.
875 Ausführlich BGH, Urteil vom 19. Januar 1995, I ZR 197/92, WRP 1995, S. 398 ff.; *Becker*, GJAE 49 (2000), 418 (423 m.w.N.).
876 Hierzu auch *Thiedig*, Spezialitäten mit geographischer Herkunftsangabe, S. 105.
877 Vgl. *Kahler*, Die geographischen Herkunftsangaben, S. 134 f.
878 Vgl. *Thiedig*, Spezialitäten mit geographischen Herkunftsangaben, S. 137 f.

und sozioökonomischer Hinsicht.[879] Es geht um einen bunten Strauß an typischen Produkteigenschaften, der neben dem Boden auch Klima und/oder die Anbauweise miteinschließt und dem Erzeugnis damit seine qualitative Identität verleiht. In diesem Zusammenhang besteht hinsichtlich der Begriffsdarlegung Terroir auch eine Parallele zu der von Ursprungsbezeichnungen. Mit der terroirspezifischen Güte- bzw. Produktqualität werden ähnlich den Ursprungsbezeichnungen besondere herkunftsherrührende Eigenschaften skizziert und eine entsprechende Erwartungshaltung beim Verbraucher stimuliert. Erzeugnisse, die den bloßen Zusatz Terroir tragen, werden allerdings gewiss nicht nur mit heimischen Landstrichen verbunden, sondern gedanklich eben auch mit solchen ausländischer Natur oder gar mit länderkundlich gänzlich unabhängigen Aspekten. Das Bündel an Informationsbruchstücken unter dem begrifflichen Dach Terroir, das neben der Ursprungsregion auch traditionelle Produktionsmethoden oder eine gewisse Produktqualität umfassen und rechtlichen Schutz erfahren kann, erschwert es aus Verbrauchersicht die tatsächliche Kennzeichnungsbedeutung in der Praxis zu eruieren.[880] Insoweit erweckt das begriffliche Konstrukt Terroir eine noch unkonkretere Einordnung als die des Adjektivs regional. Eine reduzierte begriffliche Irreführung ließe sich aber womöglich durch die kombinierte Verwendung mit einer Ursprungsbezeichnung herstellen, um dem Begriff Terroir zumindest eine inhaltliche Präzisierung zu verleihen.

2. *Erzeugniszertifizierung durch das „Regionalfenster"*

Neben einer ganzen Reihe an uneinheitlichen Kriterienvorgaben etablierter Zertifizierungsinitiativen hinsichtlich regionaler Erzeugnisse,[881] bei denen der Mindestanteil regionaler Hauptrohware von 10 über 50% aber auch 90 bis 100% Regionalbezug reicht und sich im Rahmen des Betrachtungspunkts Kontrollen/Zertifizierung die gesamte Bemessungsbandbreite von der Selbstkontrolle bis zum fünfstufigen Kontrollsystem wiederfindet,[882] versucht das im Jahr 2014 gestartete „Regionalfenster" eigene Wege der Transparenzdarstellung zu gehen.

879 Vgl. Duden – Das große Wörterbuch der deutschen Sprache, Stichwort: „Terroir"; vgl. auch *Thiedig*, Spezialitäten mit geographischen Herkunftsangaben, S. 142.

880 Vgl. *Desaunettes/D. Batista*, GRUR Int. 2018, 550 (552).

881 Zu den uneinheitlichen Standards: *Meyer*, Potentiale für eine bessere Verbraucherinformation, TAB 2003, S. 84; Verbraucherzentralen Hamburg/Rheinland-Pfalz (Federführung), Lebensmittel mit Regionalangaben, S. 8 f.

882 Ausführliche Darstellung in FiBL Deutschland/MGH GUTES AUS HESSEN, Entwicklung von Kriterien für ein bundesweites Regionalsiegel, S. 19 f.

Dabei zielt das „Regionalfenster" gerade nicht auf die Etablierung eines weiteren Güte- bzw. Qualitätszeichens ab, sondern intendiert vielmehr die ausschließliche Verdeutlichung des regionalen Aspekts durch „Regionalitätsquoten" bezüglich der Rohstoffherkunft oder des Verarbeitungsorts.[883]

a) *Informationsdarstellung des „Regionalfensters"*

Schon die Wortwahl des „Regionalfensters" impliziert Regionalität. Diese offenbart sich zunächst einmal beim Blick aus dem Fenster. Dabei werden nahbare, greifbare Strukturen in einem begrenzten Sichtfeld wahrnehmbar. Diese Gedanken zur Wahrnehmbarkeit von Regionalität fanden wohl auch Einzug bei der Entstehung des Wortes und des grafischen Logos „Regionalfenster". Doch schon die etwas genauere Betrachtung eines mit dem „Regionalfenster" ausgestatteten Produkts kann schnell Unverständlichkeiten hinsichtlich des Regionalitätsgrades hervorrufen. So können beispielsweise Großregionen bestehen, wie der „regionale Zusammenschluss" aus den Bundesländern Brandenburg, Thüringen, Sachsen und Sachsen-Anhalt, oder sehr weite Transportwege zwischen Produktions-, Verpackungs- und Vertriebsort. Laut Angaben des Regionalfenster e.V. werden zwar als normative Anhaltspunkte „meist Bundesländer, Landkreise oder andere politisch definierte Regionen genannt", doch finden gleichermaßen Regionen Erwähnung, „die nicht eindeutig definiert sind."[884] Solche nicht näher definierten Erscheinungen können mehr oder weniger nur im Widerspruch mit der beschriebenen Wahrnehmbarkeit von Regionalität beim Blick aus dem Fenster stehen und der Suche des Verbrauchers nach Vereinfachung in seiner Kaufentscheidung (Teil 1 B. I. 4.) abträglich sein. Freilich wäre die Sichtweise des Verbrauchers, dass die Regionalitätsgrenze bereits mit dem individuell erkennbaren Horizont ausgehend vom Einkaufs- oder Wohnort erreicht ist, zu kurz und impraktikabel um Erzeugnisse als regional beschreiben zu können. Angenommen die im „Regionalfenster" gelisteten Produktangaben sind alle korrekt, so stellt sich die naheliegende Frage nach dem zu erwartenden Nutzen und dem informativen Mehrwert des „Regionalfensters". Wenn nämlich der Zusammenschluss fast ganz Ostdeutschlands als „regional" vermarktet wird und/oder mehrere hundert Kilometer Entfernung zwischen dem Ort der Erzeugnisgewinnung

---

883 Vgl. *Heinze* et al., Verbraucherpräferenzen gegenüber regionalen Produkten, S. 1; Vgl. Regionalfenster e.V. (Hrsg.). URL: http://www.regionalfenster.de/faq.html (Abruf 08.04.2019).

884 Zur Auflistung der definitorisch umrissenen Regionen siehe Regionalfenster e.V. (Hrsg.). URL: http://www.regionalfenster.de/25.html (Abruf 08.04.2019).

und dem Weiterverarbeitungsort liegen, kann auch ein vermeintliches Garantiesiegel nicht über die ins Auge springende Überregionalität hinwegtäuschen. So haben etwa bundesweit durchgeführte Stichprobentests der Verbraucherzentralen zum Regionalitätsgrad des „Regionalfensters“ im Juli 2015 ergeben, dass die Entfernungen von Abpack- oder Verarbeitungsort bzw. Ursprungsort der Zutaten bis zum Ort des Einkaufs zwischen 16 und 474 Kilometern liegen und beispielsweise auch innerhalb ein und derselben Einkaufsstätte mit einem „Regionalfenster“ versehene Eier extrem unterschiedlich weite Distanzen zum Legeort aufweisen.[885] Dadurch, dass also das „Regionalfenster“ keinerlei Vorgaben zum Vermarktungsgebiet der Erzeugnisse trifft und die Frage unbeantwortet bleibt, inwieweit eine Erzeugung innerhalb eines bestimmten Umkreises um die Kaufregion erfolgt, wird der Bezug zur „eigenen“ Region sowie dem Verbraucherverständnis von regionalen Erzeugnissen (hierzu Teil 1 B. II. 2.) nur bedingt dargetan.[886] Da gerade die Vertrauenswürdigkeit regionaler Erzeugnisse gegenüber einer undurchsichtigen, anonymen Lebensmittelindustrie eine zentrale Rolle spielt (Teil 1 B. I. 3.), sollte dem Aspekt der transparenten und vor allem genauen Herkunftsspezifizierung eine größere Bedeutung beigemessen werden.

Wie bereits erläutert sind Begriffe rund um die Regionalität von Erzeugnissen aufgrund von verschiedenartigen, wissenschaftlichen Herangehensweisen nicht oder zumindest nicht einfach zu definieren (Teil 1 A. I.) und ebenso wenig unterschiedliche subjektive Assoziationen trotz Definitionsvorgabe durch Anbieter oder durch staatliche und nichtstaatliche Organisationen unterschiedlich subjektive Assoziationen auszublenden.[887] Dennoch drängt sich auch beim „Regionalfenster“ zumindest die Fixierung eines kleinsten gemeinsamen Nenners auf, um willkürlichen und gänzlich fernliegenden Regionalitätsaufassungen entgegenzutreten.

Zudem ist in diesem Zusammenhang die vernetzte Form von Regionalität zu berücksichtigen, bei der Erzeuger aus unterschiedlichen Regionen zur Herstellungs-/Distributionsoptimierung kooperieren. Die strikte Forderung nach einer hälftigen Wertschöpfungsgrenze oder danach, dass die erste Hauptzutat und die wertgebenden Zutaten bei zusammengesetzten Produkten zu 100 % aus der definierten Region stammen müssen, um den Rahmenbedingungen des

885 Vgl. Verbraucherzentralen Hamburg/Rheinland-Pfalz (Federführung), Lebensmittel mit Regionalangaben, S. 15.

886 Vgl. ibid.

887 *Ermann*, Regionalprodukte, S. 112.

„Regionalfensters" gerecht zu werden,[888] mutet allerdings eine zu schematische und nicht sachgerechte Beschränkung an.[889] Bereits das Beispiel von Zimtsternen zeigt, dass diese zwar ihren Ursprung im Schwabenland haben und nach traditionellen schwäbischen Rezepten hergestellt werden, jedoch regelmäßig zu mehr als 50% aus nicht deutschem, geschweige denn schwäbisch stämmigen Mandelmehl und Zimt bestehen.[890]

Darüber hinaus wäre durchaus dem Anspruch des „Regionalfensters" gedient, wenn das erleichterte Erkennen regionaler Lebensmittel auch grafisch untermauert wäre. Allein der blaue Schriftzug „Regionalfenster" mit dem lapidaren Hinweis „Erzeugnis aus Bundesland XY – abgepackt in Hintertupfingen" gibt wenig präzisen Aufschluss zu den Produkthintergründen. Dies gilt vor allem wenn das Bundesland, mit dem das „Regionalfenster" wirbt, sehr groß ist wie etwa der Freistaat Bayern. Auch der im „Regionalfenster" gelistete Ort dürfte dann bei entsprechender Größe der Region den wenigsten Verbrauchern geläufig sein. Insofern bietet sich zur erweiterten verbraucherseitigen Nachvollziehbarkeit eine grafische Abbildung der im „Regionalfenster" genannten Region auf der Produktverpackung an. Auf dieser geografischen Karte könnten sodann Gewinnungs- und/oder Verpackungsort mit Punkten eingezeichnet sein. Zur vereinfachten geografischen Orientierung ist die grafische Miteinbeziehung größerer Metropolen oder Landeshauptstädte vorstellbar.

Eine solche Karte hätte wohl in der Regel auch auf der Produktverpackung neben dem Aufdruck „Regionalfenster" in entsprechender Größe Platz und trüge im Vergleich zur schriftlichen Fixierung des Produktherkunftsortes bzw. dessen Postleitzahl im „Regionalfenster" gewiss zur vereinfachten und schnelleren geografischen Einordnung des regionalen Erzeugnisses bei.

Im Zuge der stetigen und unabhängigen Evaluierung des „Regionalfensters" wäre es daran herauszufinden, welchen Stellenwert eine soeben beschriebene Karte unter den Verbrauchern einnehmen würde und ob sich eine solche transparenzsteigernde Maßnahme kosteneffizient umsetzen ließe.

---

888 Vgl. Regionalfenster e.V. (Hrsg.). URL: http://www.regionalfenster.de/kriterien.html (Abruf 08.04.2019).

889 In Bezug auf fehlende Legaldefinitionen beim „Regionalfenster" auch *Märtlbauer/Meyer*, ZLR 2014, 245 (249).

890 Zum Beispiel der Zimtsterne *Hartwig/Kappes*, LMuR 2012, 225 (229).

b) Rahmenbedingungen des „Regionalfensters"

Aus informationspolitisch motivierten Portalen privatwirtschaftlichen Hintergrunds wie dem des „Regionalfensters" ergibt sich die Ambivalenz, dass einerseits zwar zeit- und kostenintensive, rechtsstaatliche Verfahren durchlaufene Informationsüberprüfungen vermieden werden, doch zugleich auch eine Umgehung selbiger erfolgt.[891] Dadurch dass allerdings der Schutz für qualifizierte Herkunftsangaben nach der Verordnung (EU) Nr. 1151/2012 andere Schutzsysteme für eben diese qualifizierten Herkunftsangaben ausschließt,[892] wäre es dem staatlich initiierten „Regionalfenster" ohnehin verwehrt Qualitätsaussagen zu treffen oder dessen Vergabe für Lebensmittel (die einen guten Ruf aufgrund ihrer Herkunft haben) anders als auf privatwirtschaftlicher Basis erfolgen zu lassen.[893] Insofern kann die politische Förderungsaktion des „Regionalfensters" im Grunde nur als alternativlose Ausweichstrategie zur Steigerung des Verbraucherschutzes bezeichnet werden.[894] Da das „Regionalfenster" schlussendlich keinerlei Gesetzesqualität hat und auch nicht den Irreführungsmaßstab des Verbrauchers im Zusammenhang mit regionalitätsbezogener Werbung festlegt, bleibt es bei der gerichtlichen Beurteilung anhand allgemeiner Irreführungsverbote nach §§ 3, 5 UWG sowie nach Art. 7 LMIV.[895]

Mal ganz abgesehen davon, dass sich das „Regionalfenster" vor dem Hintergrund einer oftmals unbekannten Labelvielfalt seinen Weg zum hohen Bekanntheitsgrad des deutschen Bio-Siegels noch zu ebnen haben wird,[896] kommt dem „Regionalfenster" kein Ausschließlichkeitscharakter zu. Es können sich neben den hergebrachten Regionalinitiativen durchaus noch weitere Anbieter etablieren, die ebenfalls den regionalen Aspekt mit der Herkunftsangabe durch ein dem „Regionalfenster" ähnliches Herkunftssiegel in den Vordergrund rücken. Demzufolge ist zumindest die Gefahr der Entwicklung einer der Bioproduktelandschaft ähnlich unübersichtlichen Situation nicht von der Hand zu weisen. Schließlich gehen mit den verschiedenen privaten Anbietern von Biosiegeln wie „Bioland", „demeter" oder „Naturland" bereits recht unterschiedliche Zertifizierungskriterien einher. Dieser Umstand der Vielgestaltigkeit von Biosiegeln

---

891 In Bezug auf das Portal „www.lebensmittelklarheit.de" vgl. *Weitner*, Foodstyling, S. 7.

892 Fn. 738 f.

893 *Märtlbauer/Meyer*, ZLR 2014, 245 (251).

894 In diesem Sinne vgl. auch *Sosnitza*, in: Möstl, S. 63.

895 *Hartwig/Kappes*, LMuR 2012, 225 (230).

896 Zur Verbraucherbefragung hinsichtlich der Bekanntheit von Produktlabel im Zeitraum von Ende Oktober 2011 bis Anfang Juni 2012 *Sander/Heim/Kohnle*, Zeitschrift für Agrarpolitik und Landwirtschaft Band 94, S. 7 f.

durch private Anbieter verkompliziert es für den Verbraucher ohne entsprechendes Hintergrundwissen, sich beim Einkauf von entsprechend zertifizierten Produkten zurecht zu finden.

3. *Sternchenhinweise bei Abbildungen mit regionalem Bezug*

Da Erwartungen zur regionalen Erzeugnisherkunft nicht nur durch eine ausdrückliche Bezugnahme im Rahmen von Güte- bzw. Qualitätszeichen oder einem rein auf die geografische Verortung abzielendem Label wie dem „Regionalfenster“ aufkommen, sondern genauso mittelbar durch die Abbildung bestimmter Landesfarben, Baudenkmäler oder folkloristischer Güter geweckt werden, können zur Vermeidung der Irreführung des Verkehrs auch aufklärende, entlokalisierende Sternchenhinweise notwendig werden.[897] Vor diesem Hintergrund ist allerdings fraglich, ob eine Irreführung überhaupt durch Sternchenzusätze praktisch wirksam aufgehoben werden kann.

Ausgehend von ständiger BGH-Rechtsprechung kommen Sternchenhinweise dann zum Tragen, wenn der Blickfang einer Produkt- bzw. Werbeangabe für sich genommen eine fehlerhafte oder missverständliche Vorstellung beim beschriebenen Leitbild des durchschnittlich informierten, verständigen, aufmerksamen Durchschnittsverbrauchers hervorzurufen vermag und der dadurch veranlasste Irrtum regelmäßig durch einen klaren und unmissverständlichen Hinweis ausgeschlossen werden kann, der selbst am Blickfang teilhat sowie die Zuordnung zu den herausgestellten Angaben wahrt.[898]

Wie auch bereits zur EuGH-Entscheidung in der Rechtssache *Teekanne* diskutiert (Teil 2 A. I. 1. a)), kommt es in Bezug auf die Irreführungseignung einer Produktetikettierung wie in Form von Sternchenhinweisen hauptsächlich auf die mutmaßliche Produkterwartung eines normal informierten, angemessen aufmerksamen und verständigen Durchschnittsverbrauchers an, die wiederum maßgeblich vor dem Hintergrund einer möglichen Irreführung und der verbraucherseitigen Verleitung zur irrtümlichen Annahme einer tatsächlich nicht bestehenden Produkteigenschaft zu klären ist.[899] Dabei ist auf die Auffassung der angesprochenen Verbraucher abzustellen, der Umstand sowie die

---

897 *Riemer*, Herkunftsangaben, S. 5, 8; vgl. auch *Slopek*, GRUR-Prax 2011, 291 (292).

898 In diese Richtung: BGH, Urteil vom 24. Oktober 2002, I ZR 50/00, juris Rn. 22; BGH, Urteil vom 18. Dezember 2014, I ZR 129/13, juris Rn. 16; BGH, Urteil vom 15. Oktober 2015, I ZR 260/14, juris Rn. 16.

899 Vgl. EuGH, Urteil vom 4. Juni 2015, Rs. C-195/14 (Teekanne), ECLI:EU:C:2015:361, Rn. 36.

wirtschaftliche Tragweite des Kaufentschlusses zu berücksichtigen und das Verständnis als ausschlaggebend zu erachten, das der Verkehr von dem von der betreffenden Aussage ausgehenden Gesamteindruck hat, ohne einzelne Äußerungen aus dem Zusammenhang zu reißen und isoliert zu betrachten.[900] Bei der Beurteilung der Irreführungseignung kommt es insbesondere auch darauf an, ob die Aufmerksamkeit des Verbrauchers in ausreichendem Maße auf den Hinweis – z.B. in der Fußnote am Ende eines Werbetextes – gelenkt wird und damit die Gefahr einer verfestigten Fehlvorstellung bei einer beträchtlichen Zahl der Verbraucher ausgeräumt werden kann.[901] Allerdings „ist nicht in jedem Fall ein Sternchenhinweis oder ein anderer klarstellender Hinweis an den isoliert irreführenden blickfangmäßigen Angaben in einer Werbung erforderlich, um einen Irrtum der Verbraucher auszuschließen.“[902] Von dieser Nichterforderlichkeit ist auszugehen, wenn etwa die in kleiner, nicht hervorgehobener Schrift gehaltene Erläuterung des Angebotsinhalts am Ende eines Werbetextes übersichtliche, nicht versteckte Informationen enthält und der Verbraucher hierauf auch ohne einen entsprechenden Sternchenhinweis stoßen wird.[903] Diese Annahme ist jedoch unter Berücksichtigung des primären Zwecks der Richtlinie 2005/29/EG über unlautere Geschäftspraktiken und damit auch des insoweit richtlinienkonform auszulegenden UWG – dem Verbraucherschutz hinsichtlich der freien und informationsgeleiteten Entscheidungsfähigkeit – nur unter engen Voraussetzungen gerechtfertigt.[904] Könnte nämlich eine falsche oder irreführende Angabe aufgrund zusätzlicher, richtiger, den wahren Ursprung des betreffenden Erzeugnisses betreffender Angaben bzw. Sternchenhinweise in ihrem Begleitumfeld gleichwohl zulässig sein, verlöre der Schutz geografischer Herkunftsangaben seine praktische Wirksamkeit und würde damit die Zielerreichung des Irreführungsschutzes der Verbraucher sowie den Schutz der Wirtschaftsteilnehmer vor unlauteren Wettbewerbshandlungen gefährden.[905]

---

900 Hierzu BGH, Urteil vom 18. Dezember 2014, I ZR 129/13, juris Rn. 10.

901 BGH, Urteil vom 15. Oktober 2015, I ZR 260/14, juris Rn. 13.

902 BGH, Urteil vom 18. Dezember 2014, I ZR 129/13, juris Rn. 19; BGH, Urteil vom 15. Oktober 2015, I ZR 260/14, juris Rn. 18; BGH, Urteil vom 27. Juli 2017, I ZR 153/16, juris Rn. 24.

903 BGH, Urteil vom 18. Dezember 2014, I ZR 129/13, juris Rn. 8, 15; BGH, Urteil vom 27. Juli 2017, I ZR 153/16, juris Rn. 24.

904 BGH, Urteil vom 15. Oktober 2015, I ZR 260/14, juris Rn. 18.

905 In Bezug auf den Schutz eingetragener geografischer Angaben bereits EuGH, Urteil vom 7. Juni 2018, Rs. C-44/17 (Scotch Whisky), ECLI:EU:C:2018:415, Rn. 68 ff.

Daher ist für die Bestimmung der Irreführungseignung einer Erzeugnisetikettierung wie mittels eines Sternchenhinweises nicht bloß auf den vermittelnden Eindruck abzustellen, sondern es sind konkret auch die verschiedenen Etikettierungsbestandteile insgesamt zu prüfen und „u.a. die verwendeten Begriffe und Abbildungen sowie Platzierung, Größe, Farbe, Schriftart, Sprache, Syntax und Zeichensetzung der verschiedenen Elemente auf der Verpackung" mitzuberücksichtigen.[906]

Wenngleich auch das zuweilen angeführte Argument der Verwässerung geografischer Herkunftsangaben durch entlokalisierende Sternchenhinweise sicherlich primär die Interessen der Mitbewerber tangiert und von der Frage des Irreführungsschutzes der Verbraucher getrennt betrachtet werden muss, ist jedenfalls eine solche Praxis ablehnenswert, die sich schlicht verstärkt auf leicht übersehbare, entlokalisierende Hinweise konzentriert und in einer wenig prägnanten, willkürlich erscheinenden Weise für mehr Verwirrung statt Klarstellung sorgt.[907] Schließlich weiß der Unternehmer ganz gewiss, dass entsprechende Produktzusätze prinzipiell zur Lösung von Interessenkonflikten ungeeignet sind und außerdem stark zur Zerstörung berechtigterweise verwendeter Herkunftsangaben beitragen.[908]

Die Frage, ob eine Irreführung bei Abbildungen mit regionalem Bezug durch Sternchenzusätze in der Praxis wirksam aufgehoben werden kann ist nach alledem einzelfallabhängig und vor allem unter dem Gesichtspunkt der Wahrung der praktischen Wirksamkeit von geografischen Herkunftsangaben sowie den daraus resultierenden Schutzzielen zu beantworten.

IV. Zwischenergebnis

Wie zuletzt beispielhaft aufgeführt, kann der Aspekt der Verbraucherirreführung bei regionalen Erzeugnissen sehr vielgestaltig in Erscheinung treten (Teil 2 A. III.). Zentraler Anknüpfungspunkt für entsprechende Irreführungsformen ist dabei stets die Auffassung des vom EuGH entwickelten Leitbildes eines „durchschnittlich informierten, aufmerksamen und verständigen Durchschnittsverbrauchers" (Teil 2 A. I. 1. a)).[909]

---

906 EuGH, Urteil vom 4. Juni 2015, Rs. C-195/14 (Teekanne), ECLI:EU:C:2015:361, Rn. 41 ff.

907 Vgl. *Sosnitza*, GRUR 2007, 462 (465).

908 *Gloy*, in: FS Piper, S. 560.

909 Fn. 588 ff.

Zur Irreführungsvermeidung dieses Verbrauchertypus kommt dem rechtlichen Schutz regionaler Erzeugnisse anhand der gesetzlichen Regelungen zu geografischen Herkunftsangaben eine besondere Bedeutung zu. Dadurch werden grundsätzliche Klarstellungen und im Hinblick auf die Verordnung (EU) Nr. 1151/2012 auch konkrete Mindeststandards für bestimmte Produkte geschaffen (Teil 2 A. II. 2 a)). Allerdings gilt es im Bereich der Verordnung (EU) Nr. 1151/2012 zu beachten, dass eklatante Unterschiede bei der regionalen Erzeugnisdeklaration bestehen und – ungeachtet der Ähnlichkeit der Produktsiegel – das herkunftsspezifische Anforderungsniveau der geschützten geografischen Angabe gegenüber der geschützten Ursprungsangabe wesentlich geringer ist (Teil 2 A. II. 2 a) dd)). Gerade außerhalb dieses Regulierungsregimes für spezielle Erzeugnisse bleibt ein weites Feld für eine herkunftsspezifische Irreführung. Aufgrund ihres allgemeingehaltenen Regelungsgehalts tragen weder die LMIV noch die genannten nationalen Regelungen zur gesicherten Herkunftsbestimmung regionaler Erzeugnisse bei (Teil 2 A. II. 3.), sodass regelmäßig zusätzliche Maßnahmen zur Erhöhung der Transparenz bei der regionalen Produktherkunftsangabe in Betracht zu ziehen sind (hierzu Teil 3).

B. Regionale Erzeugnisse und Protektionismus

Die wirtschaftliche Bedeutung von regionalen Erzeugnissen hat bereits in Teil 1 erkennen lassen, dass die regionale Produktherkunft einen immensen Wert für das Wechselspiel zwischen Erzeuger und Verbraucher darstellt. Zur Wahrung dieses Wertes tauchen nicht selten Formen des Protektionismus auf. Nachfolgend sollen vor allem die Auswirkungen des Protektionismus aus rechtlicher Sicht näher betrachtet werden.

Unter Protektionismus werden Schutzmaßnahmen zugunsten der heimischen Wirtschaft gegenüber der ausländischen Konkurrenz auf dem heimischen Markt verstanden.[910] Der Begriff der Protektion erfasst die wirtschafts- und politikinduzierte Begünstigung eines Sektors.[911] Aus einer solchen sektoralen Begünstigung entwachsene Handelshemmnisse stellen dabei das Interaktionsergebnis eigennützig agierender Akteure auf dem politischen Markt für Protektionen dar.[912] Neben der Politik, die für das Angebot an protektionistischen Maßnahmen sorgt, ist es auch die Wirtschaft selbst, die sich in Form einzelner

910 Ausführlich *Stark*, Einzelstaatlicher Protektionismus, S. 27 ff.

911 Zum Protektionismus und dessen wirtschaftliche Folgen siehe beispielhalber Gabler Wirtschaftslexikon, Bd. 5: P - S, Stichwort: „Protektion“, S. 2824 f.

912 Vgl. *Kaiser*, Endogener Protektionismus, S. 22.

Unternehmen freiwilligen nichtstaatlichen Statuten verschreibt und beispielsweise privatwirtschaftlich organisierte Siegelgemeinschaften[913] aus protektionistischen Erwägungen hervorbringt. Im Bereich der Wirtschaft stehen sich aber sowohl Nachfrager nach Handelshemmnissen als auch solche nach Freihandel gegenüber. Während zur erstgenannten Kategorie inländische Unternehmen bzw. Wirtschaftszweige zählen, deren Produkte mit denen ausländischer Unternehmen konkurrieren und/oder einem starken Strukturwandel unterliegen, setzen sich die auf Freihandel und offene Märkte bauenden Nachfrager vor allem aus exportabhängigen Wirtschaftszweigen und solchen Unternehmen zusammen, die auf die Weiterverarbeitung von ausländischen Erzeugnissen angewiesenen sind.[914] Die bestimmenden Faktoren und Entscheidungsparameter für protektionistisches Handeln offenbaren sich in marktwirtschaftlich orientierten Mitgliedstaaten wie Deutschland speziell im Erhaltungs- und Schutzversuch von jenen Unternehmen und Wirtschaftszweigen, deren Existenz von der Allgemeinheit als lebenswichtig angesehen wird, um die Folgen eines raschen Strukturwandels abzufedern.[915] Die Idee hinter entsprechenden Maßnahmen, junge, noch nicht vollständig entwickelte Industrien temporär vor ausländischer Konkurrenz abzuschirmen und ihnen so auf lange Sicht die Wettbewerbsfähigkeit zu ermöglichen, bleibt aufgrund diverser nicht abzuschätzender Faktoren aber oft nur Wunschdenken, wohingegen der unbegrenzt aufrechterhaltene Schutz und die damit verbundenen indirekten Maßnahmen durchaus das reale Risiko unbeabsichtigter Marktstörungen beschwört.[916] Eine solche Marktstörung äußert sich möglicherweise dadurch, dass die Optimierung wenig effizienter Produktionsmethoden für nicht notwendig erachtet wird oder geschützte Produktionsbereiche für eine ineffiziente Ressourcenallokation sorgen.[917]

Obzwar es nach der klassischen Außenhandelstheorie bei protektionistischen Maßnahmen mit marktstörenden Auswirkungen keine Gewinner, sondern nur Verlierer gibt,[918] protektionistische Interventionen daher nicht nur die aggregierte weltweite Wohlfahrt, sondern insbesondere die Wohlfahrt der

913 Eine Siegelgemeinschaft ist nach hiesigem Verständnis ein freiwilliger Zusammenschluss von Unternehmen auf privatrechtlicher Basis, mit dem die Etablierung und Verankerung eines festgelegten Labels bei bestimmten Erzeugnissen bezweckt ist.

914 *Hinz*, Protektionismus in der Europäischen Union, S. 77.

915 Vgl. ibid., S. 88, 199 f.

916 Vgl. *Kaiser*, Endogener Protektionismus, S. 5.

917 *Stark*, Einzelstaatlicher Protektionismus, S. 29.

918 *Kaiser*, Endogener Protektionismus, S. 8.

protektionierenden Volkswirtschaft mindern,[919] ohne der grenzüberschreitenden Tendenz der Marktwirtschaft und den Bewegungskräften einer transnationalen Wirtschaftsgesellschaft zu folgen,[920] werden protektionistischen Maßnahmen wegen des Wunschs nach Erhalt einer konzentrierten Industrie gleichwohl ein zusätzlich erhöhter Nutzen im Falle eines regional komprimierten, importkonkurrierenden Wirtschaftszweigs attribuiert.[921] Dementsprechend sieht sich eben auch die teils am existenziellen Protektionstropf hängende regionale Landwirtschaft protektionistischen Maßnahmen ausgesetzt. Die Ausgestaltung solcher Maßnahmen ist in diesem Kontext oft ebenso variantenreich und vielschichtig wie deren Durchführung. Daher folgt verständnishalber zunächst eine kurze Darstellung von Protektionismusformen.

Gemeinhin wird im Rahmen des Wirtschaftsprotektionismus die Unterscheidung zwischen tarifären und nichttarifären Handelshemmnissen vorgenommen.[922] Wenngleich beide Formen an Handelshemmnissen in ihrer Struktur parallel ausgestaltet sind,[923] erfassen sie verschiedene Sachverhalte. So reihen sich bei den tarifären Handelshemmnissen solche staatlichen Maßnahmen ein, die das Handelsgut finanziell unmittelbar belasten.[924] Als Beispiele seien Zölle oder sonstige Abgaben zollgleicher Wirkung im Sinne der Art. 28, 30 AEUV genannt.

Nichttarifäre Handelshemmnisse sind folglich andere als solche unmittelbaren finanziellen Belastungen des Handels.[925] Eine praktikablere, positiv angegebene Definition existiert mangels Einigkeit über ein Konzept des „optimalen Handels" nicht und so „lässt sich auch nicht mit Sicherheit sagen, welche Maßnahmen dafür ein „Hindernis" darstellen."[926]

Der Unterschied liegt aber im Wesentlichen darin begründet, dass eben zollgleiche Abgaben als direkt wirkende, öffentlich-rechtliche Geldleistungspflichten

919 Mitgrafischer Darstellung zu den Wohlfahrtsauswirkungen einer Zollerhebung *Kaiser*, Endogener Protektionismus, S. 3 f.

920 Vgl. *Di Fabio*, in: Kirchhof/Kube/Schmidt, S. 46.

921 *Hinz*, Protektionismus in der Europäischen Union, S. 78; in diese Richtung auch *Kaiser*, Endogener Protektionismus, S. 11.

922 Zur Einordnung von tarifären bzw. nichttarifären Handelshemmnissen siehe nur *Ehlers*, in: Ehlers, § 7 Rn. 3.

923 *Rauer*, Zwischen Binnenmarkt und Wahrung nationaler Identität, S. 13.

924 Vgl. Gabler Wirtschaftslexikon, Bd. 6: T - Z, Stichwort: „tarifäre Handelshemnisse", S. 3357 f.

925 Zu den finanziellen Belastungen ausführlich *Raible*, Protektionismusverbote, S. 151 ff.

926 *Landwehr*, Globalisierung, Freihandel und Gesundheitsschutz, S. 28 f.

bei Ein- und Ausfuhren ansetzen, wohingegen alle sonstigen Erscheinungsformen hoheitlicher oder jedenfalls hoheitlich zurechenbaren Handelns unter die nichttarifären Handelshemmnisse fallen.[927] Mengenmäßige Beschränkungen und Maßnahmen gleicher Wirkung zählen hierzu, obwohl sie sich hinsichtlich Definition, Abgrenzung und Verbot als äußerst schwierig entpuppt haben.[928] Tendenziell lassen sich zu den nichttarifären Handelshemmnissen also eher Aktionen einordnen, „die an die Herkunft oder das Ziel der Ware anknüpfen“[929] bzw. in „handelsbeschränkender Wirkung als Begleiterscheinung des primären Regelungsziels wie staatliche Monopole, Struktur- und Regionalförderung“ auftreten.[930] Gerade auch staatliche Produktinformationen und -empfehlungen,[931] etwa in Form der eindringlichen Werbung mit den heimischen Produkten eines Landes, können unter den Begriff der Maßnahmen gleicher Wirkung wie mengenmäßige Einfuhrbeschränkungen fallen und damit den nichttarifären Hemmnissen zugehörig sein. Mit derartigen staatlichen Produktinformations- und Empfehlungskampagnen werden zwar nicht stereotyp die im Inland bestehenden Wettbewerbsbedingungen zum Nachteil ausländischer Anbieter verzerrt, dafür aber von vornherein der potentielle Wettbewerb ausländischer Konkurrenz ausgeblendet.[932]

Die Differenzierung zwischen tarifären und nichttarifären Handelshemmnissen darf aber nicht darüber hinwegtäuschen, dass sich letztere Beschränkungen des Handels mittelbar genauso als finanzielle Belastung in Form erhöhter Kosten für die ökonomischen Akteure auswirken. Problematisch erscheinen hierbei auch einzelne, von den Mitgliedstaaten der EU verschieden geregelte Warenkennzeichnungspflichten.[933] Durch eine entsprechend divergierende, länderspezifische Produktmarkierung soll wohl der Verbraucher darauf hingewiesen

---

927 Vgl. von der Groeben/Schwarze/Hatje/*Voet van Vormizeele*, Art. 30 AEUV Rn. 24.

928 In diese Richtung Bergmann/*Schorkopf*, Handlexikon EU, Stichwort: „Nichttarifäre Handelshemmnisse“, S. 717; Oppermann/*Classen*/Nettesheim, Europarecht, § 22, Rn. 29.

929 So z.B. herkunftsbezogene Warenkennzeichnungspflichten.

930 Bergmann/*Schorkopf*, Handlexikon EU, Stichwort: „Nichttarifäre Handelshemmnisse“, S. 718.

931 Zur staatlichen Produktinformation und -empfehlung als Maßnahme gleicher Wirkung wie mengenmäßige Einfuhrbeschränkungen vgl. *Becker*, EuR 2002, 418 (422 ff.).

932 *Füller*, Warenverkehrsfreiheiten, S. 20.

933 Zur Auflistung von staatlich verpflichtenden Warenmarkierungsspezifika siehe etwa bei *IHK Siegen*. URL: https://www.ihk-siegen.de/fileadmin/Public/downloads/Internationales_Recht/Laenderuebersicht.pdf (Abruf 08.04.2019).

werden, dass er eben kein heimisches Produkt kauft, wenn dieses ein vom jeweiligen Heimatstaat verschiedenes Herkunftsland ausweist. Die darauf beruhende Politisierung des Konsumverhaltens soll den inländischen Erzeugnissen vor dem Auslandserzeugnis eine Präferenz gewähren. Dass darüber hinaus Formerfordernisse den innergemeinschaftlichen Warenverkehr zu belasten vermögen, ist eine weitere Auswirkung des Verwaltungsprotektionismus.[934] Entscheidend für die konkrete Differenzierung der protektionistischen Praxis ist daher immer die Art der Belastung,[935] die sich vor dem Hintergrund des Spannungsverhältnisses zwischen globalen Wohlfahrtsgewinnen und individuellen Wohlfahrtsverlusten abspielt.[936]

Beim Themenkomplex des Protektionismus im Zusammenhang mit regionalen Erzeugnissen aus Deutschland ist zudem zwischen den beiden praxisrelevanten Formen abzugrenzen: Zum einen kann eine Form des inländischen Protektionismus auftreten. Gemeint sind damit Fälle, in denen eine Region bzw. eine dort ansässige Erzeugergemeinschaft versucht, die Abschottung des heimischen Markts vor anderen innerdeutschen Regionen und Erzeugern mithilfe von protektionistisch anmutenden Werbemaßnahmen durchzusetzen. Ebenso kann Protektionismus in landesgrenzüberschreitender Gestalt auftreten und zwar dergestalt, dass einzelne europäische Staaten nationale Kampagnen oder sonstige Maßnahmen zur Förderung der eigenen nationalen Absatzwirtschaft in unionsrechtswidriger Weise unterhalten. Diesbezüglich steht die staatliche Regionalförderung (Teil 1 C.) nicht selten im Spannungsfeld mit vordergründig legitimen, aber versteckt protektionistischen Zielen, sodass deswegen nicht nur die Glaubwürdigkeit der jeweiligen Förderpolitiken sowie des Unionsrechts gefährdet sein kann, sondern vor allem auch angeblich marktkonforme Bedingungen geschaffen werden können, die dann etwa über staatliche Werbemaßnahmen eine erhebliche Verfälschung erfahren.[937] Im etwas kleineren Stile als die protektionistisch wirkenden Maßnahmen die die ganze Nation betreffen, kann der Aufruf zu „buy local" von staatlich gestützten, regionalen Erzeugerinitiativen oder Siegelverleihstellen gleichermaßen einen Verstoß gegen geltendes Unionsrecht nach sich ziehen. Eine solche „buy local"-Kampagne kann aber genauso auf nichtstaatliche, private Interessenverbände zurückzuführen sein.

934 Zur ehemaligen Pflicht der Ursprungskennzeichnung von Textil- und Bekleidungserzeugnissen in Frankreich und Großbritannien vgl. *Wienholt*, Instrumente des Protektionismus, S. 81.

935 *Raible*, Protektionismusverbote, S. 47.

936 Vgl. *Landwehr*, Globalisierung, Freihandel und Gesundheitsschutz, S. 33.

937 Vgl. *Marauhn*, in: Marauhn/Heselhaus, S. 295.

Bevor jedoch eine eingehendere Betrachtung entsprechender Handelsbeschränkungen staatlicher und privaten Natur erfolgt und sich die zugrundeliegenden Ausführungen vor allem auf die Darstellung nichttarifärer Handelshemmnisse konzentrieren, soll vorab die unionsrechtlich verbriefte Warenverkehrsfreiheit als wirtschaftsprotektionistisches Gegenstück erläutert werden.

I. Konzept der Warenverkehrsfreiheit

Wegen ihrer konstituierenden Bedeutung für die freien Verkehrsströme werden die in Art. 26 Abs. 2 AEUV genannten Freiheiten auch als die vier Grundfreiheiten des Vertrags bezeichnet, die aus ökonomischer Sicht der optimalen Allokation von wirtschaftlichen Ressourcen dienen.[938] Mit der Gewährleistung des freien Warenverkehrs wird zugleich ein unionsweiter Wettbewerb ermöglicht, von dem nach der Theorie der komparativen Kostenvorteile[939] eine Steigerung der gesamtwirtschaftliche Wohlfahrt zu erwarten ist.[940]

Dementsprechend wurden die Vorschriften über den freien Warenverkehr (nunmehr geregelt in Art. 28 bis 37 AEUV) seitens der Mitglieder der Europäischen Wirtschaftsgemeinschaft von 1957 zur Entflechtung eines nicht ungehindert zirkulierenden Warenflusses konzipiert.[941] Der freie Verkehr von Waren, sprich von körperlichen Gegenständen, die einen Geldwert haben und Objekte von Handelsgeschäften sein können,[942] zielt dabei auf das elementare Verbraucherbedürfnis der Versorgung mit Gütern ab und verwirklicht ein grundlegendes Anliegen der Wohlfahrtsökonomik.[943] Konkret sind dadurch Produzenten/Verkäufer und Verbraucher einander derart näher zu bringen,

---

938 In diese Richtung: *Blanke/Böttner*, in: Niedobitek, § 2 Rn. 272; *Frenz*, Handbuch Europarecht 1, Rn. 12; *Streinz*, Europarecht, Rn. 807 f.

939 Zur Theorie vom komparativen Vorteil vgl. auch *Landwehr*, Globalisierung, Freihandel und Gesundheitsschutz, S. 30 ff.

940 Vgl. *Hinz*, Protektionismus in der Europäischen Union, S. 91; vgl. *Schmitz*, Die kommerzielle Kommunikation im Binnenmarkt, S. 125 f.; *Stark*, Einzelstaatlicher Protektionismus, S. 25, 34.

941 *Hakenberg*, Europarecht, Rn. 323 f.

942 St. Rspr., z.B. EuGH, Urteil vom 10. Dezember 1968, Rs. 7–68 (Kommission/Italien), ECLI:EU:C:1968:51; EuGH, Urteil vom 3. Dezember 2015, Rs. C-301/14 (Pfotenhilfe-Ungarn), ECLI:EU:C:2015:793, Rn. 47; ausführlich zum Warenbegriff: *Epiney*, in: Ehlers, § 8 Rn. 8 f., 13 f.; von der Groeben/Schwarze/Hatje/*Müller-Graff*, Art. 34 AEUV Rn. 269 f.

943 Vgl. *Füller*, Warenverkehrsfreiheiten, S. 13, 150.

dass der grenzüberschreitende Warenverkehr in der Europäischen Union unter denselben Voraussetzungen vollzogen werden kann wie der rein innerstaatliche. Da das Sekundärrecht de lege lata die Mitgliedstaaten nicht zur Reduzierung ihrer Interventionen in das Marktgeschehen verpflichtet und es keinesfalls zu Wertungswidersprüchen kommen darf, rückt einmal mehr das unionale Primärrecht mit seinen Grundfreiheiten in den Vordergrund,[944] das sowohl bei der Auslegung sekundärrechtlicher Vorschriften als auch ergänzend herangezogen werden kann,[945] um einer beliebigen Einschränkung der normierten grundfreiheitlichen Standards als Wesenselement des zu verwirklichenden Binnenmarktes entgegenzutreten.[946]

Die unionale Warenverkehrsfreiheit setzt daher voraus, dass die Mitgliedstaaten der Europäischen Union keine Maßnahmen ergreifen, „aufgrund deren Waren aus anderen Mitgliedstaaten ungünstiger behandelt werden als einheimische Produkte."[947]

Zur Ausübung eines gewissen Liberalisierungsdrucks auf dem europäischen Binnenmarkt fordert unter anderem die normierte Warenverkehrsfreiheit eine weitergehende Minimierung von Marktinterventionen.[948] Die Liberalisierung der Warenverkehrsfreiheit steht dabei unter verschiedenen ökonomischen Vorzeichen und Positionen, die das Verhalten der Wirtschaftsakteure leiten.[949] Sie basiert zum einen auf der Zollunion nach Art. 28 AEUV,[950] sowie zum anderen ganz wesentlich auf dem Verbot mengenmäßiger Einfuhrbeschränkungen und Maßnahmen gleicher Wirkung gem. Art. 34 AEUV.[951]

Dadurch, dass die Grundfreiheit des Warenverkehrs im Übrigen an erster Stelle im Vertrag über die Arbeitsweise der Europäischen Union genannt ist (Art. 28 ff. AEUV), nimmt sie gegenüber der Freiheit des Verkehrs von Personen (Art. 45 ff., 49 ff. AEUV), Dienstleistungen (Art. 56 AEUV) und Kapital (Art. 64 AEUV) eine hervorgehobene Stellung[952] ein und bildet den wirtschaftlichen

944 Vgl. *Andresen*, Die Pflichten der EU-Mitgliedstaaten, S. 160.

945 Vgl. *Ehlers*, in: Ehlers, § 7 Rn. 8 f., 42; vgl. *Fastenrath/Groh*, Europarecht, Rn. 163.

946 Vgl. *Frenz*, Handbuch Europarecht 1, Rn. 336.

947 *Borchardt*, Grundlagen der EU, Rn. 877 mit Verweis auf EuGH, Urteil vom 10. Februar 2009, Rs. C-110/05 (Kommission/Italien), ECLI:EU:C:2009:66.

948 Vgl. *Andresen*, Die Pflichten der EU-Mitgliedstaaten, S. 162.

949 *Blanke/Böttner*, in: Niedobitek, § 2 Rn. 340.

950 Zur Bedeutung der Zollunion siehe: Calliess/Ruffert/*Waldhoff*, Art. 28 AEUV Rn. 5, 7; von der Groeben/Schwarze/Hatje/*Voet van Vormizeele*, Art. 28 AEUV Rn. 1, 3.

951 In diese Richtung auch *Streinz*, Europarecht, Rn. 883.

952 Hierzu *Heermann*, Warenverkehrsfreiheit, S. 5.

Kern für die Verwirklichung des europäischen Binnenmarktes nach Art. 3 Abs. 3 EUV.[953] Als bereichsspezifische Konkretisierung von Art. 3 Abs. 1 EUV[954] orientiert sich die Zielbestimmung des Art. 3 Abs. 3 EUV am marktwirtschaftlichen Modell, das unter anderem von beständigem Wirtschaftswachstum gebildet und mit der dynamischen Entwicklung des Binnenmarktes realisiert wird.[955] Der Binnenmarkt selbst stellt dabei als „die gelebte wirtschaftliche Freiheit" eine Initiative dar, „die das grenzübergreifende Zusammenkommen seit alters her anscheinend reibungsloser zu aktivieren geeignet ist als Bemühungen um hoheitliche transnationale Machtaggregation."[956]

Zur Aufrechterhaltung dieses Konstrukts sowie „gemäß der allgemeinen Regel des Vorrangs des EU-Rechts" sind schlichtweg alle etwaig in den Rechtsordnungen der Mitgliedstaaten vorhandenen, die Grundfreiheiten behindernden Normen unanwendbar und daher zu beseitigen.[957] Zwar stehen föderal bedingte Unterschiede für den Warenverkehr durch divergierende Rechtsordnungen in den einzelnen Mitgliedstaaten aufgrund verschiedener Traditionen und regionaler Besonderheiten unter dem Gesichtspunkt der mitgliedstaatlichen Regelungsautonomie im Spannungsverhältnis mit den Erfordernissen des freien Warenverkehrs,[958] doch üben gerade die Grundfreiheiten einen erhöhten Anpassungs- und Rechtfertigungsdruck auf die Mitgliedstaaten aus und liefern zugleich einen Beurteilungsrahmen hinsichtlich der Vereinbarkeit nationalen Rechts mit dem Unionsrecht im Rahmen von Beeinträchtigungen des freien Wirtschaftsverkehrs.[959] Der dabei bestehende Vorrang unionsrechtlicher Regelungen wurde bereits in der prominenten *Dassonville*-Entscheidung des EuGH pointiert.[960] Im Rahmen dieses beschriebenen Vorrangverhältnisses bleibt allerdings bei nationalen, den freien Warenverkehr beschränkenden Maßnahmen

---

953 Vgl. von der Groeben/Schwarze/Hatje/*Müller-Graff*, Art. 34 AEUV Rn. 3; Oppermann/*Classen*/Nettesheim, Europarecht, § 22, Rn. 1, 17; wohl a.A. *Heiderhoff*, Europäisches Privatrecht, Rn. 45. Nach *Heiderhoff* bilden die vier Grundfreiheiten (lediglich) „einen zentralen Kern des Binnenmarkts."

954 Von der Groeben/Schwarze/Hatje/*Jacqué*, Art. 3 EUV Rn. 3.

955 Vgl. *Borchardt*, Grundlagen der EU, Rn. 789, 793; in diese Richtung auch Calliess/*Ruffert*, Art. 3 EUV Rn. 25 m.w.N.

956 *Müller-Graff*, EuR 2014, 3 (11).

957 In diese Richtung: *Heiderhoff*, Europäisches Privatrecht, Rn. 46; *Kloepfer/Greve*, DVBl 2013, 1148 (1149).

958 In diese Richtung *Schmitz*, Die kommerzielle Kommunikation im Binnenmarkt, S. 127 ff.

959 *Blanke/Böttner*, in: Niedobitek, § 2 Rn. 281.

960 EuGH, Urteil vom 11. Juli 1974, Rs. 8–74 (Dassonville), ECLI:EU:C:1974:82, Rn. 6.

ein Rückgriff auf die Grundfreiheiten außen vor, soweit ein Rechtsakt der europäischen Rechtsangleichung eine Harmonisierung herbeiführt.[961] Die Harmonisierung dient dabei der Herstellung von Marktgleichheit und der Beseitigung von störenden Rechtsunterschieden.[962]

Dem Bereich der Landwirtschaft wird jedoch eine Sonderstellung im Binnenmarkt beigemessen. Sie stellt zwar das wichtigste Referenzgebiet für eine staatliche produkt- und regionenbezogene Förderung dar, die an der Warenverkehrsfreiheit zu messen ist.[963] Doch finden gem. Art. 38 Abs. 2 i.V.m. Abs. 3 AEUV die Vorschriften für die Errichtung oder das Funktionieren des Binnenmarkts auf die in Anhang I der AEUV gelisteten landwirtschaftlichen Erzeugnisse nur Anwendung, soweit in den Artikeln 39 bis 44 AEUV nicht etwas Abweichendes bestimmt ist. Im Falle der Kollision mit der Warenverkehrsfreiheit können agrarrechtliche Sonderregelungen im Übrigen „nur dann bestehen, wenn sie im Gesamtzusammenhang einer Unionsregel stehen und zur Erreichung eines der in Art. 39 AEUV erwähnten Ziele zwingend erforderlich sind“ sowie bei Erlass „weder den tragenden Grundsätzen des Binnenmarkts zuwidergehandelt, noch die allgemeinen Vertragsziele gefährdet werden.“[964] Gerade auch in Bezug auf landwirtschaftliche Erzeugnisse wird deutlich, dass die Schaffung eines einheitlichen Wirtschaftsraums in der Europäischen Union das Kernstück der wirtschaftlichen Integration Europas ausmacht und insoweit mit dem „immer engeren Zusammenschluss der europäischen Völker“[965] die Öffnung der nationalen Märkte der Mitgliedstaaten untereinander intendiert ist.[966] Gleichwohl sich der Binnenmarktprozess in Bezug auf die Wettbewerbsfähigkeit in der Europäischen Union keinesfalls abschließend bewerten lässt,[967] zeigt sich die integrativ wirkende Marktöffnungsentwicklung besonders im Rahmen der auf Kontinuität

961 Oppermann/*Classen*/Nettesheim, Europarecht, § 22, Rn. 6.

962 *Hailbronner/Jochum*, Europarecht II, Rn. 25 f.

963 *Heselhaus*, in: Marauhn/Heselhaus, S. 129.

964 Geiger/*Khan*/Kotzur, Art. 38 AEUV Rn. 12.

965 Zum europäischen Integrationverständnis vgl. erster Erwägungsgrund der Präambel des AEUV.

966 Vgl. *Fastenrath/Groh*, Europarecht, Rn. 130; vgl. *Jochum*, Europarecht, Rn. 597; nach *Streinz* stellt die Errichtung des Binnenmarktes (lediglich) eines der zentralen Ziele der EU dar – vgl. *Streinz*, Europarecht, Rn. 807.

967 Die abschließende Beurteilung ist allein schon wegen einer gewandelten, krisengebeutelten Wirtschafts- und Finanzlage ab 2007, sowie aufgrund von geplanten, multinationalen Freihandelsabkommen und den Folgen von EU-Austritten nicht möglich.

setzenden Konzepte der letzten Jahrzehnte,[968] wie etwa anhand der Initiativen der „Binnenmarktakte I und II" bzw. der Wirtschaftsstrategie „Europa 2020".[969] Diese geradezu planwirtschaftlich anmutenden, unionalen Strategieausrichtungen geben dabei faktische Entwicklungsleitlinien vor. Solche Entwicklungsleitlinien kommen allerdings nicht von ungefähr. Vor allem die neuzeitlichen Konflikte seit der Industrialisierung mit der Konkurrenz um Märkte, Rohstoffzugänge und Landwirtschaft sowie dem Protektionismus schlechthin „haben das Verhältnis der Völker Europas immer wieder vergiftet."[970] Nicht zuletzt aus diesen negativen Erfahrungen erwuchs ein Umdenken. Nunmehr wird mit der Öffnung zuvor oft gegeneinander abgeschirmter nationaler Märkte sodann ein Wettbewerb gesteigerter Intensität angestrebt und von diesem wiederum die Realisierung der wirtschaftlichen Ziele eines wachsenden Wohlstands sowie einer verbesserten Verbraucherversorgung insgesamt erhofft.[971] Vor diesem Hintergrund stehen die vom Binnenmarkt umfassten Grundfreiheiten für einen ökonomischen Ansatz des Unionsrechts und bilden sozusagen einen Stützpfeiler der unionsrechtlichen Wirtschaftsverfassung,[972] indem den Marktteilnehmern ein Anspruch auf freien Zugang zu den Märkten der Mitgliedstaaten und gleichzeitiger Beschränkung der staatlichen Regulierungsmöglichkeiten garantiert wird.[973] Staatlichen Marktinterventionen werden also durch das sich maßgeblich auf die unionalen Grundfreiheiten stützende primäre Binnenmarktrecht Grenzen aufgezeigt.[974] Wegen seiner überragenden Praxisbedeutung wird Art. 34 AEUV in diesem Kontext auch als das primärrechtliche Herzstück zur Gewährleistung des auf den Binnenmarkt ausgerichteten Integrationsgrundkonzepts der Europäischen Union begriffen.[975] Als Wohlstandsgarant ist der Binnenmarkt selbst zugleich Ziel wie auch herausstechendes Instrument der unionalen

968 Vgl. auch *Berg/Schmitt*, in: Berg/Teichmann, S. 24 f.

969 In diese Richtung Bergmann/*Piepenschneider*, Handlexikon EU, Stichwort: „Binnenmarkt", S. 172.

970 *Di Fabio*, in: Kirchhof/Kube/Schmidt, S. 46.

971 *Berg/Schmitt*, in: Berg/Teichmann, S. 1.

972 Vgl. *Frenz*, Handbuch Europarecht 1, Rn. 11.; vgl. *Blanke/Böttner*, in: Niedobitek, § 2 Rn. 269.

973 Vgl. *Ehlers*, in: Ehlers, § 7 Rn. 1, 23.

974 *Andresen*, Die Pflichten der EU-Mitgliedstaaten, S. 220.

975 Vgl. von der Groeben/Schwarze/Hatje/*Müller-Graff*, Art. 34 AEUV Rn. 1, 10 f. m.w.N.; in diese Richtung auch *Schmitz*, Die kommerzielle Kommunikation im Binnenmarkt, S. 91.

wirtschaftsbezogenen Integrationspolitik.[976] Dementsprechend kommt dem Binnenmarkt eine Schlüsselfunktion bei der Integration zu,[977] indem er als Konkretisierung und Vertiefung eines Gemeinsamen Markts „das Recht der Marktteilnehmer, sich nicht nur frei, sondern auch unter gleichen Bedingungen zu betätigen“ beinhaltet und im Besonderen den freien Wettbewerb gewährleistet.[978] Obwohl die Unterscheidung zwischen dem Begriff des Binnenmarktes und des „Gemeinsamen Marktes“ mit Begründung des Vertrages von Lissabon obsolet geworden ist,[979] verdeutlicht die Bezeichnung „Binnenmarkt“ dessen Funktion, „um dem Prozess der wirtschaftlichen Integration (auch) mittels eines neuen Schlagworts - quasi symbolisch - eine neue Dynamik zu verleihen.“[980]

Mit dem Bestand des Binnenmarkts ist insoweit nichts weniger als die Gewährleistung der supranationalen Wettbewerbsfähigkeit beabsichtigt. Die Schaffung und Sicherstellung von Wettbewerb auf dem Binnenmarkt ist insoweit Teil des freiheitlichen Strebens in wirtschaftlicher Hinsicht.[981] So sind alle rechtlichen Prinzipien des Binnenmarktes eng miteinander verwoben und die Verwirklichung der Warenverkehrsfreiheit steht als Dreh- und Angelpunkt des Binnenmarktes gewissermaßen in einem vom Gedanken der ökonomischen Effizienz getragenen Funktionszusammenhang mit der Marktfreiheit, der Marktgleichheit sowie eines freien, fairen Wettbewerbs im Innern,[982] als auch der Einheitlichkeit des Marktes nach außen.[983]

Vor diesem Hintergrund verpflichtet die Warenverkehrsfreiheit alle drei Staatsgewalten der Mitgliedstaaten. Es werden folglich alle mit Hoheitsgewalt ausgestatteten Einrichtungen unbedingt sowie umfassend miteinbezogen, nicht nur jegliche ungerechtfertigten Behinderungen des freien Warenverkehrs zu unterlassen (Abwehrkonstellation), sondern den freien Warenverkehr gleichermaßen vor Beeinträchtigungen nichtstaatlichen Ursprungs zu bewahren (Schutzkonstellation).[984]

---

976 Vgl. Calliess/*Ruffert*, Art. 3 EUV Rn. 22; in Bezug auf die Wirtschaftsintegration vgl. *Di Fabio*, in: Kirchhof/Kube/Schmidt, S. 45.
977 *Blanke/Böttner*, in: Niedobitek, § 2 Rn. 5.
978 Vgl. *Hailbronner/Jochum*, Europarecht II, Rn. 2, 12, 18, 33.
979 *Streinz*, Europarecht, Rn. 807.
980 *Cremer*, in: Ehlers/Fehling/Pünders, § 9 Rn. 5.
981 Vgl. *Ehlers*, in: Ehlers/Fehling/Pünders, § 1 Rn. 17.
982 In diese Richtung *Füller*, Warenverkehrsfreiheiten, S. 153 ff., 177, 189.
983 Vgl. *Borchardt*, Grundlagen der EU, Rn. 796; vgl. Geiger/Khan/*Kotzur*, Art. 34 AEUV Rn. 1; vgl. *Jochum*, Europarecht, Rn. 608.
984 Calliess/Ruffert/*Kingreen*, Art. 34–36 AEUV Rn. 219.

Festzuhalten bleibt, dass die Warenverkehrsfreiheit zwar nach wie vor nicht vollkommen ist, die vereinbarte Herstellung eines einheitlichen Marktes für Waren aber zumindest eine wesentliche, wenn nicht sogar die bisher signifikanteste Errungenschaft der Europäischen Union darstellt.[985]

1. Anwendungsbereich von Art. 34 AEUV

Der Anwendungsbereich der Grundfreiheiten besteht zuvorderst in deren Schutzbereichseröffnung.[986] Die Eröffnung des Anwendungsbereichs der Warenverkehrsfreiheit setzt neben dem Vorliegen von Tätigkeiten wirtschaftlichen Ursprungs,[987] einen grenzüberschreitenden, nicht rein innerstaatlichen Sachverhaltsbezug voraus,[988] auf den sich alle natürlichen und juristischen Personen berufen können.[989]

In diesem Zusammenhang entspricht es der Funktion der Beeinträchtigungsprüfung, das Spannungsverhältnis zwischen grenzüberschreitender Freiheit und nationalen Rechtsetzungskompetenzen strukturell abzubilden.[990] Die ausschließliche Beeinträchtigung des inländischen Warenverkehrs in Form einer sogenannten Inländerdiskriminierung beurteilt sich insoweit nur anhand nationaler Rechtsvorschriften.[991] Da die Gewährleistung der wirtschaftlichen Freiheit im Innern der jeweiligen Mitgliedstaaten durch die Grundfreiheiten nicht

---

985 Vgl. *Streinz*, Europarecht, Rn. 811.

986 *Frenz*, Europarecht, Rn. 221.

987 *Fastenrath/Groh*, Europarecht, Rn. 137 f.

988 A.A. Calliess/Ruffert/*Kingreen*, Art. 34–36 AEUV Rn. 16. *Kingreen* sieht in dem Erfordernis eines grenzüberschreitenden Bezuges keine selbständige Anwendungsvoraussetzung der Grundfreiheiten und verweist hierbei auf eine mögliche Verwechselungsgefahr mit dem Schutzbereich der Grundfreiheiten; *Cremer*, in: Ehlers/Fehling/Pünders, § 9 Rn. 23.

989 Vgl. Calliess/Ruffert/*Kingreen*, Art. 34–36 AEUV Rn. 32 ff. Die Eröffnung des Schutzbereichs lässt sich in persönlicher Hinsicht daraus folgern, dass Art. 34 AEUV keine Beschränkungen im Sinne von Art. 45 Abs. 2, 49 oder 56 AEUV enthält, sich auf ein bestimmtes Schutzgut und nicht etwa auf den handelnden Personenkreis bezieht, sowie keine künstliche Aufspaltung wirtschaftlich einheitlicher Vorgänge intendiert.

990 Ibid., Rn. 36.

991 Vgl. Bergmann/*Weller*, Handlexikon EU, Stichwort: „Warenverkehr, Freier“, S. 1036; zur verfassungsrechtlichen Thematik infolge reiner Inländerdiskriminierungen vgl. *Cremer*, in: Ehlers/Fehling/Pünders, § 9 Rn. 33; mit Beispielnennung zur etwaigen Inländerdiskriminierung im Zusammenhang des deutschen Reinheitsgebots für Bier: *Ehlers*, in: Ehlers, § 7 Rn. 25 f.; *Fastenrath/Groh*, Europarecht, Rn. 141; *Kloepfer/Greve*, DVBl 2013, 1148 (1149).

intendiert ist,[992] werden reine Inländerdiskriminierungen wie zum Beispiel durch strengere Produktionsvoraussetzungen gegenüber anderen Mitgliedsländern auch nicht etwa an Art. 34 AEUV gemessen.[993] Prinzipiell widerspricht zwar die Inländerdiskriminierung dem Binnenmarktgedanken, jedoch nicht dem Binnenmarktrecht.[994] So rechtfertigt es weder der Binnenmarktaspekt als ein Raum ohne Grenzen, noch das Herkunftsprinzip, dass sich die Inländerdiskriminierung an unionsrechtlichen Maßstäben bemisst.[995] Das Unionsrecht steht Inländerdiskriminierungen neutral gegenüber.[996] Folglich gibt es durchaus Fälle, „in denen inländische Erzeugnisse im Gefolge der Anwendung des Unionsrechts (zB des Art 34 AEUV) schlechter gestellt sind als aus dem EU-Ausland eingeführte Waren"[997], sofern eben nicht wenigstens ein schwach ausgeprägter EU-Auslandsbezug vorliegt. Die beschriebene Problematik stellte sich in der Vergangenheit bereits mehrfach vor dem EuGH. Verwiesen sei an dieser Stelle nur auf die EuGH-Entscheidung in der Rechtssache *Reinheitsgebot für Bier*. Während sich ausländische Erzeuger nicht an das deutsche Reinheitsgebot für Bier halten müssen, um es in Deutschland zu vertreiben, sind nationale Biererzeuger sehr wohl diesem deutschen Regulierungsregime unterworfen.[998] Das Pendant auf Seiten von Italien betrifft gesetzliche Regelungen zu Teigwaren, die nach Auffassung des EuGH zwar nicht für ausländische Erzeuger ein Verkaufsverbot von bestimmten, eingeführten weizenhaltigen Teigwaren und damit ein Hemmnis für die Warenverkehrsfreiheit bedeuten dürfen, wohl aber auf rein nationaler Ebene fortbestehen können.[999] Bei alledem ist es stets der mangelnde Bezug zum Unionsrecht, der die Verneinung des grundfreiheitlichen Anwendungsbereichs der Grundfreiheiten nach sich zieht.[1000]

---

992 Oppermann/*Classen*/Nettesheim, Europarecht, § 22, Rn. 2 f.

993 Vgl. *Frenz*, Handbuch Europarecht 1, Rn. 273 m.w.N.

994 *Streinz*, Europarecht, Rn. 843.

995 *Füller*, Warenverkehrsfreiheiten, S. 212.

996 *Heermann*, Warenverkehrsfreiheit, S. 7; zu den praktischen Auswirkungen der scheinbaren Inländerdiskriminierung am Beispiel der deutschen Meisterprüfung *Jochum*, Europarecht, Rn. 661 f.

997 *Epiney*, in: Ehlers, § 8 Rn. 15.

998 EuGH, Urteil vom 12. März 1987, Rs. 178/84 (Reinheitsgebot für Bier), ECLI:EU:C:1987:126, Rn. 24, 53 f.

999 EuGH, Urteil vom 14. Juli 1988, Rs. 407/85 (3 Glocken), ECLI:EU:C:1988:401, Rn. 16, 25, 28.

1000 *Rauer*, Zwischen Binnenmarkt und Wahrung nationaler Identität, S. 32.

Da jedoch die von Seiten der Rechtsprechung vorgenommene Differenzierung zwischen grenzüberschreitenden und internen Sachverhalten anhand eines nur irgendwie gearteten grenzüberschreitenden Elements kaum sachdienlich ist,[1001] könnte es sich als Voraussetzung für die Eröffnung des sachlichen Schutzbereichs der Art. 34 ff. AEUV schon vor dem Hintergrund des Integrationskonzepts des Binnenmarktes als ersprießlicher erweisen, wenn die Grundfreiheiten rein sachbezogen gesehen würden, insoweit lediglich ein hinreichender Unionsbezug in Form konkreter Export- oder Importpläne ausreiche und das Erfordernis einer Beeinträchtigung des Verkehrs zwischen den Mitgliedstaaten bzw. der Ansässigkeit in einem anderen Mitgliedstaat in den Hintergrund träte.[1002]

Obgleich die einzelfallabhängige Bestimmung, wann ein hinreichender Bezug zum Unionsrecht vorliegt, sich nicht immer als unproblematisch gestaltet,[1003] liegt ein grenzüberschreitender Bezug einer Maßnahme jedenfalls bei dessen Eignung zur Behinderung des zwischenstaatlichen Handels vor – so zum Beispiel durch Begünstigung des Vertriebs inländischer Waren zum Nachteil eingeführter Waren.[1004] Unabhängig der territorialen Geltungsreichweite kommt es auf die objektive Eignung einer Maßnahme zur negativen Einfuhrbeeinflussung an.[1005] Bei ebenjener Eignung der Maßnahme zur negativen Einfuhrbeeinflussung wird zudem auf die Wirkung und nicht etwa auf die rechtliche Ausgestaltung abgestellt, sodass sich dementsprechend auch rein informatorische Empfehlungen über Qualitätseigenschaften eines Produkts als Maßnahmen gleicher Wirkung wie mengenmäßige Beschränkungen entpuppen können.[1006] Nicht dem Anwendungsbereich des Verbots von Art. 34 AEUV unterliegt insofern eine unterschiedslos geltende Maßnahme, die ungeeignet ist „den Marktzugang für diese Erzeugnisse zu versperren oder stärker zu behindern, als sie dies für inländische Erzeugnisse tut."[1007] Demgemäß sind auch jedwede, für

1001 Hierzu *Epiney*, in: Ehlers, § 8 Rn. 15 m.w.N.

1002 Vgl. *Frenz*, Handbuch Europarecht 1, Rn. 271, 273.

1003 *Jochum*, Europarecht, Rn. 659.

1004 Von der Groeben/Schwarze/Hatje/*Müller-Graff*, Art. 34 AEUV Rn. 1.

1005 Vgl. ibid., Rn. 48 f., 54 mit Verweis bzgl. der territorial unbeschränkten Geltungsreichweite der Eignung einer Maßnahme zur Handelsbeschränkung beispielsweise EuGH, Urteil vom 11. September 2008, Rs. C-141/07 (Kommission/Deutschland), ECLI:EU:C:2008:492, Rn. 38.

1006 *Frenz*, Handbuch Europarecht 1, Rn. 979.

1007 EuGH, Urteil vom 24. November 1993, verb. Rs. C-267/91 u. C-268/91 (Keck und Mithouard), ECLI:EU:C:1993:905, Rn. 17.

alle Erzeugnisse unterschiedslos geltenden Maßnahmen eines Mitgliedstaats, die bezwecken oder bewirken, dass Waren aus anderen Mitgliedstaaten weniger günstig behandelt werden, als Maßnahmen mit gleicher Wirkung wie mengenmäßige Beschränkungen im Sinne des Art. 34 AEUV einzuordnen.[1008] In Art. 34 AEUV kommt also die Verpflichtung zum Ausdruck, dass sowohl die Grundsätze der Nichtdiskriminierung und gegenseitigen Anerkennung von rechtmäßig hergestellten, in den Verkehr gebrachten Erzeugnissen aus anderen Mitgliedstaaten einzuhalten sind als auch Erzeugnissen aus der Union der freie Zugang zu den jeweiligen nationalen Märkten zu gewährleisten ist.[1009] Denn im Endeffekt steht und fällt die Warenverkehrsfreiheit auf dem europäischen Binnenmarkt damit, dass alle unverhältnismäßigen Zugangshindernisse zu den Märkten der Mitgliedstaaten verboten sind. Diese Annahme galt jedoch nicht per se. Ursprünglich entwickelte sich das Verbot von Einfuhrbeschränkungen von einem anfänglich schlichten Benachteilungsverbot importierter Waren anderer Mitgliedstaaten, hin zu einem sehr weiten Verständnis im Sinne der *Dassonville*-Entscheidung des EuGH,[1010] wonach jede mitgliedstaatliche Handelsregelung erfasst wird, die „den innergemeinschaftlichen Handel unmittelbar oder mittelbar, tatsächlich oder potentiell zu behindern" geeignet ist.[1011] Neben der Schutzbeschränkung der Grundfreiheiten auf „ein Tun, Dulden oder Unterlassen in sachlicher, personeller, räumlicher und zeitlicher Hinsicht",[1012] ist im Ausschluss hypothetischer Kausalverläufe zwischen Handelsregelungen und der Beeinträchtigung des innerunionalen Handelsverkehrs eine Begrenzung des tatbestandlichen Schutzbereichs der Warenverkehrsfreiheit zu sehen.[1013] Die Annahme des Verbots nach Art. 34 AEUV setzt demnach einen relevanten, nicht bloß fernliegenden Zusammenhang zwischen der fraglichen Regelung und der Beeinträchtigung des Warenverkehrs voraus, die sich auch „unabhängig von einer eventuellen handelsbeschränkenden Zielrichtung oder der Spürbarkeit der

---

1008 EuGH, Urteil vom 26. April 2012, Rs. C-456/10 (ANETT), ECLI:EU:C:2012:241, Rn. 34 f. unter Verweis auf EuGH, Urteil vom 2. Dezember 2010, Rs. C-108/09 (Ker-Optica), ECLI:EU:C:2010:725, Rn. 49 f.

1009 EuGH, Urteil vom 18. Oktober 2012, Rs. C-385/10 (Elenca), ECLI:EU:C:2012:634, Rn. 23.

1010 Bergmann/*Weller*, Handlexikon EU, Stichwort: „Warenverkehr, Freier", S. 1037.

1011 EuGH, Urteil vom 11. Juli 1974, Rs. 8–74 (Dassonville), ECLI:EU:C:1974:82, Rn. 5.

1012 *Ehlers*, in: Ehlers, § 7 Rn. 70.

1013 Vgl. von der Groeben/Schwarze/Hatje/*Müller-Graff*, Art. 34 AEUV Rn. 60; *Streinz*, Europarecht, Rn. 842 mit Verweis auf EuGH, Urteil vom 7. April 2011, Rs. C-291/09 (Guarnieri/Vandevelde), ECLI:EU:C:2011:217, Rn. 17.

handelshemmenden Wirkung" beurteilen lassen muss.[1014] Es geht hier also faktisch um den Nachweis einer handelsbeschränkenden Wirkung.[1015]

Wenngleich werbebezogene Handlungen regelmäßig in den Schutzbereich der Dienstleistungsfreiheit fallen,[1016] können sie aber auch als vertriebliche Begleitleistung in Erscheinung treten und damit als immanenter Bestandteil der Ware selbst die Freiheit des Warenverkehrs betreffen.[1017] Wird beispielsweise einem Importeur auferlegt (etwa aufgrund von Werbebeschränkungen) die Ausstattung seiner Erzeugnisse je nach dem Ort des Inverkehrbringens unterschiedlich zu gestalten und demgemäß die zusätzlichen Verpackungs- und Werbungskosten zu tragen, so ist ein solcher staatlich zu verantwortender Zwang zumindest geeignet, die freie Warenzirkulation auf dem Binnenmarkt zu behindern.[1018] Hierbei kommt es auch nicht etwa auf die personenbezogene Staatsangehörigkeit des Veräußerers oder des Warenempfängers an, sondern ausschließlich auf die Sachbezogenheit, also den gegenständlichen Anwendungsbereich.[1019] Ein entsprechendes Verbot aus Art. 34 AEUV zu unterschiedslos geltenden Maßnahmen liegt hierbei nahe.[1020] Allerdings darf in diesem Zusammenhang keineswegs in den Hintergrund rücken, dass lediglich der Produktzugang auf den Markt gewährleistet sein muss und nicht zugleich der Zugang zu sämtlichen Bedingungen der Rechtsordnung des Herkunftsstaates.[1021] Während also von einer Behinderung der Warenverkehrsfreiheit immer dann auszugehen ist, wenn ein Importeur davon abgehalten wird, die fraglichen Erzeugnisse im betreffenden Mitgliedstaat in den Verkehr zu bringen,[1022] gelten insbesondere solche Werbemaßnahmen als mit Art. 34 AEUV vereinbar, mit denen für das Produkt in ganz allgemeiner Weise sowie ohne Bezugnahme auf seinen nationalen

1014 *Borchardt*, Grundlagen der EU, Rn. 911.

1015 *Epiney*, in: Ehlers, § 8 Rn. 53.

1016 Vgl. etwa EuGH, Urteil vom 24. März 1994, Rs. C-275/92 (Schindler), ECLI:EU:C:1994:119, Rn. 21 f.

1017 EuGH, Urteil vom 6. Juni 1995, Rs. C-470/93 (Mars), ECLI:EU:C:1995:224, Rn. 13 f.; vgl. auch *Füller*, Warenverkehrsfreiheiten, S. 229.

1018 Hierzu EuGH, Urteil vom 6. Juni 1995, Rs. C-470/93 (Mars), ECLI:EU:C:1995:224, Rn. 13.

1019 Vgl. *Hailbronner/Jochum*, Europarecht II, Rn. 216; vgl. *Jochum*, Europarecht, Rn. 817.

1020 Dazu EuGH, Urteil vom 6. Juni 1995, Rs. C-470/93 (Mars), ECLI:EU:C:1995:224, Rn. 13 f.

1021 Calliess/Ruffert/*Kingreen*, Art. 34–36 AEUV Rn. 185.

1022 EuGH, Urteil vom 18. Oktober 2012, Rs. C-385/10 (Elenca), ECLI:EU:C:2012:634, Rn. 22 unter Verweis auf EuGH, Urteil vom 12. Juli 2012, Rs. C-171/11 (Fra.bo), ECLI:EU:C:2012:453, Rn. 22.

Ursprung nur etwa mit bestimmten Eigenschaften geworben wird – selbst wenn diese nationaltypisch sind.[1023] Inwiefern aber beim letztgenannten Aspekt, der Werbung mit bestimmten Eigenschaften ohne nationalen Bezug, im konkreten Einzelfall dennoch eine Maßnahme gleicher Wirkung im Sinne des Art. 34 AEUV anzunehmen sein wird, hängt insbesondere davon ab, wie groß der Kreis der relevanten Produkteigenschaften zu ziehen ist.[1024] Dabei sind auch subjektive, produktpräferenzbildende Eigenschaften wie der Ruf oder die ästhetische Warenbeurteilung relevant, die vom Staat zur Verhinderung des Aufbaus entsprechender Produktpräferenzen durch Importeure berücksichtigt werden,[1025] während etablierte Anbieter ihre Präferenzen behalten und damit vor potentieller ausländischer Konkurrenz verschont bleiben.

So können wirtschaftspolitisch motivierte Interventionen einzelne Anbieter in eine Sonderstellung am Markt zwingen, während sich der ökonomische Freiheitsbereich bei anderen Marktteilnehmern auf die Tätigkeitsausübung in dem Umfang beschränkt, „wie sie dem bevorzugten Unternehmen nicht *de facto* vorbehalten sind."[1026] Zur Begegnung von solchen mitgliedstaatlichen Marktinterventionen kommt der weitreichenden *Dassonville*-Formel eine Art Trichterfunktion zu, indem sie alle in Frage kommenden Beschränkungen erfasst.[1027]

Erst mit der *Keck*-Entscheidung des EuGH fand eine dem Gerichtshof die Arbeit erleichternde formalistische Eingrenzung Einzug,[1028] wonach bloße Verkaufsmodalitäten vom Anwendungsbereich der Warenverkehrsfreiheit ausgeklammert wurden.[1029] Bei jenen Verkaufs- bzw. Vertriebsmodalitäten handelt es sich um einen auslegungsbedürftigen, vom EuGH nicht näher beschriebenen terminus technicus. In späteren Entscheidungen des Gerichts erfolgten lediglich einzelfallbezogene, vage Konkretisierungen etwa zu Regelungen über Preise und Gewinnspannen[1030], zu Ladenöffnungszeiten[1031] und zum Vorbehalt von

---

1023 Vgl. ABl.EG 2001 Nr. C 252, Rn. 19.

1024 Vgl. *Füller*, Warenverkehrsfreiheiten, S. 228.

1025 Vgl. ibid.

1026 *Andresen*, Die Pflichten der EU-Mitgliedstaaten, S. 73 f.

1027 *Keun*, Mitgliedstaatliche Handlungspflichten, S. 19.

1028 Hierzu *Dickertmann*, Die geographische Herkunftsangabe, S. 52 f.

1029 Zur Unterscheidung von produktbezogenen Regelungen und Verkaufsmodalitäten EuGH, Urteil vom 24. November 1993, verb. Rs. C-267/91 u. C-268/91 (Keck und Mithouard), ECLI:EU:C:1993:905., Rn. 16.

1030 EuGH, Urteil vom 11. August 1995, Rs. C-63/94 (Belgapom/ITM und Vocarex), ECLI:EU:C:1995:270, Rn. 13.

1031 EuGH, Urteil vom 2. Juni 1994, verb. Rs. C-69/93 u. C-258/93 (Punto Casa und PPV), ECLI:EU:C:1994:226, Rn. 13.

Vertriebshändlern beim Einzelhandel mit bestimmten Waren.[1032] Auch wenn sich eine klare Abgrenzung aufgrund mangelnder Kriterien für eine normative Zuordnung des Begriffs der Verkaufsmodalitäten als äußerst komplex erweist,[1033] wird seit der *Keck*-Entscheidung des EuGH bei beeinträchtigenden Maßnahmen der Warenverkehrsfreiheit zwischen produktbezogenen und vertriebsbezogenen Regelungen unterschieden:

Während sich produktbezogene Regelungen[1034] wie Erzeugnisbezeichnungen, Form, Abmessung, Gewicht, Zusammensetzung, Aufmachung, Etikettierung oder die Verpackung auf die Ware selbst oder ihre Aufmachung bzw. Verpackung beziehen und damit als stets rechtfertigungsbedürftige Maßnahmen gleicher Wirkung konkrete Erzeugnismerkmale auf der Produktionsebene tangieren und bewirken können, dass ein Erzeugnis in einem Mitgliedstaat nicht auf den Markt gebracht werden darf,[1035] lassen bloße Verkaufsmodalitäten, die wiederum inhaltlich festlegen, wer verkaufen darf als auch wann, wo und wie verkauft werden darf,[1036] die Verkehrsfähigkeit unberührt.[1037] Verkaufsmodalitäten ziehen damit kein Verbot gem. Art. 34 AEUV nach sich und bedürfen grundsätzlich auch keiner Rechtfertigung, wenn sie unterschiedslos für alle inländischen sowie ausländischen Waren und Wirtschaftsteilnehmer rechtlich wie tatsächlich in gleicher Weise gelten.[1038] Eine derartige Abgrenzung hat allerdings Kritik auf den Plan gerufen. Wenn nämlich (Werbe-)Regelungen über vertriebsbezogene Verkaufsmodalitäten im weiteren Sinn an Erzeugniseigenschaften anknüpfen, unterscheiden sie sich in ihrer Wirkung nicht von produktbezogenen

---

1032 EuGH, Urteil vom 14. Dezember 1995, Rs. C-387/93 (Banchero), *ECLI:EU:C:1995:439*, Rn. 35 f.

1033 In diese Richtung von der Groeben/Schwarze/Hatje/*Müller-Graff*, Art. 34 AEUV Rn. 252.

1034 Verweis auf Generalanwalt Tesauro bzgl. der *Cassis*-Rspr. *Schieferer*, in: Marauhn/Heselhaus, S. 170.

1035 EuGH, Urteil vom 6. Juni 1995, Rs. C-470/93 (Mars), ECLI:EU:C:1995:224, Rn. 13; *Borchardt*, Grundlagen der EU, Rn. 914, 920; vgl. *Ebenroth*, in FS Piper, S. 136; ausführlich zur Abgrenzung *Epiney*, in: Ehlers, § 8 Rn. 44 ff; hierzu auch *Fastenrath/Groh*, Europarecht, Rn. 176.

1036 Vgl. auch *Schmitz*, Die kommerzielle Kommunikation im Binnenmarkt, S. 164 m.w.N.

1037 Bergmann/*Weller*, Handlexikon EU, Stichwort: „Warenverkehr, Freier", S. 1037; *Millarg*, Die Schranken des freien Warenverkehrs, S. 126.

1038 EuGH, Urteil vom 24. November 1993, verb. Rs. C-267/91 u. C-268/91 (Keck und Mithouard), ECLI:EU:C:1993:905, Rn. 16; vgl. hierzu auch *Ehlers*, in: Ehlers, § 7 Rn. 99; *Fastenrath/Groh*, Europarecht, Rn. 176.

Regelungen im engeren Sinne,[1039] womit wiederum eine klare Kontrastierung aufgrund der generalisierenden Vorgehensweise des EuGH und dem Fehlen von hinreichenden zuverlässigen Erfahrungssätzen im Tatsachenbereich unmöglich ist.[1040] Anstelle des Abstellens auf die Wirkungen der Regelungen hinsichtlich des Warenverkehrs erfolgt also nur die Differenzierung anhand „der Natur des Regelungsgegenstandes".[1041] Darüber hinaus wirft die vom EuGH etablierte Unterscheidung zwischen produkt- und vertriebsbezogenen Maßnahmen die Frage nach der Sachgerechtheit und der Bedeutungsentwicklung dieser Unterscheidungspraxis auf, wenn beispielsweise Ware, Werbung und Vertriebsmethoden als einheitlicher Komplex unternehmerischer Leistung begriffen werden.[1042] Vor dem systematisch-teleologischen[1043] Hintergrund des Art. 34 AEUV bedarf es insoweit der einzelfallabhängigen Klärung, ob ganz allgemein die Rahmenbedingungen für die Vermarktung oder den Vertrieb von Produkten geregelt werden oder ob es darum geht, bestimmte Erzeugnisse in irgendeiner Weise einer besonderen Regelung zu unterwerfen und damit eine „eingrenzbare Produktgruppe" zu erfassen.[1044] Wenn etwa bei unspezifischen Maßnahmen wie allgemeine Werberegelungen, die nichtdiskriminierend wirken und sich nicht auf eingrenzbare Produkte beziehen, die Einschlägigkeit des Tatbestandes von Art. 34 AEUV noch unproblematisch zu verneinen sein wird,[1045] bestehen häufig Bestimmungsschwierigkeiten bei unterschiedslos auf alle inländischen und grenzüberschreitenden Sachverhalte anzuwendenden Regelungen, die sich faktisch negativ auf die Freiheit des Warenverkehrs auswirken.[1046]

2. *Nichttarifäre Handelshemmnisse*

Abgesehen vom Verbot mengenmäßiger Einfuhr- und Ausfuhrbeschränkungen gem. Art. 34 f. AEUV, dem seitens der Mitgliedstaaten unter Berücksichtigung des Integrationskonzepts des Binnenmarktes im Wesentlichen entsprochen

1039 In diese Richtung *Jochum*, Europarecht, Rn. 867.

1040 Vgl. *Ebenroth*, in FS: Piper, S. 167 f.; mit ausführlicher Kritik zur mangelnden sachgerechten Differenzierungsmöglichkeit der Verkaufsmöglichkeit vgl. auch *Rauer*, Zwischen Binnenmarkt und Wahrung nationaler Identität, S. 120 ff.

1041 *Schmitz*, Die kommerzielle Kommunikation im Binnenmarkt, S. 186.

1042 Vgl. *Fastenrath/Groh*, Europarecht, Rn. 177 f.

1043 Zur systematisch-teleologischen Auslegung im Unionsrecht *Preedy*, Die Bindung Privater an die europäischen Grundfreiheiten, S. 89 ff.

1044 Hierzu auch *Epiney*, in: Ehlers, § 8 Rn. 51.

1045 Vgl. ibid.

1046 Vgl. hierzu *Heiderhoff*, Europäisches Privatrecht, Rn. 47.

worden ist, bestehen weiterhin praxisrelevante Probleme bei mitgliedstaatlichen Eingriffen in die Warenverkehrsfreiheit mit indirekter Auswirkung auf den Handel.[1047] Allein die Existenz unterschiedlicher Rechtsvorschriften in den Mitgliedstaaten stellt einen nicht zu unterschätzenden Faktor dar, der für international tätige Produzenten und Vertreiber von Produkten zu einem belastenden Kosten- und Risikoaufwand führen kann.[1048] Dabei wird der freie Warenverkehr jedoch nicht nur von klassischen Instrumenten staatlichen Handels tangiert, etwa durch den Erlass von Gesetzen, sondern auch durch verbindliche Weisungen, Werbekampagnen oder einer zu erfüllenden Produktnormierung.

So wie etwa die unionsweite Normung für grenzüberschreitend agierende Unternehmen erhebliche ökonomische Vorteile bewirkt, indem sie neben der Angleichung von Produktstandards auch einheitliche Wettbewerbsbedingungen zu etablieren vermag,[1049] fallen dagegen uneinheitliche Standards als „handelsprotektionistische Klassiker“ auf, die die Im- und Exporteure zu aufwendigen Konformitäts- und Anerkennungsverfahren zwingen können.[1050] Im Vergleich zu Abgaben gleicher Wirkung gem. Art. 28, 30 AEUV wie Gebührenerhebungen für Statistiken, Qualitätssicherungs- bzw. Gesundheitskontrollen oder Lizenzen für Konformitäts- und Anerkennungsverfahren, die zudem nur unter Vorlage einer monetär angemessenen Gegenleistung für faktisch erbrachte Dienste erlaubt sind,[1051] ist die Einkategorisierung von jenen, sich nicht unmittelbar finanziell niederschlagenden Handelshemmnissen umso schwerer.

Damit aber grenzüberschreitenden Beschränkungen im Grundsatz entgegengewirkt wird, sind die einzelnen Mitgliedstaaten schon im Hinblick auf den Grundsatz der loyalen Zusammenarbeit mit anderen Mitgliedstaaten und der Union selbst gem. Art. 4 Abs. 3 EUV in der Pflicht, „alle erforderlichen und geeigneten Maßnahmen zu ergreifen um in ihrem Gebiet die Beachtung der Warenverkehrsfreiheit sicherzustellen.“[1052] Völlig offen ist dabei, ob die Mitgliedstaaten generell zu einer Reduzierung der staatlichen Einflussnahme auf

---

1047 *Borchardt*, Grundlagen der EU, Rn. 904 f.; in diese Richtung von der Groeben/Schwarze/Hatje/*Müller-Graff*, Art. 34 AEUV Rn. 27, 33.

1048 Vgl. *Ebenroth*, in: FS Piper, S. 144 f.

1049 Germelmann, GewA 2014, S. 335.

1050 Bergmann/*Schorkopf*, Handlexikon EU, Stichwort: „Nichttarifäre Handelshemmnisse“, S. 718.

1051 EuGH, Urteil vom 1. Juli 1969, Rs. 24/68 (Kommission/Italien), ECLI:EU:C:1969:29, Rn. 16; hierzu auch *Streinz*, Europarecht, Rn. 894 f.

1052 EuGH, Urteil vom 5. November 2002, Rs. C-325/00 (CMA), ECLI:EU:C:2002:633, Rn. 14; hierzu auch *Borchardt*, Grundlagen der EU, Rn. 898.

die marktgemäße Selbststeuerung durch die Wirtschaftsakteure genötigt werden können.[1053] Bezüglich der Reduzierung staatlicher Markteinflussnahme lässt der EuGH jedenfalls keinen absolut verfolgten, wirtschaftlich geprägten Lösungsansatz erkennen; er geht bei der Interpretation von Art. 34 AEUV wortlautgetreu vielmehr von bestehenden Staatsgrenzen[1054] unter grundsätzlicher Respektierung staatlicher Regelungstätigkeit aus.[1055] Ohne genau festzustellen, inwieweit eine durch das Binnenmarktrecht induzierte Pflicht der Mitgliedstaaten zur weitergehenden Öffnung der Märkte sowie zur gleichzeitigen Reduktion der Einflussnahme auf ihre Entwicklung besteht, ist bezüglich jeder Kategorie von bestehenden Markteingriffen der Maßstab jenes in Art. 4 Abs. 3 EUV verankerten Binnenmarktrechts anzulegen und einer binnenmarktrechtlichen Liberalisierungspflicht Folge zu leisten.[1056] Zu dieser Zielerreichung ist die Berücksichtigung der Maßnahmen gleicher Wirkung wie Einfuhrbeschränkungen nach Art. 34 AEUV äußerst entscheidend. Während nämlich das Verbot von Ausfuhrbeschränkungen gem. Art. 35 AEUV mit seiner gleichlautenden Begrifflichkeit der Maßnahmen gleicher Wirkung ausschließlich diskriminierende Maßnahmen gegenüber Inlandsware erfasst und allgemeine, auf alle Erzeugnisse anwendbare Maßnahmen von seinem Anwendungsbereich ausklammert,[1057] bezieht Art. 34 AEUV auch nicht diskriminierende Maßnahmen unter dem Gesichtspunkt der Maßnahmen gleicher Wirkung mit ein,[1058] um eine umfängliche Vermeidung sonstiger binnenmarktwidriger Einfuhrerschwernisse sicherzustellen.[1059] Die Vermeidungsstrategie von Maßnahmen gleicher Wirkung wie mengenmäßige Beschränkungen ist vor allem im Lebensmittelbereich von einiger Brisanz.

Da Lebensmittel oftmals von besonderen Traditionen geprägt sind und diese auch in den jeweiligen nationalen Vorschriften rechtlichen Schutz erfahren, verwundert es kaum, wenn bedeutende Urteile in der Entwicklung des freien Warenverkehrs Lebensmittel betreffen.[1060] So nimmt der EuGH eine nach Art. 34 AEUV verbotene Maßnahme mit gleicher Wirkung wie eine mengenmäßige

---

1053 Vgl. *Andresen*, Die Pflichten der EU-Mitgliedstaaten, S. 174.

1054 Vgl. EuGH, Urteil vom 11. Juli 1974, Rs. 8–74 (Dassonville), ECLI:EU:C:1974:82, Rn. 6.

1055 *Andresen*, Die Pflichten der EU-Mitgliedstaaten, S. 178.

1056 Vgl. ibid., S. 201.

1057 *Epiney*, in: Ehlers, § 8 Rn. 59; unter Nennung von Anwendungsfällen auch Geiger/Khan/*Kotzur*, Art. 35 AEUV Rn. 3 f.

1058 *Epiney*, in: Ehlers, § 8 Rn. 26.

1059 Von der Groeben/Schwarze/Hatje/*Müller-Graff*, Art. 34 AEUV Rn. 34.

1060 *Streinz*, in: FS Welsch, S. 59.

Einfuhrbeschränkung an, wenn im Lebensmittelbereich ein pauschales Warenverkehrsverbot aufgestellt wird, das den charakteristischen Geschmack einer Produktgattung festschreiben soll und gleichzeitig für jene Waren aus anderen Mitgliedstaaten Geltung beansprucht, in denen die betreffende Produktgattung wiederum rechtmäßig hergestellt und vertrieben wird.[1061]

Allgemeiner formuliert sind also unter Maßnahmen gleicher Wirkung alle Regelungen des Einfuhrstaates zu verstehen, „die den Marktzugang ausländischer Waren behindern, indem sie ausländische Waren gegenüber inländischen Waren diskriminieren oder indem sie Anforderungen an die Gestaltung und Vermarktung ausländischer Waren stellen, die einer grenzüberschreitend einheitlichen Gestaltung oder Vermarktung entgegenstehen."[1062]

Schon weil das Marktzugangsrecht von überragender Binnenmarktrelevanz ist, wurde auf diesen Aspekt vom EuGH besonders viel Wert gelegt und hinterfragt,[1063] ob ausländische Produkte weniger günstig als inländische behandelt werden, Hemmnisse für Waren aus anderen Mitgliedstaaten durch bestimmte (unterschiedslose) Vorschriften bestehen und dadurch wiederum der Zugang zum Markt des betreffenden Mitgliedstaats erschwert wird.[1064]

Schließlich führt erst der Marktzugang „zur Realisierung des Warenwertes".[1065] Demgemäß müssen auch die Vorschriften eines EU-Warenimportlandes hinter denen des korrelierenden EU-Warenexportlandes zurücktreten, weil ihr Schutzzweck bereits (ausreichend) durch den Herkunftsstaat erfüllt wird.[1066] Im Ergebnis hat die immense Praxisbedeutung der Maßnahmen gleicher Wirkung wie mengenmäßige Beschränkungen bereits eine umfangreiche Verdrängung mitgliedstaatlicher Rechtsetzungsbefugnisse einhergebracht.[1067] Das Verbot von nichttarifären Handelshemmnissen forciert insofern ganz entscheidend die

---

1061 EuGH, Urteil vom 17. März 1983, Rs. 94/82 (De Kikvorsch), ECLI:EU:C:1983:85, Rn. 9.

1062 *Schmitz*, Die kommerzielle Kommunikation im Binnenmarkt, S. 239.

1063 Zur Würdigung des Marktzugangsrechts durch den EuGH vgl. *Hakenberg*, Europarecht, Rn. 358 m.w.N.

1064 EuGH, Urteil vom 10. Februar 2009, Rs. 110/05 (Kommission/Italien), ECLI:EU:C:2009:66, Rn. 33 ff; vgl. Geiger/Khan/*Kotzur*, Art. 34 AEUV Rn. 25; hierzu auch *Streinz*, Europarecht, Rn. 911 f.

1065 *Rauer*, Zwischen Binnenmarkt und Wahrung nationaler Identität, S. 268 f.

1066 Vgl. Calliess/Ruffert/*Kingreen*, Art. 34–36 AEUV Rn. 96; vgl. Geiger/Khan/*Kotzur*, Art. 34 AEUV Rn. 16.

1067 Geiger/Khan/*Kotzur*, Art. 34 AEUV Rn. 7.

grenzüberschreitende Warenzirkulation und damit die Öffnung und Offenhaltung der mitgliedstaatlichen Marktgrenzen.[1068]

a) Möglicher Schrankenvorbehalt beim Verbot nichttarifärer Handelshemmnisse

Auch wenn bereits viel für die Etablierung eines europäischen Binnenmarktes auf den Weg gebracht wurde, bestehen eben noch immer nicht zu vernachlässigende, binnenmarktschädliche nichttarifäre Handelshemmnisse durch entsprechende Aktionen von privater Seite.[1069] Es bleibt anzunehmen, dass sich deren Relevanz, „als Instrument zur Steuerung oder zumindest Beeinflussung der Handelsströme" äquivalent zur Zollabschaffung verhält.[1070] Mit dem Abbau von Handelszöllen unter den Mitgliedstaaten wird jedenfalls, gewissermaßen als Kompensationsfaktor, ein Anstieg der Geltung von nichttarifären Handelshemmnissen wahrscheinlicher.

Sofern aber der Ruf nach einem weitauszulegenden Verbot von nicht einfach zu identifizierenden, nichttarifären Handelshemmnissen eines Mitgliedstaates laut wird, stellt sich die Frage, ob nicht vielleicht erst das Vorliegen einer spezifischen Wirtschaftsrelation erforderlich sein könnte, um einen Verstoß gegen Art. 34 AEUV anzunehmen.[1071] Angenommen der grenzüberschreitende Kampf um Marktanteile zwischen bestimmten Herstellern derselben Produktgattung bliebe aus, so würde beispielsweise ein nationalitätsspezifisches Herkunfts- und Qualitätssiegel keinerlei marktabschirmende Wirkung aufweisen. Eine solche Situation erfordere dann schlichtweg auch keinen Schutz. Denn schließlich entfalten auch nichttarifäre Handelshemmnisse erst mit Entstehen einer auf Anbieterpluralismus beruhenden Wirtschaftslage ihr protektionistisches Potential.

Häufig erfordert deren Erfassung, im Gegensatz zu offen diskriminierenden Maßnahmen durch Zölle und anderen Ausgestaltungen tarifärer Handelshemmnisse, ein Abstellen auf die Eignung zur potentiellen Behinderung der

---

1068 Vgl. *Epiney*, in: Ehlers, § 8 Rn. 3; vgl. von der Groeben/Schwarze/Hatje/*Müller-Graff*, Art. 34 AEUV Rn. 2.

1069 Im Einzelnen vgl. Oppermann/*Classen*/Nettesheim, Europarecht, § 22, Rn. 48 f., 53.

1070 Vgl. Bergmann/*Schorkopf*, Handlexikon EU, Stichwort: „Nichttarifäre Handelshemmnisse", S. 718.

1071 Vgl. auch *Epiney*, in: Ehlers, § 8 Rn. 18. Die Autorin befasst sich knapp mit der Notwendigkeit einer bestimmten Beeinträchtigungsschwelle für die Einschlägigkeit des Art. 34 AEUV (i.V.m. Art. 4 Abs. 3 EUV); ähnlich dem Spürbarkeitserfordernis im Anwendungsbereich des Art. 34 AEUV vgl. auch *Stoppel*, Grundfreiheitliche Schutzpflichten, S. 124 ff. m.w.N.

Warenverkehrsfreiheit.[1072] Von einer solchen Eignung kann im Falle einer staatlichen Werbekampagne umso eher ausgegangen werden, je vielfältiger und weitreichender sich die Verbreitung von entsprechenden Werbeinformationen bzw. Empfehlungen gestaltet und je höher der finanziell betriebene Aufwand ist.[1073]

Dogmatisch wäre daher bei Sachverhalten, welche nichttarifäre Handelshemmnisse zum Gegenstand haben, die Begutachtung einer etwaig bestehenden Wirtschaftsrelation im Rahmen der *Dassonville*-Formel einzuordnen. Die entsprechende Sondierung könnte sozusagen als ungeschriebenes Tatbestandsmerkmal im Rahmen der Prüfung des Art. 34 AEUV miteinbezogen werden, um zu einer spezifizierten Herangehensweise zu gelangen.

Hinsichtlich tarifärer Handelshemmnisse mag sich dementgegen eine andere Auffassung durchgesetzt haben. So hat der EuGH in Bezug auf das Verbot von Abgaben zollgleicher Wirkung gem. Art. 28 und 30 AEUV eine klare Stellung bezogen. Insgesamt komme es zur Gewährleistung des freien Warenverkehrs beim Verbot der Zölle nicht darauf an, „ob die Waren mit Erzeugnissen des Einfuhrlandes in Wettbewerb treten oder nicht", weil jedwede noch so geringfügigen „finanzielle Belastungen, die ihren Grund im Überschreiten der Grenzen haben, eine Behinderung des freien Warenverkehrs darstellen" und ein ausnahmsloses Verbot zulassen.[1074] Da die Einheitlichkeit des Zollgebietes der Union also gleichzeitig die Errichtung einer regionalen Zollgrenze auch im Verhältnis zu inländischen Erzeugnissen ausschließt,[1075] sind alle etwaigen Zweifelsfragen im Rahmen der Auslegung und Rechtsanwendung von diesem Leitgedanken aus zu klären.[1076]

b) Anwendbarkeit auf mitgliedstaatliche Beihilfen

Das beschriebene Verbot von nichttarifären Handelshemmnissen mit all seinen Konsequenzen steht allerdings im Spannungsverhältnis mit mitgliedstaatlichen Beihilfen. Beihilfen im Sinne direkter finanzieller Zuschüsse aus öffentlichen Haushalten oder auch aus sonstigen staatlichen Quellen,[1077] parafiskalischen

1072 *Jochum*, Europarecht, Rn. 863.
1073 *Becker*, EuR 2002, 418 (434).
1074 Vgl. EuGH, Urteil vom 1. Juli 1969, verb. Rs. 2 u. 3/69 (Diamant), ECLI:EU:C:1969:30, Rn. 11/14, 19; siehe auch EuGH, Urteil vom 2. Oktober 2014, Rs. C-254/13 (Orgacom), ECLI:EU:C:2014:2251, Rn. 22, 35.
1075 Von der Groeben/Schwarze/Hatje/*Voet van Vormizeele*, Art. 30 AEUV Rn. 5.
1076 Calliess/Ruffert/*Waldhoff*, Art. 30 AEUV Rn. 1.
1077 Zum Beihilfebegriff vgl. *Becker/Benner*, Zur Problematik der Herkunftsangabe im regionalen Marketing, S. 27.

Abgaben sowie Zwangsbeiträgen an die einheimische Wirtschaft können nämlich gleichermaßen zu Wettbewerbsverzerrungen auf dem Binnenmarkt führen, wenn sie den Wettbewerb verfälschen oder zu verfälschen drohen und den Handel zwischen den Mitgliedstaaten beeinträchtigen.[1078] Dabei bemisst sich eine Wettbewerbsverfälschung aufgrund staatlicher Beihilfen daran, ob tatsächlich oder potentiell in ein bestehendes oder möglicherweise noch zur Entstehung kommendes Wettbewerbsverhältnis zwischen Unternehmen oder Produktionszweigen eingegriffen und damit der Ablauf des Wettbewerbs verändert wird, sodass Unternehmen oder Produktionszweige einen wirtschaftlichen Vorteil erfahren, den sie unter marktkonformen Voraussetzungen nicht bezögen.[1079] Von einer solchen Wettbewerbsverfälschung im Sinne des Art. 107 Abs. 1 AEUV ist also auszugehen, wenn durch eine staatliche Maßnahme in ein tatsächlich bestehendes oder möglicherweise zur Entstehung kommendes Wettbewerbsverhältnis eingegriffen und die Belastungen des begünstigten Unternehmens vermindert sowie seine Stellung gegenüber anderen Wettbewerbern im innerunionalen Handel gestärkt wird.[1080]

Obwohl von der Konzeption der Beihilferegelungen und der Warenverkehrsfreiheit unterschiedliche Sachverhalte umfasst sind, indem zum einen der unverfälschte Wettbewerb und zum anderen der ungehinderte Warenverkehr gesichert werden sollen, erfolgt im Grunde genommen eine stark kongruente Zielsetzung, wodurch eine große Anzahl einzelstaatlicher Beihilfen faktisch auch unter Maßnahmen gleicher Wirkung im Sinne des Art. 34 EUV fällt.[1081] Mit absatzfördernden Maßnahmen geht insofern ein Marktzutrittseingriff einher, indem etwa faktische Markteintrittsschranken rechtlicher oder wirtschaftlicher Natur für Wettbewerber aus anderen Mitgliedstaaten geschaffen werden.[1082] Anhand des restriktiven Ansatzes in Bezug auf ihre Interpretation des Art. 34 AEUV zeigt sich auch, dass die Kommission in erster Linie die Funktionsfähigkeit des Binnenmarktes im Auge hat und hieran zugleich die Genehmigung staatlicher Beihilfen ausrichtet.[1083]

1078 Vgl. *Stark*, Einzelstaatlicher Protektionismus, S. 81, 88, 90, 94.

1079 *Kühling*, in: Marauhn/Heselhaus, S. 275.

1080 Vgl. nur st. Rspr. EuGH, Urteil vom 17. September 1980, Rs. 730/79 (Philip Morris), ECLI:EU:C:1980:209, Rn. 11; EuGH, Urteil vom EuGH, Urteil vom 22. Juni 2006, verb. Rs. C-182/03 u. C-217/03 (Belgien, Forum 187 ASBL/Kommission), ECLI:EU:C:2006:416, Rn. 131.

1081 *Stark*, Einzelstaatlicher Protektionismus, S. 94.

1082 Zur allg. Erklärung des Marktzutrittseingriffs vgl. *Andresen*, Die Pflichten der EU-Mitgliedstaaten, S. 35.

1083 Vgl. *Karpenstein/Werres*, Staatliche Unterstützung für regionale Produkte, S. 29.

In der Rechtsprechung des EuGH wird das Verhältnis zwischen Art. 107 ff. AEUV und Art. 34 ff. AEUV wiederum unklar behandelt, wobei im Falle eines zweifelhaften Beihilfecharakters der betreffenden staatlichen Maßnahme, Art. 34 ff. AEUV die vorrangige Anwendung eingeräumt wird.[1084]

Dass entsprechende einzelstaatliche Maßnahmen nicht vielleicht als Beihilfe im Sinne des Art. 107 AEUV angesehen werden können, rechtfertigt jedenfalls nicht, sie dem Verbot des Art. 34 zu entziehen.[1085] So wird völlig zurecht darauf hingewiesen, dass zum Erhalt der Statik des Gebäudes „Binnenmarkt" die Warenverkehrsfreiheit nicht durch die praktische Handhabung des Beihilfenregimes konterkariert werden dürfe und jedwede Form der Wettbewerbsverfälschung im Keim zu ersticken sei.[1086]

Daraus ergibt sich wiederum, dass gerade auch im Bereich der sogenannten parafiskalischen Abgaben Problematiken aus unionsrechtlicher Sicht aufzudecken und zu beheben sind. Werden zum Beispiel eingeführte und gleichartige inländische Erzeugnisse nach denselben Kriterien belastet, jedoch die erzielten Einnahmen einer inländischen Institution zugewiesen sowie verschiedene den Absatz und/oder die Erzeugung fördernde Maßnahmen zugunsten der inländischen Produkte finanziert, so können derartige Winkelzüge zu einer gezielten wirtschaftlichen Besserstellung ausschließlich der inländischen Waren führen und die ursprünglich bei der Abgabenerhebung noch vorhandene Gleichbehandlung zum Nachteil der eingeführten Erzeugnisse aufheben.[1087] Wird inländischen Erzeugnissen auf diese Weise die finanzielle Belastung teilweise kompensiert, so handelt es sich um eine diskriminierende innere Abgabe gemäß Art. 110 AEUV, wohingegen mit der vollständigen Aufhebung der ursprünglichen finanziellen Belastung hinsichtlich inländischer Produkte eine ausschließlich und speziell auf Einfuhren ruhende, mithin zollgleiche Abgabe gem. Art. 28, 30 AEUV übrigbleibt.[1088]

Da aber eine Abgabe nicht gleichzeitig dem Art. 30 und dem Art. 110 AEUV unterfallen kann, ist zur Differenzierung genau darauf zu achten, wofür das Aufkommen der inländischen Abgabe verwendet wird.[1089] Die in der Literatur

1084 Vgl. *Stark*, Einzelstaatlicher Protektionismus, S. 96 m.w.N.

1085 EuGH, Urteil vom 20. März 1990, Rs. C-21/88 (Du Pont), ECLI:EU:C:1990:121, Rn. 20 f.; hierzu auch von der Groeben/Schwarze/Hatje/*Müller-Graff*, Art. 34 AEUV Rn. 171, 176, 344.

1086 Vgl. *Cremer*, in: Ehlers/Fehling/Pünders, § 9 Rn. 12.

1087 Von der Groeben/Schwarze/Hatje/*Voet van Vormizeele*, Art. 30 AEUV Rn. 23.

1088 Ibid.

1089 *Jochum*, Europarecht, Rn. 841, 849.

vertretenen Ansichten zum Verhältnis der Art. 107 ff. AEUV zu den Art. 34 ff. AEUV sind darüber hinaus sehr weitreichend und nicht komplikationslos.

Ein prinzipiell vertretener Anwendungsvorrang der Grundsätze des freien Warenverkehrs über die Beihilferegelungen oder umgekehrt wäre sicherlich zu umfassend und hinsichtlich der Funktionsfähigkeit des Binnenmarkts auch ungeeignet. Da jedoch bei Unternehmen Überschneidungen denkbar sind, denen besondere oder ausschließliche Rechte von Staats wegen übertragen wurden, wird die Anwendbarkeit von Art. 34 ff. und der Wettbewerbsregeln nebeneinander ins Spiel gebracht[1090] sowie über einen funktionellen Ansatz bei der Interpretation der Grundfreiheiten für gerechtfertigt angesehen.[1091]

Die kumulative Anwendung der Art. 107 ff. und 34 ff. AEUV auf ein und dieselbe Maßnahme ist jedoch ebenfalls abzulehnen, weil für die Beurteilung der materiellen Rechtmäßigkeit im Fall der Maßnahmen gleicher Wirkung die Gerichte der Mitgliedstaaten zuständig sind, während sich die Beurteilung im Fall von Beihilfen durch die Kommission vollzieht und dabei im Gegensatz zur Rechtfertigung der Warenverkehrsfreiheit auch wirtschaftliche Gesichtspunkte berücksichtigt werden können.[1092] Als weitere Variante brächte die ergänzende Anwendung von Art. 107 ff. AEUV und Art. 34 ff. AEUV die Kommission entgegen ihrer vertraglich angelegten Kompetenzverteilung zur Überprüfung einer mitgliedstaatlichen Maßnahme nach *Cassis de Dijon* bzw. Art. 36 AEUV und den EuGH wiederum zur kommissionsalternativen Ermessensausübung im Rahmen von Art. 107 Abs. 3 AEUV.[1093] Damit wären erhebliche Kompetenzprobleme vorprogrammiert. Aus dargelegten Gründen empfiehlt sich zuvorderst eine differenzierte Herangehensweise, die die Entscheidung über die Anwendbarkeit der Art. 107 ff. AEUV oder der Art. 34 ff. AEUV von den Schwerpunkten der jeweiligen mitgliedstaatlichen Maßnahme abhängig macht.

3. *Zuordnung einer Maßnahme zum Staat*

Im Unterschied zu den bereits erwähnten Wettbewerbsvorschriften, die für Behinderungen des innerunionalen Handels durch Unternehmen oder Private gelten,

---

1090 EuGH, Urteil vom 27. Oktober 1993, verb. Rs. C-46/90 u. C-93/91 (Lagauche), ECLI:EU:C:1993:852; vgl. hierzu auch *Borchardt*, Grundlagen der EU, Rn. 896.

1091 Vgl. *Roth*, EWS 2013, 16 (23).

1092 Vgl. *Stark*, Einzelstaatlicher Protektionismus, S. 95.

1093 Vgl. ibid, S. 97 m.w.N.

betrifft das Verbot des Art. 34 AEUV staatliche Maßnahmen,[1094] die einem Träger öffentlicher Gewalt zuzuordnen sind.[1095] Von staatlichen Maßnahmen sind alle Handlungsformen umfasst, die von den Mitgliedstaaten im Sinne des Unionsrechts vorgenommen werden.[1096] Allerdings kann auch staatliches Unterlassen von Art. 34 AEUV erfasst und als positives Tun zu bewerten sein, wenn etwa der Mitgliedstaat nicht alle erforderlichen und angemessenen Maßnahmen trifft, die notwendig sind, um die Freiheit des Warenverkehrs vor Handlungen Privater zu schützen.[1097]

Hinsichtlich der praktischen Zuordnung von Maßnahmen zum Staat ist zunächst einmal an die Gesetzgebung der Mitgliedstaaten zu denken, die generell geeignet ist Beeinträchtigungen der Warenverkehrsfreiheit darzustellen und etwa Regelungen zu Ein- bzw. Ausfuhrbeschränkungen oder entsprechend erschwerende Maßnahmen beinhalten kann.[1098] Neben den typischen Instrumenten staatlichen Handelns wie dem Erlass von Gesetzen, Verordnungen, Satzungen und Verwaltungsvorschriften können sich staatliche Maßnahmen aber auch in Weisungen, ministerialen Aufforderungen sowie sonstigen Regierungs- und Verwaltungspraktiken offenbaren.[1099] Für die Annahme solcher staatlicher Maßnahmen ist es nicht erforderlich, dass sie zwingender bzw. verbindlicher Natur sind.[1100] Außerdem erfolgt die Zuordnung von Maßnahmen zum Staat nicht nur bei rechtlich relevanten Maßnahmen, sondern auch solche von rein tatsächlicher Relevanz.[1101] Diese Sichtweise des EuGH macht schon deshalb Sinn, weil mit der Umgehung des Verbots der Maßnahmen gleicher Wirkung wie mengenmäßige Beschränkungen durch ein Ausweichen der Mitgliedstaaten auf informelles Staatshandeln, Tür und Tor geöffnet würde, sich entgegen den

1094 Vgl. *Füller*, Warenverkehrsfreiheiten, S. 33; Geiger/Khan/*Kotzur*, Art. 34 AEUV Rn. 10.

1095 *Borchardt*, Grundlagen der EU, Rn. 896.

1096 Vgl. *Hailbronner/Jochum*, Europarecht II, Rn. 308, 312.

1097 Vgl. nur: EuGH, Urteil vom 9. Dezember 1997, Rs. C-265/95 (Agrarblockade), ECLI:EU:C:1997:595, Rn. 30, 32; vgl. auch EuGH, Urteil vom 12. Juni 2003, Rs. C-112/00 (Schmidberger), ECLI:EU:C:2003:333, Rn. 57; hierzu auch: *Heermann*, Warenverkehrsfreiheit, S. 10; *Seidel*, in: Marauhn/Heselhaus, S. 260 f.

1098 *Frenz*, Handbuch Europarecht 1, Rn. 725.

1099 Vgl. *Borchardt*, Grundlagen der EU, Rn. 897; vgl. *Frenz*, Handbuch Europarecht 1, Rn. 725; vgl. *Füller*, Warenverkehrsfreiheiten, S. 33; vgl. *Seidel*, in: Marauhn/Heselhaus, S. 260.

1100 EuGH, Urteil vom 24. November 1982, Rs. 249/81 (Buy Irish), ECLI:EU:C:1982:402, Rn. 28; kritisch hierzu *Füller*, Warenverkehrsfreiheiten, S. 33 f.

1101 EuGH, Urteil vom 24. November 1982, Rs. 249/81 (Buy Irish), ECLI:EU:C:1982:402, Rn. 26 f.; vgl. auch *Fastenrath/Groh*, Europarecht, Rn. 174.

Grundsätzen des Binnenmarkts zu verhalten.[1102] Der Marktentwicklung wird nämlich durch jedwede Marktintervention, etwa in Form des staatlich induzierten Ansporns zum Kauf ausschließlich inländischer Erzeugnisse, eine Modifikation zuteil, wenn nicht sogar eine faktische Marktstruktur vorgegeben.[1103]

Insofern ist von Seiten der EuGH-Rechtsprechung die Zuordnung von Maßnahmen zum Staat angenommen worden, wenn diese ausgingen von:[1104] kommunalen Einrichtungen[1105], Standesorganisationen mit öffentlichen Befugnissen[1106], Einrichtungen mit öffentlicher Aufgabenwahrnehmung unter ministerialer Aufsicht[1107] und privatrechtlich organisierten Einrichtungen mit hoheitsähnlichen Befugnissen[1108], die etwa aufgrund gesetzlicher Legitimation Pflichtbeiträge von ihren Mitgliedern erheben konnten.[1109] Die Zuordnung einer Maßnahme zum Staat ist gleichermaßen für den Fall anzunehmen, dass Private ihre gewerblichen Schutzrechte geltend machen und eine einfuhrbeschränkende Maßnahme wie die Beschlagnahme oder das Vermarktungsverbot von einem staatlichen Organ wie einem Gericht[1110] oder einer Behörde erlassen wird.[1111] Bei alledem sind auch Termini wie Handelsregelung, nationale oder innerstaatliche

---

1102 Vgl. *Becker*, EuR 2002, 418 (423).

1103 In Bezug auf faktische Marktstrukturinterventionen vgl. *Andresen*, Die Pflichten der EU-Mitgliedstaaten, S. 71.

1104 Vgl. im Ganzen auch: *Hailbronner/Jochum*, Europarecht II, Rn. 309 ff.; *Heermann*, Warenverkehrsfreiheit, S. 9 f.; *Roth*, EWS 2013, 16 (19).

1105 EuGH, Urteil vom 18. Juni 1985, Rs. 197/84 (Steinhauser), ECLI:EU:C:1985:260, R. 16.

1106 EuGH, Urteil vom 18. Mai 1989 – verb. Rs. 266 u. 267/87 (Royal Pharmaceutical Society), ECLI:EU:C:1989:205, Rn. 14 f.; EuGH, Urteil vom 15. Dezember 1993, Rs. C-292/92 (Hünermund u.a.), ECLI:EU:C:1993:932, Rn. 13 ff.

1107 EuGH, Urteil vom 13. März 2008, Rs. C-227/06 (Kommission/Belgien), ECLI:EU:C:2008:160, Rn. 37.

1108 EuGH, Urteil vom 11. August 1995, Rs. C-16/94 (Dubois), ECLI:EU:C:1995:268, Rn. 21; EuGH, Urteil vom 12. Juli 2012, Rs. C-171/11 (Fra.bo), ECLI:EU:C:2012:453, Rn. 31 f.

1109 EuGH, Urteil vom 5. November 2002, Rs. C-325/00 (CMA), ECLI:EU:C:2002:633, Rn. 18.

1110 Urteile können insoweit den staatlichen Maßnahmen zugerechnet werden, wenn eine bestimmte Normauslegung eines nationalstaatlichen Gerichts unmittelbar einfuhrbehindemde Wirkung entfaltet. Beispielhaft hierzu auch *Füller*, Warenverkehrsfreiheiten, S. 33.

1111 Vgl. z.B. nur EuGH, Urteil vom 22. Juni 1994, Rs. C-9/93 (IHT), ECLI:EU:C:1994:261, Rn. 33 f.; hierzu auch *Epiney* in: Ehlers, § 8 Rn. 19.

Regelung dem Begriff der Maßnahme gleichzusetzen und keine vergleichsweise einschränkende Bedeutung beizumessen.[1112]

In diesem Zusammenhang steht auch die Entscheidung in der Rechtssache *Ålands Vindkraft,* wo der EUGH aus der Organisation des Systems auf eine staatliche Maßnahme geschlossen hat. Der zugrunde liegende Ausgangspunkt dieser EuGH-Entscheidung war der Rechtsstreit zwischen dem finnischen Unternehmen „Ålands Vindkraft“ und der schwedischen Energiebehörde „Energimyndigheten“ über die Weigerung ebenjener Behörde, einen im Archipel der finnischen Åland-Inseln befindlichen Windenergiepark für die Zuteilung von schwedischen Stromzertifikaten zuzulassen.[1113] Da die schwedische Energiebehörde die Ablehnung des Zulassungsantrags von „Ålands Vindkraft“ mit dem Verweis auf die schwedische Stromzertifizierungsregelung begründete, wonach „nur in Schweden befindliche Anlagen zur Erzeugung von grünem Strom für die Zuteilung von Stromzertifikaten zugelassen werden könnten“,[1114] wandte sich „Ålands Vindkraft“ im Ausgangsverfahren an das zuständige schwedische Gericht mit der Intention der Nichtigerklärung dieses Bescheids und der Stattgebung des Zulassungsantrags.[1115] Die schwedische Stromzertifizierungsregelung stelle insoweit ein gegen Art. 34 AEUV verstoßendes Handelshemmnis dar, weil dadurch „etwa 18 % des schwedischen Stromverbrauchsmarkts zum Nachteil der Stromeinfuhren aus anderen Mitgliedstaaten den in Schweden ansässigen Erzeugern von grünem Strom vorbehalten blieben.“[1116]

Das nationale Gericht legte dem EuGH unter anderem die Frage vor, ob eine Normfestsetzung wie die vorliegende schwedische Stromzertifizierungsregelung „im Licht von Art. 34 AEUV als eine mengenmäßige Einfuhrbeschränkung oder eine Maßnahme gleicher Wirkung“ zu betrachten ist.[1117]

Generalanwalt *Bot* sprach sich diesbezüglich dafür aus, dass sich eine Beschränkung i.S.d. Art. 34 AEUV nicht nur aus einer Benachteiligung eingeführter Erzeugnisse gegenüber nationalen Erzeugnissen ergeben könne, sondern umgekehrt auch aus einem Vorteil, der der nationalen Erzeugung im Verhältnis

---

1112 Hierzu *Heermann*, Warenverkehrsfreiheit, S. 10, 18.

1113 EuGH, Urteil vom 1. Juli 2014, Rs. C-573/12 (Ålands Vindkraft), ECLI:EU:C:2014:2037, Rn. 2, 23.

1114 Ibid., Rn. Rn. 11 ff., 24, 26.

1115 Ibid., Rn. 25.

1116 Ibid.

1117 Ibid., Rn. 32 Nr. 2.

zu eingeführten Waren gewährt werde.[1118] Das schwedische System grüner Zertifikate bewirke, auch wenn es kein prinzipielles Stromeinfuhrverbot darstelle, zweifellos einen wirtschaftlichen Vorteil, der geeignet sei, Grünstromerzeuger mit Sitz in Schweden gegenüber Erzeugern mit Sitz in anderen Mitgliedstaaten zu begünstigen.[1119] Dieser mit Art. 34 AEUV unvereinbare wirtschaftliche Vorteil ergebe sich konkret dadurch, dass die Grünstromerzeuger mit Sitz in Schweden zusätzliche Einnahmen durch den Verkauf grüner Zertifikate erhalten, während nicht in Schweden ansässige Erzeuger nur für den Verkauf ihres Grünstroms vergütet werden und von der Förderregelung für grüne Zertifikate ausgeschlossen sind, nur weil sich deren Anlagen im Hoheitsgebiet eines anderen Mitgliedstaats befinden.[1120]

Der EuGH schloss sich in diesem Punkt der Argumentation von Generalanwalt *Bot* an und stellte fest, dass die im Ausgangsverfahren in Rede stehende Regelung in vielfacher Hinsicht geeignet sei, Stromeinfuhren aus anderen Mitgliedstaaten, insbesondere von grünem Strom, zumindest mittelbar und potenziell zu behindern und daher eine mit Art. 34 AEUV unvereinbare Maßnahme mit gleicher Wirkung wie mengenmäßige Einfuhrbeschränkungen darstelle.[1121] Der EuGH bejahte zwar ein Handelshemmnis, beschränkte sich jedoch auf potentielle Nachteile für den Marktzutritt ausländischer Erzeuger durch die nach schwedischem Recht geschaffene Möglichkeit, Strom zusammmen mit den Grünstromzertifikaten zu verkaufen.

Dabei sei das durch Handlungen privater Wirtschaftsteilnehmer hervorgerufene, zumindest potentielle Handelshemmnis dem schwedischen Staat zuzuordnen.[1122] Ohne den Anwendungsbereich der Warenverkehrsfreiheit beträchtlich auszuweiten, hat der EuGH in seiner Urteilsbegründung auf die tatsächliche Wirkung einer Regelung abgestellt und nicht das rechtliche Konstrukt in den Vordergrund gerückt.[1123]

Allerdings wäre hierzu durchaus eine anderweitige Entscheidungsfindung denkbar gewesen, sodass die Zuordnung der Regelung zum schwedischen

1118 Generalanwalt *Bot*, Schlussanträge vom 28. Januar 2014, Rs. C-573/12 (Ålands Vindkraft), ECLI:EU:C:2014:37, Rn. 75.

1119 Ibid., Rn. 76.

1120 Ibid., Rn. 76 f., 128 Nr. 2.

1121 EuGH, Urteil vom 1. Juli 2014, Rs. C-573/12 (Ålands Vindkraft), ECLI:EU:C:2014:2037, Rn. 67 ff., 75.

1122 EuGH, Urteil vom 1. Juli 2014, Rs. C-573/12 (Ålands Vindkraft), ECLI:EU:C:2014:2037, Rn. 65 ff., 72, 74; so auch *Glinski*, EuR 2014, 567 (571).

1123 *Glinski*, EuR 2014, 567 (571).

Staat keinen Eingriff in die Warenverkehrsfreiheit bedeute. Schließlich hat die schwedische Regelung zur Förderung der Erzeugung von Strom aus erneuerbaren Energien die Förderungsleistung von dessen tatsächlicher Vermarktung entkoppelt.[1124] Das heißt, dass für Stromversorger und bestimmte Stromverbraucher die verpflichtende Erwerbsquote an Grünstromzertifikaten, die ausschließlich schwedischen Erzeugern ausgestellt werden, losgelöst ist von einer etwaigen Bezugsverpflichtung von ebenjenen schwedischen Erzeugern.[1125] Aufgrund der vorgenannten Entkopplung ließe sich die Verneinung des Eingriffs in die Warenverkehrsfreiheit vertreten. Gleichwohl sprechen die besseren Argumente dafür, dass in Übereinstimmung mit der Ansicht von Generalanwalt *Bot*[1126] jedweder Vorteil zugunsten der nationalen Erzeugung, auch unabhängig von der eigentlichen Vermarktung, im Verhältnis zu eingeführten Erzeugnissen als warenverkehrsrelevant einzustufen ist.[1127] Im Endeffekt ergibt sich nämlich die Beschränkung des freien Warenverkehrs aus der dem schwedischen Staat zuzuordnenden Maßnahme, mit der eine Diskriminierung ausländischer Waren einhergeht.[1128] Die Diskriminierung, die in der betreffenden Beihilferegelung von Natur aus vorhanden ist, beruht auf dem formellen Kriterium der ausländischen Stromherkunft aus erneuerbaren Energiequellen, ohne dass der EuGH die staatliche Maßnahme ausdrücklich als diskriminierende Beschränkung qualifiziert.[1129]

4. *Auffassung der EU-Kommission im Zusammenhang staatlicher Werbeaktionen für regionale Erzeugnisse*

Als Hüterin der Verträge obliegt es primär der Kommission, unterstützende Werbeaktionen für regionale Erzeugnisse wie etwa die Schaffung staatlicher Produktsiegel auf die Vereinbarkeit mit unionsrechtlichen Grundsätzen zu überprüfen und dem etwaigen Verdacht nachzugehen, ob jene regionalen

1124 EuGH, Urteil vom 1. Juli 2014, Rs. C-573/12 (Ålands Vindkraft), ECLI:EU:C:2014:2037, Rn. 28.

1125 Vgl. hierzu auch *Glinski*, EuR 2014, 567 (570).

1126 Generalanwalt *Bot*, Schlussanträge vom 28. Januar 2014, Rs. C-573/12 (Ålands Vindkraft), ECLI:EU:C:2014:37, Rn. 75 ff.

1127 Vgl. hierzu auch *Glinski*, EuR 2014, 567 (571).

1128 In diese RIchtung *Szydło*, CML Rev. 2015, 489 (499).

1129 Vgl. *Szydło*, CML Rev. 2015, 489 (499 f.). *Szydło* äußert den Verdacht, dass der EuGH bewusst den direkt diskriminierenden Charakter der fraglichen nationalen Stützungsregelungen nicht offen legen wollte, um die Regelungen durch Rückgriff auf die Kategorie der übergeordneten bzw. zwingenden Erfordernisse zu rechtfertigen.

Fördermaßnahmen eine wettbewerbsverfälschende, protektionistische Intervention in das Marktgeschehen darstellen.[1130]

Zur Beurteilung von regionalbezogenen „Werbemaßnahmen" richtet sich die Kommission auch nach den „Gemeinschaftsleitlinien für staatliche Beihilfen zur Werbung für in Anhang I des EG-Vertrags genannte Erzeugnisse und bestimmte nicht in Anhang I genannte Erzeugnisse"[1131] und unterteilt die Förderstrategien in solche, die zweifelsohne als mit Art. 34 AEUV vereinbar bzw. unvereinbar erachtet werden und in eine Gruppe, bei der es einer näheren Einzelfallprüfung bedarf.[1132] Auch wenn es die Kommission in Bezug auf die Werbung für Qualitätskontrollprogramme von Erzeugnissen eines bestimmten Ursprungs als akzeptabel und sogar wünschenswert erachtet, „wenn die Etiketten und Logos Angaben über den Namen und den Ort der Qualitätskontrollstelle enthalten, die für die Zertifizierung und/oder Überwachung im Rahmen des Programms zuständig ist",[1133] steht sie der Betonung des nationalen, regionalen oder lokalen Ursprungs der Erzeugnisse negativ gegenüber.[1134] Vor dem Hintergrund der Gemeinschaftslinien stellt demnach die Kommission bezüglich des Verbots von mengenmäßigen Einfuhrbeschränkungen und Maßnahmen gleicher Wirkung im Sinne des Art. 34 AEUV fest: „Die Werbung für einheimische Erzeugnisse in einem Mitgliedstaat, die auf den einheimischen Verbrauch abzielt, wird als eine solche Maßnahme gleicher Wirkung angesehen, da sie zu einer Begünstigung des Verbrauchs einheimischer Erzeugnisse anstelle des Verbrauchs von Einfuhrerzeugnissen führen kann oder soll."[1135]

Allerdings soll auch hier kein Verstoß gegen Art. 34 AEUV anzunehmen sein, wenn schließlich die Gesamtbedeutung der Werbebotschaft um den heimischen Ursprung des Erzeugnisses in Form von Text und/oder Symbolen nur eine untergeordnete Rolle spielt.[1136]

1130 Vgl. *Karpenstein/Werres*, Staatliche Unterstützung für regionale Produkte, S. 12, 15 f.
1131 ABl. 2001 Nr. C 252, S. 5–14.
1132 Hierzu *Karpenstein/Werres*, Staatliche Unterstützung für regionale Produkte, S. 17 ff.
1133 Vgl. ABl.EG 2001 Nr. C 252, Rn. 46, 50.
1134 Im Umkehrschluss vgl. ABl.EG 2001 Nr. C 252, Rn. 46.
1135 ABl.EG 2001 Nr. C 252, Rn. 35.
1136 Vgl. ABl.EG 2001 Nr. C 252, Rn. 40 f.

5. *Rechtsprechung des EuGH und die Einordnung von protektionistisch wirksamer Werbung der Mitgliedstaaten*

a) *Entscheidung des EuGH in der Rechtssache* Buy Irish

Im Bereich der nichttarifären Handelshemmnisse bereitete speziell die *Buy Irish*-Entscheidung[1137] des EuGH einen erstmaligen und damit richtungsweisenden Weg für die Einordnung von staatlichen Werbemaßnahmen protektionistischen Hintergrunds.

Der Entscheidung lagen umfassende, von der irischen Regierung getragene Fördermaßnahmen zugunsten nationaler Erzeugnisse zugrunde. Die zentrale Werbekampagne mit dem Slogan „buy Irish" sowie die Förderung der Verwendung des Erzeugnisetiketts „guaranteed Irish" wurden vom sogenannten „Irish Goods Council" durchgeführt.[1138]

Dabei handelte es sich um eine Kapitalgesellschaft,[1139] die unter der Patenschaft der Regierung gegründet wurde und Unterstützung durch öffentliche Gelder erhielt.[1140] Außerdem wurden sowohl die Vorstandsmitglieder als auch die wesentlichen Kampagnenziele des „Irish Goods Council" von der irischen Regierung bestimmt.[1141]

Die Wirksamkeit der Fördermaßnahmen außer Acht lassend, fasste der EuGH die Aktivitäten des „Irish Goods Council" als Teil eines Regierungsprogramms auf, die den innergemeinschaftlichen Handel zumindest mittelbar und potentiell zu behindern vermochten.[1142] Demnach liegt also ein Verstoß gegen die Warenverkehrsfreiheit vor, wenn „mit Hilfe einer Werbekampagne im nationalen Rahmen und mit der Einführung besonderer, nur für inländische Waren geltender Verfahren zum Kauf von inländischen Erzeugnissen angespornt" und damit eine Einschränkung des Handels zwischen den Mitgliedstaaten intendiert wird.[1143]

b) *Entscheidung des EuGH in der Rechtssache* CMA

Eine etwas jüngere, Deutschland betreffende Entscheidung des EuGH zum protektionistischen Potential eines Qualitätszeichens griff zentrale Elemente der Rechtsprechung in der Sache *Buy Irish* auf und entwickelte diese gewissermaßen

1137 EuGH, Urteil vom 24. November 1982, Rs. 249/81 (Buy Irish), ECLI:EU:C:1982:402.
1138 Ibid., Rn. 14.
1139 Ibid., Rn. 10.
1140 Ibid., Rn. 11, 15.
1141 Ibid., Rn. 15.
1142 Ibid., Rn. 25 f.
1143 Ibid., Rn. 28 f.

weiter. Die ehemals für das Gemeinschaftsmarketing deutscher Agrarprodukte im In- und Ausland hauptverantwortliche CMA[1144] hat für agrarwirtschaftliche Erzeugnisse ein Qualitätszeichen[1145] vergeben,[1146] das bei zertifizierten Produkten „Markenqualität aus deutschen Landen" verbürgen sollte und ausschließlich Erzeugnissen aus Deutschland (die aus deutschen oder eingeführten Rohstoffen hergestellt wurden) vorbehalten war.[1147]

Der EuGH sah im CMA-Label ein Handelshemmnis im Sinne des Art. 34 AEUV, weil es den Verbraucher dazu veranlasse anstelle importierter Erzeugnisse solche mit dem CMA-Siegel zu kaufen.[1148] Weiterhin führte er aus, dass die Tätigkeit der CMA dem deutschen Staat zuzuordnen sei.[1149] Dass sich die Finanzierung der CMA zu 88,2% aus Erzeugerabgaben, zu 8,2% aus Zuschüssen der Europäischen Union und zu 3,2% aus eigenen Mitteln zusammensetzte,[1150] also ganz überwiegend aus privat aufgewendeten Erzeugerabgaben finanzierte, vermochte an der vom EuGH angenommenen staatlichen Zurechnung im Übrigen nichts zu ändern, weil eben jene Finanzierung teilweise auch durch staatlich bestimmte Pflichtbeiträge erfolgte und daher hoheitlich veranlasst war.[1151] Schließlich sei die CMA aufgrund eines Gesetzes errichtet, in dem sie als „zentrale Einrichtung der Wirtschaft" bezeichnet worden ist.[1152]

Im Unterschied zur *Buy Irish*-Entscheidung stellte der EuGH im Falle des CMA-Siegels jedoch nicht entscheidend auf das Kriterium einer direkten

---

1144 Die Centrale Marketing-Gesellschaft der deutschen Agrarwirtschaft mbH wurde gem. § 2 Abs. 2 des Gesetzes über die Errichtung eines zentralen Fonds zur Absatzförderung der deutschen Land- und Ernährungswirtschaft vom 26. 6. 1993 gegründet.

1145 Qualitätszeichen werden im Übrigen freiwillig an ein Produkt vergeben und entsprechen anders lautenden Begrifflichkeiten wie Siegel, Signet, Label, Logo. Vgl. hierzu auch Fußnote 9 bei *Karpenstein/Werres*, Staatliche Unterstützung für regionale Produkte, S. 7.

1146 Mit weiteren Hintergründen zur inzwischen liquidierten Centrale Marketinggesellschaft der Deutschen Agrarwirtschaft mbH siehe Gabler Wirtschaftslexikon, Bd. 2: C - E, Stichwort: „Centrale Marketinggesellschaft der Deutschen Agrarwirtschaft mbH (CMA)", S. 664.

1147 EuGH, Urteil vom 5. November 2002, Rs. C-325/00 (CMA), ECLI:EU:C:2002:633, Rn. 8.

1148 Ibid., Rn. 1, 23, 28.

1149 Ibid., Rn. 18, 20.

1150 *Becker/Benner*, Zur Problematik der Herkunftsangabe im regionalen Marketing, S. 20.

1151 *Rauer*, JA 2003, 382 (383).

1152 EuGH, Urteil vom 5. November 2002, Rs. C-325/00 (CMA), ECLI:EU:C:2002:633, Rn. 17.

institutionellen Einflussnahme des Staates ab, sondern rückte vielmehr den im Gesellschaftsvertrag der CMA festgelegten Gesellschaftszweck sowie die rein faktische Kontrollmöglichkeit durch den Staat in den Vordergrund.[1153] Ausschlaggebend ist dabei auch die vom EuGH betonte Grenze zwischen zulässigen und unzulässigen Produktwerbeinformationen/-empfehlungen.

Die *CMA*-Entscheidung des EuGH hat möglicherweise eine dahingehende Auslegung zu finden, dass „jegliche staatliche Qualitätspolitik" unter den Verbotstatbestand des Art. 34 AEUV fällt,[1154] oder zumindest der Werbehinweis auf die mitgliedstaatliche Herkunft verboten ist.[1155] Da sich die Schutzwürdigkeit einer Herkunftsangabe eben nicht allein aufgrund des Ursprungslands ergibt, sondern sich vielmehr in einer regionalen Besonderheit wie etwa der Lage, Herstellungstechnik oder Tradition des Erzeugers begründet,[1156] ist es für die unionsrechtliche Konformität einer staatlichen Herkunftsangabe mitentscheidend, ob die Kennzeichnung vom Mitgliedstaat selbst erst geschaffen wird oder lediglich die Leistung der regionalen Erzeuger widerspiegelt, die vom Mitgliedstaat durch ein spezielles Schutzsystem (etwa der deutschen Solingenverordnung vom 16.12.1994) anerkannt ist.

In jedem Fall ist die Grenze zulässiger Produktwerbeinformationen/-empfehlungen dort überschritten, wo vom Erwerb ausländischer Produkte abgeraten wird, diese in den Augen der Verbraucher herabgesetzt werden oder der Kauf inländischer Produkte nur wegen der nationalen Herkunft empfohlen wird.[1157] Fraglich ist, ob der mit dem Grenzübertritt verbundene Eingriff in die Warenverkehrsfreiheit auch bereits mit einer über die bloße Information hinausgehenden Annoncierung – regionale Erzeugnisse zu kaufen – erreicht ist. Beschränken sich beispielsweise Empfehlungen zum Kauf regionaler Erzeugnisse auf positive ökologische Gesichtspunkte wegen kürzerer Transportwege, so gründet eine solche Empfehlung gerade nicht in der unzulässigen Anpreisung des nationalen Erzeugnisursprungs.[1158] Während den Mitgliedstaaten also nationalitätsbezogene „Sammelauszeichnungen" für eine Produktvielzahl verwehrt sind, bleibt wiederum das Herausstellen spezifischer Merkmale nur einzelner regionaler Produkte

1153 *Rauer*, JA 2003, 382 (384).

1154 Hierzu *Leible*, EuZW 2003, 25 (26).

1155 Zu dieser Auffassung gelangen: *Korte/Oschmann*, NJW 2003, 1766 (1767); *Rauer*, JA 2003, 382 (385).

1156 *Rauer*, JA 2003, 382 (385).

1157 So z.B. bei EuGH, Urteil vom 13. Dezember 1983, Rs. 222/83 (Apple and Pear), ECLI:EU:C:1983:370, Rn. 18.

1158 Vgl. *Becker*, EuR 2002, 418 (431).

unbenommen.[1159] Schließlich werden erst durch das Hinzutreten von weiteren Argumenten mit Betonung nationaler Interessen – etwa durch den Verweis auf die Stärkung der heimischen, regionalen Wirtschaft – die protektionistischen Beweggründe offenbar, die sich gegen den Gedanken des Binnenmarktes richten und somit im Hinblick auf die Warenverkehrsfreiheit unzulässig sind.[1160] Auch die vorrangige Berücksichtigung von erlassenem Sekundärrecht aufgrund der Art. 39 bis 44 AEUV – insbesondere Verordnung (EU) Nr. 1308/2013 über eine gemeinsame Marktorganisation für landwirtschaftliche Erzeugnisse – ändert nichts am Verstoß gegen Art. 34 AEUV, weil keinerlei anzuwendende Vorschriften bezüglich staatlicher Empfehlungen bestehen, sich stattdessen vornehmlich mit Beihilferegelungen sowie dem Handel mit Drittländern befasst wird und insofern nur die Anwendbarkeit des unionalen Primärrechts verbleibt.[1161]

Demgegenüber dürfen aber staatlich finanzierte Marketingorganisationen rechtlich unschädliche Aufgaben wie die Bestimmung von Absatzgebieten gegen Beratungsgebühren, Marktforschung und Marktumfragen zur Unterstützung von Werbeaktionen oder die Veranstaltung und Teilnahme von Messen wahrnehmen,[1162] weil hierin kein Eingriff in die Warenverkehrsfreiheit liegt.

6. *Kombinierte Herkunftsangaben vor dem Hintergrund der Warenverkehrsfreiheit*

Kombinierte Herkunftsangaben, die folglich eine Produktwerbeaussage über eine wie auch immer geartete „geprüfte Qualität" treffen und dabei auch eine bestimmte Region bzw. ein Bundesland hervorheben, wie im Fall der Siegel „Geprüfte Qualität – Hessen" oder „Geprüfte Qualität – Bayern", stehen unter keinem besonderen unionsrechtlichen Schutz. Damit unterscheiden sich entsprechend kombinierte Herkunftsangaben vom Schutzregime nach der Verordnung (EU) Nr. 1151/2012, bei dem Produzenten oder Distributoren kein zusätzlicher Vorteil gewährt wird, sondern nur das wohlerworbene Qualitätsmerkmal in Form einer herkunftsspezifischen Erzeugnisbezeichnung vor Missbrauch geschützt wird.[1163]

1159 *Obergfell/Hertel*, EuLF 2003, 121 (124).

1160 Vgl. *Becker*, EuR 2002, 418 (431 f.).

1161 Vgl. ibid., 418 (420 f.).

1162 Vgl. hierzu *Becker/Benner*, Zur Problematik der Herkunftsangabe im regionalen Marketing, S. 38.

1163 *Marauhn*, in: Marauhn/Heselhaus, S. 290 f.

Einer aufgrund von nationalen Vorschriften gebildeten Vereinigung ist es im Rahmen ihrer Werbetätigkeit jedoch auch nicht durch Art. 34 AEUV verwehrt, besondere Erzeugnisqualitäten herauszustellen. Dies hat der EuGH in der Rechtssache *Apple and Pear* bereits im Jahre 1983 entschieden und einer nationalen Körperschaft zur Förderung der Obsterzeugung zugebilligt, dass es dieser im Hinblick auf die Warenverkehrsfreiheit weder verwehrt sei besondere Qualitäten des in dem betreffenden Mitgliedstaat erzeugten Obstes zu bewerben, noch Verkaufsförderungskampagnen unter dem Hinweis auf besondere Erzeugniseigenschaften bestimmter, etwa nationaltypischer Sorten zu organisieren.[1164] Für die Bestimmung des Eingriffs in die Warenverkehrsfreiheit ist die gewählte, körperschaftliche Handlungsform durch den Staat demnach nebensächlich.

Das gesonderte Herausstellen der Regionalität von Erzeugnissen liegt jedoch gewissermaßen in einem Spannungsfeld mit der Verwirklichung des Binnenmarktes, weil der Verbraucher einerseits eine produktherkunftsunabhängige Kaufentscheidung treffen soll und andererseits ein staatliches Interesse am Schutz der bestimmten, geografischen Herkunft und deren Funktion als Alleinstellungsmerkmal für die jeweiligen Erzeuger besteht.[1165] Als Maßnahme gleicher Wirkung im Sinne des Art. 34 AEUV und folglich als mit dem Binnenmarktgedanken unvereinbar fällt somit eine Qualitätsvermutung ins Gewicht, die nur davon abhängt, dass die Herstellung ganz oder teilweise in einer inländischen Region erfolgt und dabei ausländischen Erzeugern unzugänglich ist.[1166] Nicht im Konflikt mit Art. 34 AEUV steht demgegenüber, wenn der „Qualitätsaspekt bei Gütezeichenprogrammen gegenüber dem Hinweis auf den regionalen Ursprung zu überwiegen hat" und damit den Bestimmungen der Gemeinschaftsleitlinien für staatliche Beihilfen zur Werbung für in Anhang I des EG-Vertrages und bestimmte nicht in Anhang I genannte Erzeugnisse entsprochen wird.[1167]

Bei alledem resultiert die Gefahr der Behinderung des freien Warenverkehrs aus der Annahme, dass mit den in der Regel besonders zur Schau gestellten regionalen Produkten ein Wettbewerbsvorteil gegenüber Erzeugnissen aus anderen Regionen der Mitgliedstaaten geschaffen wird,[1168] der unabhängig von der Frage

---

1164 EuGH, Urteil vom 13. Dezember 1983, Rs. 222/83 (Apple and Pear), ECLI:EU:C:1983:370, Rn. 2, 33.

1165 Vgl. *Kopp*, Geografische Qualitätszeichen, S. 20.

1166 Vgl. *Becker/Benner*, Zur Problematik der Herkunftsangabe im regionalen Marketing, S. 25; vgl. *Kopp*, Geografische Qualitätszeichen, S. 288.

1167 *Kopp*, Geografische Qualitätszeichen, S. 96 f. unter Verweis auf Mitteilung der Kommission vom 12.09.2001, ABl 2001/C 252/03.

1168 *Schieferer*, in: Marauhn/Heselhaus, S. 170 f.

ob jene vermeintlich besonderen Erzeugnisse überhaupt höhere Anforderungen als die national oder unional bereits vorausgesetzten erfüllen, nicht für alle Erzeuger des fraglichen Produktes in der Europäischen Union zugänglich ist.[1169]

Gerade in diesem Zusammenhang ist auch die *Eggers*-Entscheidung des EuGH zu beachten, wenn das Recht auf eine Qualitätsbezeichnung in unzulässiger Weise von der Lokalisierung etwaiger Fertigungsstufen abhängig gemacht wird. Hierbei entschied der EuGH im Fall eines deutschen Branntweinherstellers, der aufgrund einer deutschen Regelung daran gehindert war aus anderen Mitgliedstaaten eingeführte Destillate unmittelbar, also ohne erneute Destillation auf deutschem Gebiet, für die Herstellung von Qualitätsbranntwein zu verwenden.[1170] Der EuGH stellte insoweit fest, dass das Recht auf die Verwendung einer – sei es auch nur fakultativen – Qualitätsbezeichnung für ein inländisches Erzeugnis nicht etwa von im Inland stattfindender Herstellungsphasen abhängen darf, sondern ausschließlich von den objektiven inneren Produktmerkmalen gegenüber gleichen Erzeugnissen geringerer Qualität.[1171]

Zwar stehen Werbemaßnahmen wie dem hessischen oder bayerischen Qualitätszeichen, die das Tragen der produktspezifischen geografischen Qualitätsaussage von stattfindenden Qualitätskontrollen und objektiven Herstellungsbedingungen abhängig machen, weder die *Eggers*-Entscheidung des EuGH, noch die vorgenannten EuGH-Entscheidungen in Sachen *Apple and Pear* und *Buy Irish* entgegen, weil eben nicht von einer marktabschottenden, kampagnenartigen Zielsetzung auszugehen ist, nicht vom Produktkauf aus anderen Mitgliedstaaten abgeraten wird, diese Produkte in den Augen der Verbraucher nicht herabsetzt werden oder etwa zum Kauf einheimischer Erzeugnisse allein wegen ihres inländischen Ursprungs geraten wird.[1172] Doch ist gerade bei diesen, als Qualitätsprogramme daherkommenden kombinierten Herkunftsangaben nicht zu verkennen, dass es in der Sache jedenfalls auch um die Förderung einheimischer, regionaler Produkte geht und der praktische Zugang zu derartigen Siegeln für einen ausländischen Erzeuger oftmals zweifelhaft ist.[1173] Mit Vergabekriterien wie einem lückenlosen regionalen Herkunftsnachweis beschränkt sich jedenfalls die Siegelverleihung weiterhin nur auf regionale Inlandserzeugnisse.

1169 Vgl. *Becker/Benner*, Zur Problematik der Herkunftsangabe im regionalen Marketing, S. 36.

1170 EuGH, Urteil vom 12. Oktober 1978, Rs. 13/78 (Eggers), ECLI:EU:C:1978:182, Rn. 2, 12.

1171 Ibid., Rn. 24, 32.

1172 Vgl. *Schieferer*, in: Marauhn/Heselhaus, S. 171 ff.

1173 Vgl. *Kühling*, in: Marauhn/Heselhaus, S. 278.

Diesbezüglich ist etwa im Zusammenhang bestehender Herkunftszeichen der Bundesländer von keiner Vereinbarkeit mit Art. 34 AEUV auszugehen.[1174] Da die Warenverkehrsfreiheit den Mittelpunkt der unionsrechtlichen Schranken für staatliche Produktinformationen und Empfehlungen im Sinne von produktbezogenen Tatsachenmitteilungen sowie konkreten Verhaltensvorschlägen darstellt,[1175] hat zudem auch jenen Herkunftszeichen mit mitgliedstaatlichem Grenzbezug besondere Aufmerksamkeit zuteilzuwerden. Zu denken ist hierbei nur an Diskriminierungsfälle von Erzeugnissen aus dem EU-Ausland, indem auf sie ein unzulässiger Druck durch faktisch unerfüllbare Werbevoraussetzungen ausgeübt wird.[1176]

Losgelöst eines europäischen Einigungsprozesses, der die grenzüberschreitende Zusammenarbeit auf sozialem, ökonomischem, infrastrukturellem, technologischem und kulturellem Gebiet konstruktiv vorantreibt, können die Voraussetzungen von kombinierten Herkunftszeichen gerade in grenzüberschreitenden Regionen[1177] Deutschlands rechtliches und finanzielles Konfliktpotential birgen.[1178] In diesem Zusammenhang steht auch das Beispiel des seit Anfang 2013 verliehenen, spezifizierten bayerischen Produktzeichens „Geprüfte Qualität – Ammergauer Alpen", bei dem sowohl die Rohwaren als auch die Verarbeitung ausschließlich den Gemeinden Ettal, Oberammergau, Unterammergau, Saulgrub, Bad Kohlgrub und Bad Bayersoien entspringen darf.[1179] Das Label entspricht in seiner Ausgestaltung der kombinierten Herkunftsangabe „Geprüfte Qualität – Bayern" und enthält überdies noch den schriftlichen Hinweis auf die Gebirgsgruppe Ammergauer Alpen. Beachtlich hierbei ist, dass jene Gebirgsgruppe auch einen ganz wesentlichen Teil vom Tiroler Bezirk Reutte und damit vom EU-Mitgliedstaat Österreich ausmacht, das bayerische Label diese Tatsache jedoch offenbar ausblendet. Ebenfalls aus der landschaftlichen Region Ammergauer Alpen stammende Erzeugnisse österreichischer Herkunft bleiben aufgrund des Siegels unter bayerischer Flagge, unabhängig der Zugangsmöglichkeit

1174 Vgl. hierzu *Ohler*, ZLR 2002, 713 (718).

1175 Vgl. *Becker*, EuR 2002, 418 (419) m.w.N.

1176 Vgl. *Heselhaus*, in: Marauhn/Heselhaus, S. 155 f.

1177 „Eine grenzüberschreitende Region ist ein Territorium, das aus mindestens zwei Grenzregionen besteht, die zu verschiedenen Staaten gehören." – Definition nach *Lehners*, in: Brunn, S. 300.

1178 Vgl. ibid., S. 301 m.w.N.

1179 Hierzu Freistaat Bayern (Träger des Zeichens „Geprüfte Qualität – Bayern"). URL: http://www.gq-bayern.de/ueber-gq-bayern/regionalsiegel/gepruefte-qualitaet-ammergauer-alpen/ (Abruf 08.04.2019).

zum Produktlabelingprogramm,[1180] faktisch außen vor. Sie würden anderenfalls schlichtweg „bayerisiert“ werden. Diese Praxis des nachbarschaftlichen Umgangs legt daher zumindest einen Verstoß gegen Art. 34 AEUV nahe. Ähnlich gelagerte Fälle aufgrund der beständigen Schwierigkeit einer kulturell-historischen sowie territorialen Rahmenfindung sind beispielsweise auch in der europäischen „Großregion Saar-Lor-Lux“ denkbar, zu der verschiedene Gebiete Deutschlands, Frankreichs, Luxemburgs und Belgiens gezählt werden.[1181]

Die beschriebene Thematik um den protektionistischen Einsatz von kombinierten Qualitäts- und Herkunftszeichen ließe sich allerdings leicht regeln: Stehen nämlich kombinierte Qualitäts- und Herkunftszeichen Produkten aus anderen Mitgliedstaaten grundsätzlich offen, vermag der potenzielle Einfluss auf die Verbraucherpräferenz und die möglicherweise ausgelöste Veranlassung mancher Verbraucher an Stelle importierter Erzeugnisse solche mit nationalen bzw. regionalem Gütezeichen zu kaufen, die Warenverkehrsfreiheit nicht zu konterkarieren.[1182] Denn so festigt sich gewissermaßen eine länderübergreifende Parität im Hinblick auf die Erlangung des entsprechenden Siegels. Dadurch, dass also die Herkunfts- und Qualitätszeichen der Bundesländer im Hinblick auf die unionsrechtlich verbriefte Warenverkehrsfreiheit auch Unternehmen aus anderen Regionen bzw. EU-Ländern zugänglich sein müssen, kann allerdings der Regionalbezug in entsprechend nicht grenzüberschreitenden Regionen schlichtweg verloren gehen.[1183] Am effektivsten ließe sich diese Problematik über die positive Produktempfehlung durch ein geografisch ungebundenes Qualitätszeichen umgehen.[1184] Die stringente, unionsweite Umsetzung eines geografisch gänzlich ungebundenen Qualitätszeichens hätte jedoch für kleine und mittelständische regionale Anbieter die zu bedenkende, wettbewerbsrelevante Konsequenz, die Herkunft ihrer Produkte nicht länger besonders hervorheben zu können und damit womöglich von größeren Konkurrenten vom Markt gefegt zu werden.

Der Erhalt und die Fortentwicklung bestehender Strukturen im Bereich von regionalen Erzeugnissen wird sich daher genauso wie die rechtliche Behandlung

---

1180 Zur Zugangsmöglichkeit zum bayerischen Qualitätszeichen nicht nur von bayerischen Unternehmen, sondern auch von anderen Unternehmen aus der EU vgl. *Meyer*, Potentiale für eine bessere Verbraucherinformation, S. 87.

1181 Vgl. *Lehners*, in: Brunn, S. 302, 310.

1182 In diese Richtung *Schieferer*, in: Marauhn/Heselhaus, S. 175 ff.

1183 In diese Richtung auch *Meyer*, Potentiale für eine bessere Verbraucherinformation, S. 89 f.

1184 Vgl. *Kopp*, Geografische Qualitätszeichen, S. 201, 288.

von geografischen Gütezeichen staatlichen als auch nichtstaatlichen Hintergrunds im grenzüberschreitenden Warenverkehr fortwährend im Spannungsfeld von Wettbewerb und Regulierung durch Unionsorgane befinden. Entweder es bleibt den freien Marktkräften überlassen eine wettbewerbsinduzierte Selbstregulierung zu erreichen oder die Kommission bzw. der EuGH stellen gewissermaßen Leitlinien für den unionsrechtskonformen Umgang mit jenen regionalen Produkten und den zugehörigen Gütezeichen zum Schutz der Verbraucher auf.

II. Rechtfertigung mitgliedstaatlicher Erzeugniszertifizierung

Nicht zuletzt bei der regionalen Erzeugniszertifizierung in Erscheinung eines nichttarifären Handelshemmnisses, durch die die Verbraucherschaft beeinflusst wird bestimmte Erzeugnisse nur wegen deren nationalen Ursprungs zu kaufen oder zu meiden,[1185] stellt sich die Frage nach deren Rechtfertigungsmöglichkeit vor dem Hintergrund der Warenverkehrsfreiheit. Gleichwohl kein festes Rechtfertigungsstrickmuster existiert, bestehen zumindest zentrale Voraussetzungen hinsichtlich der Unionsrechtskonformität von handelsbeschränkenden Maßnahmen mitgliedstaatlichen Hintergrunds: Handelsbeschränkende Maßnahmen müssen „in nichtdiskriminierender Weise angewandt werden, sie müssen aus zwingenden Gründen des Allgemeininteresses gerechtfertigt sein, sie müssen geeignet sein, die Verwirklichung des mit ihnen verfolgten Zieles zu gewährleisten, und sie dürfen nicht über das hinausgehen, was zur Erreichung dieses Zieles erforderlich ist".[1186]

Grundvoraussetzung für die Rechtfertigung jeglicher Beschränkungen der Warenverkehrsfreiheit ist, dass zunächst einmal eine bestehende, substantiiert dargelegte Gefahr für das Rechtsgut vorliegt und dabei kein vollharmonisierendes Sekundärrecht einschlägig ist, weil anderenfalls schlichtweg das Schutzbedürfnis für das betreffende Rechtsgut und die Harmonisierungszielsetzung auf der unionalen Ebene unterlaufen würde.[1187]

1185 Hierzu *Becker/Benner*, Zur Problematik der Herkunftsangabe im regionalen Marketing, S. 26.

1186 So z.B.: EuGH, Urteil vom 30. November 1995, Rs. C-55/94 (Gebhard), ECLI:EU:C:1995:411, Rn. 37; vgl. auch EuGH, Urteil vom 31. März 1993, Rs. C-19/92 (Kraus), ECLI:EU:C:1993:125, Rn. 32.

1187 *Epiney*, in: Ehlers, § 8 Rn. 62, 95;

Zudem dürfen die angeführten „Rechtfertigungsgründe einen nicht wirtschaftlichen Charakter aufweisen."[1188] Mit dieser Anforderung ist eine teleologische Präzisierung beabsichtigt.[1189] Bestünde die Grundvoraussetzung nicht, würde sozusagen der Sinn und Zweck der Warenverkehrsfreiheit geradezu konterkariert werden und nationale, wirtschaftspolitische Eigeninteressen wären wohl als missbräuchliche Rechtfertigung für protektionistische Maßnahmen zu dienen bestimmt.[1190] Folglich ist auch jedwede Rechtfertigung hoheitlich initiierter, regionaler Erzeugniszertifizierung oder staatlicher Produktinformationen und -empfehlungen ausgeschlossen, die in erster Linie die Förderung der heimischen Wirtschaft intendiert.[1191] Die teleologische Präzisierung der Rechtfertigungsmöglichkeit korrespondiert hier im Übrigen auch mit wirtschaftlich pragmatischen Erwägungen. So empfiehlt sich das Vertrauen auf eine durch Protektionismus abgesicherte Monopolsituation schon wegen einer insgesamt gedeihenden Kompensation von Absatzeinbußen in Folge der Marktöffnung nicht, weil nämlich „auf den Märkten der Integrationspartner mittlerweile ein Mehrfaches dessen an Absatz realisiert wird, was auf dem Inlandsmarkt an ausländische Anbieter verloren geht."[1192] Darüber hinaus bleibt zu vermuten, dass der wirtschaftlich Begünstigte längerfristig eher ökonomische Nachteile erfährt, wenn statt kleinschrittiger Anpassungen an den Markt sich eher ein Integrationsstau abzeichnet, der im Endeffekt womöglich nur unter Hinnahme einer Krise zu lösen ist oder Wettbewerbern die Eintrittschance in den ihnen zuvor versperrten Markt verschafft.[1193] Obgleich diesen Gesichtspunkten entsprechende Beachtung zuzuschreiben ist, wird wohl auch weiterhin die Rechtfertigung von verschiedenartigen Behinderungen der Warenverkehrsfreiheit – etwa durch regionale Produktzertifizierung – bemüht werden.

1188 St. Rspr. EuGH, Urteil vom 10. Juli 1984, Rs. 72/83 (Campus Oil), ECLI:EU:C:1984:256, Rn. 34 ff.; EuGH, Urteil vom 28. März 1995, Rs. C-324/93 (Evans Medical), ECLI:EU:C:1995:84, Rn. 36 f.; hierzu auch *Epiney*, in: Ehlers, § 8 Rn. 73, 75.

1189 Vgl. *Blanke/Böttner*, in: Niedobitek, § 2 Rn. 333; Geiger/Khan/*Kotzur*, Art. 36 AEUV Rn. 5.

1190 Vgl. *Epiney*, in: Ehlers, § 8 Rn. 73 f.

1191 *Becker*, EuR 2002, 418 (437).

1192 *Berg/Schmitt*, in: Berg/Teichmann, S. 12, 24.

1193 In Bezug auf Formen staatlich legitimierter Wettbewerbsbeschränkungen vgl. *Berg/Schmitt*, in: Berg/Teichmann, S. 4, 25.

1. *Unterschied zwischen Diskriminierungs- und Beschränkungsverbot im Rahmen der Rechtfertigung von marktfreiheitlichen Behinderungen*

Wann allerdings im Rahmen der Rechtfertigung überhaupt von einer Behinderung des grenzüberschreitenden Wirtschaftens auszugehen ist, gestaltet sich oft als wenig eingängig und hängt zudem von der Reichweite sowie der Schutzrichtung der Warenverkehrsfreiheit ab. Marktfreiheitliche Behinderungen, die spezifisch mit dem Grenzübertritt verbunden sind, können sich demgemäß sowohl aus Diskriminierungen als auch aus bloßen Beschränkungen ergeben.[1194] Dabei werden jedoch unterschiedliche Schutzrichtungen verfolgt. Beim Beschränkungsverbot ist die objektive Wirkung einer Maßnahme maßgeblich,[1195] wohingegen das Diskriminierungsverbot nur subjektsbezogen wirkt und damit letztlich auch weniger weitreichend ist.[1196]

Da Handelsbarrieren im internationalen Wirtschaftsverkehr aber zuvorderst durch den Abbau von diskriminierenden Regelungen beseitigt werden, bedarf es der Beurteilung, welche Rolle dem Diskriminierungsverbot insbesondere als Leitlinie für eine mögliche Rechtfertigung einer Maßnahme gleicher Wirkung zukommt.[1197]

Nicht nur die Verwendung des Begriffs der Diskriminierung durch den Gerichtshof gilt als uneinheitlich und mehrdeutig, sondern auch in der Literatur wird er zum Teil als bloßes Synonym für eine („rechtlich missbilligte und damit nicht zu rechtfertigende") Ungleichbehandlung verwandt.[1198] Im Groben zusammengefasst, setzt Diskriminierung im Sinne von Trennung bzw. Unterscheidung aber „immer das Vorhandensein von zwei Vergleichsgruppen voraus, die im Vergleich zueinander unterschiedlich behandelt werden" und in Bezug auf die Warenverkehrsfreiheit an unterschiedliche Importwege, die Verarbeitung oder an den häufigen Fall der Warenherkunft anknüpfen.[1199]

1194 Vgl. *Frenz*, Handbuch Europarecht 1, Rn. 29.

1195 Nach der *Dassonville*-Formel wird sich ausschließlich an objektiven Kriterien orientiert und dabei jede Handelsregelung der Mitgliedstaaten erfasst, „die geeignet ist, den innergemeinschaftlichen Handel unmittelbar oder mittelbar, tatsächlich oder potentiell zu behindern" – EuGH, Urteil vom 11. Juli 1974, Rs. 8–74 (Dassonville), ECLI:EU:C:1974:82, Rn. 5.

1196 Vgl. *Hailbronner/Jochum*, Europarecht II, Rn. 204 f.; vgl. *Jochum*, Europarecht, Rn. 804.

1197 Vgl. *Richters*, Diskriminierung im Bereich der Warenverkehrsfreiheit, S. 27, 32.

1198 *Rauer*, Zwischen Binnenmarkt und Wahrung nationaler Identiät, S. 6 f.

1199 *Richters*, Diskriminierung im Bereich der Warenverkehrsfreiheit, S. 32.

Aufgrund der „weichen" Kriterien gestaltet sich die Abgrenzung zur Beschränkung als schwierig. Im literarischen Diskurs werden die Begrifflichkeiten uneinheitlich verwendet,[1200] sodass es als umstritten gilt, ob Art. 34 AEUV über das Diskriminierungsverbot hinaus ein allgemeines Beschränkungsverbot im Sinne eines Freiheitsrechts als kleinsten gemeinsam anzuerkennenden Nenner enthält.[1201]

Gerade weil der EuGH mit der *Keck*-Rechtsprechung das allgemeine Beschränkungsverbot auf Zugangsbeschränkungen ausgerichtet hat,[1202] verwässert zudem die Abgrenzung zu mittelbaren Diskriminierungen.

Jene mittelbaren bzw. versteckten Diskriminierungen knüpfen nicht etwa an die Staatsangehörigkeit oder die Warenherkunft an, sondern erschweren die Verwirklichung von Grundfreiheiten indirekt, indem sie sich auf Umstände beziehen, die nicht unmittelbar mit der Ausübung der betroffenen Grundfreiheit in Verbindung stehen und demnach nur deren Umfeld berühren.[1203] Im Gegensatz dazu steht die im Grundsatz geltende Regel, dass sich etwa formelle, unmittelbar an die Staatsangehörigkeit anknüpfende Diskriminierungen regelmäßig als unzulässig erweisen und an entsprechende Rechtferigungsanforderungen gewiss höhere Maßstäbe anzusetzen sind, als im Bereich der mittelbaren Diskriminierungen.[1204] Dem hat sich der EuGH angeschlossen. So werden auch versteckte Diskriminierungen durch zwingende Erfordernisse des Allgemeinwohls gerechtfertigt und die *Cassis*-Formel, die ursprünglich für Beschränkungen verwendet wurde, auch auf mittelbare Diskriminierungen angewandt.[1205] Mit dieser Rechtfertigungsdogmatik wird sich der umständlichen Abgrenzungsproblematik zwischen versteckten, mittelbaren Diskriminierungen einerseits und bloßen Beschränkungen andererseits entledigt und zugleich der

---

1200 Hierzu *Richters*, Diskriminierung im Bereich der Warenverkehrsfreiheit, S. 37, 40.

1201 *Frenz*, Handbuch Europarecht 1, Rn. 746.

1202 EuGH, Urteil vom 24. November 1993, verb. Rs. C-267/91 u. C-268/91 (Keck und Mithouard), ECLI:EU:C:1993:905, Rn. 17.

1203 *Frenz*, Handbuch Europarecht 1, Rn. 504 ff.; zur Abgrenzung von formeller (unmittelbarer) und materieller (mittelbarer) Diskriminierung vgl. Auch: *Rauer*, Zwischen Binnenmarkt und Wahrung nationaler Identität, S. 7 f.; *Richters*, Diskriminierung im Bereich der Warenverkehrsfreiheit, S. 34 f.

1204 Vgl. *Hailbronner/Jochum*, Europarecht II, Rn. 196 f., 199.

1205 In Bezug auf die unterschiedliche Behandlung anhand des Wohnsitzes vgl. nur EuGH, Urteil vom 16. Januar 2003, Rs. C-388/01 (Kommission/Italien), ECLI:EU:C:2003:30, Rn. 21; zur immer stärkeren Erstreckung ungeschriebener Rechtfertigungsgründe auf versteckte bzw. Mittelbare Diskriminierungen vgl. *Frenz*, Handbuch Europarecht 1, Rn. 547; ausführlich zur Entwicklung auch *Heselhaus*, EuZW 2002, 645 (646).

Verhältnismäßigkeitsgrundsatz als Korrektiv erkoren, die nuancierende Feinarbeit zu leisten.[1206]

Aufgrund der sich deckenden Rechtfertigung für versteckte Diskriminierungen und Beschränkungen verliert die Thematik zwar an Bedeutung, doch spricht gerade auch die nach wie vor große Bedeutung der Handelsbeschränkungen in Form der Maßnahmen gleicher Wirkung im Sinne des Art. 34 AEUV dafür, die Warenverkehrsfreiheit unter der Berücksichtigung des Prinzips des „effet utile" allmählich zu einem umfassenden Beschränkungsverbot zu entwickeln und die Rechtfertigung unterschiedslos geltender Vorschriften zwischen In- und Ausländern am Maßstab der Verhältnismäßigkeit festzumachen.[1207] In diese Richtung, die Grundfreiheiten nicht mehr nur als Diskriminierungs-, sondern darüber hinaus als Beschränkungsverbote zu interpretieren, weist nunmehr die Entwicklung innerhalb der Unionsgerichtsbarkeit.[1208]

Die Annahme eines umfassenden Beschränkungsverbotes bei allen Grundfreiheiten erklärt sich im Besonderen aus der wirksamen Sicherstellungsmöglichkeit des grenzüberschreitenden Wettbewerbs.[1209] Dementsprechend ist Art. 34 AEUV nicht als ein bloßes Diskriminierungsverbot aufzufassen, mit dem ein offener oder versteckter Protektionismus der Mitgliedstaaten unterbunden werden soll, sondern als ein allgemeines Beschränkungsverbot von dem grundsätzlich jegliche Maßnahmen mit handelsbehindernder Wirkung umfasst sind.[1210] Für nationale Maßnahmen, die zwischen ausländischen und inländischen Sachverhalten unterscheiden, wird folglich eine solche grundfreiheitliche, rechtfertigungsbedürftige Beschränkung angenommen.[1211]

2. *Rechtfertigung gem. Art. 36 AEUV*

Die Beeinträchtigung der Warenverkehrsfreiheit aufgrund staatlich zurechenbarer, regionaler Erzeugniszertifizierung könnte durch die Schranke des Art. 36 AEUV gerechtfertigt sein (Rechtfertigungsmöglichkeit für das Verhalten

---

1206 *Stoppel*, Grundfreiheitliche Schutzpflichten, S. 243 f.

1207 Zur Differenzierung und Entwicklung von Diskriminierungs-/Beschränkungsverboten vgl. *Ehlers*, in: Ehlers, § 7 Rn. 30, 106; vgl. *Epiney*, in: Ehlers, § 8 Rn. 33; vgl. Geiger/Khan/*Kotzur*, Art. 34 AEUV Rn. 8, 11; vgl. *Streinz*, Europarecht, Rn. 904 f., 829 f.

1208 Vgl. *Cremer*, in: Ehlers/Fehling/Pünders, § 9 Rn. 20; in diese Richtung auch *Heselhaus*, EuZW 2001, S. 645 m.w.N.

1209 *Frenz*, Handbuch Europarecht 1, Rn. 473.

1210 *Millarg*, Die Schranken des freien Warenverkehrs, S. 41 f.; zu dieser Anahme gelangt auch *Streinz*, JuS 2013, 182 (183).

1211 Oppermann/*Classen*/Nettesheim, Europarecht, § 22, Rn. 3 f.

Privater unter Teil 2 B. IV. 4.). Die Anwendung des Art. 36 AEUV ist wiederum an einige Voraussetzungen geknüpft. Neben der zu hinterfragenden Notwendigkeit[1212] und der Eignung[1213] der Maßnahme zur Gefahrenabwehr, muss ein nichtdiskriminierendes Ziel verfolgt werden, dabei das mildeste Mittel zum Einsatz kommen,[1214] sowie die verfolgte Zielsetzung in Relation zur in Frage stehenden staatlichen Regelung stehen – sprich dem Verhältnismäßigkeitsgrundsatz genügen.[1215] Dementsprechend unterliegen die in Art. 36 S. 1 AEUV gelisteten Rechtsgüter einer unionsrechtlichen Bindung, die sich anhand ihrer Zielsetzungen oder dem zeitlichen Entstehungsrahmen im Einzelfall anhand des Verbots der willkürlichen Diskriminierung und der verschleierten Beschränkung sowie dem Verhältnismäßigkeitsgrundsatz beurteilen.[1216] Mangels einer Unionsregelung obliegt den Mitgliedstaaten auch eine Einschätzungsprärogative hinsichtlich der Schutzintensität der in Art. 36 S. 1 AEUV gelisteten Rechtsgüter, wobei der Schutz der „Gesundheit und des Lebens von Menschen" nach dem Verständnis des EuGH den „ersten Rang" einnimmt.[1217]

a) Gesundheitsschutz

Wenn im Rahmen der Rechtfertigung der Beeinträchtigung der Warenverkehrsfreiheit durch regionale Erzeugniszertifizierung der Gesundheitsschutz im Sinne des Art. 36 S. 1 AEUV angeführt wird, spezifiziert sich dieser allermeist in der Vorgabe, die Verbraucher zu frischer, gesunder Kost bewegen zu wollen. Allerdings stellt sich auch vor dem Hintergrund einer von Staats wegen direkt veranlassten Werbung[1218] für regionale Erzeugnisse oder auch einer staatlich tolerierten Werbevariante mit Qualitätszeichen, verliehen durch private

---

1212 Z.B. EuGH, Urteil vom 8. April 1992, Rs. C-62/90 (Kommission/Deutschland), ECLI:EU:C:1992:169, Rn. 11.

1213 Z.B. EuGH, Urteil vom 21. Dezember 2011, Rs. C-28/09 (Kommission/Österreich), ECLI:EU:C:2011:854, Rn. 126.

1214 Vgl. Urteil vom 21. Dezember 2011, Rs. C-28/09 (Kommission/Österreich), ECLI:EU:C:2011:854, Rn. 140.

1215 Vgl. Geiger/Khan/*Kotzur*, Art. 34 AEUV Rn. 18 f.

1216 Vgl. *Borchardt*, Grundlagen der EU, Rn. 952 f.

1217 EuGH, Urteil vom 9. Dezember 2010, Rs. C-421/09 (Humanplasma), ECLI:EU:C:2010:760, Rn. 33; vgl. hierzu auch von der Groeben/Schwarze/Hatje/*Müller-Graff*, Art. 36 AEUV Rn. 43, 59.

1218 In Bezug auf nationalstaatliche Produktwerbung siehe EuGH, Urteil vom 24. November 1982, Rs. 249/81 (Buy Irish), ECLI:EU:C:1982:402.

Einrichtungen[1219] mit gewisser Marktmacht[1220], die Frage nach der Überzeugungskraft dieses Rechtfertigungsgrunds. Fraglich ist hierbei nämlich schon, ob überhaupt tatsächlich möglichen Gesundheitsgefahren begegnet werden soll,[1221] oder entsprechende Werbeinitiativen letzten Endes nicht vielmehr nur unter dem Deckmantel des Schutzes der Gesundheit von Verbrauchern in Erscheinung treten.[1222] Da ein Aspekt wie „regionale Frische" jedenfalls nicht an regionalen Grenzen halt macht, dürfte der Gesundheitsschutz – ungeachtet des den Mitgliedstaaten eingeräumten Ermessensspielraums[1223] – als Rechtfertigung kaum zu führen sein.[1224] Nicht selten ist hinter derartigen Rechtfertigungsgründen eine willkürliche Diskriminierung oder eine verschleierte Handelsbeschränkung zu vermuten.

b) Verbot willkürlicher Diskriminierungen und verschleierter Handelsbeschränkungen

Im Zusammenhang der geschriebenen Rechtfertigungsgründe nach Art. 36 S. 1 AEUV ist die Regelung des Art. 36 S. 2 AEUV zu beachten. Danach kommt keine Rechtfertigung der Beeinträchtigung der Warenverkehrsfreiheit in Betracht, wenn eine willkürliche Diskriminierung oder eine verschleierte Beschränkung des Handels als objektiv geeignet erachtet wird protektionistische Zielsetzungen zu verfolgen und ihr daher eine entsprechend handelsbeschränkende Absicht unterstellt werden kann.[1225]

Während unter einer verschleierten Handelsbeschränkung „jede als Schutzmaßnahme im Sinne des Art. 36 S. 1 AEUV getarnte Handelsbehinderung zwischen den Mitgliedstaaten zu verstehen"[1226] ist und der Begriff der Beschränkung

---

1219 Hierzu EuGH, Urteil vom 5. November 2002, Rs. C-325/00 (CMA), ECLI:EU:C:2002:633, Rn. 20 f., 28.

1220 Vgl. EuGH, Urteil vom 12. Juli 2012, Rs. C-171/11 (Fra.bo), ECLI:EU:C:2012:453, Rn. 31 f.

1221 *Frenz*, Handbuch Europarecht 1, Rn. 1095.

1222 Hierzu EuGH, Urteil vom 12. Oktober 1978, Rs. 13/78 (Eggers), ECLI:EU:C:1978:182, Rn. 31; in diese Richtung auch *Karpenstein/Werres*, Staatliche Unterstützung für regionale Produkte, S. 69.

1223 In Bezug auf den mitgliedstaatlichen Ermessensspielraum beim Gesundheitsschutz EuGH, Urteil vom 6. Juni 1984, Rs. 97/83 (Melkunie), ECLI:EU:C:1984:212, Rn. 18.

1224 Vgl. *Seidel*, in: Marauhn/Heselhaus, S. 263.

1225 So z.B. EuGH, Urteil vom 31. Januar 1984, Rs. 40/82 (Kommission/Vereinigtes Königreich), ECLI:EU:C:1982:285; vgl. hierzu auch *Hailbronner/Jochum*, Europarecht II, Rn. 397 f.

1226 Von der Groeben/Schwarze/Hatje/*Müller-Graff*, Art. 36 AEUV Rn. 170.

hierbei auch synonym zu dem der Beeinträchtigung bzw. des Eingriffs gesetzt wird,[1227] definiert sich die willkürliche Diskriminierung über offen zu Tage getragene Maßnahmen, die auf die gezielte Behinderung der Ein- oder Ausfuhr von Waren durch die Auferlegung bestimmter Belastungen abheben und eine entsprechende Verfolgung protektionistischer Ziele nahelegen.[1228] So stellt zum Beispiel ein Werbeverbot, das ohne anerkennenswerten Grund zwischen inländischen und ausländischen Erzeugnissen unterscheidet, eine solche willkürliche Diskriminierung dar.[1229] Werden hingegen ungeachtet des diskriminierenden Charakters einer Regelung auch in Bezug auf gleichartige inländische Waren Maßnahmen ergriffen, die denselben Zweck wie die diskriminierende Regelung selbst verfolgen, ist keine Willkür gegeben und eine Rechtfertigung durchaus möglich.[1230] Die Rechtsprechungspraxis weist allerdings in diesem Zusammenhang eine gewisse Inkonsequenz auf. So gilt es zumindest als fragwürdig, warum der EuGH bereits bei nationalen Regelungen, die die inländische Produktion begünstigten oder bevorzugten und damit Schutzwirkungen entfalten, das Merkmal der „willkürlichen Diskriminierung" nicht in eine nähere Prüfung miteinbezogen hat.[1231]

Unabhängig von jeglicher Regelungsnotwendigkeit und der dogmatischen Betrachtungsweise ob Art. 36 S. 2 AEUV überhaupt eine eigenständige Bedeutung gegenüber dem Grundsatz der Verhältnismäßigkeit beigemessen wird oder nicht,[1232] leistet aber seine Schutzfunktion im Rahmen der Rechtfertigung von Beeinträchtigungen der Warenverkehrsfreiheit einen ergänzenden Beitrag zur Binnenmarktverwirklichung. Dazu liefert Art. 36 S. 2 AEUV sozusagen eine absolute Grenze für handelshemmende Maßnahmen.[1233] Die Vorschrift ist im Übrigen weder als allgemeine Schutzklausel von Art. 34 f. AEUV noch als

1227 *Frenz*, Handbuch Europarecht 1, Rn. 156.

1228 Ibid., Rn. 1228 f., 1233.

1229 EuGH, Urteil vom 10. Juli 1980, Rs. 152/78 (Kommission/Frankreich), ECLI:EU:C:1980:187, Rn. 18; hierzu auch von der Groeben/Schwarze/Hatje/*Müller-Graff*, Art. 36 AEUV Rn. 167.

1230 *Richters*, Diskriminierung im Bereich der Warenverkehrsfreiheit, S. 229.

1231 EuGH, Urteil vom 30. November 1993, Rs. 317/91 (Audi), ECLI:EU:C:1993:908, Rn. 27; hierzu auch *Richters*, Diskriminierung im Bereich der Warenverkehrsfreiheit, S. 236.

1232 Mit kurzer Darstellung des Meinungsstreits Calliess/Ruffert/*Kingreen*, Art. 34–36 AEUV Rn. 102; vgl. auch *Epiney*, in: Ehlers, § 8 Rn. 94; zur fraglichen, eigenständigen Funktion des Merkmals der verschleierten Beschränkung des Handels vgl. von der Groeben/Schwarze/Hatje/*Müller-Graff*, Art. 36 AEUV Rn. 161, 171.

1233 Geiger/Khan/*Kotzur*, Art. 36 AEUV Rn. 18.

Durchbrechung anderer Vertragsvorschriften zu verstehen, sondern vielmehr als eine Ausnahmeregelung zum Schutz bestimmter Rechtsgüter im Einzelfall.[1234]

c) *Verhältnismäßigkeit*

Hinsichtlich der Rechtfertigung von Beeinträchtigungen der Warenverkehrsfreiheit können die Rechtfertigungsgründe nach Art. 36 AEUV als auch die ungeschriebenen, zwingenden Gründe des Allgemeinwohls im Sinne der *Cassis*-Rechtsprechung herangezogen werden, „soweit die zu rechtfertigenden Eingriffe der Verhältnismäßigkeitsprüfung standhalten“[1235]. Im Rahmen der Rechtfertigung muss die innerstaatliche Maßnahme jedenfalls „geeignet sein, die Verwirklichung des verfolgten Ziels zu gewährleisten, und darf nicht über das hinausgehen, was zur Erreichung dieses Ziels erforderlich ist.“[1236] Dieser ausdrücklich in Art. 5 Abs. 4 EUV enthaltene allgemeine Grundsatz des Unionsrechts stellt eine Kompetenzausübungsschranke dar,[1237] der die formale Seite als auch die inhaltliche Ausprägung einer Maßnahme betrifft und hierbei begrenzend bezüglich Art, Umfang und Intensität wirkt.[1238] So ergibt sich schon aus dem Telos von Art. 34 f. AEUV, der Gewährleistung freier Warenzirkulation in der Europäischen Union, dass das vom EuGH berücksichtigende Prinzip der Verhältnismäßigkeit zwingend gelten muss, nicht zuletzt um (wirtschaftsschädigende) Beschränkungen des Warenverkehrs auf ein Minimum zu reduzieren.[1239]

Den tendenziell durchaus strengen Anforderungen der Rechtsprechung bezüglich der Verhältnismäßigkeitsprüfung ist jedenfalls immer dann Genüge getan, wenn sich die nationale Maßnahme zumindest mit den im Sekundärrecht getroffenen Grundentscheidungen vereinbaren lässt, die ja schließlich selbst auf der Auswahl konkreter, unprotektionistischer Ziele und Instrumente seitens des Unionsgesetzgebers beruhen.[1240] Ansonsten orientiert sich die Rechtfertigung von Handelsbeschränkungen im Rahmen der Verhältnismäßigkeitsprüfung

---

1234 In diese Richtung ibid., Rn. 3 f.; vgl. von der Groeben/Schwarze/Hatje/*Müller-Graff*, Art. 36 AEUV Rn. 1 f., 12.

1235 Generalanwältin *Trstenjak*, Schlussanträge vom 28. März 2012, Rs. C-171/11 (Fra. bo), ECLI:EU:C:2012:176, Rn. 37.

1236 EuGH, Urteil vom 18. Oktober 2012, Rs. C-385/10 (Elenca), ECLI:EU:C:2012:634, Rn. 26; EuGH, Urteil vom 1. Juli 2014, Rs. C-573/12 (Ålands Vindkraft), ECLI:EU:C:2014:2037, Rn. 76.

1237 *Blanke/Böttner*, in: Niedobitek, § 2 Rn. 258.

1238 *Frenz*, Europarecht, Rn. 43 f.

1239 Vgl. *Epiney*, in: Ehlers, § 8 Rn. 93.

1240 Vgl. *Heselhaus*, EuZW 2001, 645 (650).

im Grundsatz schwerpunktmäßig an der Erforderlichkeit[1241] bzw. am Übermaßverbot unter Berücksichtigung einer Interessenabwägung zwischen der unionsrechtlich verbürgten Warenverkehrsfreiheit auf dem Binnenmarkt und dem in Frage stehenden Schutzinteresse an der nationalen Maßnahme,[1242] ohne üblicherweise die Angemessenheit gesondert zu prüfen.[1243] Zur Verhinderung protektionistischer Maßnahmen ist die Erforderlichkeitsprüfung also nicht an einem nationalen, sondern an einem unionalen Maßstab auszurichten, womit die fragliche nationale Maßnahme folglich aufgrund eines Vergleichs mit anderen Mitgliedstaaten unzulässig sein kann.[1244] Dagegen wirkt sich die Bejahung der Erforderlichkeit einer beschränkenden nationalen Maßnahme seitens des EuGH prinzipiell auch auf die Zulässigkeit selbiger Maßnahme aus und eine tatsächliche, umfassende Güterabwägung findet nur selten statt.[1245]

In Bezug auf die Rechtfertigung der regionalen Erzeugniszertifizierung durch eine private Siegelverleihstelle ergibt sich, dass jedenfalls eine nationale Regelung oder Praxis dann nicht unter die Ausnahmebestimmungen des Art. 36 AEUV fällt, „wenn die Gesundheit oder das Leben von Menschen genauso wirksam durch Maßnahmen geschützt werden kann, die den innergemeinschaftlichen Handel weniger beschränken".[1246] Es mangelt dann schlichtweg an der Erforderlichkeit für die nationale Zertifizierungspraxis.

Da im Grundsatz die Ausnahmen vom Prinzip des freien, grenzüberschreitenden Wirtschaftsverkehrs seitens des EuGH merklich restriktiv ausgelegt werden,[1247] geht mit den in Art. 36 S. 1 AEUV aufgeführten Schutzgütern ein schleichender Bedeutungsverlust einher. Eine solche Praxis muss jedoch keineswegs Schule machen. Die schutzzweckgerechte Eingrenzung von Art. 36 AEUV betreffender Sachverhalte ließe sich gewiss hinreichend über die Rechtsfigur der

---

1241 *Blanke/Böttner*, in: Niedobitek, § 2 Rn. 335; ausführlich zur Erforderlichkeit bei der Verhältnismäßigkeitsprüfung vgl. Calliess/Ruffert/*Kingreen*, Art. 34–36 AEUV Rn. 93 ff.

1242 *Borchardt*, Grundlagen der EU, Rn. 939, 953.

1243 *Cremer*, in: Ehlers/Fehling/Pünders, § 9 Rn. 44; *Ehlers*, in: Ehlers, § 7 Rn. 133 f.; *Fastenrath/Groh*, Europarecht, Rn. 159; *Streinz*, Europarecht, Rn. 870, 918.

1244 Vgl. *Heselhaus*, EuZW 2001, 645 (649).

1245 *Hailbronner/Jochum*, Europarecht II, Rn. 408 m.w.N.; Oppermann/*Classen*/Nettesheim, Europarecht, § 22, Rn. 12.

1246 EuGH, Urteil vom 20. Mai 1976, Rs. 104/75 (De Peijper), ECLI:EU:C:1976:67, Rn. 14/18.

1247 *Fastenrath/Groh*, Europarecht, Rn. 156.

„zwingenden Erfordernisse“ im Bereich der landwirtschaftlichen Erzeugnisse bewerkstelligen.[1248]

3. *Immanente Ausnahmen*

Ausgehend davon, dass der EuGH die in Art. 36 AEUV enthaltene Liste als abschließend erachtet,[1249] können gleichwohl dort nicht genannte Anliegen, wie zum Beispiel solche mit schwerpunktmäßigem Bezug zum Umweltschutz, von den sogenannten „zwingenden Erfordernissen“ erfasst sein.[1250] Die Anerkennung eines mitgliedstaatlichen Regelungsanliegens aufgrund solcher „zwingenden Erfordernisse“ liegt insofern im Interesse der einheitlichen Anwendung des Unionsrechts und erfolgt durch den EuGH.[1251] Grundlegend und wegweisend war hier die EuGH-Rechtsprechung in der Rechtssache *Cassis de Dijon*.[1252] Bei der Frage nach der Reichweite der vom EuGH anerkannten zwingenden Erfordernisse kann aufgrund der strengen Anforderungen an deren Anerkennung durchaus angenommen werden, dass sie den geschriebenen Rechtfertigungsgründen nach Art. 36 S. 1 AEUV gleichwertig sind.[1253]

Indes präsentiert der EuGH aber kaum normative Ableitungen für die ungeschriebenen Schranken und im Übrigen fehlt jeglicher Hinweis darauf, welche Voraussetzungen, Ziele und Interessen erfüllt sein müssen, um sozusagen als ungeschriebene Schranke der Grundfreiheiten erkoren zu werden.[1254] In Bezug auf die Rechtfertigung durch die *Cassis*-Formel wird die Rechtsprechung des EuGHs insoweit generell als „widersprüchlich und inkonsequent“ bezeichnet.[1255] Denn einerseits wird eine Rechtfertigung mittelbarer Diskriminierungen eben nicht nur über Art. 36 AEUV, sondern zumindest auch für bestimmte, dort nicht aufgeführte Rechtsgüter wie „zwingende Erfordernisse

---

1248 Vgl. *Ebenroth*, in FS: Piper, S. 168.

1249 EuGH, Urteil vom 9. Juni 1982, Rs. 95/81 (Kommission/Italien), ECLI:EU:C:1982:216, Rn. 27; EuGH, Urteil vom 19. März 1991, Rs. C-205/89 (Kommission/Griechenland), ECLI:EU:C:1991:123, Rn. 9; hierzu auch *Epiney*, in: Ehlers, § 8 Rn. 67 f., 84.

1250 EuGH, Urteil vom 7. Februar 1985, Rs. 240/83 (Altöle), ECLI:EU:C:1985:59, Rn. 11 ff.; EuGH, Urteil vom 20. September 1988, Rs. 302/86 (Pfandflaschen), ECLI:EU:C:1988:421, Rn. 8 f.; hierzu auch *Epiney*, in: Ehlers, § 8 Rn. 90.

1251 Von der Groeben/Schwarze/Hatje/*Müller-Graff*, Art. 34 AEUV Rn. 206.

1252 EuGH, Urteil vom 20. Februar 1979, Rs. 120/78 (Cassis de Dijon), ECLI:EU:C:1979:42, Rn. 8.

1253 Ausführlich *Fastenrath/Groh*, Europarecht, Rn. 157, 182, 184.

1254 Calliess/Ruffert/*Kingreen*, Art. 34–36 AEUV Rn. 81.

1255 *Streinz*, Europarecht, Rn. 920.

des Allgemeinwohls", gewährt,[1256] während auf der anderen Seite wiederum explizit an der ursprünglichen Begrenzung auf die Rechtsgüter nach Art. 36 AEUV festgehalten wird.[1257] Gerade weil das Rechtfertigungsbedürfnis von Handelshemmnissen vom historischen Gesetzgeber bereits mit einer eigenen Rechtfertigungsnorm (nunmehr Art. 36 AEUV) bedacht wurde, sind jene nachträglich im Zuge richterrechtlicher Rechtsfortbildung geschaffenen „zwingenden Erfordernisse" als zusätzliche Rechtfertigungsgründe heikel zu sehen und daher an ihre Handhabung zur Bewahrung eines ausreichend hohen Maßes an Transparenz sowie Nachvollziehbarkeit in der Unionsrechtsprechung keine bloß lakonischen Anforderungsbegründungen zu stellen, um insbesondere Rechtsunsicherheiten zu vermeiden.[1258]

Wenngleich also auch weiterhin keine abschließende Spezifikation im Hinblick auf die „zwingenden Erfordernisse" im Sinne der *Cassis*-Rechtsprechung besteht,[1259] entsprechen sie wohl öffentlichen Interessen, die für die Bindung bzw. die Entwicklung einer Gesellschaft notwendig erscheinen und als grundlegende Belange sowie allgemeingültige Werte das Wohlbefinden aller abbilden.[1260] Neben einer wirksamen steuerlichen Kontrolle und dem Schutz der öffentlichen Gesundheit wird jedenfalls dem vom EuGH gemeinsam geprüften zwingenden Erfordernis der Lauterkeit des Handelsverkehrs und des Verbraucherschutzes eine hervorgehobene praktische Bedeutung beigemessen.[1261] Dabei sind jegliche zwingenden Erfordernisse nicht als konstitutive mitgliedstaatliche Vorgaben zu betrachten, sondern vielmehr als Folge der Binnenmarktverwirklichung und einer dadurch bedingten Förderung, mit der auf europäischer Ebene nichts Geringeres als die zukünftige Akzeptanz des Projekts Europa bei seinen Bürgern verbunden ist.[1262]

Schließlich ist das auf Unionsebene anerkannte Allgemeininteresse Gegenstand unionsrechtlicher Überprüfung.[1263] Soweit also Mitgliedstaaten zwingende

---

1256 Vgl. beispielshalber EuGH, Urteil vom 9. Juli 1997, verb. Rs. C-34/95, C-35/95 u. C-36/95 (De Agostini und TV-Shop), ECLI:EU:C:1997:344, Rn. 52.

1257 EuGH, Urteil vom 29. April 1999, Rs. C-224/97 (Ciola), ECLI:EU:C:1999:212, Rn. 16; hierzu auch *Heselhaus*, EuZW 2001, S. 645.

1258 Vgl. *Rauer*, Zwischen Binnenmarkt und Wahrung nationaler Identität, S. 124 f.

1259 *Cremer*, in: Ehlers/Fehling/Pünders, § 9 Rn. 39.; *Jochum*, Europarecht, Rn. 891.

1260 Zu den "öffentlichen Interessen" vgl. *Amtenbrink*, in: Nordhausen, S. 54.

1261 EuGH, Urteil vom 6. Juni 1995, Rs. C-470/93 (Mars), ECLI:EU:C:1995:224, Rn. 15–24; hierzu auch *Heermann*, Warenverkehrsfreiheit, S. 29 f.

1262 Vgl. *Amtenbrink*, in: Nordhausen, S. 67 f.

1263 *Blanke/Böttner*, in: Niedobitek, § 2 Rn. 328.

Erfordernisse des Allgemeinwohls zur Rechtfertigung nationaler Maßnahmen bemühen, werden die in der nationalen Rechtssphäre liegenden öffentlichen Interessen, unter allgemeiner Beachtung im Binnenmarkt, gewissermaßen auf die Unionsebene gehoben und dabei unterschiedliche Schutzniveaus in den Mitgliedstaaten toleriert.[1264] Die so bestehende Heterogenität der mitgliedstaatlichen Zivilrechtsordnungen bringt zugleich zum Ausdruck, dass das Unionsrecht gar nicht erst den Anspruch erhebt, alle faktischen Behinderungen der Warenverkehrsfreiheit vollständig zu beseitigen.[1265] Möglicherweise ist aber an dieser Sichtweise mit der vollzogenen Abkehr vom Bestimmungslandprinzip[1266] im Rahmen der *Cassis*-Entscheidung des EuGH nicht mehr festzuhalten.

a) *Prinzip gegenseitiger Anerkennung nach der* Cassis-*Rechtsprechung*

Während ursprünglich nur die Regelungen desjenigen Staates zur Anwendung kamen, in dem die Ware letztlich auch konsumiert wurde, vollzog sich nunmehr die „Hinwendung zum Ursprungslandprinzip, das die Anwendung der Regelungen des Herstellungslandes der Ware favorisiert und damit dem Prinzip der gegenseitigen Anerkennung der nationalen Regelungen im Rahmen des Warenverkehrs innerhalb der Europäischen Union zum Durchbruch verhilft."[1267] Das sich unmittelbar aus Grundfreiheiten oder Richtlinien ergebende Prinzip der gegenseitigen Anerkennung[1268] hat im Übrigen dazu geführt, dass in allen Bereichen, die nicht bereits über das Hauptinstrument der Rechtsangleichung in Form der Rechtsvereinheitlichung durch europäische Verordnungen sowie der Harmonisierung durch Richtlinien abgedeckt sind,[1269] jeder einzelne Mitgliedstaat in der Pflicht steht, Produkte in seinem Geltungsbereich hinzunehmen, die rechtmäßig in einem beliebigen Mitgliedstaat hergestellt und vermarktet werden.[1270] So wird im Übrigen eine totale Rechtsangleichung für unnötig gehalten, weil eben jene gegenseitige Anerkennung mitgliedstaatlicher Vorschriften, nicht

---

1264 *Amtenbrink*, in: Nordhausen, S. 59 f.

1265 *Fastenrath/Groh*, Europarecht, Rn. 164.

1266 Wohl a.A. *Schmitz*, Die kommerzielle Kommunikation im Binnenmarkt, S. 136. Nach *Schmitz* wäre das Bestimmungslandprinzip „erst dann durch das Herkunftslandprinzip vollständig ersetzt, wenn der Bestimmungsstaat für ausländische Waren seinen Regulierungsanspruch zurücknähme und ihn auf inländische Waren begrenzte."

1267 *Borchardt*, Grundlagen der EU, Rn. 913.

1268 Hierzu *Fastenrath/Groh*, Europarecht, Rn. 132.

1269 Vgl. *Blanke/Böttner*, in: Niedobitek, § 2 Rn. 1, 53.

1270 Bergmann/*Kersting*, Handlexikon EU, Stichwort: „Gegenseitige Anerkennung", S. 437.

zuletzt aufgrund konkreter Kommissionsmaßnahmen, wie der regelmäßigen Berichterstattung und Weiterentwicklung dieses Anerkennungsprinzips zur besseren Erkennung von wirtschaftlichen Hemmnissen,[1271] an die Stelle von übergeordneten Harmonisierungsmaßnahmen treten kann.[1272]

Da Händler jedoch durch das Herkunftslandprinzip nationale Regelungen umgehen können und damit wiederum eine Konkurrenz der nationalen Regelungssysteme sowie ein unmittelbar gemeinsamer „Regelungsmarkt" geschaffen wird,[1273] ist mit einem starren Festhalten am Prinzip der gegenseitigen Anerkennung auch immer die Gefahr der Absenkung des Verbraucherschutzniveaus insgesamt verbunden,[1274] wenn nicht gewisse Mindeststandards ein „race to the bottom" zu verhindern vermögen.[1275] Darüber hinaus hat das verwirklichte Prinzip der gegenseitigen Anerkennung und der damit einhergehenden „Umkehrung des Grundsatzes Harmonisierung vor Liberalisierung"[1276] keineswegs zustande gebracht, dass einheitliche Schutzgrade in der Europäischen Union existieren.

Ein vollkommener Binnenmarkt mit seinen ökonomischen Vorteilen des Freihandels wird sich in der Realität daher wohl nur um den Preis der Vereinheitlichung sämtlicher marktrelevanter Vorschriften der Mitgliedstaaten verwirklichen lassen, während die Rechtfertigungsgründe für handelsbeschränkende Maßnahmen restriktiv zu handhaben sind.[1277]

Demzufolge ist es nur berechtigt, wenn aufgrund des regelmäßig diskriminierenden Hintergrunds von regionalen Werbekampagnen keine Rechtfertigung nach der *Cassis*-Formel erfolgt.[1278] Fraglich ist jedoch, ob für Qualitätszeichen, die einen fakultativen, austauschbaren geografischen Bezug aufweisen und

---

1271 Zu den konkreten Maßnahmen der Kommission zur Erkennung von wirtschaftlichen Hemmnissen des freien Warenverkehrs bei einer noch nicht erfolgten Harmonisierung vgl. Bergmann/*Kersting*, Handlexikon EU, Stichwort: „Gegenseitige Anerkennung", S. 437.

1272 Vgl. *Amtenbrink*, in: Nordhausen, S. 85.

1273 *Dickertmann*, Die geographische Herkunftsangabe, S. 51 f.

1274 Vgl. *Tamm*, Verbraucherschutzrecht, S. 263 f., 266.

1275 *Blanke/Böttner*, in: Niedobitek, § 2 Rn. 54; in diese Richtung auch *Füller*, Warenverkehrsfreiheiten, S. 87 ff.

1276 *Hinz*, Protektionismus in der Europäischen Union, S. 207.

1277 *Borchardt*, Grundlagen der EU, Rn. 798; vgl. *Fastenrath/Groh*, Europarecht, Rn. 142; zu den ökonomischen Vorteilen des Freihandels ausführlich *Füller*, Warenverkehrsfreiheiten, S. 20 ff; vgl. auch *Jochum*, Europarecht, Rn. 617.

1278 Hierzu EuGH, Urteil vom 20. Februar 1979, Rs. 120/78 (Cassis de Dijon), ECLI:EU:C:1979:42, Rn. 8; vgl. auch *Becker*, EuR 2002, 418 (435 f.); a.A. Vgl. *Karpenstein/Werres*, Staatliche Unterstützung für regionale Produkte, S. 62 f.

insofern mittelbar diskriminierend wirken, der Anwendungsbereich der *Cassis*-Rechtsprechung, sprich der zwingenden Erfordernisse, nicht auch auf jene mittelbar diskriminierenden Maßnahmen auszuweiten ist.[1279] Eine restriktive Auffassung wird zu dem Ergebnis kommen, dass die *Cassis*-Formel prinzipiell nur für nichtdiskriminierende Beschränkungen gilt und sich eine bedingungslose Ausweitung wegen zwingender Erfordernisse des Allgemeinwohls auf diskriminierende Regelungen, ohne der Suche nach geschriebenen Gründen im Unionsrecht, nicht empfiehlt.[1280] Abgesehen davon, wird die Förderung nationaler Produkte durch entsprechend geografischen Qualitätszeichen gegenüber Produkten aus anderen Mitgliedstaaten der Europäischen Union auch bloß misslich als ein zwingendes Erfordernis im Gemeininteresse gemäß der *Cassis*-Rechtsprechung[1281] anzuerkennen sein. Als mögliche Rechtfertigungsgründe, auch von mittelbar diskriminierenden Maßnahmen, könnten insofern die in Art. 36 AEUV aufgeführten übrigbleiben. Denn letztlich steht nicht nur der Grundsatz entgegen, dass Ausnahmen von den Grundfreiheiten eng auszulegen sind, sondern ferner wäre die Aufzählung der anderen Rechtsgüter in Art. 36 AEUV schlichtweg überflüssig gewesen.[1282] Nichtsdestoweniger ist es aufgrund des allgemein seit langem als uneinheitlich und umstritten geltenden Anwendungsbereichs der ungeschriebenen Rechtfertigungsgründe bezüglich mittelbarer Diskriminierungen,[1283] schlechterdings überfällig, eine Klärung durch den EuGH als Urheber der Thematik zu erhalten. Jüngere Entscheidungen des EuGH beinhalten bereits Indizien dafür, dass mittelbar den innergemeinschaftlichen Handel behindernde nationale Maßnahmen durch zwingende Erfordernisse gerechtfertigt sein können.[1284]

1279 Zu dieser Fragestellung *Kopp*, Geografische Qualitätszeichen, S. 237.

1280 *Hailbronner/Jochum*, Europarecht II, Rn. 403 f.

1281 EuGH, Urteil vom 20. Februar 1979, Rs. 120/78 (Cassis de Dijon), ECLI:EU:C:1979:42, Rn. 8.

1282 Vgl. *Heselhaus*, EuZW 2001, 645 (647 f.).

1283 Vgl. Calliess/Ruffert/*Kingreen*, Art. 34–36 AEUV Rn. 82 f. m.w.N.

1284 In Bezug auf zwingende Erfordernisse des Umweltschutzes vgl. EuGH, Urteil vom 1. Juli 2014, Rs. C-573/12 (Ålands Vindkraft), ECLI:EU:C:2014:2037, Rn. 67, 77; vgl. EuGH, Urteil vom 29. September 2016, Rs. C-492/14 (Essent Belgium), ECLI:EU:C:2016:732, Rn. 97 f., 101; vgl. auch *Trstenjak/Beysen*, EuR 2012, 265 (277).

b) Umweltschutz als zwingendes Erfordernis

Die Rechtfertigung von Beschränkungen der Warenverkehrsfreiheit aufgrund regionaler Produktzertifizierung kann sich etwa aus Gründen des Umweltschutzes ergeben.[1285]

Da regionale Erzeugnisse dem Umweltschutz durchaus zuträglich sein können (Teil 1 D. II.), stimmen sie auch mit den Zielen der unionalen Umweltpolitik nach Art. 191 Abs. 1 und 2 AEUV überein und schließen zudem exterritorialen Immissionsschutz im Rahmen der Rechtfertigung nicht aus, wenn der Staat ein eigenes rechtliches oder tatsächliches Interesse nachweist im Sinne des Bestrebens nach einem hohen Schutzniveau für die Umwelt in den einzelnen Regionen der Union gem. Art. 191 Abs. 2 S. 1 AEUV.[1286]

Hierbei lassen sich nicht zuletzt die bereits genannten multifunktionalen, positiven Effekte auf die Umwelt anführen, zu denen im Zusammenhang von regionalen Erzeugnissen ein Mehr an Diversifizierung und der Erhalt der Landschaft durch die Einsparung energieintensiver Konservierungsverfahren oder aufwendiger Verpackungsmaterialien zählen können (vgl. Teil 1 D. III.).

Gerade auch das naheliegende Argument des Umweltschutzes durch kürzere Transportwege von regionalen Erzeugnissen vermag von zentraler Bedeutung für die Rechtfertigung regionaler Produktzertifizierung zu sein. Bei der Betrachtung des Freistaats Bayern als flächenmäßig große Region wird jedoch offensichtlich, dass beispielsweise der Transportweg von im Landkreis Berchtesgardener Land gewonnener Äpfel zum Vermarktungsort im Landkreis Aschaffenburg länger ist, als jede vergleichsweise Transportentfernung innerhalb des Saarlandes. Mal ganz abgesehen von regelmäßig verschiedenen, umweltrelevanten Produktionsbedingungen oder den (mehr oder minder intensiv) eingesetzten Transportmitteln (Teil 1 D.), sollte also die Rechtfertigung von Eingriffen in die Warenverkehrsfreiheit anhand zwingender Erfordernisse des Umweltschutzes stets bedacht und spezifiziert erfolgen. Hinzu kommt, dass der Rechtfertigungsgrund des Umweltschutzes nicht nur bei unterschiedslos geltenden Maßnahmen

---

1285 Zum Rechtfertigungsgrund zwingender Erfordernisse des Umweltschutzes vgl. nur: EuGH, Urteil vom 7. Februar 1985, Rs. 240/83 (Altöle), ECLI:EU:C:1985:59, Rn. 11 ff.; EuGH, Urteil vom 20. September 1988, Rs. 302/86 (Pfandflaschen), ECLI:EU:C:1988:421, Rn. 8 f.; EuGH, Urteil vom 1. Juli 2014, Rs. C-573/12 (Ålands Vindkraft), ECLI:EU:C:2014:2037, Rn. 77; EuGH, Urteil vom 29. September 2016, Rs. C-492/14 (Essent Belgium), ECLI:EU:C:2016:732, Rn. 101.

1286 Vgl. *Seidel*, in: Marauhn/Heselhaus, S. 261.

für in- und ausländische Produkte gleichermaßen Anwendung findet, sondern auch bei unmittelbar diskriminierenden Maßnahmen.[1287]

c) *Verbraucherschutz als zwingendes Erfordernis*

Bereits in der Entscheidungsbegründung des EuGH in der Rechtssache *Cassis de Dijon* ist deutlich geworden, dass Hemmnisse für den Binnenmarkt hingenommen werden müssen, soweit diese für die Erfüllung zwingender Erfordernisse, wie etwa dem Verbraucherschutz, notwendig sind.[1288]

Obwohl der Verbraucherschutz in der Europäischen Union hinsichtlich seiner begrifflichen Konturen in höchstem Maße unbestimmt ist und ihm nur die Rolle eines Auffangtatbestandes im Sinne der „zwingenden Erfordernisse" nach der *Cassis*-Rechtsprechung zukommt,[1289] finden sich in Art. 169 Abs. 1 AEUV Konkretisierungen, aus denen die Gewährleistung elementarer Verbraucherschutzzwecke abzuleiten ist.[1290]

Zum Erhalt eines hohen Verbraucherschutzniveaus umfasst Art. 169 AEUV dabei ein Ausgleichs- und Abwägungsgebot im Sinne der praktischen Konkordanz[1291], das speziell Ausgewogenheit im Bereich etwaig kollidierender Vertragsziele intendiert bzw. die optimale Wirksamkeit des jeweiligen Zielsetzungsgehalts beabsichtigt.[1292] Wenn nämlich zur Rechtfertigung von regionalen Werbemaßnahmen Gründe des Verbraucherschutzes angeführt werden, dass sich der Konsum regionaler Erzeugnisse regelmäßig durch einen hohen Grad an Produktfrische auszeichne, somit der Erzeugnisqualität diene und zudem im Einklang mit der Förderung der Verbraucherinteressen nach Art. 169 Abs. 1 AEUV stehe,[1293] muss gerade das besagte Ausgleichs- und Abwägungsgebot

---

1287 Zur Anwendbarkeit des ungeschriebenen Rechtfertigungsgrunds des Umweltschutzes vgl. nur: EuGH, Urteil vom 14. Juli 1998, Rs. C-389/96 (Aher-Waggon), ECLI:EU:C:1998:357, Rn. 18 f.; EuGH, Urteil vom 1. Juli 2014, Rs. C-573/12 (Ålands Vindkraft), ECLI:EU:C:2014:2037, Rn. 76 ff.; EuGH, Urteil vom 29. September 2016, Rs. C-492/14 (Essent Belgium), ECLI:EU:C:2016:732, Rn. 100 f.; hierzu auch *Szydło*, CML Rev. 2015, 489 (503).

1288 Vgl. EuGH, Urteil vom 20. Februar 1979, Rs. 120/78 (Cassis de Dijon), ECLI:EU:C:1979:42, Rn. 8.

1289 Vgl. von der Groeben/Schwarze/Hatje/*Müller-Graff*, Art. 34 AEUV Rn. 214 f.

1290 Vgl. *Calliess*, in: Ehlers, § 25 Rn. 3, 5 f.

1291 Zur Abwägung der auf der Ebene der Rechtfertigung betroffenen Rechtsgüter vgl. *Frenz*, Handbuch Europarecht 1, Rn. 564 f.

1292 Vgl. *Calliess*, in: Ehlers, § 25 Rn. 8.

1293 Vgl. *Seidel*, in: Marauhn/Heselhaus, S. 261.

Anklang im Hinblick auf die Warenverkehrsfreiheit finden. Gewiss stoßen Werbemaßnahmen, die die besonderen Eigenschaften von regionalen Erzeugnissen hervorheben, auf das Interesse von Verbrauchern und so ist es nur naheliegend wenn Verbraucherschutz verstärkt über informative Aufklärung und Transparenz erfolgt wie „durch die Verpflichtung zu einer angemessenen Etikettierung hinsichtlich der Art des verkauften Erzeugnisses mit Angaben oder ergänzenden Hinweisen".[1294] Diesbezüglich hat Werbung, im Sinne eines wichtigen Bestandteils in einer auf Wettbewerb beruhenden Marktwirtschaft, schon deshalb keinen Einschränkungen zu unterliegen, weil sonst der Marktzugang für die davon betroffenen Erzeugnisse aus anderen Mitgliedstaaten in einheimisch dominierten Produktbereichen wie regionalen Erzeugnissen erschwert bis unmöglich wäre.[1295] Dennoch hat die Rechtfertigung über solche Verbraucherschutzgründe zu unterbleiben, die eine fundamentale Wirksamkeitsreduktion der Freiheit des Warenverkehrs bewirkt und entsprechende Disparitäten herbeiführt. So gesehen hat der staatlich induzierte Verbraucherschutz nicht über solche Ziele hinwegzutäuschen, die eigentlich wirtschaftlichen Interessen zu dienen bestimmt sind.[1296] Das Recht eines Mitgliedstaates darf keineswegs bezwecken, „die gegebenen Verbrauchergewohnheiten zu zementieren, um einer mit deren Befriedigung befassten inländischen Industrie einen erworbenen Vorteil zu bewahren."[1297] Eine derartige Festigung vorhandener Verbrauchergewohnheiten stellt schlichtweg kein Element des Verbraucherschutzes dar.[1298]

Außerdem darf der Verbraucherschutz keine Umgehung der geschriebenen Rechtfertigungsgründe des Art. 36 AEUV bedeuten. In Abgrenzung zum Schutz der Gesundheit im Sinne des Art. 36 AEUV, fallen daher auch nur solche Aspekte unter den Verbraucherschutz als zwingendes Erfordernis, „die über den Rechtfertigungsgrund des Gesundheitsschutzes hinausgehen."[1299]

1294 EuGH, Urteil vom 12. März 1987, Rs. 178/84 (Reinheitsgebot für Bier), ECLI:EU:C:1987:126, Rn. 35 mit Verweis auf EuGH, Urteil vom 9. Dezember 1981, Rs. 193/80 (Kommission/Italien), ECLI:EU:C:1981:298, Rn. 27; in diese Richtung auch *Amtenbrink*, in: Nordhausen, S. 59.

1295 Vgl. *Schmitz*, Die kommerzielle Kommunikation im Binnenmarkt, S. 53, 55.

1296 EuGH, Urteil vom 13. Dezember 1994, Rs. C-306/94 (Winzersekt), ECLI:EU:C:1994:407, Rn. 21, (25); vgl. hierzu auch *Streinz*, in: Möstl, S. 34

1297 EuGH, Urteil vom 12. März 1987, Rs. 178/84 (Reinheitsgebot für Bier), ECLI:EU:C:1987:126, Rn. 32 unter Verweis auf EuGH, Urteil vom 27. Februar 1980, Rs. 170/78 (Kommission/Vereinigtes Königreich), ECLI:EU:C:1980:53, Rn. 14.

1298 *Frenz*, Handbuch Europarecht 1, Rn. 1180.

1299 *Heermann*, Warenverkehrsfreiheit, S. 30.

III. Geografische Herkunftsbezeichnungen von privaten Siegelverleihstellen

Der EuGH hat die Verquickung von Werbung mit dem Moment der nationalen Herkunft als eine unzulässige Diskriminierung von Importwaren im Sinne von Art. 34 AEUV verworfen (Teil 2 B. I. 5. b)).[1300] Ungeklärt bleibt jedoch die Frage, wo wiederum die Prämierung allein nationaler Erzeugnisse durch rein private Prüfungsgremien ohne jegliche hoheitliche Mitwirkung rechtlich steht.

So wie eine unterschiedslos, für heimische und eingeführte Erzeugnisse gleichermaßen geltende Produktbezeichnungspflicht, die wegen mitverursachender Änderungskosten von Etiketten und des potentiell nachfragemindernden Effekts für ausländische Produkte als Maßnahmen gleicher Wirkung anzusehen ist,[1301] dazu allenfalls bei unzureichendem Informationsgehalt des ursprünglichen Etiketts im Rahmen der notwendigen Verbraucherinformation gerechtfertigt sein kann,[1302] könnte schließlich auch die private Siegelverleihstelle mit einer nationalitätsbezogenen, regionalen Produktherkunftskennzeichnung hohen Bekanntheitsgrads für nicht zu rechtfertigende, faktische Handelsbeschränkungen sorgen.

Möglicherweise wird aber auch die Prämierung allein nationaler Erzeugnisse durch private Prüfungsgremien ohne hoheitliche Mitwirkung schlichtweg für zulässig erachtet,[1303] sodass geografische Siegel, die auf einer privaten Initiative beruhen – so zum Beispiel beim „Verein deutscher Prädikatsweingüter" (VdP) – unionsrechtlich nicht zu beanstanden sind. Schon die beiden Urteilsbegründungen des EuGH in Sachen *Buy Irish* und *Apple and Pear* lassen zumindest erkennen, dass eine staatlich beteiligte Verkaufsförderungsaktion[1304] nicht die

---

1300 EuGH, Urteil vom 5. November 2002, Rs. C-325/00 (CMA), ECLI:EU:C:2002:633, Rn. 27.

1301 EuGH, Urteil vom 17. Juni 1981, Rs. 113/80 (Kommission/Irland), ECLI:EU:C:1981:139, Rn. 17 f.; vgl. EuGH, Urteil vom 27. März 1984, Rs. 50/83 (Kommission/Italien), ECLI:EU:C:1984:128, Rn. 9, 18 f.; EuGH, Urteil vom 25. April 1985, Rs. 207/83 (Kommission/Vereinigtes Königreich), ECLI:EU:C:1985:161, Rn. 20 f., 23.

1302 EuGH, Urteil vom 16. Dezember 1980, Rs. 27/80 (Fietje), ECLI:EU:C:1980:293, Rn. 14 f.; vgl. EuGH, Urteil vom 17. März 1983, Rs. 94/82 (De Kikvorsch), ECLI:EU:C:1983:85, Rn. 12; hierzu auch von der Groeben/Schwarze/Hatje/*Müller-Graff*, Art. 34 AEUV Rn. 110, 112 ff.

1303 Zu dieser Annahme kommt etwa auch *Rauer*, JA 2003, 382 (385).

1304 Siehe im Einzelnen: EuGH, Urteil vom 24. November 1982, Rs. 249/81 (Buy Irish), ECLI:EU:C:1982:402, Rn. 23; EuGH, Urteil vom 13. Dezember 1983, Rs. 222/83 (Apple and Pear), ECLI:EU:C:1983:370, Rn. 16 ff.

gleichen Freiheiten wie eine rein privat durchgeführte Maßnahme besitzt und zudem eine Institution erst als eine staatliche anzusehen ist, wenn Budget, Personalpolitik, bzw. Ziele vom Staat vorgegeben werden.[1305]

Bei einer privaten Initiative wie etwa der des VdP fehlt es jedenfalls an der mitgliedstaatlichen Beherrschung in personeller, finanzieller und inhaltlicher Hinsicht. Abgesehen davon, dass das einer rein privaten Initiative erwachsene Siegel im Vergleich zu einem Pendant hoheitlichen Hintergrunds keine Hürden, wie etwa in Form von Genehmigungsverfahren durch Institutionen der Europäischen Union zu überwinden hat, ist es in jedem Fall von der Problematik der staatlichen Absatzförderung mit etwaig tangierten Vorschriften über die Warenverkehrsfreiheit ausgenommen.[1306]

Obzwar es noch abzuwarten bleibt wie sich die Rechtsprechung des EuGH möglicherweise noch verfestigend entwickelt, wird es aber vermutlich auch bei den rein privaten Siegelinitiativen mit entsprechender Marktmachtstellung darauf ankommen, dass das Recht auf eine Qualitätsbezeichnung für eine inländische Ware eben nicht nur auf die schlichte Lokalisierung der inländischen Erzeugung zurückzuführen ist, sondern vielmehr von den objektiven inneren Merkmalen abhängt, aus denen sich die Erzeugnisqualität gegenüber einem gleichen Produkt geringerer Qualität ergibt. Da zu den objektiven, inneren Merkmalen lediglich solche zählen, die für jeden verständigen Dritten einen klaren Differenzierungsgrund darstellen und innere Produktmerkmale von Besonderheiten wie Geschmack oder Form bestimmt sind, kann zumindest die alleinige regionale Herkunftsnennung bei einem Erzeugnis keine besondere, eigenartige Qualität sachlich begründen, um letztlich als objektives, inneres Merkmal durchzugehen.[1307]

Im Zusammenhang mit der Tätigkeit von privaten Zertifizierungseinrichtungen, die etwa regionalen Erzeugnissen ihre attributive Spezifizierung verleihen, ist auch das Urteil *Sapod Audic* relevant, wo der EuGH Stellung bezüglich der vertraglichen Verpflichtung zwischen zwei Privatunternehmen bezog. Der EuGH-Entscheidung lag im Ausgangsverfahren der Rechtsstreit zwischen der im Abfall- und Erzeugnisverwertungsbereich tätigen Firma „Sapod Audic" und dem Geflügelerzeugnisse in Plastikhüllen verpackenden Unternehmen

1305 *Becker/Benner*, Zur Problematik der Herkunftsangabe im regionalen Marketing, S. 24.

1306 Vgl. *FiBL Deutschland/MGH GUTES AUS HESSEN*, Entwicklung von Kriterien für ein bundesweites Regionalsiegel, S. 63.

1307 Vgl. *Karpenstein/Werres*, Staatliche Unterstützung für regionale Produkte, S. 48.

„Eco-Emballages SA“ zugrunde,[1308] bei dem es in der Sache um den vom Unternehmen „Sapod Audic“ gegenüber „Eco-Emballages SA“ erhobenen, vertraglich ausbedungenen Beitrag ging und „Eco-Emballages SA“ zum Zweck der Erfüllung bestimmter gesetzlicher Verpflichtungen ihren Anschluss an das von „Sapod Audic“ errichtete Abfallbeseitigungssystem erklärt hat.[1309] Nach anfänglicher Entrichtung des jährlichen Beitrags, stellte die Firma „Eco-Emballages SA“ die Zahlungen ein und machte im Ausgangsverfahren unter anderem geltend, dass die Verpflichtung, sich einem anerkannten System wie dem der Antragstellerin anzuschließen, eine Maßnahme gleicher Wirkung sei, die gegen die Warenverkehrsfreiheit verstoße.[1310] Vor diesem Hintergrund stellte der EuGH ausdrücklich klar, dass eine vertragliche Bestimmung, die nicht von einem Mitgliedstaat angeordnet, sondern zwischen Privaten vereinbart ist, keine Beschränkung der Warenverkehrsfreiheit darstelle.[1311]

Es zeichnet sich insofern ein schwieriger Weg zwischen der Gewährleistung der Warenverkehrsfreiheit einerseits und dem Freiraum für nationale Traditionen und Gebräuche anderseits ab.

IV. Privatrechtssubjekte und die horizontale Direktwirkung der Warenverkehrsfreiheit

Da sich mit einer wachsenden Privatisierung staatsdominierter Bereiche auch das Handeln privater Einrichtungen zunehmend unmittelbar grundfreiheitsbeschränkend auswirkt, wird spätestens auch das hinreichende Schutzbedürfnis des durch die Grundfreiheiten getragenen Binnenmarkts vor Beeinträchtigungen von privater Seite offenbar.[1312]

Die Frage nach der unionsrechtlichen Zulässigkeit von grenzüberschreitender Produktwerbung durch Privatrechtssubjekte ist dabei eng mit dem Rechtsinstitut der horizontalen Direktwirkung der transnationalen Grundfreiheiten des Binnenmarkts verbunden. Obgleich die Reichweite des grundfreiheitlichen Schutzes im Zusammenhang mit Privaten noch nicht abschließend geklärt ist, kristallisieren sich im Wesentlichen zwei verschiedene Betrachtungsweisen heraus, die nachfolgend näher dargestellt werden sollen. Die Thematik,

---

1308 EuGH, Urteil vom 6. Juni. 2002, Rs. C-159/00 (Sapod Audic), ECLI:EU:C:2002:343, Rn. 2, 10, 12.

1309 Ibid., Rn. 2, 13.

1310 Ibid., Rn. 15, 17.

1311 Ibid., Rn. 74.

1312 *Schmahl/Jung*, NVwZ 2013, 607 (609).

die auch unter dem teils umstrittenen Begriff der unmittelbaren Drittwirkung geführt wird,[1313] fand bereits häufig Einzug in diverse Qualifikationsliteratur und umfasst ein breit gefächertes Meinungsspektrum,[1314] das in Bezug auf die unionalen Grundfreiheiten deren Wirkung in Privatrechtsverhältnissen behandelt.[1315] Während sich also Privatpersonen gegenüber den Mitgliedstaaten auf ihre unmittelbar anwendbaren grundfreiheitlichen Rechte – wie die Freiheit des Warenverkehrs – berufen können, ist durchaus umstritten, ob und inwieweit dies auch zwischen Privatpersonen gilt.[1316] Der recht konträre Kurs des EuGH deutet diesbezüglich auf nichts Gegenteiliges hin.[1317] Der EuGH hat die unmittelbare Bindung Privater an die Grundfreiheiten zunächst in puncto der Arbeitnehmer- und Dienstleistungsfreiheit anerkannt,[1318] damit die den Mitgliedstaaten untersagten Beschränkungen der Grundfreiheiten nicht durch Handlungen Privater in Ausnutzung ihrer Vertragsfreiheit umgangen werden.[1319] Im Hinblick auf die Warenverkehrsfreiheit schien die Annahme der horizontalen Direktwirkung in Privatrechtsverhältnissen anfänglich ebenfalls auf Zustimmung des EuGH zu

---

1313 Ablehnend gegenüber dem Begriff der der unmittelbaren Drittwirkung *Müller-Graff*, EuR 2014, 3 (7). Nach *Müller-Graff* transportiere das „in seinem Ursprungsterrain veraltete Wort der „Drittwirkung“ fernwirkend in die Grundfreiheiten subtextuell ein *Vorverständnis*, diese als konzeptionell primär staatsgerichtete Beschränkungsverbote zu begreifen.“; zur begrifflichen Kritik ausführlich auch *Preedy*, Die Bindung Privater an die europäischen Grundfreiheiten, S. 19 ff.

1314 Unter Nennung von sechzehn Literaturquellen aus dem Zeitraum 1997–2012 *Müller-Graff*, EuR 2014, 3 (3 ff.).

1315 Ausführlich zur Thematik der Drittwirkung der Grundfreiheiten auf das Verhalten Privater auch *Riesenhuber*, Europäisches Vertragsrecht, Rn. 97 ff.

1316 *Förster*, Die unmittelbare Drittwirkung der Grundfreiheiten, S. 20.

1317 Hierzu auch *Heermann*, Warenverkehrsfreiheit, S. 11; ausführlich zur Rechtsprechungsentwicklung des EuGH in Sachen horizontaler Direktwirkung der Warenverkehrsfreiheit vgl. nur: *Keun*, Mitgliedstaatliche Handlungspflichten, S. 25 ff.; *Ludwigs/Weidermann*, JURA 2014, 152 (158 ff.); *Millarg*, Die Schranken des freien Warenverkehrs, S. 49 f.; zusammenfassend in Bezug auf die uneinheitliche Rspr. zur Bindungswirkung der Grundfreiheiten insgesamt *Preedy*, Die Bindung Privater an die europäischen Grundfreiheiten, S. 55.

1318 In Bezug auf die angenommene horizontale Direktwirkung bei der Arbeitnehmer- und Dienstleistungsfreiheit vgl. nur: EuGH, Urteil vom 12. Dezember 1974; Rs. 36–74 (Walrave), ECLI:EU:C:1974:140, Rn. 16/19; EuGH, Urteil vom 15. Dezember 1995, Rs. C-415/93 (Bosman), ECLI:EU:C:1995:463, Rn. 82 ff.; EuGH, Urteil vom 6. Juni 2000, Rs. C-281/98 (Angonese), ECLI:EU:C:2000:296, Rn. 30 ff.

1319 So *Ehlers*, in: Ehlers, § 7 Rn. 57.

stoßen.[1320] Später wurde seitens des EuGH allerdings betont, dass sich die Warenverkehrsfreiheit nur auf staatliche Maßnahmen, nicht aber auf Verhaltensweisen von Unternehmen erstrecke.[1321] Dadurch dass die Grundfreiheiten nicht als subjektive Rechte, sondern vielmehr als Verbotsnormen ausgestaltet sind, die nur ausnahmsweise über das Konstrukt der horizontalen Direktwirkung auch subjektive Rechte gewähren,[1322] erklärt sich – wahrscheinlich auch unabhängig einer eindeutig kommunizierten Position zur Thematik – die Summe der EuGH-Entscheidungen, die für die Ablehnung einer grundsätzlich anzunehmenden horizontalen Direktwirkung von Art. 34 AEUV spricht.[1323]

Nach der grammatikalischen Auslegung ist die ablehnende Sichtweise gegenüber der horizontalen Direktwirkung der Warenverkehrsfreiheit plausibel. Wenngleich die Formulierung „zwischen den Mitgliedstaaten" gem. Art. 34 AEUV hinsichtlich einer Umschreibung des eingeschränkten räumlichen Anwendungsbereichs der Warenverkehrsfreiheit verstanden werden kann,[1324] deutet der Wortlaut von Art. 34 AEUV sowie der Rechtfertigungsgründe für die Beschränkung der Warenverkehrsfreiheit gem. Art. 36 AEUV (hierzu zählen im Übrigen die „öffentliche Sittlichkeit, Ordnung und Sicherheit") in den diversen Sprachfassungen eher auf staatliches als auf privates Handeln hin.[1325] Doch obschon es sich bei mengenmäßigen Beschränkungen und Maßnahmen gleicher

1320 Hierzu EuGH, Urteil vom 22. Januar 1981, Rs. 58/80 (Dansk Supermarked), ECLI:EU:C:1981:17, Rn. 17; vgl. *Heermann*, Warenverkehrsfreiheit, S. 11; vgl. *Förster*, Die unmittelbare Drittwirkung der Grundfreiheiten, S. 51; vgl. *Frenz*, Handbuch Europarecht 1, Rn. 349; *Stoppel*, Grundfreiheitliche Schutzpflichten S. 28; wohl a.A.: *Kloepfer/Greve*, DVBl 2013, 1148 (1151); *Preedy*, Die Bindung Privater an die europäischen Grundfreiheiten, S. 28.

1321 EuGH, Urteil vom 1. Oktober 1987, Rs. 311/85 (VVR), ECLI:EU:C:1987:418, Rn. 30; EuGH, Urteil vom 27. September 1987, Rs. 65/86 (Bayer/Süllhöfer), ECLI:EU:C:1988:448, Rn. 11.

1322 Vgl. *Preedy*, Die Bindung Privater an die europäischen Grundfreiheiten, S. 145.

1323 Zu diesem Schluss gelangen auch: *Keun*, Mitgliedstaatliche Handlungspflichten, S. 29; *Kopp*, Geografische Qualitätszeichen, S. 153; *Rauer*, Zwischen Binnenmarkt und Wahrung nationaler Identität, S. 22.

1324 *Schmahl/Jung*, NVwZ 2013, S. 607 (611) m.w.N.

1325 Ausführlich mit skeptischen Blick auf die Annahme der unmittelbaren Drittwirkung der Grundfreiheiten *Ehlers*, in: Ehlers, § 7 Rn. 60; unter Bezugnahme auf den Wortlaut ablehnend gegenüber der unmittelbaren Drittwirkung der Warenverkehrsfreiheit *Frenz*, Handbuch Europarecht 1, Rn. 729; in Bezug auf Rechtfertigungsgründe vgl. auch: *Andresen*, Die Pflichten der EU-Mitgliedstaaten, S. 182; *Rauer*, Zwischen Binnenmarkt und Wahrung nationaler Identität, S. 27.

Wirkung im Sinne des Art. 34 AEUV zumeist um staatliche Maßnahmen handelt und auch die aufgehobenen, ehemaligen Art. 31–33, 34 Abs. 2 und 35 EWGV ausdrücklich an die Mitgliedstaaten gerichtet waren, trifft weder Art. 34 AEUV noch Art. 36 AEUV eine eindeutige Aussage bezüglich des in Frage kommenden Urhebers von verbotenen Handelsbeschränkungen.[1326]

Wenn dagegen mit der übergeordneten Systematik der Grundfreiheiten mitsamt ihren geschriebenen Rechtfertigungsgründen dahingehend argumentiert wird, dass sich nur staatsbezogenes Verhalten vor den Grundfreiheiten zu verantworten hätte und die Durchsetzung nichtwirtschaftlicher, öffentlicher Interessen den Mitgliedstaaten obliege,[1327] lohnt im Zusammenhang der Warenverkehrsfreiheit ein Blick auf Art. 37 AEUV. Insoweit lässt die systematische Auslegung des Art. 34 AEUV auf keine Begrenzung des Pflichtadressatenkreises hinsichtlich der Mitgliedstaaten schließen, weil eine eindeutig mitgliedstaatlich adressierte Begleitvorschrift wie Art. 37 AEUV im Gegenzug die offene Auslegung von Art. 34 AEUV hervorhebt.[1328]

Bestätigt wird diese Sichtweise vom Telos des Art. 34 AEUV. Denn nicht zuletzt der Verbotstatbestand des Art. 34 AEUV richtet sich prinzipiell gegen alle Beschränkungen des transnationalen Marktzugangs auf dem Binnenmarkt,[1329] sodass die schlussendliche Bestimmung des Urhebers in Bezug auf den staatlichen oder privaten Hintergrund irrelevant ist und anderenfalls „die einheitliche Durchsetzung zur mitgliedstaatlichen Organisationsdisposition“ stünde.[1330] Außerdem bedeutet die eingeschränkte Passgenauigkeit der grundfreiheitlichen Rechtfertigungsgründe für privates Handeln nicht zwingend eine Absage an eine horizontale unmittelbare Direktwirkung zwischen Privaten, weil eben auch private Maßnahmen im Einzelfall einem Allgemeininteresse dienen können,[1331] sowie grundlegende EuGH-Entscheidungen – wie etwa die Rechtssache *Cassis de Dijon* – zu den ungeschriebenen Rechtfertigungsgründen einen Beleg für die dogmatische Entwicklung nahelegen.[1332]

1326 In diese Richtung *Ludwigs/Weidermann*, JURA 2014, 152 (155); *Millarg*, Die Schranken des freien Warenverkehrs, S. 30, 48; so auch *Preedy*, Die Bindung Privater an die europäischen Grundfreiheiten, S. 95, 98.

1327 So *Cremer*, in: Ehlers/Fehling/Pünders, § 9 Rn. 29; vgl. auch *Keun*, Mitgliedstaatliche Handlungspflichten, S. 30.

1328 Vgl. *Förster*, Die unmittelbare Drittwirkung der Grundfreiheiten, S. 52 ff. m.w.N.

1329 Wohl a.A. *Epiney* in: Ehlers, § 8 Rn. 22.

1330 Vgl. *Müller-Graff*, EuR 2014, 3 (9).

1331 Vgl. *Kopp*, Geografische Qualitätszeichen, S. 158 m.w.N.

1332 *Ludwigs/Weidermann*, JURA 2014, 152 (155).

Ebenso wenig mag der Einwand gegen die Annahme der horizontalen Direktwirkung gelten, dass die Verhaltensweisen von Privatrechtssubjekten bereits durch die wettbewerbsrechtlichen Vorschriften der Art. 101 ff. AEUV erfasst seien, insofern ein Exklusivitätsverhältnis[1333] hinsichtlich Art. 34 AEUV bestehe und es für die Verwirklichung der Warenverkehrsfreiheit jedenfalls keines zusätzlichen Regelungsautomatismus bedarf.[1334] Die Art. 101 und 102 AEUV richten sich mitnichten speziell an Private.[1335] Die Wettbewerbsregeln umfassen daher in zweifacher Zielrichtung den Schutz des Wettbewerbs als Institution, sowie den Individualschutz bestimmter Handelsteilnehmer ganz ähnlich den Grundfreiheiten im Rahmen der Binnenmarktverwirklichung als institutionelles Ziel und der Gewährleistung der individuellen Freiheitsrechte.[1336] Mit der apodiktischen Aufspaltung des Unionsrechts auf den Staat einerseits (Grundfreiheiten) und Private andererseits (EU-Wettbewerbsrecht) würde aber gerade die Binnenmarktmarktverwirklichung kontestiert werden.[1337] Eine derartige Lücke im Schutz der freien Verkehrsströme wäre in Anbetracht der überragenden Bedeutung der Warenverkehrsfreiheit für die wirtschaftliche Integration in der Europäischen Union nur schwer hinnehmbar.[1338] Außerdem liefe das Wettbewerbsrecht mit der Annahme der Bindung Privater an die Grundfreiheiten nicht ins Leere, weil schließlich die Grundfreiheiten und die wettbewerbsrechtlichen Regeln zwei eigenständige, unterschiedliche Normkomplexe abdecken: Während die Grundfreiheiten zwischenstaatlichen Beschränkungen entgegenstehen, dienen die Wettbewerbsregeln dem Schutz des redlichen, unverfälschten und freien Wettbewerbs gegen private Beeinträchtigungen.[1339]

Wenn allerdings staatlich definierte Normen am Maßstab der Grundfreiheiten zu messen sind und von Unternehmen vereinbarte Normen eine Überprüfung anhand der Wettbewerbsregeln erfahren, wird privaten Normen, die

---

1333 Zum Exklusivitätsverhältnis von Art. 101 AEUV und Art. 34 AEUV vgl. *Preedy*, Die Bindung Privater an die europäischen Grundfreiheiten, S. 100.

1334 Vgl. hierzu *Epiney*, in: Ehlers, § 8 Rn. 22; vgl. Geiger/Khan/*Kotzur*, Art. 34 AEUV Rn. 10; vgl. auch *Korte/Oschmann*, NJW 2003, 1766 (1769).

1335 Der EuGH hat vielmehr über die Brücke des Loyalitätsgebots aus Art. 4 III EUV auch eine (mittelbare) Bindung der Mitgliedstaaten an das Kartell und Missbrauchsverbot angenommen. Grundlegend hierzu EuGH, Urteil vom 1988, Rs 267/86 (Van Eycke), Rn 16.

1336 *Preedy*, Die Bindung Privater an die europäischen Grundfreiheiten, S. 108.

1337 *Ludwigs/Weidermann*, JURA 2014, 152 (155, 160).

1338 *Millarg*, Die Schranken des freien Warenverkehrs, S. 48.

1339 *Preedy*, Die Bindung Privater an die europäischen Grundfreiheiten, S. 106 f.

kraft gesetzlicher Verweisung faktisch marktzugangsregelnd wirken, eine Zwitterstellung nachgesagt.[1340] Ihre Behandlung kann zwar beide beschriebenen Normkomplexe umfassen, aber zumindest in der Funktion als hoheitlich verlängertes Instrument protektionistischen Hintergrunds eine Behandlung über die Grundfreiheit des Art. 34 AEUV nahelegen. Insofern gilt es stets die schwerpunktmäßige Zielsetzung von privaten Normen, denen eine solche Zwitterstellung anheimfällt, zu eruieren und aufgrund dessen eine Entscheidung über die rechtliche Behandlung herbeizuführen. Die Argumentation jedenfalls, dass die unmittelbare Anwendung des Art. 34 AEUV im Privatrechtsverkehr für den Bürger Einschränkungen seiner allgemeinen Handlungsfreiheit oder der Berufsfreiheit brächte, wenn etwa „einem heimischen Erzeuger eine Werbekampagne für seine Produkte mit der Begründung untersagt werden könnte, diese Absatzförderung verschlechtere die Marktchancen eingeführter Waren" und kollidiere deswegen mit Art. 34 AEUV,[1341] überzeugt nicht in ihrer Pauschalität. Schließlich könnten sich die genannten heimischen Erzeuger - in ihrer Funktion als unternehmerische Marktakteure - durchaus zu einer derart gewichtigen, möglicherweise gar marktbeherrschenden Stellung aufschwingen sowie zusammenschließen und dadurch den freien Warenverkehr beeinträchtigen. Deswegen drängt sich im Endeffekt die Rechtsgüterabwägung im konkreten Einzelfall geradezu auf, um als zweckgerichtete Lösung der Berücksichtigung verschiedener Partikularinteressen gerecht zu werden und der Warenverkehrsfreiheit zum erforderlichen Wirkspektrum zu verhelfen.

Gegen die Annahme der horizontalen Direktwirkung der Warenverkehrsfreiheit werden wiederum verfahrensrechtliche Erwägungen angeführt. Da aus verfahrensrechtlicher Sicht die Kernaufgabe des EuGH in den Vorabentscheidungsverfahren nach Art. 267 AEUV und der Überprüfung der grundfreiheitskonformen Durchsetzung nationalen Rechts liegt,[1342] würden mit der Annahme der unmittelbaren Bindung von Privatpersonen an die Grundfreiheiten nach vereinzelter Ansicht „die Grundfeste des bestehenden Rechtsschutzsystems gesprengt" werden.[1343] Diese Auffassung vernachlässigt jedoch, dass letztlich schon mehr zur fundamentalen Veränderung eines etablierten

1340 *Schweitzer*, EuZW 2012, 765 (766).

1341 Zu dieser Argumentation vgl. *Millarg*, Die Schranken des freien Warenverkehrs, S. 50 f.

1342 Im Einzelnen *Frenz*, Europarecht, Rn. 1425 ff.

1343 So aber *Andresen*, Die Pflichten der EU-Mitgliedstaaten, S. 182.

Rechtsschutzsystems gehört, als einer dynamischen Rechtsentwicklung in Form der horizontalen Direktwirkung der Grundfreiheiten Raum zu geben.

1. Schutzpflichtenlösung

Vom Standpunkt ausgehend, dass sich die Warenverkehrsfreiheit an die Mitgliedstaaten richtet, sind durch Private veranlasste Hemmnisse des freien Warenverkehrs seitens des EuGH über die staatliche Schutzpflicht einer rechtlichen Aufarbeitung zugeführt worden.[1344] Auch die im Zusammenhang mit Güte- bzw. geografischen Herkunftszeichen stehende Rechtsprechung des EuGH in der Sache *Delhaize*[1345] reiht sich in die Riege ergangener Entscheidungen[1346] ein und trifft lediglich eine Aussage über die mittelbare, nicht jedoch über die horizontale Direktwirkung.[1347]

Bei der Schutzpflichtenlösung, die auch unter der sogenannten mittelbaren Drittwirkung der Grundfreiheiten diskutiert wird,[1348] geht es um die Regelung der Beziehungen Privater, die aus den Fugen geraten sind und der Staat zum Zwecke des Schutzes der Einheit der Unionsrechtsordnung eine entsprechende Kurskorrektur vornehmen muss.[1349] Diese Thematik wird bereits seit geraumer Zeit unter dem Begriff der grundrechtlichen Schutzpflichten im deutschen Verfassungsrecht disputiert und in der Rolle des Staats sowie in zwei sich gegenüberstehende Private dargestellt, die den Staat wiederum als Schutzgewährer zugunsten des privaten Opfers und gegen den privaten Störer erleben.[1350]

Nach dem Denkmodell der staatlichen Schutzpflicht können sich also private Marktteilnehmer in ihren Rechtsbeziehungen zueinander nicht unmittelbar auf die unionsrechtlichen Garantien berufen, sondern eine den Staat verpflichtende

---

1344 Vgl. hierzu nur: *Kopp*, Geografische Qualitätszeichen, S. 150 ff.; *Rauer*, Zwischen Binnenmarkt und Wahrung nationaler Identität, S. 23 f.; *Roth*, EWS 2013, 16 (19); *Schmahl/Jung*, NVwZ 2013, 607 (609).

1345 EuGH, Urteil vom 9. Juni 1992, Rs. C-47/90 (Delhaize), ECLI:EU:C:1992:250, Rn. 13 ff.

1346 Vgl. nur EuGH, Urteil vom 22. Januar 1981, Rs. 58/80 (Dansk Supermarked), ECLI:EU:C:1981:17, Rn. 17; in Bezug auf die „nur mittelbaren Auswirkungen" der Warenverkehrsfreiheit zwischen Privaten im Rahmen der EuGH-Entscheidung zu Dansk Supermarked vgl. auch *Förster*, Die unmittelbare Drittwirkung der Grundfreiheiten, S. 43 m.w.N.

1347 Vgl. *Kopp*, Geografische Qualitätszeichen, S. 155 f.

1348 Vgl. *Preedy*, Die Bindung Privater an die europäischen Grundfreiheiten, S. 33 f.

1349 Vgl. *Frenz*, Handbuch Europarecht 1, Rn. 206, 219.

1350 Ausführlich hierzu *Stoppel*, Grundfreiheitliche Schutzpflichten, S. 35 ff., 118.

Norm des Unionsrechts nimmt auf eine lediglich zwischen Privaten geltende nationale Rechtsvorschrift mittels unionsrechtskonformer Auslegung Einfluss,[1351] während der Staat selbst als Schutzpflichtträger gegenüber dem Einzelnen unmittelbarer Normadressat bleibt.[1352] Private bleiben insofern nur an die nationalen Rechtsordnungen gebunden, wobei die Wertungen des Unionsrechts über die Generalklauseln und auslegungsbedürftigen Rechtsbegriffe mittelbar Eingang in eben jene nationale Rechtsordnung finden.[1353] Beispielsweise werden somit innerstaatliche Rechtsvorschriften wie die §§ 138 Abs. 1, 242 und 826 des BGB als „Einbruchstellen" zwischen Privaten unionsrechtskonform ausgelegt und Art. 34 AEUV wirkt mittelbar auf die privaten Rechtsbeziehungen ein.[1354] Aufgrund der vom EuGH angenommenen Verpflichtung der Mitgliedstaaten, „alle erforderlichen und geeigneten Maßnahmen zu ergreifen, um in ihrem Gebiet die Beachtung dieser Grundfreiheit sicherzustellen", kann aber Art. 34 AEUV „auch dann Anwendung finden, wenn ein Mitgliedstaat keine Maßnahmen ergriffen hat, um gegen Beeinträchtigungen des freien Warenverkehrs einzuschreiten, deren Ursachen nicht auf den Staat zurückzuführen sind."[1355] Neben einer möglicherweise bestehenden Rechtspflicht zum Handeln sind aktivem staatlichen Tun Unterlassungen gleichzusetzen.[1356] Sofern also ein Mitgliedstaat dieser Pflicht nicht nachkommt, kann ein solches Unterlassen etwa den Verstoß gegen die Warenverkehrsfreiheit darstellen,[1357] bei der sowohl die geschriebenen Rechtfertigungsgründe gem. Art. 36 AEUV als auch die zwingenden Erfordernisse grundsätzlich direkt anwendbar sind.[1358] Die Rechtfertigung vollzieht sich hierbei in der Aufspaltung von determinierten Rechtfertigungsgründen des Art. 36 AEUV einerseits und zwingenden Erfordernissen des Allgemeinwohls auf der Tatbestandsebene andererseits.

Letztlich obliegt es den Mitgliedstaaten oder der Europäischen Union für ein grundfreiheitlich behinderndes Verhalten von privaten Akteuren genauso

---

1351 *Keun*, Mitgliedstaatliche Handlungspflichten, S. 25.

1352 Vgl. *Ludwigs/Weidermann*, JURA 2014, S. 152.

1353 *Rauer*, Zwischen Binnenmarkt und Wahrung nationaler Identität, S. 24.

1354 Vgl. *Kopp*, Geografische Qualitätszeichen, S. 153; vgl. *Millarg*, Die Schranken des freien Warenverkehrs, S. 52.

1355 EuGH, Urteil vom 9. Dezember 1997, Rs. C-265/95 (Agrarblockade), ECLI:EU:C:1997:595, Rn. 30, 32; in diesem Zusammenhang auch EuGH, Urteil vom 12. Juni 2003, Rs. C-112/00 (Schmidberger), ECLI:EU:C:2003:333, Rn. 57.

1356 *Frenz*, Europarecht, Rn. 243, 268.

1357 *Heermann*, Warenverkehrsfreiheit, S. 10.

1358 Vgl. *Keun*, Mitgliedstaatliche Handlungspflichten, S. 71.

wie für beeinträchtigende Naturereignisse einzustehen,[1359] wenn beispielsweise Demonstranten die Schranken der ihnen zugestandenen Rechte überschreiten und die Warenverkehrsfreiheit beeinträchtigen oder aber ein Fall der öffentlichen Beaufsichtigung privater Projekte gegeben ist.[1360] Anstelle des direkten Vorgehens gegen die privaten Störer, wird der Mitgliedstaat, in dem eben jene Störer agieren, wegen Unterlassens notwendiger Maßnahmen zur Gewährleistung der Unionsrechtsordnung verantwortlich gemacht und dabei die Frage nach dem „ob" und gegebenenfalls dem „wie" des staatlichen Eingreifens behandelt.[1361]

Zur Gewährleistung des freien Warenverkehrs wird ein staatliches Einschreiten bei einer Beeinträchtigung des grenzüberschreitenden Handels für unabdingbar erklärt, sodass dem betreffenden Mitgliedstaat im Übrigen kein Entschließungsermessen zukommt und sich die Frage, ob Maßnahmen bei einer entstandenen Handlungspflicht zu ergreifen sind, gar nicht erst stellt.[1362] Dahingegen fällt das mitgliedstaatliche Auswahlermessen sowie die Durchsetzung der Grundfreiheit des freien Warenverkehrs in die ausschließliche Entscheidungsbefugnis der jeweiligen nationalen Behörden und kann vom EuGH nur im Rahmen einer Evidenzkontrolle überprüft werden.[1363]

Wann im Einzelfall von einer Zurechnung auszugehen ist, beurteilt sich einerseits nach Faktoren wie der Möglichkeit der öffentlichen Hand bindende Anweisungen zu erteilen, dem Eigentum, der finanziellen Beteiligung, der administrativen und/oder gesetzlichen Abhängigkeit von der öffentlichen Hand oder auch der Mitgliederernennung,[1364] während andererseits auch eine staatlich ersuchte Entledigung von unionsvertraglich auferlegter Verantwortung nicht zur Flucht in das Privatrecht führen darf.[1365]

Um etwa eine solche Flucht in das Privatrecht zu verhindern, bedarf es auch entsprechend wirksamer Schutzinstrumentarien. Wegen einer raschen

---

1359 Zur staatlichen Einstandspflicht bei Naturereignissen im notwendigen Schutzumfang und in den Grenzen staatlicher Leistungsfähigkeit vgl. *Frenz*, Handbuch Europarecht 1, Rn. 732.

1360 Bergmann/*Weller*, Handlexikon EU, Stichwort: „Warenverkehr, Freier", S. 1036.

1361 Vgl. *Preedy*, Die Bindung Privater an die europäischen Grundfreiheiten, S. 32 f.

1362 Vgl. *Keun*, Mitgliedstaatliche Handlungspflichten, S. 66.

1363 Ibid., S. 66, 69.

1364 Vgl. nur EuGH, Urteil vom 20. September 1988, Rs. 31/87 (Beentjes), ECLI:EU:C:1988:422, Rn. 11 f.

1365 Vgl. *Karpenstein/Werres*, Staatliche Unterstützung für regionale Produkte, S. 44 f. mit Verweis auf EuGH, Urteil vom 24. November 1982, Rs. 249/81 (Buy Irish), ECLI:EU:C:1982:402, Rn. 15.

Eingriffsnotwendigkeit im Falle mitgliedstaatlich zurechenbaren Verhaltens, aufgrund von Beeinträchtigungen der Warenverkehrsfreiheit, „wurden durch eine Verordnung aus dem Jahre 1998 einheitliche Informations- und Handlungspflichten der Mitgliedstaaten vorgesehen, was der Kommission die Möglichkeit einräumt, in solchen Fällen schnell zu reagieren.“[1366] Gem. Art. 5 Abs. 1 der Verordnung (EG) Nr. 2679/98 kann die Kommission den betroffenen Mitgliedstaat auffordern, „alle erforderlichen, der Situation angemessenen Maßnahmen zu treffen, die dazu dienen, die genannte Behinderung innerhalb eines Zeitraums zu beseitigen, den die Kommission unter Berücksichtigung der Dringlichkeit des Falls festlegt.“ Zugleich betont aber Art. 2 der Verordnung (EG) Nr. 2679/98 ausdrücklich, dass sich eine solche Auslegung der Verordnung verbietet, die „in irgendeiner Weise die Ausübung der in den Mitgliedstaaten anerkannten Grundrechte“ beeinträchtigt. Daher hat der Mitgliedstaat bei der Erfüllung der Schutzpflicht zugleich die Grundrechte in seine Erwägungen miteinzubeziehen und die grundrechtlich geschützten Interessen gegen die Marktfreiheit abzuwägen.[1367]

Gleichwohl die Verordnung (EG) Nr. 2679/98 ausweislich ihres Titels – „über das Funktionieren des Binnenmarktes im Zusammenhang mit dem freien Warenverkehr zwischen den Mitgliedstaaten“ – ein hehres Ziel verfolgt, wurde mit der Verordnung selbst keine erheblich effektivere Neuregelung im Bereich der Binnenmarktvorschriften eingeführt: Der reibungslose grenzüberschreitende Warenaustausch zwischen den Mitgliedstaaten hängt nämlich letzten Endes auch weiterhin maßgeblich von der Vertragstreue und der Handlungsbereitschaft der Mitgliedstaaten ab, während die von der Verordnung angestrebte schnellstmögliche Reaktionsmöglichkeit auf Vertragsverstöße nur durch eine Kombination mit der Durchführung eines beschleunigten Verfahrens seitens des EuGH wird erfolgen können.[1368]

Nichtsdestoweniger darf hierbei in Vergessenheit geraten, dass der Gewährleistungsgehalt der Warenverkehrsfreiheit aufgrund einer zum Tragen kommenden staatlichen Schutzpflicht keinesfalls den Schutz vor zulässiger ausländischer Konkurrenz erfasst.[1369]

1366 *Hakenberg*, Europarecht, Rn. 363 mit Verweis auf Verordnung (EG) Nr. 2679/98 des Rates vom 7. Dezember 1998 über das Funktionieren des Binnenmarktes im Zusammenhang mit dem freien Warenverkehr zwischen den Mitgliedstaaten, ABl. 1998, L 337, S. 8.

1367 *Jochum*, Europarecht, Rn. 900.

1368 *Keun*, Mitgliedstaatliche Handlungspflichten, S. 137.

1369 Vgl. *Stoppel*, Grundfreiheitliche Schutzpflichten, S. 123 f.

Vielmehr ist zugrunde zu legen, dass sich „die grundfreiheitliche Schutzpflicht als konsequente und mit Bezug auf die dogmatische Argumentationsfigur des „effet utile“ unbedenkliche Fortschreibung der bisher ergangenen Judikatur des EuGH zum Effektivitätsprinzip“ vollzieht.[1370] Die Abgrenzung zur horizontalen Direktwirkung hängt aber auch im Allgemeinen davon ab, welcher Lösungsansatz im jeweiligen Einzelfall der effektiveren Verwirklichung des Unionsrechts im Sinne des „effet utile“ zuträglich ist.[1371]

2. *Praktische Unterschiede im Kontext der horizontalen Drittwirkung und der Schutzpflichtenlösung*

Die Unterschiede bei der Anwendung der horizontalen Direktwirkung und der mittelbaren Drittwirkung der Grundfreiheiten sind von einiger praktischer Relevanz.

Sofern der Annahme gefolgt wird, Art. 34 AEUV nehme ausschließlich Mitgliedstaaten bzw. Träger hoheitlicher Gewalt in die Pflicht, dann hätten Private bei der Produktkennzeichnung mit möglicherweise absatzfördernden Zeichen konsequenterweise selbst auch nicht auf die Vorgaben des Art. 34 AEUV zu achten.[1372] Lediglich mittelbar sind ebenjene Private von Art. 34 AEUV betroffen, wenn die mitgliedstaatliche Beherrschung privatrechtlicher Verhaltensweisen in personeller, finanzieller und inhaltlicher Hinsicht,[1373] bzw. die einflussreiche Stellung eines Privatrechtssubjekts bei der Regelung des Marktzugangs,[1374] zu einer zuzurechnenden Einschreitungsverpflichtung des betreffenden Mitgliedstaates führt.

Obzwar die Entscheidung über die Annahme der horizontalen Direktwirkung der Grundfreiheiten vom Unionsgesetzgeber vermutlich bewusst offengelassen wurde und die umfassende Bindung Privater an die Warenverkehrsfreiheit möglicherweise sogar einen sinnigen Teil des Ordnungssystems des Binnenmarktes darstellt,[1375] indem etwa die Begründung zur Drittwirkung von Art. 34 AEUV aus der entwickelten „Argumentation hinsichtlich der Anwendbarkeit

1370 Ibid., S. 94.

1371 *Ludwigs/Weidermann*, JURA 2014, 152 (164).

1372 Vgl. *Kopp*, Geografische Qualitätszeichen, S. 138 f.

1373 Zur mitgliedstaatlichen Zurechnung in Bezug auf die *Buy Irish*-Entscheidung des EuGH vgl. *Stoppel*, Grundfreiheitliche Schutzpflichten, S. 18

1374 Zur Relevanz einer marktmächtigen Stellung eines Privatunternehmens vgl. EuGH, Urteil vom 12. Juli 2012, Rs. C-171/11 (Fra.bo), ECLI:EU:C:2012:453, Rn. 31.

1375 Vgl. *Förster*, Die unmittelbare Drittwirkung der Grundfreiheiten, S. 120, 157.

der Art. 45 AEUV, 49 AEUV und 56 AEUV auf Regelwerke anderer Art, die die abhängige Erwerbstätigkeit, die selbständige Arbeit und die Erbringung von Dienstleistungen kollektiv regeln sollen, per analogiam übertragen"[1376] würde, sprechen die überzeugenderen Argumente gegen diese Konzeption und für die Schutzpflichtenlösung:

Diese Sichtweise begründet sich bereits aus der unterschiedlichen Ausgangslage der beiden Ansätze. Während mit der Annahme der unmittelbaren Bindung die Grundfreiheiten selbst die Verbotsnormen sind, an denen sich privates Handeln entsprechend unionsrechtlich auszurichten hat, entspringt bei der mittelbaren Bindung Privater das eigentliche Verbot dem nationalen und nicht dem europäischen Recht.[1377]

Fraglich ist hierbei bereits, ob das Schutzbedürfnis privater Akteure im Hinblick auf das einschränkende Erfordernis des dogmatischen Denkmodells der horizontalen Direktwirkung überhaupt hinreichend ausgefüllt werden kann. Im Endeffekt setzt nämlich die direkte Bindung Privater an die Warenverkehrsfreiheit eine zwischen den Privatrechtssubjekten bestehende privatrechtliche Beziehung voraus, die sowohl den Individualvertrag zwischen zwei Privaten als auch die kollektive Rechtsetzung von Verbänden gegenüber Individuen umfasst und den Durchgriff auf den privaten Urheber der grundfreiheitlichen Beeinträchtigung erst ermöglicht.[1378] Sofern sich also ein grenzüberschreitender Sachverhalt unter Beteiligung von Privaten anhand öffentlich-rechtlicher Normen beurteilt, weil beispielsweise auf nationaler Ebene Vorschriften des Polizei- oder Strafrechts einschlägig sind um grundfreiheitliche Beeinträchtigungen durch Handlungen eines der Privatrechtssubjekte zu ahnden, ist zuvorderst an die mitgliedstaatliche Schutzpflichtenlösung zu denken.[1379]

Vor dem Hintergrund der Garantenstellung der Mitgliedstaaten in Bezug auf das eine mittelbare Drittwirkung entfaltende Unionsrecht ist zudem die Erforderlichkeit der horizontalen Direktwirkung der Grundfreiheiten in Zweifel zu ziehen,[1380] weil bereits mit der schutzrechtlichen Funktion eine

---

1376 So Generalanwältin *Trstenjak*, Schlussanträge vom 28. März 2012, Rs. C-171/11 (Fra.bo), ECLI:EU:C:2012:176, Rn. 43.

1377 Vgl. *Preedy*, Die Bindung Privater an die europäischen Grundfreiheiten, S. 66.

1378 *Stoppel*, Grundfreiheitliche Schutzpflichten, S. 33.

1379 Vgl. hierzu ibid., S. 35.

1380 Vgl. *Rauer*, Zwischen Binnenmarkt und Wahrung nationaler Identität, S. 28 m.w.N.; in Bezug auf den ausreichenden Schutz des staatlichen Schutzpflichtenkonstrukts vgl. auch *Stoppel*, Grundfreiheitliche Schutzpflichten, S. 248.

Gewährleistungsverantwortung der Mitgliedstaaten für die Grundfreiheiten projiziert wird. Auf diese Weise können die Unterschiede zwischen der Ausübung staatlicher Hoheitsgewalt und privatautonomem Handeln adäquat abgebildet werden.[1381] Als alleiniger Adressat der Grundfreiheiten vermag der Staat durch die Ausgestaltung der nationalen Rechtsordnungen – etwa der des Straf- und Privatrechts – eigenständige, anpassbare Plattformen zur Unterbindung privater Handelsbeschränkungen zu schaffen, „so dass sich lediglich durch eine ungenügende Rechtsdurchsetzung Behinderungen für die Grundfreiheiten ergeben können."[1382]

Bei der Schutzpflichtenlösung kann die Bejahung einer staatlichen Einschreitungsverpflichtung zum Schutz der Grundfreiheiten im Übrigen genauso mit einem Anspruch des Schutzbedürftigen korrespondieren, wobei der Schutzumfang jedoch grundsätzlich im Ermessen der Mitgliedstaaten liegt.[1383] In Bezug auf die Erfüllung eben jener grundfreiheitlichen Schutzpflichten verfügen die Mitgliedstaaten also über einen weiten Spielraum bei der Auswahl der in Betracht kommenden präventiven und repressiven Maßnahmen.[1384]

Auf einem ganz anderen Blatt steht wiederum die Frage, ob sich das Konstrukt der staatlichen Schutzpflichten als Alternative zur horizontalen Direktwirkung nicht als zu schwerfällig für die effektive Durchsetzung der Grundfreiheiten erweist, wenn etwa Abhilfe nicht bereits auf behördlichem Wege zu erlangen ist und erst noch Verwaltungsrechtsschutz beansprucht werden muss.[1385]

In diesem Punkt kann mit der umfassenden Annahme der horizontalen Direktwirkung zwar von einer effektiveren Durchsetzungsmöglichkeit von Unionsrecht auszugehen sein, doch gingen zugleich Kompetenzprobleme im Rahmen der negativen Berührung der Gewaltenteilung einher, wie etwa im Falle des Entscheids über die Reichweite einzelner Rechte durch den EuGH, anstelle des nationalen Gesetzgebers.[1386] Innerstaatliche Beziehungen zwischen Bürger und Staat würden insoweit durch das Unionsrecht determiniert und mitgliedstaatlichen Befugnisse zur selbstbestimmten Ausgestaltung der Privatautonomie

---

1381 Vgl. Calliess/Ruffert/*Kingreen*, Art. 34–36 AEUV Rn. 116.

1382 *Andresen*, Die Pflichten der EU-Mitgliedstaaten, S. 181 f.

1383 Vgl. *Ehlers*, in: Ehlers, § 7 Rn. 38.

1384 Ausführlich zum mitgliedstaatlichen Ermessen im Rahmen der grundfreiheitlichen Schutzpflichtenthematik vgl. *Stoppel*, Grundfreiheitliche Schutzpflichten, S. 154 ff., 166.

1385 Vgl. *Ludwigs/Weidermann*, JURA 2014, 152 (155).

1386 Ausführlich zum Meinungsstreit der unmittelbaren Drittwirkung der Warenverkehrsfreiheit im Schifttum *Kopp*, Geografische Qualitätszeichen, S. 156 ff.

beschnitten.[1387] Zur Vermeidung solcher Verschiebungen auf Kosten mitgliedstaatlicher Zuständigkeiten vermag der Lösungsansatz von der grundfreiheitlichen Schutzpflicht der Mitgliedstaaten auch gerade dem Kompetenzgefüge in der Europäischen Union zu entsprechen.[1388]

Außerdem greift, wie bereits zum Verhältnis der Art. 107 ff. AEUV und Art. 34 ff. AEUV beschrieben, in einem sich selbst regulierenden Markt mit privaten Wirtschaftsteilnehmern schwerpunktmäßig das abschließende Regelwerk des AEUV zum Wettbewerbsrecht und nicht das der Warenverkehrsfreiheit.[1389] Die generelle Anwendung von Art. 34 AEUV auf Private würde demnach nur zu einer empfindlichen Einschränkung eben jener Privatautonomie führen.[1390] So würde der Unterschied, dass „private Verhaltensweisen grundsätzlich durch den Wettbewerb gesteuert werden und daher staatliche Eingriffe die Ausnahme bleiben sollen", bei Annahme einer umfassenden horizontalen Direktwirkung der Warenverkehrsfreiheit verwässert werden.[1391] Der abschließende Charakter der unionalen Wettbewerbsregeln lässt sich im Übrigen aus dem Umkehrschluss des Art. 106 Abs. 2 AEUV folgern, der für private Unternehmen ausdrücklich eine Bindung an die Vorschriften des AEU-Vertrages vorsieht und schlichtweg überflüssig wäre, wenn Art. 34 AEUV grundsätzlich an Private gerichtet wäre.[1392] Von den Wettbewerbsregeln nicht umfasste Fälle mit privater Beteiligung lassen sich bei grundfreiheitsbeschränkender Wirkung im Endeffekt angemessen und zudem freiheitsschonender mithilfe der Schutzpflichtenlösung bewältigen.[1393] Die Argumentationsrichtung, dass privates Handeln genauso wie staatliche Maßnahmen gleichermaßen an den Grundfreiheiten zu messen ist, unterstellt geradezu eine unionsrechtliche Regelungslücke in Bezug auf die private Machtausübung.

Sofern fehlendes oder nicht auslegungsfähiges nationales Recht möglicherweise zu Lasten des transnationalen Marktakteurs ginge, insoweit ein Fall von Staatshaftung in Betracht kommt und in Übereinstimmung einer unterschiedliche Adressaten erfassenden Rechtsprechung des EuGH eher die ergänzende Heranziehung der staatlichen Schutzpflicht vorzugswürdig erscheint,[1394] wird

1387 *Keun*, Mitgliedstaatliche Handlungspflichten, S. 31.

1388 *Stoppel*, Grundfreiheitliche Schutzpflichten, S. 260.

1389 Vgl. *Schmahl/Jung*, NVwZ 2013, 607 (612).

1390 *Epiney*, NVwZ 2013, 692 (694).

1391 Calliess/Ruffert/*Kingreen*, Art. 34–36 AEUV Rn. 115.

1392 Vgl. *Kopp*, Geografische Qualitätszeichen, S. 160 m.w.N.

1393 *Schmahl/Jung*, NVwZ 2013, 607 (612).

1394 Nach *Ludwigs/Weidermann*, JURA 2014, S. 152 (163) steht die der Bindung bzw. Sanktionierung des Staates (vgl. hierzu EuGH, Urteil vom 12. Juni 2003, Rs.

nach hiesiger Ansicht die ausnahmsweise anzunehmende horizontale Direktwirkung der Warenverkehrsfreiheit auch in den Fällen abgelehnt, in denen privatrechtlichen Organisationen eine vergleichbare Stellung wie der Untergliederung des Mitgliedstaates zukommt.[1395] Eine solche vom EuGH vorgenommene Aufspaltung trägt nämlich nur zur Förderung einer unsicheren, uneinheitlichen Unionsrechtspraxis bei,[1396] sodass im Endeffekt eine Differenzierung zwischen Adressat und Schutzberechtigtem verschwimmt.

Losgelöst von der Annahme eines gegenseitigen Ausschlussverhältnisses des staatlichen Schutzpflichtkonstrukts und der horizontalen Direktwirkung im Bereich der Grundfreiheiten nahm jedenfalls mit einer jüngeren Entscheidung, in der der EuGH die Warenverkehrsfreiheit auf die private Normsetzung durch einen gemeinnützigen Verein angewendet hat,[1397] die Diskussion um die horizontale Direktwirkung der Warenverkehrsfreiheit wieder Fahrt auf.

3. *Private Normsetzung und der Diskurs um die horizontale Direktwirkung der Warenverkehrsfreiheit*

Wenn bislang konstatiert wurde, dass das Verbot der mengenmäßigen Beschränkungen und der Maßnahmen gleicher Wirkung keine Behinderungen des innergemeinschaftlichen Handels durch Privatrechtssubjekte erfasst, sondern lediglich für staatliche Maßnahmen gilt,[1398] muss spätestens mit der *Fra.bo*-Entscheidung des EuGH eine thematische Neubewertung stattfinden. Womöglich lässt die Urteilsbegründung die Hoffnung auf das Ende des zuvor verfolgten Schlingerkurses hinsichtlich der Annahme der horizontalen Direktwirkung aufkeimen, wonach im Rahmen der Unterscheidung in Personenverkehrsfreiheiten einerseits und der Warenverkehrsfreiheit andererseits bisweilen unverständlich blieb, warum sich ein Dienstleister gegen private Beeinträchtigungen seines

---

C-112/00 (Schmidberger), ECLI:EU:C:2003:333) gegenüberstehende Verpflichtung Privater (vgl. hierzu EuGH, Urteil vom 12. Juli 2012, Rs. C-171/11 (Fra.bo), ECLI:EU:C:2012:453) in keinem denknotwendigen Ausschlussverhältnis; vgl. auch *Müller-Graff*, EuR 2014, S. 3 (22) unter Bezug auf die ergänzende Anwendungspraxis des EuGH, Urteil vom 11. Dezember 2007, Rs. C-438/05 (Viking Line), ECLI:EU:C:2007:772, Rn. 62.

1395 A.A. *Frenz*, Handbuch Europarecht 1, Rn. 360.

1396 Zur teils unkonventionellen Entscheidungsbegründung durch den EuGH im Vergleich zur deutschen Rechtspraxis *Jochum*, Europarecht, Rn. 147.

1397 EuGH, Urteil vom 12. Juli 2012, Rs. C-171/11 (Fra.bo), ECLI:EU:C:2012:453, Rn. 27 ff.

1398 Hierzu *Borchardt*, Grundlagen der EU, Rn. 896.

Marktzugangs wehren können soll, während dies dem Händler mit körperlichen Waren versagt wäre.[1399]

a) Entscheidung des EuGH in der Rechtssache Fra.bo

Dreh- und Angelpunkt der *Fra.bo*-Entscheidung des EuGH ist die deutsche Zertifizierungsstelle mit dem Namen „Deutsche Vereinigung des Gas- und Wasserfaches e.V. – Technisch-Wissenschaftlicher Verein" (DVGW),[1400] die als privatrechtlicher Verein ohne Gewinnzweck gegründet wurde und dessen satzungsmäßiges Ziel in der Förderung des Gas- und Wasserfachs besteht, ohne von der Bundesrepublik Deutschland finanziert oder hinsichtlich der Normungs- und Zertifizierungstätigkeiten maßgebend beeinflusst zu werden.[1401] Der deutsche Gesetzgeber hat allerdings mit der nationalen Regelung des § 12 Abs. 4 AVBWasserV a.F. (Rechtsstand vor dem 18.12.2014) die ausdrückliche Vermutung aufgestellt, dass die vom DVGW zertifizierten Erzeugnisse dem nationalen Recht entsprechen.[1402] Da der DVGW gewissermaßen eine Monopolstellung in Bezug auf die Zertifizierung bestimmter technischer Komponenten in Deutschland zukommt,[1403] hat sie wegen Nichterfüllens von Produktkonformitätsanforderungen einer italienischen Gesellschaft namens Fra.bo die Zertifikatsausstellung mit der Folge verwehrt,[1404] dass ein Vertrieb der betreffenden Erzeugnisse auf dem deutschen Markt erhebliche Einschränkung erfährt.[1405]

Auf der Basis des vorliegend in aller Kürze dargestellten Sachverhalts urteilte der EuGH, dass ex-Art. 28 EG (nunmehr Art. 34 AEUV) „dahin auszulegen ist, dass er auf die Normungs- und Zertifizierungstätigkeiten einer privaten Einrichtung anzuwenden ist, wenn die Erzeugnisse, die von dieser Einrichtung zertifiziert wurden, nach den nationalen Rechtsvorschriften als mit dem nationalen Recht konform angesehen werden und dadurch ein Vertrieb von Erzeugnissen, die nicht von dieser Einrichtung zertifiziert wurden, erschwert wird."[1406]

1399 Im Hinblick auf die „nicht einzusehende" Unterscheidung *Förster*, Die unmittelbare Drittwirkung der Grundfreiheiten, S. 162 f. m.w.N.; in diese Richtung auch Generalanwältin *Trstenjak*, Schlussanträge vom 28. März 2012, Rs. C-171/11 (Fra.bo), ECLI:EU:C:2012:176, Rn. 44.

1400 EuGH, Urteil vom 12. Juli 2012, Rs. C-171/11 (Fra.bo), ECLI:EU:C:2012:453, Rn. 2.

1401 Ibid., Rn. 7, 24.

1402 Ibid., Rn. 27.

1403 Vgl. ibid., Rn. 28.

1404 Ibid., Rn. 12.

1405 Ibid., Rn. 30.

1406 Ibid., Rn. 32.

Ohne sich auf vorangegangene Rechtsprechung zu beziehen,[1407] wird dem EuGH in gänzlich autonomer Entscheidung eine Bindung privater Normsetzung an Art. 34 AEUV nachgesagt,[1408] sodass diesbezüglich auch von einer horizontalen Drittwirkung bzw. unmittelbaren Drittwirkung der Warenverkehrsfreiheit die Rede ist.[1409] Unterstrichen sei diese Annahme durch die spezielle Prüfungsvorgehensweise des EuGH. So beinhalte die *Fra.bo*-Entscheidung ein an private Einrichtungen gerichtetes Tätigkeitsausübungsverbot „mit gleichen, den Warenverkehr beschränkenden Wirkungen wie staatliche Maßnahmen", wodurch die Horizontalwirkung der Warenverkehrsfreiheit begründet und zugleich an der Wirkungsweise hoheitlicher Maßnahmen ausgerichtet sowie diesbezüglich limitiert sei.[1410] Zur Anerkennung der horizontalen Direktwirkung der Warenverkehrsfreiheit für Private seitens des EuGH werden zwei Bedingungen ausgemacht: Zum einen müsse ein Erlass von Regelwerken durch Private erfolgen und hierdurch Einfluss auf den Marktzugang von Produkten genommen werden.[1411] Diese Entscheidung erkläre sich zweckmäßig dadurch, dass die private Regelsetzung auf den Binnenmarkt die gleiche Auswirkung wie eine staatliche Normung habe und diese gleichsam ersetze.[1412] Zum anderen müsse der Einfluss auf den Marktzugang tatsächlich vorliegen,[1413] wobei die Frage, ob es realistische alternative Zugangsoptionen unter vergleichbaren Bedingungen gibt, miteinzubeziehen sei.[1414]

Sicherlich ist es vor dem Hintergrund der marktbeherrschenden Stellung des DVGW hinsichtlich der spezifischen Produktzertifizierung keineswegs abwegig, wenn dessen Zertifizierungstätigkeit dem staatsmäßigen Ausstellen von erforderlichen Einfuhrlizenzen gleichgesetzt wird und auf diese Weise der Marktzugang tatsächlichen Einfluss erfährt. Gerade in Bezug auf das Erfordernis von

---

1407 Zur vorangegangenen Rechtsprechung zur Thematik vgl. nur: EuGH, Urteil vom 9. Dezember 1997, Rs. C-265/95 (Agrarblockade), ECLI:EU:C:1997:595; EuGH, Urteil vom 12. Juni 2003, Rs. C-112/00 (Schmidberger), ECLI:EU:C:2003:333.

1408 *Germelmann*, GewA 2014, 335 (336).

1409 So z.B. bei: *Heller*, EWeRK 2012, 179 (181 f.); *Kloepfer/Greve*, DVBl 2013, S. 1148 (1151); vgl. *Roth*, EWS 2013, 16 (27); *Schmahl/Jung*, NVwZ 2013, 607 (609).

1410 *Roth*, EWS 2013, 16 (20); vgl. auch *Schepel*, ERCL 2013, 186 (188).

1411 Vgl. EuGH, Urteil vom 12. Juli 2012, Rs. C-171/11 (Fra.bo), ECLI:EU:C:2012:453, Rn. 28, 31.

1412 *Germelmann*, GewA 2014, 335 (337).

1413 Vgl. EuGH, Urteil vom 12. Juli 2012, Rs. C-171/11 (Fra.bo), ECLI:EU:C:2012:453, Rn. 27 ff.

1414 Vgl. *Germelmann*, GewA 2014, 335 (337).

Einfuhrlizenzen beim innerunionalen Handel entschied der EuGH stets kategorisch und nahm einen Verstoß gegen Art. 34 AEUV auch dann an, „wenn eine große Flexibilität bei der Gewährung solcher Einfuhrlizenzen bestehe, denn der freie Warenverkehr sei ein Recht, dessen Ausübung nicht von einem Ermessen oder einer Konzession der nationalen Verwaltung abhängen könne.“[1415] Auch konstatierte der EuGH bereits eine Handelsbehinderung bei unterschiedslos geltenden staatlichen Regelungen, die die ausschließliche Konzession bei einem bestimmten Unternehmen ansiedelelten, dabei unmittelbar für das der Einfuhr folgende Stadium galten, sowie die Einführer wirtschaftlich belasteten und letztlich auch geeignet waren den Einfuhrumfang einzuschränken.[1416] Die besondere Stellung von privaten Einrichtungen für ihre Normungs- und Zertifizierungstätigkeit wird also nicht allein durch ihre monopolartige Machtposition für diese Tätigkeit gestützt, sondern maßgeblich durch die Wirkungen eben jener Position auf den Zugang zum Inlandsmarkt mitbestimmt.[1417] Hinweise aus der Urteilsbegründung des EuGH in der Rechtssache *Fra.bo* bezüglich der Alleinstellung einer privaten Einrichtung im Normungs- und Zertifizierungswesen lassen daher den denkbaren Rückschluss zu, dass im Falle von mehreren, im Wettbewerb zueinander stehenden Zertifizierungseinrichtungen die Tätigkeit einer einzelnen Einrichtung nicht als (effektiv) marktzugangsbeschränkend zu werten ist.[1418] Bei nationalen Zertifizierungs- oder Normungsgremien kommt es demnach auf die Machtausübungsmöglichkeit an, ob den Binnenmarkt beeinflussende Regulierungsentscheidungen getroffen werden können.[1419] Als entscheidendes Kriterium wird auf die tatsächliche Steuerungswirksamkeit abgestellt und im Fall *Fra.bo* das private Normungsgremium DVGW für die Tatsache verantwortlich gemacht, dass die bloße Begünstigung der Zertifizierung den Marktzugang de facto behindert.[1420] Dabei ist es die hybride Funktion der

---

1415 Zitat nach Fußnote bei *Richters*, Diskriminierung im Bereich der Warenverkehrsfreiheit, S. 81 unter Verweis auf st. Rspr.: EuGH, Urteil vom 24. Januar 1977, Rs. 82/77 (Van Tiggele), ECLI:EU:C:1978:10; EuGH, Urteil vom 8. Februar 1981, Rs. 124/81 (Kommission/Vereinigtes Königreich), ECLI:EU:C:1983:30.

1416 EuGH, Urteil vom 5. Oktober 1994, Rs. C-323/93 (Gebietsmonopol), ECLI:EU:C:1994:368, Rn. 29, 37 f..

1417 Vgl. EuGH, Urteil vom 12. Juli 2012, Rs. C-171/11 (Fra.bo), ECLI:EU:C:2012:453, Rn. 26, 31; hierzu auch *Roth*, EWS 2013, S. 16 (20); zur Annahme einer faktischen Monopolstellung des DVGW ebenso *Streinz*, JuS 2013, 182 (184).

1418 Vgl. EuGH, Urteil vom 12. Juli 2012, Rs. C-171/11 (Fra.bo), ECLI:EU:C:2012:453, Rn. 28 f., hierzu auch *Roth*, EWS 2013, S. 16 (26).

1419 Vgl. *Van Gestel/Micklitz*, CML Rev. 2013, 145 (159).

1420 Vgl. *Schepel*, ERCL 2013, 186 (191).

staatlichen Verweisungsnorm zwischen privater und staatlicher Regelungsmacht, die erst die Anwendung der Warenverkehrsfreiheit auf eine privat erstellte Norm ermöglicht.[1421] Die Entscheidungsbegründung in der Sache *Fra.bo* weist darauf hin,[1422] dass sich jene tatsächliche Steuerungswirksamkeit für eine anzunehmende horizontale Direktwirkung der Warenverkehrsfreiheit aus der staatlichen Verweisung und nicht aus rein privaten Normen mit hoher Marktdurchsetzung bzw. marktzugangsbeschränkender Wirkung ergibt.[1423] Bei dem Verweis staatlichen Rechts auf private Normen handelt es sich konsequenterweise um die funktionale Ausübung von Staatsgewalt, da die private Normsetzung ihre rechtliche Außenwirkung erst durch hoheitliche Inkorporation erhält.[1424]

Mit der *Fra.bo*-Entscheidung und der funktional angenommenen Ausübung von Staatgewalt seitens des DVGW kann dennoch von keiner Kehrtwende des EuGH in Sachen unmittelbarer Drittwirkung der Warenverkehrsfreiheit die Rede sein.[1425] Aus dem Urteil kann vielmehr geschlossen werden, dass der EuGH keine grundsätzliche Aussage zur Drittwirkung von Art. 34 AEUV treffen möchte,[1426] sodass die Vorschrift gegenüber Privaten nur dann vorzuhalten sein könnte, wenn diese mit besonderen Befugnissen ausgestattet sind oder ihre Tätigkeit eine besondere gesetzlich anberaumte Wirkung entwickelt.[1427] Es ist eher von einer Modifikation der früheren Sichtweise auszugehen, wonach Art. 34 f. AEUV ausschließlich auf staatliche Maßnahmen bezogen wurde.[1428] Davon abgesehen kann der bisherigen EuGH-Rechtsprechung nicht entnommen werden, ob die *Dassonville*-Formel bei einer Beeinträchtigung der Grundfreiheiten durch Private konkrete Anwendung findet.[1429] So erfolgt auch im Rahmen der *Fra.bo*-Entscheidung des EuGH lediglich der Verweis auf die ständige Rechtsprechungspraxis bezüglich der Anwendung der *Dassonville*-Formel bei

---

1421 Vgl. *Kloepfer/Greve*, DVBl 2013, 1148 (1152).

1422 Vgl. hierzu EuGH, Urteil vom 12. Juli 2012, Rs. C-171/11 (Fra.bo), ECLI:EU:C:2012:453, Rn. 26 ff., 32.

1423 Vgl. *Schweitzer*, EuZW 2012, 765 (768).

1424 Calliess/Ruffert/*Kingreen*, Art. 34–36 AEUV Rn. 112, 221.

1425 Wohl a.A.: *Blanke/Böttner*, in: Niedobitek, § 2 Rn. 281; *Ehlers*, in: Ehlers, § 7 Rn. 57; *Kloepfer/Greve*, DVBl 2013, 1148 (1158); *Ludwigs/Weidermann*, JURA 2014, 152 (161).

1426 *Streinz*, JuS 2013, 182 (183).

1427 *Epiney*, NVwZ 2013, 692 (694).

1428 Beispielhaft zur früheren Sichtweise: EuGH, Urteil vom 1. Oktober 1987, Rs. 311/85 (VVR), ECLI:EU:C:1987:418, Rn. 30; neuerliche Lesart: EuGH, Urteil vom 12. Juli 2012, Rs. C-171/11 (Fra.bo), ECLI:EU:C:2012:453, Rn. 22 ff., 32

1429 Vgl. *Ehlers*, in: Ehlers, § 7 Rn. 57, 59, 96.

mitgliedstaatlichen Regelungen, ohne explizit auf eine Übertragung, geschweige denn Übertragbarkeit auf Private einzugehen.[1430] Zudem liefert der EuGH keinerlei Präzisierung über den Handlungsspielraum von privaten Akteuren.[1431] Damit verstreicht eine entscheidende Chance zur Schaffung von Rechtsklarheit im Bereich der Freiheit des Warenverkehrs.[1432] Auch in künftigen Fällen, in denen eine private Regelsetzung einer Kartellierung gleichkommt, wird daher die vorrangige Anwendbarkeit der Wettbewerbsregeln anzunehmen sein.[1433]

Da sich die Rechtsprechung des EuGH hinsichtlich des Beschränkungsverbots von Art. 34 AEUV nicht jenseits kollektiv wirkender Maßnahmen erstreckt, ändert sich auch nichts an der grundsätzlichen Inpflichtnahme der Mitgliedstaaten über die Schutz- oder Garantenpflicht für das Funktionieren des freien Warenverkehrs im Bereich des privatrechtlichen Handelns einzustehen.[1434] Entgegen anderslautender Stimmen kann genauso wenig dem Erst-recht-Schluss gefolgt werden, dass Art. 34 AEUV nicht nur unmittelbar beim Vorliegen einer gesetzlichen Verweisungsnorm Anwendung findet, sondern private Einheiten konsequenterweise auch bei hoheitlich verliehener Autonomie mit staatsähnlichen Machtbefugnissen unmittelbar an Art. 34 AEUV gebunden seien.[1435] Für den höchst unwahrscheinlichen Fall, dass der EuGH die Reichweite der Warenverkehrsfreiheit so weit hätte ausweiten wollen, wäre jedenfalls im Rahmen der Rechtssache *Fra.bo* eine Stellungnahme des Gerichtshofs zu den spezifischen Maßnahmen des DVGW selbst anzunehmen gewesen, anstatt ausschließlich auf den regulatorischen und legislativen Kontext der DVGW abzustellen.[1436]

Fraglich bleibt außerdem, ob bei der Abfassung privater Regelwerke unter anderem die Warenverkehrsfreiheit mitzubeachten ist.[1437] Beschlüsse von Unternehmen über Normfestsetzungen können nämlich durchaus Distanz zu ausländischen Anbietern schaffen und gleichzeitig Einfluss auf das Marktverhalten insgesamt nehmen.[1438]

1430 EuGH, Urteil vom 12. Juli 2012, Rs. C-171/11 (Fra.bo), ECLI:EU:C:2012:453, Rn. 22, 24.

1431 Ibid., Rn. 32.

1432 Wohl a.A. *Fischerauer*, IR 2013, 94 (95).

1433 So auch *Schweitzer*, EuZW 2012, 765 (767).

1434 Vgl. *Ehlers*, in: Ehlers, § 7 Rn. 64; vgl. auch *Schmahl/Jung*, NVwZ 2013, 607 (610).

1435 Zu diesem (Erst-recht-)Schluss gelangen *Schmahl/Jung*, NVwZ 2013, 607 (609 f.).

1436 Vgl. *Schepel*, ERCL 2013, 186 (189).

1437 Vgl. *Heller*, EWeRK 2012, 179 (181).

1438 *Roth*, EWS 2013, 16 (18).

b) *Entscheidung des EuGH in der Rechtssache* James Elliott Construction

Weitere Aufschlüsse über die Berücksichtigung der Warenverkehrsfreiheit im Zusammenhang privater Normsetzung liefert die Betrachtung der EuGH-Entscheidung in der Rechtssache *James Elliott Construction*.

Dabei ging es um das gleichnamige Bauunternehmen, das einen öffentlichen Bauauftrag in Irland nach vorgegebenen Spezifikationen ausführen sollte und zu diesem Zweck spezielles Baumaterial vom Unternehmen „Irish Asphalt" geliefert bekam.[1439] Da sich nach der Fertigstellung der Bauarbeiten Mängel offenbarten und diese auf das nicht der irischen Norm I.S. EN 13242:2002 (umgesetzt durch die europäische Norm EN 13242:2002) entsprechende Baumaterial des Zulieferers „Irish Asphalt" zurückzuführen waren,[1440] stellte das vorlegende Gericht dem EuGH „die Frage nach der Rechtsnatur der harmonisierten europäischen Normen für Bauprodukte sowie deren Relevanz in den Vertragsbeziehungen zwischen zwei privaten Vertragsparteien, wenn in einem Warenlieferungsvertrag auf eine in Umsetzung einer harmonisierten Norm angenommene nationale Norm verwiesen wird".[1441]

Vor diesem Hintergrund hielt der EuGH unter anderem fest, „dass mit der Ausarbeitung einer solchen harmonisierten Norm zwar eine privatrechtliche Einrichtung betraut wird, dass diese Norm aber gleichwohl eine notwendige und durch die in dieser Richtlinie definierten wesentlichen Anforderungen streng geregelte Durchführungsmaßnahme darstellt, die auf Initiative und unter der Leitung und Aufsicht der Kommission erstellt wird und die Rechtswirkungen nur entfaltet, wenn die Kommission deren Fundstellen zuvor in der Ausgabe C des Amtsblatts der Europäischen Union veröffentlicht."[1442]

Mit der EuGH-Entscheidung wird das Handeln der jeweiligen von der EU-Kommission beauftragten sowie beaufsichtigten Normungsorganisation als eine Art beliehener Unternehmer in den Bereich des justiziablen Unionsrechts gehoben und die Normungstätigkeit mit einer faktischen Handlung der Kommission gleichgesetzt.[1443] Insofern kann „eine von einer privatrechtlichen Einrichtung ausgearbeitete harmonisierte Norm als Teil der Unionsrechtsordnung angesehen

1439 EuGH, Urteil vom 27. Oktober 2016, Rs. C-613/14 (James Elliott Construction), ECLI:EU:C:2016:821, Rn. 23.

1440 Ibid., Rn. 24, 26.

1441 Ibid., Rn. 30.

1442 Ibid., Rn. 43.

1443 Vgl. *Klindt/Wende*, EuZW 2017, 63 (67); vgl. *von Westphalen*, IWRZ 2017, S. 73 (75).

werden".[1444] Konkret ist hierdurch eine Verbesserung des effektiven gerichtlichen Schutzes von Unternehmen, die von der Normanwendung betroffen sind, intendiert, indem ihnen die Möglichkeit der Ausübung von Unionsrecht eingeräumt wird.[1445] Fraglich ist allerdings, ob die Konformitäts- bzw. Rechtmäßigkeitsvermutung, die die harmonisierten technischen Normen für den privaten Bereich verleihen, nicht zum Verlust des freiwilligen Regelungscharakters führt und damit die herstellerseitige Verwendungsmöglichkeit anderer technischen Normen zur Erfüllung grundlegender Anforderungen lediglich theoretischer Natur ist.[1446] Der Generalanwalt *Sánchez-Bordona* hat sich daher in seinen Schlussanträgen zum Fall *James Elliott Construction* ausdrücklich auf die *Fra.bo*-Rechtsprechung bezogen und betont, dass auch die Handlungen privater Normungsgremien an der Warenverkehrsfreiheit des Art. 34 AEUV zu messen seien.[1447] Zu ergänzen ist hierbei, dass durch die Tätigkeit privater Normungseinrichtungen der faktische Zutritt aller erfassten Produkte in den Binnenmarkt geregelt werden kann und Art. 34 AEUV für die Organe der Europäische Union grundsätzlich in der gleichen Weise gilt wie für die Mitgliedstaaten.[1448] Der EuGH ließ den Aspekt der Warenverkehrsfreiheit in seiner Urteilsbegründung zum Fall *James Elliott Construction* jedoch gänzlich unberücksichtigt.

Aus dogmatischer Sicht ergibt sich aus dieser Nichtberücksichtigung eine grundsätzlich vorzunehmende Unterscheidung. Entweder ist das Verhalten einer bestimmten Stelle am Maßstab des Art. 34 AEUV zu messen oder die Handlungen dieser Stelle werden als Teil des Unionsrechts verstanden.[1449] Hinsichtlich dieser Unterscheidung stellt der EuGH – wiederum im Einklang mit der *Fra.bo*-Entscheidung[1450] – auf die regulatorische (öffentliche) Wirkung des Standards ab.[1451] Diese Sichtweise stößt nicht nur auf Zustimmung. Gewichtige Stimmen

---

1444 EuGH, Urteil vom 22. Februar 2018, Rs. C-185/17 (SAKSA), ECLI:EU:C:2018:108, Rn. 39.

1445 Vgl. *van Waeyenberge/Amariles*, E.L. Rev. 2017, 882 (892).

1446 Unter Bezugnahme auf den Generalanwalt Sánchez-Bordona vgl. *van Waeyenberge/Amariles*, E.L. Rev. 2017, 882 (888).

1447 Generalanwalt *Sánchez-Bordona*, Schlussanträge vom 28. Januar 2016, Rs. C-613/14 (James Elliott Construction), ECLI:EU:C:2016:63, Rn. 59.

1448 Vgl. auch *Schepel*, ERCL 2013, 186 (192).

1449 In diesem Zusammenhang bereits *Klindt/Wende*, EuZW 2017, 63 (67).

1450 Bei der *Fra.bo*-Entscheidung kam es auf die Tätigkeit und nicht den institutionellen Hintergrund der Normungseinrichtung an – vgl. EuGH, Urteil vom 12. Juli 2012, Rs. C-171/11 (Fra.bo), ECLI:EU:C:2012:453, Rn. 26.

1451 EuGH, Urteil vom 27. Oktober 2016, Rs. C-613/14 (James Elliott Construction), ECLI:EU:C:2016:821, Rn. 43; hierzu auch *Purnhagen*, EJRR 2017, 586 (593).

identifizieren die „Privatheit“ von Standards, indem sie unter Zuhilfenahme des sogenannten „Governance-Dreiecks“ die ausstellende Institution betrachten, zwischen nichtstaatlichen Institutionen, Staaten sowie Firmen unterscheiden und auch die Einflussnahme von Staaten berücksichtigen.[1452]

Die Ansicht des EuGH (und der damit verbundene Rückgriff auf die Wirkung privater Standards) ist aber schon deswegen vorzuziehen, weil umgekehrt ein Abstellen auf den institutionellen Hintergrund des Standardsetzers den Blick auf den jeweiligen Zweck der Normsetzung verstellt. Es macht schließlich einen Unterschied, ob wie im Fall *James Elliott Construction* eine privatrechtliche Normungseinrichtung von der Kommission zum Zwecke der Ausarbeitung von harmonisierten Normen in der EU beauftragt wird oder aber ein einzelner Mitgliedstaat den gesetzlichen Rahmen zur Zementierung der Monopolstellung einer privatrechtlichen Normungseinrichtung wie im Fall *Fra.bo* schafft und damit eine wirtschaftsprotektionistische Zwecksetzung unterstellt werden kann. Wenn nur der institutionelle Hintergrund der Normungseinrichtung ins Gewicht fällt, dann müssten die beiden beschriebenen Fälle im Sinne der Erwägung von Generalanwalt *Sánchez-Bordona* gleichbehandelt und sich daraus ergebende Unbilligkeiten in Kauf genommen werden.

Gleichwohl nach der Rechtsprechung des EuGH von privatrechtlichen Einrichtungen ausgearbeitete Standards dem Unionsrecht zugerechnet werden können, obliegt den einzelnen Mitgliedstaaten jedoch das alleinige Recht, die Methoden und den Zeitpunkt für den Konformitätsnachweis zu bestimmen.[1453] Zu bedenken ist hierbei, dass aus diesem Recht, sprich der mitgliedstaatlichen Regelungsbefugnis von Modalitäten des Konformitätsnachweises, selbst auch Handelshemmnisse in Form von Marktzutrittsschranken erwachsen können.[1454]

Weiterhin unbehandelt bleibt die Frage, wie etwa die Normierungstätigkeit einer privatrechtlichen Einrichtung mit monopolartiger, den Marktzugang faktisch regelnder Machtstellung vor dem Hintergrund der Warenverkehrsfreiheit einzuordnen ist, wenn diese weder gesetzlich legitimiert wurde noch einer irgendwie gearteten mitgliedstaatlichen Einflussnahme untersteht und auch auf keiner Initiative der EU-Kommission zur Ausarbeitung harmonisierter Normen beruht.[1455] Im Prinzip kann die Antwort auf eine derart privatrechtlich

1452 Vgl. hierzu *Purnhagen*, EJRR 2017, 586 (594).

1453 EuGH, Urteil vom 27. Oktober 2016, Rs. C-613/14 (James Elliott Construction), ECLI:EU:C:2016:821, Rn. 53.

1454 Vgl. *Purnhagen*, EJRR 2017, 586 (596).

1455 In Bezug auf die hypothetische Annahme, dass alle Marktteilnehmer faktisch und ohne gesetzlich verpflichtenden Hintergrund ihr Verhalten an einer rein

organisierte Normfestsetzung nur den unionsrechtlichen *effet utile*-Gedanken zum zentralen Inhalt haben und die praktische Wirksamkeit der Grundfreiheit des Warenverkehrs in den Vordergrund rücken. Insbesondere ist hierbei an die bereits beschriebene, mitgliedstaatliche Schutz- bzw. Einschreitungspflicht zu denken, wonach die Mitgliedstaaten auch für grundfreiheitlich behinderndes Verhalten von privaten Akteuren einzustehen haben.[1456]

4. *Rechtfertigungsmöglichkeit für das Verhalten Privater im Zusammenhang von Beeinträchtigungen der Warenverkehrsfreiheit*

Aus der bisherigen Rechtsprechungspraxis des EuGH ist die Rechtfertigungsmöglichkeit für das Verhalten Privater bei Beeinträchtigung der Warenverkehrsfreiheit offengeblieben.[1457] Neben einer unausgegorenen Rechtsprechung zu den Verhältnismäßigkeitsanforderungen hat sich der determinierte Regelungskatalog in Art. 36 S. 1 AEUV an mitgliedstaatliches Handeln angepasst, sodass allenfalls Zuwiderhandlungen gegen die Grundfreiheiten eine Bindung privater Wirtschaftsakteure an die ungeschriebenen Gründe des Allgemeininteresses annehmen lassen könnten.[1458] Wenn allerdings im beispielhaften Kontext von privaten Normungseinrichtungen eine mitgliedstaatliche Regelung die „Konformitätsvermutung" mit gesetzlichen Anforderungen an private Standards und Zertifikate bewirkt und diese Regelung mit dem AEUV allein wegen der Begünstigung einer bestimmten Zertifizierung unvereinbar ist, bleibt jedenfalls auch der privaten Normungsstelle keine bestandskräftige Rechtfertigungsmöglichkeit: Die rechtmäßige Ausübung einer rechtswidrig ermächtigten Behörde ist nach wie vor rechtswidrig.[1459]

Ohne dass taugliche Kriterien für eine Aufgabenabgrenzung in einer zunehmend verkomplizierten Verschränkung staatlicher und gesellschaftlicher Anteile bei der öffentlichen Aufgabenerfüllung in Aussicht wären,[1460] stellt sich hierbei eine ganz wesentliche Frage: Führt die Bindung an die Warenverkehrsfreiheit sowohl von staatlicher als auch von privater Seite, vor dem Hintergrund des

---

privatrechtlich veranlassten Normierung ausrichten vgl. auch *Heller*, EWeRK 2012, S. 179 (181 f.).

1456 Fn. 1354 ff.

1457 In Bezug auf die *Fra.bo*-Entscheidung des EuGH vgl. *Fischerauer*, IR 2013, 94 (95).

1458 *Ehlers*, in: Ehlers, § 7 Rn. 121, 132 mit Argument zur Rechtfertigung einer Grundfreiheitsbeschränkung siehe EuGH, Urteil vom 11. Dezember 2007, Rs. C-438/05 (Viking Line), ECLI:EU:C:2007:772, Rn. 75 f.

1459 In Bezug auf die EuGH-Rechtssache *Fra.bo* vgl. *Schepel*, ERCL 2013, 186 (191).

1460 Vgl. Calliess/Ruffert/*Kingreen*, Art. 34–36 AEUV Rn. 114.

bestehenden Gewaltmonopols des Staates und seiner demokratisch legitimierten Definitionsmacht des öffentlichen Wohls überhaupt zu einem Gleichlauf der Gestaltungsstärke von Staat und Privaten?[1461] Allein wegen des evidenten Kräfteungleichgewichts in der Ausgangssituation wird die Frage nur zu verneinen sein. Es ist in Bezug auf die horizontale Direktwirkung der Freiheit des Warenverkehrs nicht von einer inhaltlichen Identität der Bindung Privater mit der Bindung des Mitgliedstaates auszugehen, sondern von zwei eng aufeinander bezogenen Begriffen der Warenverkehrsfreiheit, die sich aus dem öffentlich-rechtlichen, der Hoheitsgewalt bindendes Verständnis sowie aus einer gegenüber Privaten wirksamen, privatrechtlichen Interpretation zusammensetzen.[1462] Diese Spezifizierung verkennt aber keineswegs, dass Private in ihrem Handeln aufgrund hoheitlich gesetzter oder an deren Stelle getretener Regelwerke durchaus auch öffentliche Zwecke verfolgen können und privaten Regelsetzern in ihrer ersatzstaatlichen Funktion die Geltendmachung geschriebener und ungeschriebener Rechtfertigungsgründe zuzubilligen ist.[1463] Wird nämlich die Privatrechtswirkung damit begründet, dass der Staat sich seiner Grundfreiheitenbindung nicht dadurch entziehen kann Regelungsbefugnisse auf Private zu verlagern, dann muss es den Privaten umgekehrt auch konsequenterweise gestattet sein die dem Staat zugestandenen Rechtfertigungsgründe geltend machen zu können.[1464]

V. Zwischenergebnis

Bei der Auseinandersetzung mit Produktherkunftsangaben im Allgemeinen und dem Konflikt um Gütezeichen wie das der CMA im Speziellen zeichnet sich eine Tendenz ab, dass entsprechende herkunftsbezogene Warenmarkierungen oftmals einen protektionistischen Hintergrund haben. Dies verdeutlicht die angeführte Rechtsprechung zur Thematik (Teil 2 B. I. 5. und Teil 2 B. IV. 3.).

Abgesehen der protektionistischen Wirkungskraft, bleibt jedoch auch in den Entscheidungen des EuGH die Frage offen, unter welchen Voraussetzungen ein Produktherkunftssiegel überhaupt rechtssicher zu tragen ist. Im Hinblick auf Herkunftsangaben sind jedenfalls die Betonung von Sachlichkeit und das Prinzip des Leistungswettbewerbs von oberster Priorität. Schließlich verleitet eine unsachliche Produktaufmache häufig zur Täuschung über die wahre Produktherkunft. Außerdem kann eine Herkunftsbezeichnung, die etwa in überspitzter

---

1461 Vgl. *Kloepfer/Greve*, DVBl 2013, 1148 (1154).
1462 Ibid.
1463 Vgl. *Germelmann*, GewA 2014, 335 (340).
1464 *Ludwigs/Weidermann*, JURA 2014, 152 (163).

Weise auf die regionaldeutsche Herkunft eines Produktes hinweist und an die chauvinistischen Gefühle der Verbraucher appelliert, den Leistungswettbewerb mindern, indem der Preis- bzw. Leistungsvergleich zwischen inländischen und ausländischen Produkten unter Ausnutzen von Gefühlen gemieden wird.[1465] Doch unabhängig davon, ob ein einzelner regionaler Erzeuger aus Deutschland oder etwa der Verband deutscher Landwirte seine Erzeugnisse bewirbt und damit eine faktische Schlechterstellung ausländischer Produkte bezweckt, wäre ein umfassendes Werbeverbot weder produktiv noch sachgemäß, weil der Binnenmarkt maßgeblich die wirtschaftliche Betätigung der Verbraucher voraussetzt.[1466] Das soll gewiss nicht heißen, dass Tür und Tor für jegliche Werbeformen protektionistischen Hintergrunds um regionale Produkte offenstehen sollen. Neben der Unterscheidungsmöglichkeit nach messbaren, wertbildenden und geografischen Zuordnungskriterien für regionale Produkte,[1467] ist vor allem auch die bereits beschriebene Auffassung des Durchschnittsverbrauchers (Teil 2 A. I. 1. a)) notwendigerweise zu berücksichtigen bei der rechtssicheren Ausgestaltung von geografischen Herkunftsangaben bzw. regionalen Produktsiegeln.[1468]

1465 Vgl. hierzu *Becker/Benner*, Zur Problematik der Herkunftsangabe im regionalen Marketing, S. 11 mit Verweis auf OLG Oldenburg, Urteil vom 21. Dezember 1995, 1 U 125/95.

1466 Vgl. *Förster*, Die unmittelbare Drittwirkung der Grundfreiheiten, S. 18 f.

1467 In Bezug auf die Differenzierung der Bezeichnung „Made in Germany“ vgl. *Dück*, „Made in Germany“, Rn. 238 ff., 320 ff.

1468 Vgl. *Omsels*, Geografische Herkunftsangaben, Rn 47. Nach der Ansicht von *Omsel* genügt es bei den geografischen Herkunftsangaben bereits, „dass der Durchschnittsverbraucher lediglich subjektiv von einem Zusammenhang zwischen dem Erzeugnis und seinem Ursprung ausgeht“.

Teil 3: Erhöhung der Transparenz bei der regionalen Produktherkunftsangabe

Zuvor wurde bereits auf Regelungen zur geografischen Herkunftsdeklaration von regionalen Erzeugnissen eingegangen (Teil 2 A. II.). Ihnen gemein ist die Tatsache, dass das Normendickicht nur in Teilen Klarheit hinsichtlich der Herkunft von regionalen Produkten schafft. Da folglich weiterhin Klärungsbedarf besteht und interessierte Verbraucher auf die Überprüfbarkeit der ausgewiesenen Erzeugnisherkunft angewiesen sind, ist gerade die Erhöhung von Transparenz und Glaubwürdigkeit bei der regionalen Produktherkunftsangabe von zentraler Bedeutung. Allein die Überrumpelung durch Produktwerbung zu Lasten von Verbrauchern seitens Teilen von Marktanbietern gebietet es, für einen gerechten Interessensausgleich zu sorgen und vordringlich eine Verbesserung des Informationsgrades der Konsumenten anzustreben.[1469]

In Ergänzung zu bestehenden Regionallabel wie dem „Regionalfenster" (Teil 2 A. III. 2.) könnte ein verbraucherseitig durchschaubares, sicherheitsstiftendes Kontroll- und Zertifizierungssystem entlang der Wertschöpfungskette entscheidend zur verlässlichen Regionalkennzeichnung beitragen.[1470]

Betont sei an dieser Stelle nochmals, dass jegliche Zertifizierungstätigkeit mit unionsrechtskonformem Anspruch außerhalb des abschließenden, vollharmonisierenden Geltungsbereichs der Verordnung (EU) Nr. 1151/2012 unter besonderem Augenmerk auf die vorgestellten Ergebnisse zum Themenkomplex des Protektionismus im Allgemeinen (Teil 2 B.) und den EuGH-Entscheidungen in den Rechtssachen *Buy Irish, CMA* (Teil 2 B. I. 5.) sowie *Fra.bo* und *James Elliott Construction* (Teil 2 B. IV. 3.) im Speziellen zu betrachten ist.

A. Zertifizierungssysteme

Die Zertifizierung von Produkten, im Sinne der Bescheinigung bestimmter Produkteigenschaften wie eine geprüfte Sicherheit, hat sich in der Vergangenheit schon öfters als verwundbar erwiesen. Exemplarisch sei hier nur der im Jahr 2002 publik gewordene Nitrofen-Skandal herausgegriffen. So führte die Nutzung einer Pestizid-verseuchten Lagerhalle zu einer erheblichen Belastung

---

1469 Vgl. *Nieschlag/Dichtl/Hörschgen*, Marketing, S. 41, 43.

1470 Zusammenfassend *FiBL Deutschland/MGH GUTES AUS HESSEN*, Entwicklung von Kriterien für ein bundesweites Regionalsiegel, S. 70.

von Bio-Getreide, die durch das zertifizierende Unternehmen nicht festgestellt wurde.

Unabhängig von der Frage ob Zertifizierer Skandale um ihre zertifizierten Produkte nicht zu verhindern wissen oder können, birgt jedenfalls die Möglichkeit der Kostensenkung bzw. Erlössteigerung bei geringer Aufdeckungswahrscheinlichkeit eine hohe Gefahr für opportunistisches Verhalten seitens der Zertifizierer.[1471] Da von der Zertifizierung die Glaubwürdigkeit von Produktlabelling wie dem Bio-Siegel abhängt, schaffen im Endeffekt nur solche Labelkonzepte den Aufbau einer Reputation, die auf eine strenge Zertifizierung setzen und insoweit mit großer Wahrscheinlichkeit Schwachstellen bzw. opportunistisches Verhalten in der Produktionskette aufdecken können.[1472] Vor diesem Hintergrund kommt es ganz entscheidend auf den Inhalt des einzelnen Zertifizierungssystems an.

Zertifizierungssysteme verstehen sich in diesem Zusammenhang als Verfahren, „mit deren Hilfe die Einhaltung bestimmter Standards beispielsweise für Lebensmittel und ihren jeweiligen Herstellungsprozess nachgewiesen werden kann."[1473] Charakteristisches „Merkmal eines Zertifizierungssystems ist die Durchführung externer Kontrollen der beteiligten Betriebe durch eine unabhängige, oftmals akkreditierte Organisation (Auditor) auf der Grundlage eines durch eine externe Organisation (Standardsetzer) gesetzten Zertifizierungsstandards."[1474] In der Außenwirkung steht dabei „die glaubhafte Kommunikation der Selbstbindung an die Prinzipien und Normen des jeweiligen Zertifizierungssystems" im Vordergrund.[1475]

Die Einstufung von Zertifizierungssystemen im Bereich der Agrar- und Ernährungswirtschaft unterteilt sich in First- und Third-Party-Zertifizierungssysteme. Während im Rahmen eines First-Party-Zertifizierungssystems die Zertifizierungsleistung zur Hervorhebung positiver Produkteigenschaften vom Anbieter selbst durchgeführt wird, sehen dagegen Third-Party-Zertifizierungssysteme die Überprüfung von festgelegten Standards durch unabhängige Dritte vor.[1476] Des Weiteren findet im Rahmen von Third-Party-Systemen eine Aufteilung in freiwillige und verpflichtende Zertifizierungen statt. Verpflichtende

1471 Vgl. *Neuendorff*, in: Friedel/Spindler, S. 472.

1472 In diese Richtung *Jahn/Schramm/Spiller*, Zur Glaubwürdigkeit von Zertifizierungssystemen, S. 3.

1473 *Von Meyer-Höfer/Spiller*, in: Friedel/Spindler, S. 79.

1474 *Gawron/Theuvsen*, Zertifizierungssysteme des Agribusiness, S. 3.

1475 *Jahn/Schramm/Spiller*, Zur Glaubwürdigkeit von Zertifizierungssystemen, S. 8.

1476 *Von Meyer-Höfer/Spiller*, in: Friedel/Spindler, S. 80.

Zertifizierungssysteme fußen auf gesetzlich festgeschriebenen Regelungen mit der Geltungsbeanspruchung für alle Beteiligten der entsprechenden Wertschöpfungskette, wohingegen freiwillige Zertifizierungssysteme den Anbietern die Wahl über die Zertifizierung ihrer Produkte überlassen.[1477] Im Hinblick auf die Zielsetzung von Zertifizierungssystemen lässt sich grob eine Unterscheidung in die Absicherung von Mindeststandards auf der einen Seite und die Differenzierung von Produkten auf der anderen Seite vornehmen.[1478] Zertifizierungssysteme, die auf die Absicherung von Mindeststandards abzielen, tragen zur Reduzierung von Qualitätsunsicherheiten im Markt bei und orientieren sich dabei häufig an gesetzlichen Regelungen oder auch DIN-Vorschriften wie etwa zur Durchführung von Reinigungs- und Desinfektionsmaßnahmen.

Auf Differenzierungsmaßnahmen setzende Zertifizierungssysteme bezwecken wiederum die kundenorientierte Schaffung eines als besonders angesehenen Angebots, das sich beispielsweise durch spezielle Produktlabel wie die geschützte geografische Angabe und die geschützte Ursprungsbezeichnung nach der Verordnung (EU) Nr. 1151/2012 auszeichnet.

Den Ausgangspunkt der inhaltlichen Ausgestaltung eines solchen Zertifizierungssystems bildet im Übrigen der Warenfluss zwischen einem Erzeuger und seinem Kunden. Dabei stellt der Lieferant ein Zertifikat als Qualitätssignal bereit, das von einem unabhängigen Zertifizierer auf Grundlage eines vorgegebenen Qualitätssicherung- und Prüfungsstandards ausgestellt wird.[1479] Der Nachweis, dass der Zertifizierer seinerseits eine ordnungsgemäße Prüfung vornehmen kann erfolgt wiederum durch eine Akkreditierungsinstitution.

Der Akkreditierungsakt gestaltet sich weitgehend formal und schließt keine Überwachung der tatsächlichen Arbeit mit ein, sodass eine Kontrolle der Kontrolleure kein fester Akkreditierungsbestandteil ist.

I. Systemträgerschaft und Aufgabenwahrnehmung

Hinsichtlich der Trägerschaft des jeweiligen Zertifizierungssystems ist grundsätzlich zwischen staatlichen und privatwirtschaftlichen Initiativen zu differenzieren.[1480] Die Zielrichtung von privatwirtschaftlich konzipierten

---

1477 Ibid.

1478 Hierzu *Gawron/Theuvsen*, Zertifizierungssysteme des Agribusiness, S. 7.

1479 Ausführlich mit grafischer Darstellung zum Grundaufbau eines Zertifizierungssystems *Jahn/Schramm/Spiller*, Zur Glaubwürdigkeit von Zertifizierungssystemen, S. 6 f.

1480 Ibid., S. 7.

Zertifizierungssystemen fällt in der Praxis stark auseinander und steht in Abhängigkeit zu den individuellen Interessen der Akteure. Zertifizierungssysteme mit staatlicher Trägerschaft zielen auf Verbraucherschutz ab, indem sie zur Förderung von Markttransparenz beitragen.

Hierzu zählt etwa das seitens vieler Bundesländer forcierte Zertifizierungssystem zur Qualitätsbekundung von regionalen Erzeugnissen aus dem jeweiligen Bundesland. So bestehen unter anderem quer durch Deutschland die Siegel „Geprüfte Qualität – Bayern", „Geprüfte Qualität – HESSEN" und „Geprüfte Qualität – Schleswig-Holstein". Ihnen gemein ist eine mehrstufige Akkreditierungs- und Kontrollpraxis. Bei Erfüllung der jeweils ähnlichen Anforderungen erfolgt die Vergabe des Produktsiegels. Zwar steht allen geografischen Herkunftszeichen der Bundesländer eine staatliche Initiative vor, die entscheidenden Einfluss auf die Siegel hat, doch fehlt eine gesetzliche Grundlage, die die Ausgestaltung im Einzelnen und Speziellen regelt. Sicherlich ist die Frage berechtigt, ob es überhaupt einer solcher Ermächtigungsgrundlage bedarf. Starre Landesgesetze bedeuteten wohl im Gegensatz zur Regelung der regionalen Herkunftszeichen durch Exekutivorgange wie dem Staatsministerium für Ernährung, Landwirtschaft und Forsten in Bayern[1481] eine allzu unflexible Reaktionsmöglichkeit auf sich ändernde Markt- und Wettbewerbsbedingungen im Vergleich zu anderen Bundesländern. Dementsprechend bleibt es bezüglich der geografischen Herkunftszeichen der Bundesländer aufgrund eklatanter Systemunterschiede in Form von uneinheitlichen Produktabgrenzungen, differierender Kriterienauswahl, Einzelfallregelungen und unterschiedlichen Nutzungsschwerpunkten bei einem unvergleichlich bunten Strauß an Verleihungskriterien im gesetzlich nicht näher geregelten Rahmen.[1482]

Die eigentlichen Kontrollfunktionen im Rahmen der staatlichen Zertifizierungssysteme können zwar durch staatliche Institutionen übernommen werden, doch dominiert seit geraumer Zeit die Tendenz zur staatlichen Delegation operativer Prüfungsaufgaben an private Prüfungsstellen. Nicht nur die Überprüfung der Einhaltung von Auflagen an Produktion und Verarbeitung wird bei den bundeslandspezfischen regionalen Produktsiegeln wie „Geprüfte Qualität – Bayern"

1481 Im Freistaat Bayern ist das Bundesland selbst Träger des Zeichens „Geprüfte Qualität – Bayern" und wird in puncto Lizenzvergaben, Genehmigung der Qualitäts- und Prüfbestimmungen sowie in Zulassungsfragen der Prüfeinrichtungen vom Staatsministerium für Ernährung, Landwirtschaft und Forsten vertreten. URL: http://www.gq-bayern.de/ueber-gq-bayern/aufbau/ (Abruf 08.04.2019).

1482 In diese Richtung auch Verbraucherzentrale Hessen (Federführung) u.a., Transparenzerhebung der regionalen Landesprogramme für Lebensmittel, S. 6 f.

von privatwirtschaftlichen Zertifizierungsstellen übernommen,[1483] sondern dies ist beispielsweise auch im Rahmen der Akkreditierungspraxis zur Kontrolle von qualifizierten Herkunftsangaben nach Art. 37 Verordnung (EU) Nr. 1152/2012 vorgesehen. In diesem Kontext wird daher vom wirtschaftsverwaltungsrechtlichen Regulierungsmodell der „akkreditierten Zertifizierung" gesprochen, das in Form präventiver Wirtschaftsüberwachung an die Stelle eines behördlichen Zulassungsverfahrens tritt und konkret die staatlich regulierte Überwachung eines bestimmten Wirtschaftsbereichs ganz oder teilweise in private Hände legt.[1484] Neben wirtschaftlichen Gesichtspunkten findet die staatliche Auslagerung von kostenintensiven Prüfungsaufgaben auf private Prüfungsstellen in einer parallelen Entwicklung zur Produktsicherheitsnormierung statt.

Im Hinblick auf die Produktsicherheit wurden zur Rechtfertigungsverhinderung mitgliedstaatlicher Einfuhrverbote von Waren aus anderen Mitgliedstaaten detaillierte Harmonisierungsrichtlinien vom EU-Gesetzgeber erlassen.[1485] Aufgrund des schwerfälligen Voranschreitens beim Erlass der Harmonisierungsrichtlinien fand Mitte der 1980er Jahre die Annahme des sog. „New Approach" Einzug,[1486] wonach im Wege der Gesetzgebung selbst nur noch die grundlegenden Anforderungen an die Produktsicherheit festzulegen sind und die Zielerreichung des geforderten Sicherheitsniveaus wiederum den Herstellern unter Berücksichtigung technischer Normung durch private Normungsinstitutionen überlassen bleibt.[1487] Vor diesem Hintergrund ist beispielsweise auch die Kontrollpraxis von qualifizierten Herkunftszeichen nach der Verordnung (EU) Nr. 1152/2012 zu sehen, die die mitgliedstaatliche Aufgabenübertragung gem. Art. 39 Abs. 2 Verordnung (EU) Nr. 1152/2012 auf entsprechend ISO 65 oder EN 45011 genormte, private Prüfungsstellen vorsieht. Eine solche Prüfungspraxis gestaltet sich allerdings in wesentlichen Teilen als unscharf. So ist etwa die staatliche Aufgabenübertragung gem. Art. 39 Abs. 2 Verordnung (EU) Nr. 1152/2012 auf entsprechend ISO 65 bzw. EN 45011 genormte Prüfungsstellen vorwiegend formeller Natur und keineswegs branchenspezifisch angelegt.[1488]

1483 Zur Zertifizierungspraxis beim regionalen Produktsiegel „Geprüfte Qualität – Bayern": URL: https://www.gq-bayern.de/ueber-gq-bayern/ (Abruf 08.04.2019).

1484 *Unger*, EuZW 2017, 299 (301).

1485 *Rott/Glinski*, ZEuP 2015, 192 (199).

1486 Ausführlich zu den Hintergründen der Strategie des „New Approach": *Van Gestel/Micklitz*, CML Rev. 2013, 145 (156 f.); *van Waeyenberge/Amariles*, E.L. Rev. 2017, 882 (884 ff.).

1487 Vgl. *Rott/Glinski*, ZEuP 2015, 192 (199).

1488 Zur mitgliedstaatlichen Aufgabenübertragung bereits *Jahn/Schramm/Spiller*, Zur Glaubwürdigkeit von Zertifizierungssystemen, S. 18.

Es kann zumindest in Zweifel gezogen werden, ob die entsprechend allgemein gehaltenen Kriterien für Prüfungsstellen i.S.d. Art. 39 Abs. 2 Verordnung (EU) Nr. 1152/2012 auch die Erwartungen von Verbrauchern an einen spezifischen Prüfungsumgang im Zusammenhang regionaler Erzeugnisse zu erfüllen vermögen. Schließlich macht es einen Unterschied, wenn eine Zertifizierungsstelle neben Haushaltsgeräten oder Bauprodukten auch Erzeugnisse mit einer geschützten geografischen Angabe einer Prüfung unterzieht.

II. Zertifizierungssysteme und deren effiziente Ausgestaltung

Da die Vielfalt an Zertifizierungssystemen, anders als in der produktiven Sphäre, nicht durch Wettbewerb zu mehr Qualität führt, sondern durch Mannigfaltigkeit beim völligen Orientierungsverlust zu enden droht, sollte zudem auf eine Begrenzung der Anzahl von Zertifizierungssystemen seitens der Anbieter hingewirkt werden.[1489] Schließlich muss es auch gerade im ureigenen Interesse der Anbieter liegen, den Kunden Übersichtlichkeit und Transparenz zu vermitteln und damit der prinzipiellen Zwecksetzung von Produktzertifizierung gerecht zu werden. Beispielhaft für die Umsetzung eines auf Differenzierungsmaßnahmen setzenden, freiwilligen Third-Party-Zertifizierungssystems erfolgte der Zusammenschluss von Verbänden aus der Wirtschaft im Rahmen des QS-Zertifizierungssystems.[1490]

Das ursprünglich für Fleischerzeugnisse gegründete und von fünf Gesellschaftern[1491] getragene QS-System umfasst seit dem Jahr 2004 auch Obst, Gemüse und Kartoffelerzeugnisse. Die QS Fachgesellschaft Obst-Gemüse-Kartoffeln GmbH setzt sich neben den in Deutschland ansässigen Organisationen auch aus Gesellschaftern aus den Importländern Belgien und den Niederlanden zusammen.[1492] Gerade der letztgenannte, freiwillige und länderübergreifende

1489 *Friedel/Spindler, in:* Friedel/Spindler, S. 554.

1490 Ausführlich *Melis*, in: Friedel/Spindler, S. 230.

1491 Zu den fünf Gründungsgesellschaftern des QS-Systems zählen: Deutscher Raiffeisenverband e. V. (für die Futtermittelwirtschaft), Deutscher Bauernverband e. V. (für die Landwirtschaft), Verband der Fleischwirtschaft e. V. (für die Fleischwirtschaft), Bundesverband der Deutschen Fleischwarenindustrie e. V. (für die Fleischwarenindustrie) und Handelsvereinigung für Marktwirtschaft e. V. (für den Lebensmitteleinzelhandel).

1492 Zur QS Fachgesellschaft Obst-Gemüse-Kartoffeln GmbH zählen: Bundesausschuss Obst und Gemüse GbR, die Bundesvereinigung der Erzeugerorganisationen Obst und Gemüse e. V., die Union der Deutschen Kartoffelwirtschaft e. V., der Zentralverband Gartenbau e. V., der Deutsche Fruchthandelsverband e. V, der Verbond van Belgische Tuinbouwcoöperaties und die Dutch Produce Association.

Zusammenschluss zum Zwecke der Erzeugniszertifizierung von Obst, Gemüse und Kartoffeln zeigt, dass aus dem Bereich der Wirtschaft auch ohne staatlicher Einflussnahme und dem Anklingen protektionistischer Maßnahmen ein effektives Zertifizierungssystem entspringen kann. Dieses soll im Folgenden kurz vorgestellt und in den Zusammenhang regionaler Erzeugniszertifizierung gerückt werden.

Das QS-Zertifizierungssystem versteht sich im Kern als Eigenkontrolle der Wirtschaft, bei dem sich die zertifizierten Teilnehmer über die Einhaltung gesetzlicher Anforderungen hinaus (hierzu zählen nicht zuletzt die unmittelbar geltende Verordnung (EG) Nr. 178/2002 zur Festlegung der allgemeinen Grundsätze und Anforderungen des Lebensmittelrechts sowie die Hygiene-Verordnung (EG) Nr. 852/2004, sondern auch spezielle, nationale Verordnungen wie etwa die Tierschutz-Nutztierhaltungsverordnung aufgrund Richtlinie 98/58/EG) selbst fortlaufend auf den Prüfstand stellen.[1493] Neben Eigenkontrollen der zertifizierten Betriebe nach den QS-Vorgaben findet im Rahmen des QS-Zertifizierungssystems eine Kontrolle und Einhaltungsprüfung jener betrieblichen Eigenkontrollen nach den QS-Anforderungen durch unabhängige Zertifizierungsstellen statt. Sowohl in der QS-Systemkette Fleisch und Fleischwaren[1494] als auch in der QS-Systemkette Obst, Gemüse und Kartoffeln[1495] werden unangekündigte Audits auf allen Stufen durchgeführt. Die Häufigkeit der Zertifizierung durch die unabhängigen Zertifizierungsstellen erfolgt risikoorientiert. Gut bewerteten Betrieben wird ein längerer Prüfrhythmus gewährt als weniger gut bewerteten Betrieben. Betriebe, die von den QS-Anforderungen abweichen, haben Korrekturmaßnahmen zur Mängelbeseitigung fristgerecht umzusetzen oder riskieren anderenfalls eine unmittelbare Sperre mit der Folge des Lieferausschlusses in das QS-System. Die Gewährleistung eines gleichermaßen hohen Kontrollniveaus wird zudem durch ein internes Kontrollsystem intendiert, bei dem die Auditoren, Zertifizierungsstellen und Labore regelmäßig Stichproben- und Begleitaudits, Sonderkontrollen und Rückverfolgbarkeitstests unterzogen werden.[1496]

1493 Hierzu *Melis*, in: Friedel/Spindler, S. 231.

1494 Hierzu URL: https://www.q-s.de/news-pool-de/unangekuendigte-audits-ab-2013-audittypen-in-der-d.html (Abruf 08.04.2019).

1495 Hierzu URL: https://www.q-s.de/news-pool-de/unangekuendigte-audits-ab-2016-auch-fuer-erzeuger.html (Abruf 08.04.2019).

1496 Ausführlich zum Inhalt des QS-Zertifizierungssystems *Melis*, in: Friedel/Spindler, S. 232 f.

Mit der „Anerkennung von QS-Audits im Rahmen des Regionalfensterkonzepts“ findet das beschriebene QS-System Einzug in die Zertifizierung von regionalen Erzeugnissen.[1497] Dadurch „wird es landwirtschaftlichen Tierhaltern und gärtnerischen Erzeugerbetrieben, die nach den Anforderungen der jeweiligen QS-Standards (QS-Erzeuger, QS-GAP) zertifiziert sind ermöglicht, im Rahmen einer Regionalfenster-Gruppenzertifizierung in das Regionalfensterkonzept zu liefern“ und die Mehrfachkontrolle – die vermutlich einige Erzeuger von einer Doppelzertifizierung abgehalten hat – von landwirtschaftlichen Betrieben vermieden. Fraglich bleibt dabei nur, in welchem Maß die umfangreichen QS-Zertifizierungskriterien in das Regionalfensterkonzept einfließen. Ausweislich der Vereinbarung zwischen Regionalfenster e. V. und der QS Qualität und Sicherheit GmbH sowie den Fachgesellschaften für Obst-Gemüse-Kartoffeln und Geflügel wird lediglich der erleichterte Zugang zum Regionalfenster durch die bereits nach den QS-Kriterien zertifizierten Erzeuger ermöglicht. Insofern ist umgekehrt wohl kaum davon auszugehen, dass Erzeuger, die schon ihre Produkte mit dem „Regionalfenster“ schmücken, auch noch Interesse an der strengen QS-Zertifizierung inklusive unangekündigter Audits aufbringen.

Allgemein sollte jedoch auf das Instrument der unangekündigten Kontrollen im Rahmen von Zertifizierungssystemen nicht verzichtet werden. Schließlich stellen diese eine allgemein anerkannte Möglichkeit zur Vermeidung betrügerischer Machenschaften von Zertifizierern dar und sind „etwa im EU-Recht zum Ökolandbau[1498] ebenso vorgesehen wie in den EU-Leitlinien für eine gute Praxis für freiwillige Zertifizierungssysteme für landwirtschaftliche Erzeugnisse und Lebensmittel von 2010.“[1499] Festgelegte Kontrollzeitfenster konterkarieren wiederum den Ansatz, die Aufdeckungswahrscheinlichkeit durch wechselnde, risikoorientierte Prüftermine zu erhöhen.[1500] Neben unangekündigten Kontrollen ist auch die Etablierung sogenannter „Investigative Audits“ denkbar, „bei denen zielgerichtet und mit Methoden der vertieften Recherche ähnlich der eines investigativen Journalisten nach Schwachstellen und Betrug gesucht wird.“[1501] Zur effizienten Erhöhung von Glaubwürdigkeit und Transparenz bei

---

1497 Zu den Audits im Rahmen der Zertifizierung des Regionalfensters vgl. URL: https://www.regionalfenster.de/lizenznehmer/anerkannte-audits.html (Abruf 08.04.2019).

1498 Vgl. Art. 65 Abs. 4 der Öko-DVO (EG) 2008/889, ABl.EU 2008 L 250, S. 1.

1499 *Rott/Glinski*, ZEuP 2015, 192 (206) mit Verweis auf EU-Leitlinien für eine gute Praxis für freiwillige Zertifizierungssysteme für landwirtschaftliche Erzeugnisse und Lebensmittel, ABl.EU 2010, C 341, 5 Nr. 6.2.4.

1500 *Neuendorff*, in: Friedel/Spindler, S. 473.

1501 *Von Meyer-Höfer/Spiller*, in: Friedel/Spindler, S. 81.

Zertifizierungssystemen bietet sich auch die Veröffentlichung von fehlerhaften Zertifizierungen bzw. Zertifikatsverweigerungen durch den Systemträger an, sodass das an der Zertifizierung gescheiterte Unternehmen und der „erfolgreiche" Kontrolleur zu benennen wären.[1502]

Neben der allgemeinen, effizienzorientierten Ausgestaltung von Zertifizierungssystemen könnten zur Vermeidung von sogenanntem „Food fraud" und speziell zur verlässlichen Authentizitätsbestimmung von regionalen Lebensmittelerzeugnissen außerdem noch analytische und chemometrische Zertifizierungsmethoden in Herkunftslabel zu implementieren sein.[1503] Bereits die praxiserprobte analytische Herkunftsverifizierung mittels Untersuchung des Verhältnisses von stabilen Isotopen kann zur Bestimmung einer regionalen Erzeugnisherkunft dienen.[1504] Prüfungsgrundlage der geografischen Herkunftsbestimmung mittels der sogenannten Stabilisotopenanalyse ist dabei der Vergleich von authentischen, geografisch bekannten Referenzproben, mit der zu überprüfenden Probe durch die Vergleichsanalyse der produktspezifischen Isotopenverhältnisse Wasserstoff, Sauerstoff, Kohlenstoff, Stickstoff und Schwefel.[1505] Neuere Ansätze zielen indes auf die Analyse und das Profiling des gesamten Metaboloms, also von allen charakteristischen Lebensmitteleigenschaften mittels hochauflösender Massenspektrometrie ab und so soll künftig unter dem Begriff „Foodomics" ein staatlich gefördertes, lebensmittelanalytisches Instrumentarium bereitstehen, wodurch die zweifelsfreie Erfassung der Lebensmittelauthentizität in greifbare Nähe rückt.[1506]

Abgesehen von naturwissenschaftlich fundierten Verfahren zur Herkunftsbestimmung von Erzeugnissen, gestaltet sich die Zertifizierung über eine bestimmte Produktherkunft nach weichen Kriterien wesentlich unaufwendiger. Schließlich lässt sich bereits die Überprüfbarkeit des Herkunftsaspekts regionaler Erzeugnisse anhand der Produktions- und Verarbeitungsbegrenzung eines historisch/kulturell gewachsenes Gebietes sowie des kilometermäßigen Transports durch einen privaten Träger voranbringen.[1507] So wird beispielsweise beim

---

1502 Hierzu *Jahn/Schramm/Spiller*, Zur Glaubwürdigkeit von Zertifizierungssystemen, S. 15 f.

1503 Im Einzelnen zu den Methoden des Food Profiling *Busch* et al., ZLR 2017, 424 (424 ff., 438).

1504 *FiBL Deutschland/MGH GUTES AUS HESSEN*, Entwicklung von Kriterien für ein bundesweites Regionalsiegel, S. 71 f.

1505 Ausführlich *Busch* et al., ZLR 2017, 424 (431).

1506 Hierzu GALAB Laboratories, Foodomics. URL: http://www.galab.de/de/forschung/foodomics.php (Abruf 08.04.2019).

1507 *Wirthgen*, Regional- und ökologieorientiertes Marketing, S. 215.

entgeltlich verliehenen „Made in…“-Siegel der TÜV NORD CERT GmbH als maßgebliche Voraussetzung festgesetzt, dass der Hersteller zur Siegelerlangung seine Produkte schwerpunktmäßig im angegebenen Herstellungsland fertigen muss, dort also der überwiegende Wertschöpfungsprozess vonstatten zu gehen hat.[1508] Durch das Abstellen auf den Ort an dem der überwiegende Wertschöpfungsprozess erbracht wird kann sicherlich eine höhere Trennschärfe bei der Feststellung des Produktregionalitätsgrads erfolgen.[1509]

Abgesehen von der zentralen Kosten-/Nutzenfrage von Zertifizierungssystemen für die Erzeuger wird die Integration jeglicher reputationssteigernder Maßnahmen in Zertifizierungssysteme immer mit der Gefahr verbunden sein, dass das Risiko für den Lieferanten steigt und dieser zweifelsweise eher zu oberflächlichen Zertifizierern tendiert. Aus diesem Grund bleibt es letztlich Sache des interessierten Verbrauchers Produktlabel sowie dahinterstehende Zertifizierungskriterien zu bewerten und als eventuell präferenzbildende Faktoren in den Kaufentscheidungsprozess (Teil 1 B. I. 3.) miteinzubeziehen.

B. Ausblick

Da eine kritische, verbraucherseitige Auseinandersetzung mit Werbeaussagen vielfach nicht zu erwarten ist und insofern auch bezweifelt werden kann, dass sich die beschriebene Leitbildfigur des real existierenden Verbrauchers (Teil 2 A. I. 1. b)) hinlänglich selbst zu schützen vermag,[1510] wird die glaubhafte Information über eine bestimmte Produkteigenschaft wie zur regionalen Herkunft regelmäßig nur bei einem entsprechend effizient ausgestalteten Zertifizierungssystem möglich sein. Auch nationale gesetzliche Mindeststandards[1511] zur Produktherkunftsbestimmung könnten in diesem Zusammenhang einen entscheidenden Beitrag leisten. Abgesehen von der Frage der unionsrechtlichen Vereinbarkeit entsprechender, nationaler Regelungen und einer zweifelhaften Gesetzgebungszuständigkeit für den Erlass von Vorschriften bezüglich Mindeststandards bei der Herkunftszertifizierung von regionalen Erzeugnissen, die sowohl Bereiche der ausschließlichen Gesetzgebung des Bundes i.S.d. Art. 73 GG als auch

1508 Vgl. TÜV NORD CERT GmbH, Zertifizierter Herkunftsnachweis “Made in…”. URL: https://www.tuev-nord.de/fileadmin/Content/TUEV_NORD_DE/pdf/Zertifizierter_Herkunftsnachweis_Kriterienkatalog.pdf (Abruf 08.04.2019).

1509 In Bezug auf die Verwendung des Slogans „Made in Germany“ vgl. *Slopek*, GRUR-Prax 2011, 291 (292).

1510 Vgl. a.A. in *Kotler* et al., Grundlagen des Marketing, S. 950.

1511 Hierzu *Becker/Burchardi*, Möglichkeiten und Grenzen der Lebensmittelwerbung, S. 36.

Bereiche der konkurrierenden Gesetzgebung i.S.d. Art. 74 GG betreffen könnten,[1512] würde die gesetzgeberische Intervention nicht zuletzt auch den Richter im Ausland zur erleichterten Missbrauchsfeststellung geleiten.[1513] Dabei ließen sich beispielsweise spezielle Vorschriften für die herkunftsspezifische Werbekennzeichnung im Kontext der Grundsatzforderung nach einem eigenständigen Konsumentenschutzrecht[1514] im Sinne der österreichischen Variante des Konsumentenschutzgesetzes auf den Weg bringen. Gerade auch ein etwaig erforderlicher arbeitsteiliger Entstehungsprozess kann dabei durchaus Möglichkeiten für die alternative Erzeugniskennzeichnung nach den Wertschöpfungsstufen bieten, indem parallel zur Ursprungsbezeichnung und der geografischen Angabe nach der Verordnung (EU) Nr. 1151/2012 die Konkretisierung des jeweiligen geografischen Produktionsstandortes erfolgt.[1515]

Da allerdings in einem solchen Fall der verpflichtenden Herkunftskennzeichnung die Angabe des Herkunftsortes normativ festgelegt wäre und nicht zwangsläufig mit der Verkehrsauffassung übereinstimmen würde,[1516] wird die obligatorische Herkunftskennzeichnung künftig nur unwahrscheinlich zum Primärzweck als Element eines umfassend verstandenen Verbraucherschutzes erkoren werden können.[1517] Wie auch schon zum normativ festgelegten Irreführungsmaßstab des durchschnittlich informierten, verständigen und hinreichend aufmerksamen Verbrauchertypus angeklungen (Teil 2 A. I. 1. a)), schafft schließlich erst die deskriptive Beurteilung, durch den Rückgriff auf temporär gültige und vom jeweiligen Zeitgeist abhängige, demoskopische Gutachten, die Grundlage für einen umfassend verstandenen, realitätsnahen Verbraucherschutz.[1518] Außerdem können die allgemeinen Irreführungsverbote der §§ 3, 5 UWG sowie Art. 7 LMIV und die Anwendung der darin enthaltenen Generalklauseln gegenüber einer Spezialregelung schon allein deswegen vorzugswürdig sein, weil schematische Sonderregelungen wie beispielsweise auf der Grundlage des „Regionalfensters“ oftmals zu vielschichtig sind, als dass sie im Vorhinein

1512 Zu dieser Fragestellung vgl. *Wulf*, “Made in Germany“, S. 182 ff., 208 ff.
1513 In Bezug auf die Verwendung der Produktangabe „Made in Germany“ ibid., S. 163.
1514 Hierzu bereits *Wiedenmann*, Verbraucherleitbilder, S. 277.
1515 In Bezug auf die Konkretisierung der Bezeichnung „Made in Germany“ bereits *Dück*, „Made in Germany“, Rn. 390 ff., 401 ff.
1516 *Sosnitza*, GRUR 2016, 347 (348 f.).
1517 Wohl a.A. ibid., 347 (352 f.).
1518 Vgl. hierzu bereits Fn. 601.

erfasst und letztlich sinnvoll und sachgerecht zu regeln wären.[1519] Spezielle, wie auch immer geartete nationale Vorschriften bezüglich Mindeststandards bei der Herkunftszertifizierung von regionalen Erzeugnissen sind daher abzulehnen. Eine dem Verbraucherschutz zuträgliche Transparenzerhöhung bei der regionalen Produktherkunftsangabe ist vielmehr durch die beschriebene Optimierung des spezifischen Zertifizierungssystems anzustreben.

1519 In Bezug auf das „Regionalfenster" vgl. auch *Hartwig/Kappes*, LMuR 2012, 225 (230); wohl a.A. *von Oppen*, Recht auf Lebensmittelkennzeichnung, S. 41 f.

Teil 4: Zusammenfassung

Regionale Erzeugnisse aus Deutschland haben Zukunft.

Aus wirtschaftlicher Sicht ergeben sich für die Erzeuger bessere Absatzmöglichkeiten durch die entsprechende Hervorhebung der regionalen Produktherkunft (Teil 1 B. I.). Gerade zugängliche, erlebbare Bezüge zur Erzeugungsregion setzen Maßstäbe in einer häufig von Anonymität geprägten, globalisierten Welt, die der Lebensmittel einkaufende Verbraucher zu schätzen weiß (Teil 1 B. I. 3.) und die somit auch im Marketing Berücksichtigung finden (Teil 1 B. II. 3.). Dabei besteht zwischen der Region und ihren Erzeugern bzw. Produkten ein Wechselverhältnis. Ein positiv besetztes Regionen- bzw. Länderimage (Teil 1 B. I. 4. bzw. 5.) kann auf das jeweilige regionale Erzeugnis abfärben. Umgekehrt können auch regionale Erzeuger durch staatliche Förderung profitieren und dadurch wiederum die Region als solche einen Zugewinn in sozialer und wirtschaftlicher Hinsicht erfahren (Teil 1 C.). Der Frage wie groß zugleich die Wechselwirkung zwischen regionalen Erzeugern und deren lokalem Umfeld ist, könnte in gesonderten, regionsspezifischen Forschungsvorhaben vertieft nachgegangen werden.

Auch unter ökologischen Gesichtspunkten können regionale Erzeugnisse eine positive Bilanz aufweisen. Eine pauschale Aussage im Vergleich zu überregionalen Erzeugnissen verbietet sich hierbei allerdings allein schon wegen der Vielseitigkeit der in Betracht zu ziehenden Umweltauswirkungen sowie uneinheitlichen Standards bei der Erzeugung und Vermarktung (Teil 1 D. II.). Hinsichtlich des Umweltaspekts besteht im Übrigen steter Forschungsbedarf in der vergleichenden Betrachtung von regionalen Erzeugnissen aus Deutschland sowie solchen überregionaler Natur unter Berücksichtigung von neuen, effizienteren Erzeugungs- und Vermarktungsmethoden, etwa durch regenerative Energieträger.

Regionale Erzeugnisse weisen aber auch Schattenseiten auf. So zum Beispiel, wenn der von der Erzeugerseite beworbene Regionalitätsaspekt eine Irreführung für die Verbraucher bedeutet (Teil 2 A. III.). Die unionsrechtlichen und nationalen Regelungen bezüglich des Schutzes geografischer Herkunftsangaben stellen dabei wesentliche Elemente zur Verhinderung einer möglichen Irreführung im Rahmen der Regionalwerbung dar (Teil 2 A. II. 2.). So gehen etwa mit der Verordnung (EU) Nr. 1151/2012 nicht nur unterschiedslose Kennzeichnungsvoraussetzungen für bestimmte regionale Produkte einher, sondern es wird zudem ein grundsätzlicher Informationszugewinn für die Verbraucherschaft bewirkt (Teil 2 A. II. 2. a)). Neben der LMIV und ihren Durchführungsverordnungen auf unionaler Ebene (Teil 2 A. II. 2. b)) schaffen auch die nationalen Regelungen (Teil 2 A. II. 3.) unter anderem klarstellende Rahmenbedingungen zur herkunftsbezogenen Irreführungsvermeidung.

Regionale Erzeugnisse können auch im Zusammenhang protektionistischer Maßnahmen stehen. Die Ausgestaltung protektionistischer, die Warenverkehrsfreiheit beschränkender Maßnahmen kann sehr vielfältig erfolgen. Häufig geht es um eine mitgliedstaatlich initiierte Produktzertifizierung, von der etwa korrespondierende, ausländische Waren ausgeschlossen werden (Teil 2 B. I. 5.). Gerade in länderübergreifenden Regionen kann dies zu Konfliktpotential in Bezug auf die Freiheit des Warenverkehrs führen (Teil 2 B. I. 6.). Allerdings kann auch eine rein private Zertifizierungstätigkeit protektionistisches Potential bergen und ein mitgliedstaatliches Einschreiten zum Schutz der Warenverkehrsfreiheit erforderlich sein (Teil 2 B. IV. 3.).

Im Hinblick auf eine Erhöhung der Transparenz und Glaubwürdigkeit bei der regionalen Produktherkunftsangabe kommt es vor allem auf das jeweilige Zertifizierungssystem und dessen effiziente Ausgestaltung an (Teil 3 A. II.). Dabei spielen neben neuartigen, analytischen Herkunftsbestimmungsmethoden insbesondere auch unangekündigte Kontrollen eine wesentliche Rolle. Entsprechende Transparenzoptimierungen ließen sich in weitergehenden Untersuchungen anstellen.

Literaturverzeichnis

Alvensleben, Reimar von: Zur Bedeutung von Emotionen bei der Bildung von Präferenzen für regionale Produkte, GJAE 49 (2000), S. 399 ff.

Alvensleben, Reimar von: Verbraucherpräferenzen für regionale Produkte: Konsumtheoretische Grundlagen, in: Werner, W. (Hrsg.): Regionale Vermarktungssysteme in der Land-, Ernährungs- und Forstwirtschaft – Chancen, Probleme und Bewertung, Wissenschaftliche Arbeitstagung des Dachverbandes wissenschaftlicher Gesellschaften der Agrar-, Forst-, Ernährungs-, Veterinär- und Umweltforschung e.V. Bonn 1999, Frankfurt a.M. 2000, S. 3 ff.

Amtenbrink, Fabian: Öffentliche Interessen im Spannungsfeld von Grundfreiheiten und Harmonisierungsmaßnahmen, in: Nordhausen, A. (Hrsg.), Neue Entwicklungen in der Dienstleistungs- und Warenverkehrsfreiheit, Baden-Baden 2002.

Andresen, Ole Marquard: Die Pflichten der EU-Mitgliedstaaten zum Abbau versorgungspolitisch motivierter Marktinterventionen. Ein Beitrag zum nationalen und gemeinschaftsrechtlichen Liberalisierungsdruck und zu seiner Durchsetzung im Bereich der existenziellen Grundversorgung, Berlin 2005.

Balderjahn, Ingo: Marketing für Regionen. Ein Konzept für die neuen Bundesländer?, Vortragreihe Nr. 5/1995, Potsdam 1995.

Balling, Richard: Ergebnisse von Verbraucherbefragungen zur Bedeutung der regionalen Herkunft bei Nahrungsmitteln, in: Werner, W. (Hrsg.): Regionale Vermarktungssysteme in der Land-, Ernährungs- und Forstwirtschaft – Chancen, Probleme und Bewertung, Wissenschaftliche Arbeitstagung des Dachverbandes wissenschaftlicher Gesellschaften der Agrar-, Forst-, Ernährungs-, Veterinär- und Umweltforschung e.V. Bonn 1999, Frankfurt a.M. 2000, S. 19 ff.

Banik, Ina: Wahrnehmung der regionalen Herkunft von Lebensmitteln und ihre Relevanz im Kaufentscheidungsprozess, Hamburg 2010.

Banik, Ina/Simons, Johannes: Regionalvermarktung und Bio-Produkte: Spannungsverhältnis oder sinnvolle Ergänzung?, in: Zikeli, S./Claupein, W./Dabbert, S./Kaufmann, B./Müller, T./Valle Zárate, A. (Hrsg.), Zwischen Tradition und Globalisierung – Beiträge zur 9. Wissenschaftstagung Ökologischer Landbau, Band 2, Universität Hohenheim, Berlin 2007, S. 749 ff.

Beck, Hanno: Behavioral Economics. Eine Einführung, Wiesbaden 2014.

Becker, Arno/Lendle, Michael/Ebert, Volker/Voit, Wolfgang: Projektendbericht: Evaluierung des Deutschen Lebensmittelbuches (DLMB) und der

Deutschen Lebensmittelbuch-Kommission (DLMBK). Im Auftrag des Bundesministeriums für Ernährung und Landwirtschaft, Bonn 2014.

Becker, Jochen: Marketing-Konzeption. Grundlagen des zielstrategischen und operativen Marketing-Managements, 11. Aufl., München 2018.

Becker, Tilman: Rechtlicher Schutz und staatliche Absatzförderung für Agrarprodukte und Lebensmittel auf dem Prüfstand, GJAE 49 (2000), S. 418 ff.

Becker, Tilman/Benner, Eckhard: Zur Problematik der Herkunftsangabe im regionalen Marketing, Hohenheimer Agarökonomische Arbeitsberichte. Institut für Agrarpolitik und Landwirtschaftliche Marktlehre Universität Hohenheim (420), Hohenheim 2000.

Becker, Tilman/Burchardi, Henrike: Möglichkeiten und Grenzen der Lebensmittelwerbung, Göttingen 1996.

Becker, Yvonne: Gemeinschaftsrechtliche Zulässigkeit staatlicher Produktinformationen und -empfehlungen, EuR 2002, S. 418 ff.

Berg, Hartmut/Schmitt, Stefan: Marktöffnung und Wettbewerb bei regionaler Integration, in: Berg, H./Teichmann, U. (Hrsg.), Dortmunder Diskussionsbeiträge zur Wirtschaftspolitik Nr. 120, Dortmund 2003.

Bergmann, Jan (Hrsg.): Handlexikon der Europäischen Union, 5. Aufl., Baden-Baden 2015.

Besch, Michael/Hausladen, Helmut: Regionales Marketing im Agribusiness. Erfolgspotentiale und Problemfelder, dargestellt an lokalen Kooperationsprojekten des regionalen Agrarmarketings, in: Landwirtschaftliche Rentenbank (Hrsg.), Innovative Konzepte für das Marketing von Agrarprodukten und Nahrungsmitteln, Band 13, Frankfurt a.M. 1999.

Beutner, Gabriele: Werbung mit geografischen Herkunftsangaben, in: Hartwig, S. (Hrsg.), Werbung für Lebensmittel. Strategien – rechtlicher Spielraum – Umsetzung, Hamburg 2013, S. 195 ff.

Birk, Axel/Löffler, Joachim: Marketing- und Vertriebsrecht: Lehr- und Praxishandbuch zum Gewerblichen Rechtsschutz, Kartell- und Vertriebsrecht, München 2012.

Blotevogel, Hans Heinrich: Auf dem Wege zu einer 'Theorie der Regionalität': Die Region als Forschungsobjekt der Geographie, in: Brunn, G. (Hrsg.), Region und Regionsbildung in Europa, Konzeptionen der Forschung und empirische Befunde. Wissenschaftliche Konferenz Siegen 10.–11. Oktober 1995, Baden-Baden 1996, S. 44 ff.

Borchardt, Klaus-Dieter: Die rechtlichen Grundlagen der Europäischen Union, 6. Aufl., Wien 2015.

Borck, Hans-Günther: Ein gemeinsames Erbe „Made in Germany", WRP 1993, S. 301 ff.

Born, Branden/Purcell, Mark: Avoiding the Local Trap – Scale and Food Systems in Planning Research, JPER 2006, 26: 195 ff.

Böhm, Julia: Die verpflichtende Herkunftskennzeichnung in der Lebensmittelinformationsverordnung, Bayreuth 2014.

Brunn, Gerhard: Einleitung, in: Brunn, G. (Hrsg.), Region und Regionsbildung in Europa. Konzeptionen der Forschung und empirische Befunde. Wissenschaftliche Konferenz Siegen 10.–11. Oktober 1995, Baden-Baden 1996, S. 9 ff.

Brunner, Karl-Michael: Ernährungspraktiken und nachhaltige Entwicklung – eine Einführung, in: Brunner, K-M./Geyer, S./Jelenko, M./Weiss, W./Astleithner, F. (Hrsg.), Ernährungsalltag im Wandel. Chancen für Nachhaltigkeit, Wien/New York 2007, S. 1 ff.

Bundesministerium für Ernährung und Landwirtschaft (Hrsg.): Deutschland, wie es isst. Der BMEL-Ernährungsreport 2019. Umfrage des Meinungsforschungsinstituts *forsa* im Oktober und November 2018. Im Auftrag des Bundesministeriums für Ernährung und Landwirtschaft, Berlin 2019. URL: https://www.bmel.de/SharedDocs/Downloads/Broschueren/Ernaehrungsreport2019.pdf?__blob=publicationFile (Abruf 08.04.2019).

Bundesministerium für Ernährung und Landwirtschaft (Hrsg.): Deutschland, wie es isst. Der BMEL-Ernährungsreport 2018. Umfrage des Meinungsforschungsinstituts *forsa* im Oktober 2017. Im Auftrag des Bundesministeriums für Ernährung und Landwirtschaft, Berlin 2018. URL: https://www.bmel.de/SharedDocs/Downloads/Broschueren/Ernaehrungsreport2018.pdf?__blob=publicationFile (Abruf 08.04.2019).

Bundesministerium für Ernährung und Landwirtschaft (Hrsg.): Deutschland, wie es isst. Der BMEL-Ernährungsreport 2017. Umfrage des Meinungsforschungsinstituts *forsa*. Im Auftrag des Bundesministeriums für Ernährung und Landwirtschaft, Berlin 2017. URL: https://www.bmel.de/SharedDocs/Downloads/Broschueren/Ernaehrungsreport2017.pdf?__blob=publicationFile (Abruf 08.04.2019).

Bundesregierung, Artikel vom 7.6.2016: Fallende Milchpreise. Millionen-Soforthilfe für Milchbauern. URL: https://www.bundesregierung.de/Content/DE/Artikel/2016/05/2016-05-30-milchgipfel-soforthilfen-fuer-milchbauern.html (Abruf 08.04.2019).

Busch, Ulrich/Krenz, Olga/Schellenberg, Antje/Huber, Ingrid/Pavlovic, Melanie: „Food fraud" – Analytische Herausforderungen von Lebensmittelverfälschungen, ZLR 2017, S. 424 ff.

Calliess, Christian: Verbraucherschutz, in: Ehlers, D. (Hrsg.), Europäische Grundrechte und Grundfreiheiten, 4. Aufl., Berlin 2015, § 25.

Calliess, Christian/Ruffert, Matthias (Hrsg.): EUV/AEUV, 5. Aufl., München 2016.

Carnau, Peter: Nachhaltigkeitsethik. Normativer Gestaltungsansatz für eine global zukunftsfähige Entwicklung in Theorie und Praxis, München/Mering 2011.

Ciuchta, Michael P./O'Toole, Jay: Buy Local? Organizational Identity in the Localism Movement, Business & Society 2018, S. 1481 ff. URL: http://journals.sagepub.com/doi/pdf/10.1177/0007650316648642 (Abruf 08.04.2019).

Cremer, Wolfram: Zielsetzung und Regelungsansätze des Europäischen Wirtschaftsrechts, in: Ehlers, D./Fehling, M./Pünder, H. (Hrsg.), Besonderes Verwaltungsrecht. Band 1. Öffentliches Wirtschaftsrecht, 3. Aufl., Heidelberg (u.a.m.) 2012, § 9.

Cremer, Wolfram/Ostermann, Gregor-Julius: Vorgaben für ein Verbraucherleitbild aus den Grundfreiheiten des AEUV und der EU-Grundrechtecharta, in: Klinck F./Riesenhuber K. (Hrsg.), Verbraucherleitbilder, Berlin 2015.

Danielzyk, Rainer: Regionalmarketing und die Konkurrenz der Regionen, in: Wolf K./Tharun, E. (Hrsg.), Stadt- und Regionalmarketing – Vermarktung von Stadt und Region? Vorträge eines Symposiums in Frankfurt am Main am 9. November 2001, Rhein-Mainische Forschungen, Heft 122, Frankfurt a.M. 2002, S. 39 ff.

Demmeler, Martin: Klimaschutz auf kurzen Wegen. Welchen Beitrag leisten regionale Lebensmittel für Umwelt und Verbraucher? Studie im Auftrag des Bund Naturschutzes in Bayern e.V. 2009.

Demmeler, Martin: Local Food. Regionalität zum Nutzen für Klima und Umwelt, Der kritische Agrarbericht 2009, S. 165 ff.

Demmeler, Martin: Ökologische und ökonomische Effizienzpotenziale einer regionalen Lebensmittelbereitstellung – Analyse ausgewählter Szenarien. Dissertation der Fakultät Wissenschaftszentrum Weihenstephan für Ernährung, Landnutzung und Umwelt, Technische Universität München, München 2008.

Demmeler, Martin/Burdick, Bernhard: Energiebilanz von regionalen Lebensmitteln. Eine kritische Auseinandersetzung mit einer Studie über Fruchtsäfte und Lammfleisch, Der kritische Agrarbericht 2005, S. 182 ff.

Demmeler, Martin/Heißenhuber, Alois: Energieeffizienzvergleich von regionalen und überregionalen Lebensmitteln – das Beispiel Apfelsaft, in: Regionale Lebensmittel in der Ökobilanz – eine kritische Auseinandersetzung mit einer aktuellen Studie. Technische Universität München, Lehrstuhl für Wirtschaftslehre des Landbaues. Im Auftrag der Gregor Louisoder Umweltstiftung, München 2005, S. 10 ff. URL: http://www.umweltstiftung.com/fileadmin/

archiv/foerderprojekte_ueberregional/glus_endbericht_21042005.pdf (Abruf 08.04.2019).

Desaunettes, Luc/D. Batista, Pedro Henrique: Champagne, Sorbets and Geographical Indications – Critical Appraisal of the CJEU Decision Champagner Sorbet (C-393/16), GRUR Int. 2018, S. 550 ff.

Di Fabio, Udo: Verfassungsrechtliche Entwicklungsperspektiven für die Wirtschafts- und Währungsunion, in: Kirchhof, G./Kube, H./Schmidt, R. (Hrsg.): Von Ursprung und Ziel der Europäischen Union. Elf Perspektiven, 2. Aufl., Tübingen 2017, S. 45 ff.

Dickertmann, Wolf-Christian: Die geographische Herkunftsangabe zwischen gewerblichem Rechtsschutz und Wettbewerbsrecht. Der Einfluss des europäischen Rechts auf den Schutz der geographischen Herkunftsangabe, Baden-Baden 2001.

Diekmann, Fabienne: Das Verbraucherleitbild im Lichte besonderer Produktgruppen. Dargestellt am Beispiel vom Handel mit Arzneimitteln, Lebensmitteln und Pflanzenschutzmitteln, Hamburg 2012.

Dorandt, Stephanie: Analyse des Konsumenten- und Anbieterverhaltens am Beispiel von regionalen Lebensmitteln. Empirische Studie zur Förderung des Konsumenten-Anbieter-Dialogs, Hamburg 2005.

Duden: Duden – Das große Wörterbuch der deutschen Sprache, Duden-Bibliothek Version 6.1.0.0 (Build Oct 21 2015), Graz 2015.

Dück, Hermann: Deskriptiv vs. normativ - Zum Beurteilungsmaßstab bei „Made in Germany“. Zugleich Anmerkung zu BGH, 27.11.2014 - I ZR 16/14 - „Kondome - Made in Germany“, WRP 2015, S. 695 ff.

Dück, Herrmann: „Made in Germany“ – zwischen Auslaufmodell und Gütesiegel, Berlin 2015.

Ebenroth, Carsten Thomas: Neue Ansätze zur Warenverkehrsfreiheit im Binnenmarkt der Europäischen Union, in: Erdmann W./Gloy, W./Herber, R. (Hrsg.), Festschrift für Henning Piper, München 1996, S. 133 ff.

EDEKA Handelsgesellschaft Südwest mbH: „Unsere Heimat – echt & gut“. URL: https://www.edeka.de/suedwest/unsere-region-suedwest/'unsere-heimat-echt-gut'/mehr-zur-regionalmarke/unsere_heimat_echt_und_gut_1.jsp (Abruf 08.04.2019).

Eggers, Christofer: Die Dinge beim Namen nennen – leichter gesagt als getan, in: Hagenmeyer M./Loosen. P. (Hrsg.), Festschrift für Michael Welsch, Hamburg 2010, S. 247 ff.

Engelage, Anja: Qualitätswahrnehmung bei Lebensmitteln: das Verbraucherbild in Rechtsprechung und Wissenschaft. Dissertation des Fachbereichs Veterinärmedizin der Freien Universität Berlin, Berlin 2002.

Epiney, Astrid: Freiheit des Warenverkehrs, in: Ehlers, D. (Hrsg.), Europäische Grundrechte und Grundfreiheiten, 4. Aufl., Berlin 2015, § 8.

Epiney, Astrid: Die Rechtsprechung des EuGH im Jahr 2012. Unionsbürgerschaft, Diskriminierungsverbot, Grundfreiheiten und Gleichstellungsrecht, NVwZ 2013, S. 692 ff.

Epiney, Astrid/Möllers, Thomas: Freier Warenverkehr und nationaler Umweltschutz, Köln (u.a.m.) 1992.

Ermann, Ulrich: Regionalprodukte, Stuttgart 2005.

Fastenrath, Ulrich/Groh, Thomas: Europarecht, 4. Aufl., Stuttgart 2016.

Ehlers, Dirk: Allgemeine Lehren der Grundfreiheiten, in: Ehlers, D. (Hrsg.), Europäische Grundrechte und Grundfreiheiten, 4. Aufl., Berlin 2015, § 7.

Ehlers, Dirk: Wirtschaft als Gegenstand des öffentlichen Rechts, in: Ehlers, D./Fehling, M./Pünder, H. (Hrsg.), Besonderes Verwaltungsrecht. Band 1. Öffentliches Wirtschaftsrecht, 3. Aufl., Heidelberg (u.a.m.) 2012, § 1.

Feldmann, Corinna/Hamm, Ulrich: Consumers' perceptions and preferences for local food. A review, Food Quality and Preference 2015, S. 152 ff.

FiBL Deutschland e.V./MGH GUTES AUS HESSEN GmbH: Entwicklung von Kriterien für ein bundesweites Regionalsiegel. Gutachten im Auftrag des Bundesministeriums für Ernährung, Landwirtschaft und Verbraucherschutz, Frankfurt a.M. 2012. URL: http://www.bmel.de/SharedDocs/Downloads/Ernaehrung/Kennzeichnung/Regionalsiegel-Gutachten.pdf?__blob=publicationFile (Abruf 08.04.2019).

Fischerauer, Sven: Bindung eines Branchenzertifizierers – hier: DVGW – an die Warenverkehrsfreiheit, IR 2013, S. 94 f.

Fleissner, Ulla: Energetische Bewertung der Bereitstellung ausgewählter regionaler und überregionaler Lebensmittel, Aachen 2002.

Förster, Philipp: Die unmittelbare Drittwirkung der Grundfreiheiten. Zur Dogmatik des Adressatenkreises von Pflichten aus EG-Grundfreiheiten, Frankfurt a.M. (u.a.m.) 2007.

Franz, Rainer: Bestimmungsgründe der Verbraucherverunsicherung und Ansatzpunkte zur Vertrauensbildung durch ökologisch und regional erzeugte Lebensmittel. Dissertation der Fakultät Wissenschaftszentrum Weihenstephan für Ernährung, Landnutzung und Umwelt, Technische Universität München, München 2005.

Freistaat Bayern (Träger des Zeichens „Geprüfte Qualität – Bayern"): Qualitäts- und Herkunftssicherungsprogramm, vertreten durch das Staatsministerium für Ernährung, Landwirtschaft und Forsten (StMELF). URL: http://www.gq-bayern.de/ueber-gq-bayern/regionalsiegel/gepruefte-qualitaet-ammergauer-alpen/ (Abruf 08.04.2019).

Frenz, Walter: Handbuch Europarecht. Band 1. Europäische Grundfreiheiten, 2. Aufl., Heidelberg (u.a.m.) 2012.

Frenz, Walter: Europarecht, 2. Aufl., Berlin/Heidelberg 2016.

Friedel, Rainer/Spindler, Edmund A.: Zertifizierung – ja. Aber effizienter und transparenter, in: Friedel, R./Spindler, E. (Hrsg.), Zertifizierung als Erfolgsfaktor. Nachhaltiges Wirtschaften mit Vertrauen und Transparenz, Wiesbdaden 2016, S. 553 ff.

Fritz, Wolfgang: Marketing für Regionen, Arbeitspapier Technische Universität Braunschweig, Institut für Marketing No. 03/04, Braunschweig 2003. URL: http://hdl.handle.net/10419/54771 (Abruf 08.04.2019).

Füller, Jens Thomas: Grundlagen und inhaltliche Reichweite der Warenverkehrsfreiheiten nach dem EG-Vertrag, Baden-Baden 2000.

Fürst, Dietrich: Region in der Regionalpolitik – eine wirtschaftspolitische Sicht, in: Brunn, G. (Hrsg.), Region und Regionsbildung in Europa, Konzeptionen der Forschung und empirische Befunde. Wissenschaftliche Konferenz Siegen 10.–11. Oktober 1995, Baden-Baden 1996, S. 69 ff.

Gabler Wirtschaftslexikon: Gabler Wirtschaftslexikon, 19. Aufl., Bd. 2: C - E, Bd. 3: F - J, Bd. 4: K - O, Bd. 5: P - S und Bd. 6: T - Z, herausgegeben von Springer Fachmedien Wiesbaden, Wiesbaden 2019.

GALAB Laboratories: Non-Targeted Metabolom-Analyse mittels hochauflösender Massenspektrometrie zur Bestimmung der Authentizität von Lebensmitteln „Foodomics". URL: http://www.galab.de/de/forschung/foodomics.php (Abruf 08.04.2019).

Gallus, Britta: Ketten- oder Stufenverantwortung – Ist die Frage EU-weit geklärt?, in: Hagenmeyer M./Loosen. P. (Hrsg.), Festschrift für Michael Welsch, Hamburg 2010, S. 75 ff.

Gassmann, Michael: Darum wird unsere Milch für ein paar Cent verramscht. Im Laden kostet ein Liter Milch weniger als 50 Cent. Warum ist das so? Wer profitiert davon? Wie tief kann der Preis noch sinken? Die „Welt" beantwortet die wichtigsten Fragen zum Milchpreis-Schock, in: Die Welt Online vom 20.05.2016. URL: http://www.welt.de/wirtschaft/article155522691/Darum-wird-unsere-Milch-fuer-ein-paar-Cent-verramscht.html (Abruf 08.04.2019).

Gawron, Jana-Christina/Theuvsen, Ludwig: Zertifizierungssysteme des Agribusiness im interkulturellen Kontext – Forschungsstand und Darstellung der kulturellen Unterschiede. Department für Agrarökonomie und Rurale Entwicklung Unversität Göttingen, Diskussionspapier Nr. 0903, Göttingen 2009.

Geigenmüller, Anja: Regionale Marken und Konsumentenverhalten. Konsequenzen für die Markenführung, Wiesbaden 2003.

Geiger, Rudolf/Khan, Daniel-Erasmus/Kotzur, Markus: EUV/AEUV: Vertrag über die Europäische Union und Vertrag über die Arbeitsweise der Europäischen Union, 6. Aufl., München 2016.

Germelmann, Claas Friedrich: Private Regelwerke im Geltungsbereich der Warenverkehrsfreiheit – Konsequenzen der Fra.bo-Entscheidung für die technische Normung in Deutschland, GewA 2014, S. 335 ff.

Gesellschaft für Konsumforschung (GfK): Nachhaltig oder regional? – am besten beides, Consumer Index 03/2014.

Van Gestel, Rob/Micklitz, Hans-Wolfgang: European integration through standardization: How judicial review is breaking down the club house of private standardization bodies, CML Rev. 2013, S. 145 ff.

Glinski, Carola: Kein Zwang zur Öffnung nationaler Fördersysteme für erneuerbare Energien zugunsten ausländischer Hersteller - Anmerkung zu EuGH, Urteil vom 1.7.2014, Rs. C-573/12 Ålands Vindkraft AB gegen Energimyndigheten, EuR 2014, S. 567 ff.

Gloy, Wolfgang: Geographische Herkunftsangaben, wettbewerbsrechtliche Relevanz und klarstellende Zusätze, in: Erdmann W./Gloy, W./Herber, R. (Hrsg.), Festschrift für Henning Piper, München 1996, S. 543 ff.

Gorny, Dietrich: Grundsätze der lauteren Verbraucherinformation im Lebensmittelinformationsrecht der EU, in: Reese, U./Hufnagel, F.-E./Lensing-Kramer, A. (Hrsg.), Festschrift für Ulf Doepner zum 65. Geburtstag, München 2008, S. 209 ff.

Greib, Martina: Regionalmarketing in Euroregionen – Rahmenbedingungen, Erfolgsfaktoren und Herausforderungen in Deutschland und Polen. Dissertation der Landwirtschaftlich-Gärtnerischen Fakultät, Humboldt-Universität zu Berlin, Berlin 2012.

Grimm, Andrea/Malschinger, Astin: Positionierungs-Chancen für das regionale Lebensmittelgewerbe, in: Kirchler E. (Hrsg.), Regionales Wirtschaften. Eine Chance für Lebensmittelunternehmen? – Arbeits-, Organisations- und Wirtschaftspsychologie 10, Wien 2010, S. 117 ff.

Von der Groeben, Hans/Schwarze, Jürgen/Hatje, Armin (Hrsg.): Europäisches Unionsrecht, 7. Aufl., Baden-Baden 2015.

Grube, Markus: Wandel des Verbraucherleitbilds – zurück zum flüchtigen Verbraucher, in: Hagenmeyer M./Loosen. P. (Hrsg.), Festschrift für Michael Welsch, Hamburg 2010, S. 257 ff.

Grube, Markus/Schmölzer, Andreas: Zum Verständnis der Begriffe „Ursprungsland“ und „Herstellungsort“ im Kontext der LMIV, ZLR 2014, S. 364 ff.

Gründling, Benjamin: „Made in Germany" – Geografische Herkunftsbezeichnung zwischen Qualitätsnachweis und Etikettenschwindel, GRUR 2007, S. 921 ff.

Haberkamm, Markus: Die Auslegung der Richtlinie über unlautere Geschäftspraktiken im Lichte der europäischen Grundrechte, Baden-Baden 2013.

Haedicke, Maximilian: Handelsbezogener Schutz der Rechte des geistigen Eigentums, in: Ehlers, D./Fehling, M./Pünder, H. (Hrsg.), Besonderes Verwaltungsrecht. Band 1. Öffentliches Wirtschaftsrecht, 3. Aufl., Heidelberg (u.a.m.) 2012, § 7.

Hafenmayer, Angelika: Der lauterkeitsrechtliche Schutz vor Verwechslungen im Konflikt mit den Wertungen des Kennzeichnungsrechts, München 2014.

Hahn, Peter: Kant und das Lebensmittelrecht, in: Girnau, M./BLL (Hrsg.), Festschrift für Matthias Horst, Hamburg 2013, S. 1 ff.

Hailbronner, Kay/Jochum, Georg: Europarecht II. Binnenmarkt und Grundfreiheiten, Stuttgart 2006.

Hakenberg, Waltraud: Europarecht, 8. Aufl., München 2018.

Haltern, Ulrich: Europarecht. Dogmatik im Kontext, 2. Aufl., Tübingen 2007.

Haratsch, Andreas: Nationale Identität aus europarechtlicher Sicht, EuR 2016, S. 131 ff.

Hartwig, Stefanie: Werbung mit regionalen Hinweisen. Ein Blick auf die zunehmende Bewerbung regionaler Lebensmittel vor dem Hintergrund des § 11 LFGB, recht – die Zeitschrift für europäisches Lebensmittelrecht 2013, S. 15 ff.

Hartwig, Stefanie: Einführung, in: Hartwig, S. (Hrsg.), Werbung für Lebensmittel. Strategien – rechtlicher Spielraum – Umsetzung, Hamburg 2013, S. 1 ff.

Hartwig, Stefanie/Kappes, Daniel: Regionalwerbung für Lebensmittel, LMuR 2012, S. 225 ff.

Hauser, Astrid: Verbraucherpräferenzen für Nahrungsmittel aus der näheren Umgebung. Analyse einer Repräsentativbefragung bei nordrhein-westfälischen Verbrauchern. Dissertation des Fachbereichs Ernährungs- und Haushaltswissenschaften, Justus-Liebig-Universität Gießen, Gießen 1994.

Hausladen, Helmut: Regionales Marketing. Ein Marketing-Management-Ansatz für kleinräumige Kooperationsprojekte zur Erzielung regionaler Wettbewerbsvorteile, Kiel 2001.

Hausruckinger, Gerhard: Herkunftsbezeichnungen als präferenzdeterminierende Faktoren, Frankfurt a.M. (u.a.m.) 1993.

Härlen, Ingo/Simons, Johannes/Vierboom, Carl: Die Informationsflut bewältigen. Über den Umgang mit Informationen zu Lebensmitteln aus psychologischer Sicht, Norderstedt 2004.

Heermann, Peter W.: Warenverkehrsfreiheit und deutsches Unlauterkeitsrecht, München 2004.

Heiderhoff, Bettina: Europäisches Privatrecht, 4. Aufl., Heidelberg 2016.

Heinze, Karen/Xouridas, Stergois/Gebhardt, Beate/Becker, Tilmann: Verbraucherpräferenzen gegenüber regionalen Produkten: Ein Vergleich von West- und Ostdeutschland, in: Berichte über Landwirtschaft. Zeitschrift für Agrarpolitik und Landwirtschaft Band 92/Ausgabe 1, herausgegeben vom Bundesministerium für Ernährung und Landwirtschaft, Berlin 2014.

Heißenhuber, Alois/Demmeler, Martin: Kurzkommentar vom 4.12.2003: Ist regionale Vermarktung nachhaltiger?, in: Regionale Lebensmittel in der Ökobilanz – eine kritische Auseinandersetzung mit einer aktuellen Studie. Technische Universität München, Lehrstuhl für Wirtschaftslehre des Landbaues. Im Auftrag der Gregor Louisoder Umweltstiftung, München 2005, S. 8 ff. URL: http://www.umweltstiftung.com/fileadmin/archiv/foerderprojekte_ueberregional/glus_endbericht_21042005.pdf (Abruf 08.04.2019).

Heißenhuber, Alois/Demmeler, Martin/Burdick, Bernhard/Gensch, Carl-Otto: Ergebnispapier zum Symposium in Kassel vom 17.09.2004: „Bilanzen von Lebensmitteln aus der Region – aktuelle Forschungsergebnisse auf dem Prüfstand", in: Regionale Lebensmittel in der Ökobilanz – eine kritische Auseinandersetzung mit einer aktuellen Studie. Technische Universität München, Lehrstuhl für Wirtschaftslehre des Landbaues. Im Auftrag der Gregor Louisoder Umweltstiftung, München 2005, S. 20 ff. URL: http://www.umweltstiftung.com/fileadmin/archiv/foerderprojekte_ueberregional/glus_endbericht_21042005.pdf (Abruf 08.04.2019).

Heller, Hans: EuGH v. 12.7.2012, C-171/11 „Fra.bo SpA/Deutsche Vereinigung des Gas- und Wasserfaches e. V. (DVGW)" – Anwendbarkeit der Warenverkehrsfreiheit auf private Normungs- und Zertifizierungstätigkeiten, EWeRK 2012, S. 179 ff.

Hensche, Hans-Ulrich/Hauser, Astrid/Reiniger, Michael/Wildraut, Christiane: Verbraucherpräferenzen für Nahrungsmittel aus der näheren Umgebung – eine Chance für marktorientierte Landwirte. Empirische Ergebnisse aus Nordrhein-Westfalen, Kiel 1993.

Henseleit, Meike/Kubitzki, Sabine/Schütz, Daniel/Teuber, Ramona: Verbraucherpräferenzen für regionale Lebensmittel – Eine repräsentative Untersuchung der Einflussfaktoren, Agrarökonomische Diskussionsbeiträge der Justus-Liebig-Universität Gießen Nr. 83, Gießen 2007. URL: http://geb.uni-giessen.de/geb/volltexte/2007/4760/pdf/Agraroekonomie-2007-83.pdf (Abruf 08.04.2019).

Herrmann, Roland/Anders, Sven/Thompson, Stanley: Übermäßige Werbung und Marktsegmentierung durch staatliche Förderung der Regionalvermarktung: Eine theoretische Analyse, GJAE 54 (2005), S. 171 ff.

Heselhaus, Sebastian: Rechtfertigung unmittelbar diskriminierender Eingriffe in die Warenverkehrsfreiheit - Nationaler Umweltschutz in einem unvollkommenen Binnenmarkt, EuZW 2001, S. 645 ff.

Heselhaus, Sebastian: Geprüfte Qualität - Europäische Union". Zur Beurteilung staatlicher Förderung regionaler landwirtschaftlicher Produkte anhand der Warenverkehrsfreiheit des EG-Vertrages, in: Marauhn, T./Heselhaus, S. (Hrsg.), Staatliche Förderung für regionale Produkte, Tübingen 2004, S. 129 ff.

Hessisches Ministerium für Wirtschaft, Energie, Verkehr und Landesentwicklung (Hrsg.): OP Hessen EFRE 2014–2020, CCI 2014DE16RFOP007, Version 1.2, Stand 08.12.2014. URL: https://wirtschaft.hessen.de/sites/default/files/media/hmwvl/op_hessen_stand_08_12_2014.pdf (Abruf 08.04.2019).

Hessisches Ministerium für Wirtschaft, Verkehr und Landesentwicklung (Hrsg.): Richtlinien des Landes Hessen zur Förderung der regionalen Entwicklung, Hessisches Ministerium für Wirtschaft, Verkehr und Landesentwicklung (Hrsg.), StAnz. Nr. 16/2013, S. 515. URL: http://www.staats anzeiger-hessen.de/dokument/?user_nvurlapi_pi1%5Bdid%5D=7683250&c Hash=969d514268&src=redirect (Abruf 08.04.2019).

Hinz, Katja: Protektionismus in der Europäischen Union – eine Analyse aus der Sicht der Neuen Politischen Ökonomie, Jena 1997.

Höper, Ute/Jürgensen, Maike/Hargens, Reimer/Groß, Kai-Uwe/Hülsenmeyer, Friedrich: Unternehmensgrößenabhängige ökonomische und ökologische Auswirkungen bei Erfassung, Be- und Verarbeitung und Distribution von Milch und Milchprodukten, in: Werner, W. (Hrsg.): Regionale Vermarktungssysteme in der Land-, Ernährungs- und Forstwirtschaft – Chancen, Probleme und Bewertung, Wissenschaftliche Arbeitstagung des Dachverbandes wissenschaftlicher Gesellschaften der Agrar-, Forst-, Ernährungs-, Veterinär- und Umweltforschung e.V. Bonn 1999, Frankfurt a.M. 2000, S. 115 ff.

IHK Siegen: Liste von markierungspflichtigen Exportwaren. Stand 4/2015. URL: https://www.ihk-siegen.de/fileadmin/Public/downloads/Internationales_Recht/Laenderuebersicht.pdf (Abruf 08.04.2019).

Ipsen, Detlev: Region zwischen System und Lebenswelt, in: Brunn, G. (Hrsg.), Region und Regionsbildung in Europa. Konzeptionen der Forschung und empirische Befunde. Wissenschaftliche Konferenz Siegen 10.–11. Oktober 1995, Baden-Baden 1996, S. 112 ff.

Jagow, Carl von: Probleme der Herkunftskennzeichnung nach der Lebensmittelinformationsverantwortung, in: Girnau, M./BLL (Hrsg.), Festschrift für Matthias Horst, Hamburg 2013, S. 145 ff.

Jahn, Gabriele/Schramm, Matthias/Spiller, Achim: Zur Glaubwürdigkeit von Zertifizierungssystemen: Eine ökonomische Analyse der Kontrollvalidität. Institut für Agrarökonomie Georg-August Universität Göttingen. Diskussionsbeitrag 0304, Göttingen 2003.

Jasper, Ulrich: Leitfaden zur Regionalentwicklung. Mit Beiträgen aus Landwirtschaft, Verarbeitung und Vermarktung, Rheda-Wiedenbrück 1997.

Jelenko, Marie: Ernährungsorientierungen, in: Brunner, K-M./Geyer, S./Jelenko, M./Weiss, W./Astleithner, F. (Hrsg.), Ernährungsalltag im Wandel. Chancen für Nachhaltigkeit, Wien/New York 2007, S. 47 ff.

Jochum, Georg: Europarecht, 3. Aufl., Stuttgart 2018.

Jungbluth, Niels: Umweltfolgen des Nahrungsmittelkonsums: Beurteilung von Produktmerkmalen auf Grundlage einer modularen Ökobilanz. Dissertation des Departements für Umweltnaturwissenschaften der Eidgenössischen Technischen Hochschule Zürich, Zürich 2000.

Jungbluth, Niels/Demmeler, Martin: 'The Ecology of Scale: Assessment of Regional Energy Turnover and Comparison with Global Food' by Elmar Schlich and Ulla Fleissner, Int J LCA 2005, S. 168 ff.

Kahler, Jörg: Die geographischen Herkunftsangaben an der Schnittstelle zwischen Markenrecht und Wettbewerbsrecht. Eine Untersuchung zum Rechtsschutz der §§ 126 ff. MarkenG im Verhältnis zu den §§ 1, 3 UWG unter besonderer Berücksichtigung des Gemeinschaftsrechts, Frankfurt a.M. 2002.

Kaiser, Corinne: Endogener Protektionismus – Zur politischen Ökonomie von Handelsrestriktionen –, in: Diskussionsbeiträge des Fachbereichs Wirtschaftswissenschaft der Gerhard-Mercator-Universität – Gesamthochschule Duisburg Nr. 263, Duisburg 1999. URL: https://duepublico.uni-duisburg-essen.de/servlets/DerivateServlet/Derivate-5196/Kaiser.pdf (Abruf 08.04.2019).

Karpenstein, Ulrich/Werres, Bettina: Staatliche Unterstützung für regionale Produkte. Eine rechtliche Analyse, Forschungsbericht 202 18 149, herausgegeben vom Umweltbundesamt, Berlin 2004. URL: https://www.umweltbundesamt.de/sites/default/files/medien/publikation/long/2806.pdf(Abruf 08.04.2019).

Keun, Iris-Carola: Mitgliedstaatliche Handlungspflichten bei Beeinträchtigungen des freien Warenverkehrs durch Private, Berlin 2006.

Kickler, Hilke: Die Geschichte des Schutzes geographischer Herkunftsangaben in Deutschland, Tübingen 2012.

Kiefer, Jonas: Der BGH in Sachen „Himalaya Salz". Verpasste Chance zur trennscharfen Differenzierung zwischen Lauterkeits- und Kennzeichnungsrecht, WRP 2016, S. 1458 ff.

Kiontke, Andreas: Die Durchführungsverordnung (EU) 2018/775 zur Herkunftskennzeichnung primärer Zutaten nach Art. 26 Abs. 3 LMIV, ZLR 2018, S. 502 ff.

Kirchhoff, Petra: Nah-Esser sind keine besseren Menschen. Lebensmittel aus der Region sind laut Studien nicht automatisch umweltfreundlicher als aus Übersee. Und oft ist es der Verbraucher selbst, der die Klimabilanz verhagelt. Das Verbraucherthema., in: Frankfurter Allgemeine Zeitung vom 04.02.2014. URL: http://www.faz.net/-gzg-7lu7g (Abruf 08.04.2019).

Klein, Daniela/Simons, Johannes/Banik, Ina/Köpke, Ulrich: Entwicklung regionaler Vermarktungsstrategien gefährdeter Tomatensorten in NRW, Deutschland, in: Zikeli, S./Claupein, W./Dabbert, S./Kaufmann, B./Müller, T./Valle Zárate, A. (Hrsg.), Zwischen Tradition und Globalisierung – Beiträge zur 9. Wissenschaftstagung Ökologischer Landbau, Band 2, Universität Hohenheim, Berlin 2007, S. 775 ff.

Klinck, Fabian/Riesenhuber, Karl: Einführung: Das Verbraucherleitbild – Interdisziplinäre und Europäische Perspektiven, in: Klinck F./Riesenhuber, K. (Hrsg.), Verbraucherleitbilder, Berlin 2015, S. 1 ff.

Klindt, Thomas/Wende, Susanne: Produktrecht: Justiziabilität harmonisierter technischer Normen, EuZW 2017, S. 63 ff.

Kloepfer, Michael/Greve, Holger: Zur Drittwirkung der Warenverkehrsfreiheit – Die horizontale Wirkung der Warenverkehrsfreiheit am Beispiel der technischen Regelsetzung, DVBl 2013, S. 1148 ff.

Kop, Petra van de/Sautier, Denis/Gerz, Astrid: Origin-Based Products: Lessons for Pro-poor Market Development, Amsterdam 2006.

Kopp, Sören: Geografische Qualitätszeichen für Lebensmittel – Staatliche Absatzförderung und Warenverkehrsfreiheit, Bayreuth 2009.

Kotler, Philip/Armstrong, Gary/Harris, Lloyd C./Piercy, Nigel: Grundlagen des Marketing, 6. Aufl., Hallbergmoos 2016.

Korte, Stefan/Oschmann, Frank: Das CMA-Gütezeichen als Auslaufmodell?, NJW 2003, S. 1766 ff.

Kögl, Hans/Tietze, Jana: Regionale Erzeugung, Verarbeitung und Vermarktung von Lebensmitteln. Studie im Auftrag des Bundesministeriums für Landwirtschaft, Ernährung und Verbraucherschutz, Rostock 2010.

Köhler, Helmut: Verbraucherinformation im Spannungsverhältnis von Lebensmittelrecht und Lauterkeitsrecht, in: Möstl, M. (Hrsg.), Verbraucherinformation im Wandel. Perspektiven des Lebensmittel- und des Lauterkeitsrechts, Bayreuth 2014, S. 5 ff.

Kramme, Malte: Das Verbraucherleitbild des EuGH als Ausgangspunkt der juristischen Entwicklung, in: Schmidt-Kessel, M./Germelmann, C. C. (Hrsg.),

Verbraucherleitbilder – Zwecke, Wirkweisen und Maßstäbe, Jena 2016, S. 76 ff.

Kullmann, Armin: Erfolgsfaktorenanalyse regionaler Vermarktungsprodukte. Institut für Ländliche Strukturforschug e.V.. Im Auftrag der Landesanstalt für Umwelt, Messungen und Naturschutz Baden-Württemberg (LUBW), Frankfurt a.M. 2005.

KulturRegion FrankfurtRheinMain gGmbH: Kultur in der Region – Kultur für die Region. URL: http://www.krfrm.de/krfrm/ (Abruf 08.04.2019).

Kunzmann, Klaus R.: Die Region in der Raumplanung, in: Brunn, G. (Hrsg.), Region und Regionsbildung in Europa, Konzeptionen der Forschung und empirische Befunde. Wissenschaftliche Konferenz Siegen 10.–11. Oktober 1995, Baden-Baden 1996, S. 84 ff.

Kühling, Jürgen: Staatliche Förderung für regionale Produkte - EG- wettbewerbsrechtliche Vorgaben: Warenverkehrsfreiheit und Wettbewerbsschutz versus Umwelt- und Verbraucherschutz, in: Marauhn, T./Heselhaus, S. (Hrsg.), Staatliche Förderung für regionale Produkte, Tübingen 2004, S. 267 ff.

Lachmann, Werner: Volkswirtschaftslehre 1. Grundlagen, 5. Aufl., Berlin (u.a.m.) 2006.

Lachmann, Werner: Volkswirtschaftslehre 2. Anwendungen, 2. Aufl., Berlin (u.a.m.) 2004.

Lakkis, Panajotta: Modevertrieb, in: Martinek, M./Semler, F.-J./Flohr, E. (Hrsg.), Handbuch des Vertriebsrechts, 4. Aufl., München 2016, § 56.

Landwehr, Oliver: Globalisierung, Freihandel und Gesundheitsschutz (Trade and Health). Die Zulässigkeit gesundheitspolizeilicher und pflanzenschutzrechtlicher Maßnahmen im Lichte der Entscheidungen des EuGH und der GATT/WTO-Panels, Frankfurt a.M. 2000.

Lans, Ivo A. van der/Ittersum, Koert van/Cicco, Antonella de/Loseby, Margaret: The role of the region of origin and EU certificates of origin in consumer evaluation of food products, ERAE 2001, S. 451 ff.

Lebrenz, Silke: Länderimages: Einflussfaktor und Bedeutung für das Konsumentenverhalten, Lohmar/Köln 1996.

Lehners, Jean-Paul: Genzüberschreitende Kooperationen: Ein zukunftsträchtiger Typus europäischer Regionsbildung? Das Beispiel Saar-Lor-Lux, in: Brunn, G. (Hrsg.), Region und Regionsbildung in Europa. Konzeptionen der Forschung und empirische Befunde. Wissenschaftliche Konferenz Siegen 10.–11. Oktober 1995, Baden-Baden 1996, S. 300 ff.

Leible, Stefan: Anmerkung zu EuGH Rs. C-325/00, EuZW 2003, S. 25 ff.

Leitow, Detmar: Produktherkunft und Preis als Einflussfaktoren auf die Kaufentscheidung – Eine experimentelle und einstellungstheoretisch basierte

Untersuchung des Konsumentenverhaltens bei regionalen Lebensmitteln. Dissertation der Landwirtschaftlich-Gärtnerischen Fakultät, Humboldt-Universität zu Berlin, Berlin 2005.

Lindner, Rolf: Region als Forschungsgegenstand der Europäischen Ethnologie, in: Brunn, G. (Hrsg.), Region und Regionsbildung in Europa. Konzeptionen der Forschung und empirische Befunde. Wissenschaftliche Konferenz Siegen 10.–11. Oktober 1995, Baden-Baden 1996, S. 94 ff.

Loschelder, Michael: Geografische Herkunftsangaben – Absatzförderung oder erzwungene Transparenz?, GRUR 2016, S. 339 ff.

Ludwigs, Markus/Weidermann, Sabine: Drittwirkung der Europäischen Grundfreiheiten - Von der Divergenz zur Konvergenz?, JURA 2014, S. 152 ff.

Lueger, Manfred/Frank, Hermann/Korunka, Christian/Greiner, Victoria: Die Region im Selbstverständnis der Bewohner/innen, in: Kirchler E. (Hrsg.), Regionales Wirtschaften. Eine Chance für Lebensmittelunternehmen? – Arbeits-, Organisations- und Wirtschaftspsychologie 10, Wien 2010, S. 56 ff.

Lüdemann, Jörn: Die Grenzen des homo oeconomicus und die Rechtswissenschaft, in: Engel, C./Englerth, M./Lüdemann, J./Spiecker gen. Döhmann, I. (Hrsg.), Recht und Verhalten. Beiträge zu Behavioral Law and Economics, Tübingen 2007, S. 7 ff.

Marauhn, Thilo: Werbung für regionale Agrarprodukte: Rechtspolitische Perspektiven, in: Marauhn, T./Heselhaus, S. (Hrsg.), Staatliche Förderung für regionale Produkte, Tübingen 2004, S. 283 ff.

Märtlbauer, Anna/Meyer, Alfred Hagen: Regionalität – zwischen Verführen und Verschaukeln, ZLR 2014, S. 245 ff.

Mecking, Christoph: Die Regionalebene in Deutschland. Begriff – Institutioneller Bestand – Persprektiven, Stuttgart (u.a.m.) 1995.

Meffert, Heribert/Burmann, Christoph/Kirchgeorg, Manfred/Eisenbeiß, Maik: Marketing. Grundlagen marktorientierter Unternehmensführung, 13. Aufl., Wiesbaden 2018.

Meisterernst, Andreas: Die Lebensmittelinformationsverordnung – Alter Wein in neuen Schläuchen?, in: Möstl, M. (Hrsg.), Verbraucherinformation im Wandel. Perspektiven des Lebensmittel- und des Lauterkeitsrechts, Bayreuth 2014, S. 65 ff.

Meisterernst, Andreas/Muffler, Felicia: Verbraucherleitbilder im Lebensmittelrecht – die Renaissance des flüchtigen Verbrauchers, ZLR 2013, S. 25 ff.

Melis, Sabrina: Das QS-Prüfsystem für Lebensmittel, in: Friedel, R./Spindler, E. (Hrsg.), Zertifizierung als Erfolgsfaktor. Nachhaltiges Wirtschaften mit Vertrauen und Transparenz, Wiesbdaden 2016, S. 229 ff.

Mellin, Matthias/Spiller, Achim/Zühlsdorf, Anke: From field to plate: Farmer-to-consumer direct marketing for organic and regional products, in: Zikeli, S./Claupein, W./Dabbert, S./Kaufmann, B./Müller, T./Valle Zárate, A. (Hrsg.), Zwischen Tradition und Globalisierung – Beiträge zur 9. Wissenschaftstagung Ökologischer Landbau, Band 2, Universität Hohenheim, Berlin 2007, S. 741 ff.

Metz, Alexander: Verbraucherschützende Informationspflichten in der Werbung. Eine Analyse rechtlicher und ökonomischer Rahmenbedingungen, München 2008.

Meyer, Alfred Hagen: Anmerkung zu EuGH – „Lidl", ZLR 2007, S. 91 ff.

Meyer, Rolf: Qualität, Regionalität und Verbraucherinformation bei Nahrungsmitteln. Zusammenfassender Endbericht zum TA-Projekt „Entwicklungstendenzen bei Nahrungsmittelangebot und -nachfrage und ihre Folgen", Büro für Technikfolgen-Abschätzung beim Deutschen Bundestag (TAB) 2003, Arbeitsbericht Nr. 90.

Meyer, Rolf: Potenziale für eine verbesserte Verbraucherinformation. Endbericht zum TA-Projekt „Entwicklungstendenzen bei Nahrungsmittelangebot und -nachfrage und ihre Folgen", Büro für Technikfolgen-Abschätzung beim Deutschen Bundestag (TAB) 2003, Arbeitsbericht Nr. 89.

Von Meyer-Höfer, Marie/Spiller, Achim: Strategien und Erfolgskriterien für Zertifizierungssysteme am Beispiel der Agrar- und Ernährungswirtschaft, in: Friedel, R./Spindler, E. (Hrsg.), Zertifizierung als Erfolgsfaktor. Nachhaltiges Wirtschaften mit Vertrauen und Transparenz, Wiesbdaden 2016, S. 75 ff.

Micklitz, Hans-Wolfgang: Unfair Commercial Practices and Misleading Advertising, in: Reich, N./Micklitz, H.-W./Rott, P./Tonner, K. (Hrsg.), European Consumer Law, Cambridge 2014, S. 67 ff.

Milchwerke Berchtesgadener Land Chiemgau eG: Unsere Herkunftsgarantie. URL: https://bergbauernmilch.de/die-heimat-unserer-milch/unsere-berg bauern/unsere-herkunftsgarantie/ (Abruf 08.04.2019).

Millarg, Ivo: Die Schranken des freien Warenverkehrs in der EG. Systematik und Zusammenwirken von Cassis-Rechtsprechung und Art. 30 EG-Vertrag, Baden-Baden 2001.

Müller-Christ, Georg/Remer, Andreas: Umweltwirtschaft oder Wirtschaftsökologie? Vorüberlegungen zu einer Theorie des Ressourcenmanagements, in: Seidel, E. (Hrsg.), Betriebliches Umweltmanagement im 21. Jahrhundert, Berlin (u.a.m.) 1999, S. 69 ff.

Müller-Graff, Peter-Christian: Die horizontale Direktwirkung der Grundfreiheiten, EuR 2014, S. 3 ff.

Nessel, Günther/Dudek, Lukas: Wie steht der Verbraucher heute zur Regionalität?, Studie der taste! food & beverage communication GmbH. Im Auftrag der Deutschen Landwirtschafts-Gesellschaft (DLG) 2013.

Neuendorff, Jochen: Zertifizierung – vertrauenswürdig?!, in: Friedel, R./Spindler, E. (Hrsg.), Zertifizierung als Erfolgsfaktor. Nachhaltiges Wirtschaften mit Vertrauen und Transparenz, Wiesbdaden 2016, S. 471 ff.

Niedobitek, Matthias (Hrsg.): Europarecht – Politiken der Union, Berlin/Boston 2014.

Niels, Gunnar/Jenkins, Helen/Kavanagh, James: Economics for Competition Lawyers, Oxford (u.a.m.) 2011.

Nieschlag, Robert/Dichtl, Erwin/Hörschgen, Hans: Marketing, 19. überarb. u. erg. Aufl., Berlin 2002.

Nitschke, Peter: Regionen im heutigen Europa, in: Brunn, G. (Hrsg.), Region und Regionsbildung in Europa. Konzeptionen der Forschung und empirische Befunde. Wissenschaftliche Konferenz Siegen 10.–11. Oktober 1995, Baden-Baden 1996, S. 285 ff.

Nölting, Benjamin: Das regionale Standbein stärken - Ergebnisse einer Institutionenanalyse der Bio-Branche in Ostdeutschland, in: Zikeli, S./Claupein, W./Dabbert, S./Kaufmann, B./Müller, T./Valle Zárate, A. (Hrsg.), Zwischen Tradition und Globalisierung – Beiträge zur 9. Wissenschaftstagung Ökologischer Landbau, Band 2, Universität Hohenheim, Berlin 2007, S. 701 ff.

Obergfell, Eva Inès/Hertel, Wolfram: „Markenqualität aus deutschen Landen" – geographische Herkunftsangabe oder gemeinschaftswidriges Gütezeichen? Zugleich eine Anmerkung zum Urteil des EuGH vom 5. 11. 2002 – C-325/00 – Kommission./.Bundesrepublik Deutschland, EuLF 2003, S. 121 ff.

Ohler, Christoph: Anmerkung zu EuGH – „Markenqualität". Keine Werbung für nationale Herkunft mit staatlichen Gütezeichen, ZLR 2002, S. 713 ff.

Omsels, Hermann-Josef: Geografische Herkunftsangaben, Köln 2007.

Oppen, Matthias von: Recht auf Lebensmittelkennzeichnung?, Frankfurt a.M. 2003.

Oppermann, Thomas/Classen, Claus/Nettesheim, Martin: Europarecht, 8. Aufl., München 2018.

Parashu, Dimitrios: Urteilsanmerkung zu „EuGH: Markenrecht: Bezeichnung 'Glen' für deutschen Whisky", EuZW 2018, S. 602 f.

Preedy, Kara: Die Bindung Privater an die europäischen Grundfreiheiten. Zur sogenannten Drittwirkung im Europarecht, Berlin 2005.

Profeta, Adriano: Der Einfluss geschützter Herkunftsangaben auf das Konsumentenverhalten bei Lebensmitteln, Hamburg 2006.

Purnhagen, Kai: Voluntary "New Approach" Technical Standards are Subject to Judicial Scrutiny by the CJEU! – The Remarkable CJEU judgment "Elliott" On Private Standards, EJRR 2017, S. 586 ff.

Purnhagen, Kai: Mehr Realität im Verbraucherleitbild in der Rechtsprechung des EuGH – Ein EU-rechtliches Postulat zur Einbindung der Verhaltenswissenschaft ins Verbraucherrecht?, VuR 2016, S. 401.

Raible, Martin: Protektionismusverbote im Recht der Wirtschaftsintegration: eine vergleichende Untersuchung der Regelung des Freihandels im Recht der USA, der EU und der WTO, Baden-Baden 2005.

Ramírez, Cecilia A. León: Der Schutz von geographischen Angaben und Ursprungsbezeichnungen für Agrarerzeugnisse und Lebensmittel nach der Verordnung (EG) Nr. 510/2006, Baden-Baden 2007.

Rathke, Kurt-Dietrich: Überlegungen zur Methodik bei der Anwendung lebensmittelrechtlicher Irreführungsverbote, ZLR 2017, S. 559 ff.

Rauer, Nils: Zwischen Binnenmarkt und Wahrung nationaler Identität. Das Verbot nicht-tarifärer Handelshemmnisse in der EU, Wiesbaden 2003.

Rauer, Nils: Europarecht – Warenverkehrsfreiheit: Vergabe des CMA-Gütezeichens, JA 2003, S. 382 ff.

Rauffus, Gunnar: Der internationale Schutz geografischer Herkunftsangaben. Eine Neuausrichtung durch die Reform der TRIPS-Bestimmungen, Jena 2010.

Regionalfenster e.V. (Hrsg.): URL: http://www.regionalfenster.de/ (Abruf 08.04.2019).

Rehberg, Markus: Verbraucherleitbilder – Rechtsempirische Grundlagen, in: Klinck F./Riesenhuber K. (Hrsg.), Verbraucherleitbilder, Berlin 2015, S. 33 ff.

Reich, Norbert: Cross-Border Consumer Protection, in: Reich, N./Micklitz, H.-W./Rott, P./Tonner, K. (Hrsg.), European Consumer Law, Cambridge 2014, S. 285 ff.

Reich, Norbert/Micklitz, Hans-Wolfgang: Economic Law, Consumer Interests, and EU Integration, in: Reich, N./Micklitz, H.-W./Rott, P./Tonner, K. (Hrsg.), European Consumer Law, Cambridge 2014, S. 1 ff.

REWE Group (Hrsg.): Nachhaltigkeitsbericht 2013/2014. URL: http://www.rewe-group-nachhaltigkeitsbericht.de/2014/sites/default/files/pdfs/de/produkte/bio-und-regional/bio_und_regional_rewe_group-nachhaltigkeitsbericht_2013_2014.pdf (Abruf 08.04.2019).

Richters, Swantje: Diskriminierung im Bereich der Warenverkehrsfreiheit, Frankfurt a.M. 2003.

Riemer, Boris: Herkunftsangaben, Spezialitäten und Marken bei Lebensmitteln, Hamburg 2014.

Riesenhuber, Karl: Europäisches Vertragsrecht, 2. Aufl., Berlin 2006.

Rohe, Karl: Die Region als Forschungsgegenstand in der Politikwissenschaft, in: Brunn, G. (Hrsg.), Region und Regionsbildung in Europa. Konzeptionen der Forschung und empirische Befunde. Wissenschaftliche Konferenz Siegen 10.–11. Oktober 1995, Baden-Baden 1996, S. 100 ff.

Roosen, Jutta: Neue Qualitätsanforderungen in der Ernährungswirtschaft – Konsequenzen für Produktions- und Vermarktungsstrategien, in: Vorträge zur Hochschultagung 2004 der Agrar- und Ernährungswissenschaftlichen Fakultät der Christian-Albrechts-Universität zu Kiel und zur Verabschiedung von Professor Dr. Dr. h.c Ulrich Koester und Professor Dr. Reimar von Alvensleben, Kiel 2004, S. 43 ff.

Roth, Wulf-Henning: Die "horizontale" Anwendbarkeit der Warenverkehrsfreiheit (Art. 34 AEUV), EWS 2013, S. 16 ff.

Rott, Peter: Don't leave – Was Großbritannien beim Verbraucherschutz richtig macht!, VuR 2016, S. 281 f.

Rott, Peter: Der „Durchschnittsverbraucher" – ein Auslaufmodell angesichts personalisierten Marketings?, VuR 2015, S. 163 ff.

Rott, Peter/Glinski, Carola: Die Haftung der Zertifizierungsstelle im Produktsicherheitsrecht, ZEuP 2015, S. 192 ff.

Sander, Matthias/Heim, Nina/Kohnle, Yvonne: Label-Awareness: Wie genau schaut der Konsument hin? – Eine Analyse des Label-Bewusstseins von Verbrauchern unter besonderer Berücksichtigung des Lebensmittelbereichs, Zeitschrift für Agrarpolitik und Landwirtschaft Band 94/Ausgabe 2, herausgegeben vom Bundesministerium für Ernährung und Landwirtschaft, Berlin 2016. URL: http://buel.bmel.de/index.php/buel/article/view/120/Sander.pdf (Abruf 08.04.2019).

Sattler, Henrik: Herkunfts- und Gütezeichen im Kaufentscheidungsprozess. Die Conjoint-Analyse als Instrument der Bedeutungsmessung, Stuttgart 1991.

Sauter, Arnold/Meyer, Rolf: Regionalität von Nahrungsmitteln in Zeiten der Globalisierung, Frankfurt a.M. 2004.

Sauter, Arnold/Meyer, Rolf: Potenziale zum Ausbau der regionalen Nahrungsmittelversorgung. Endbericht zum TA-Projekt „Entwicklungstendenzen bei Nahrungsmittelangebot und -nachfrage und ihre Folgen", Büro für Technikfolgen-Abschätzung beim Deutschen Bundestag (TAB) 2003, Arbeitsbericht Nr. 88.

Schäfer, Stephan: Die beginnende Vermischung mit der politischen Formel beim Täuschungsschutz bei Lebensmitteln, in: Schmidt-Kessel, M./Germelmann,

C. C. (Hrsg.), Verbraucherleitbilder – Zwecke, Wirkweisen und Maßstäbe, Jena 2016, S. 102 ff.

Schepel, Harm: Case C-171/11 Fra.bo SpA *v* Deutsche Vereinigung des Gas- und Wasserfaches, ERCL 2013, S. 186 ff.

Scherer, Inge: Unternehmerische Freiheit contra Verbraucherschutz? Beurteilung von Verkaufsförderungsmaßnahmen nach der jüngsten EuGH-Rechtsprechung, GRUR 2017, S. 580 ff.

Scheuch, Fritz: Marketing für Regionen: Vom Grätzelfest zur Zielregion, der markt (International Journal of Marketing) 2003, 42. Jahrgang Nr. 164, S. 45 ff.

Schieferer, Josef Christian: Die Warenverkehrsfreiheit als Prüfungsmaßstab für staatliche Förderung regionaler Produkte, in: Marauhn, T./Heselhaus, S. (Hrsg.), Staatliche Förderung für regionale Produkte, Tübingen 2004, S. 167 ff.

Schirrmann, Eric: Lokale Produktherkunft und Konsumentenverhalten: Der Einfluss der City-of-Origin auf die Kaufentscheidung, Wiesbaden 2005.

Schlich, Elmar: Äpfel aus deutschen Landen – Endenergieumsätze bei Produktion und Distribution, Göttingen 2008.

Schlich, Elmar/Fleissner, Ulla: The Ecology of Scale: Assessment of Regional Energy Turnover and Comparison with Global Food, Int J LCA 2005, S. 219 ff.

Schmahl, Stefanie/Jung, Florian: Horizontale Drittwirkung der Warenverkehrsfreiheit? Überlegungen im Anschluss an EuGH, Urt. v. 12. 7.2012 - C-171/11, EuZW 2012, 797- DVGW, NVwZ 2013, S. 607 ff.

Schmidt-Kessel, Martin: Zusammenfassung zu den rechtlichen Verbraucherleitbildern, in: Schmidt-Kessel, M./Germelmann, C. C. (Hrsg.), Verbraucherleitbilder – Zwecke, Wirkweisen und Maßstäbe, Jena 2016, S. 174 ff.

Schmidt-Kessel, Martin/Germelmann, Claas Christian: Funktionen und Funktionsweisen von Leitbildern im allgemeinen, in: Schmidt-Kessel, M./Germelmann, C. C. (Hrsg.), Verbraucherleitbilder – Zwecke, Wirkweisen und Maßstäbe, Jena 2016, S. 25 ff.

Schmitz, Michael: Ökonomische und ökologische Bewertung regionaler Vermarktungssysteme: Theoretische Grundlagen, in: Werner, W. (Hrsg.): Regionale Vermarktungssysteme in der Land-, Ernährungs- und Forstwirtschaft – Chancen, Probleme und Bewertung, Wissenschaftliche Arbeitstagung des Dachverbandes wissenschaftlicher Gesellschaften der Agrar-, Forst-, Ernährungs-, Veterinär- und Umweltforschung e.V. Bonn 1999, Frankfurt a.M. 2000, S. 105 ff.

Schmitz, Volker: Die kommerzielle Kommunikation im Binnenmarkt im Lichte der neueren Rechtsprechung zur Warenverkehrsfreiheit, Baden-Baden 2000.

Schnellenbach, Jan: Verbraucherleitbilder aus ökonomischer Sicht, in: Klinck F./Riesenhuber K. (Hrsg.), Verbraucherleitbilder, Berlin 2015, S. 53 ff.

Schoene, Volker: Verletzungstatbestände bei geschützten geografischen Angaben und Ursprungsbezeichnungen. Zugleich eine Besprechung von EuGH „Scotch Whisky Association/Klotz [Glen Buchenbach]“, GRUR 2018, S. 784 ff.

Schoene, Volker: Darf deutscher Whisky „Glen Buchenbach“ heißen?, GRUR-Prax 2017, S. 326.

Schroeder, Werner: Pflichten von Behörden zur Verbraucherinformation über Lebensmittel, in: Hagenmeyer M./Loosen. P. (Hrsg.), Festschrift für Michael Welsch, Hamburg 2010, S. 137 ff.

Schröder, Susanne: Vergleichende Energiebilanzierung der regionalen und überregionalen Produktion von Wein und Äpfeln, Göttingen 2007.

Schwan, Patrick: Der informierte Verbraucher? Das verbraucherpolitische Leitbild auf dem Prüfstand. Eine Untersuchung am Beispiel des Lebensmittelsektors, Wiesbaden 2009.

Schwarz, Axel: Verbraucherschutz in der Falle, VuR 2013, S. 123 ff.

Schwarzwaldmilch GmbH Freiburg: Über Schwarzwaldmilch. URL: http://www.schwarzwaldmilch.de/ueber-schwarzwaldmilch/ (Abruf 08.04.2019).

Schweitzer, Heike: Standardisierung als Mittel zur Förderung und Beschränkung des Handels und des Wettbewerbs, EuZW 2012, S. 765 ff.

Schwerdtner, Wim: Erfolgsfaktoren im Regionalmarketing ländlicher Räume. Eine empirische Studie der LEADER+- und REGIONENaktiv-Regionen in Deutschland und Österreich, Norderstedt 2008.

Seidel, Wolfgang: Gemeinschaftsrechtliche Aspekte der staatlichen Förderung für regionale Produkte: Die Perspektive des Umweltschutzes, in: Marauhn, T./Heselhaus, S. (Hrsg.), Staatliche Förderung für regionale Produkte, Tübingen 2004, S. 257 ff.

Slopek, David E. F.: Schwarz, rot, bunt – Wie „deutsch“ muss ein Produkt „Made in Germany“ sein? Kriterien für die rechtlich zulässige Werbung mit dem Qualitätsmerkmal, GRUR-Prax 2011, S. 291 f.

Sosnitza, Olaf: Gebotene Irreführung und Verbot von Erlaubtem – Wertungswidersprüche zwischen Kennzeichnungsregeln des Marktordnungsrechts und des allgemeinen Lebensmittelrechts?, ZLR 2018, S. 743 ff.

Sosnitza, Olaf: “Davidoff” im Recht der geographischen Herkunftsangaben? – Waren- und Dienstleistungsähnlichkeit als schutzbegrenzendes Element in der Herkunftskennzeichnung, WRP 2018, S. 647 ff.

Sosnitza, Olaf: Obligatorische Herkunftskennzeichnung im Lebensmittelrecht, GRUR 2016, S. 347 ff.

Sosnitza, Olaf: „Gefühlte“ Irreführung – Normative Verschiebung der Maßstäbe des Täuschungsschutzes im Lebensmittelrecht?, in: Möstl, M. (Hrsg.),

Verbraucherinformation im Wandel. Perspektiven des Lebensmittel- und des Lauterkeitsrechts, Bayreuth 2014, S. 45 ff.

Sosnitza, Olaf: Das Irreführungsverbot nach Art. 7 LMIV – Was bleibt von § 11 LFGB?, in: Girnau, M./BLL (Hrsg.), Festschrift für Matthias Horst, Hamburg 2013, S. 213 ff.

Sosnitza, Olaf: Informationen im Lebensmittelrecht – Vom flüchtigen über aufgeklärten Verbraucher zur Entrechtlichung der Information?, ZLR 2012, S. 258 ff.

Sosnitza, Olaf: Geografische Herkunftsangaben für Lebensmittel nach American Bud II, in: Hagenmeyer M./Loosen. P. (Hrsg.), Festschrift für Michael Welsch, Hamburg 2010, S. 269 ff.

Sosnitza, Olaf: Der Einfluss des Gemeinschaftsrechts auf das nationale Recht zum Schutz geografischer Herkunftsangaben in Deutschland, GRUR 2007, S. 462 ff.

Spieß, Steffen: Marketing für Regionen. Anwendungsmöglichkeiten im Standortwettbewerb, Wiesbaden 1998.

Spiller, Achim: Herausforderungen an das Marketing der Land- und Ernährungswirtschaft, in: Vorträge zur Hochschultagung 2004 der Agrar- und Ernährungswissenschaftlichen Fakultät der Christian-Albrechts-Universität zu Kiel und zur Verabschiedung von Professor Dr. Dr. h.c Ulrich Koester und Professor Dr. Reimar von Alvensleben, Kiel 2004, S. 341 ff.

Stark, Andrea: Einzelstaatlicher Protektionismus und föderale Rechtsprechung in einem gemeinsamen Markt: EuGH und U.S. Supreme Court im Vergleich, Frankfurt a.M. (u.a.m.) 2003.

Steinbeck, Anja: Das Verbraucherleitbild im Lebensmittelrecht: Renaissance des flüchtigen Verbrauchers?, ZLR 2014, S. 302 ff.

Stich, Armin: Herkunftszeichen als Qualitätssignal, Lohmar/Köln 1997.

Stiftung Warentest: Ein Stück Heimat, bitte. Regionale Lebensmittel. Echt aus der Region – das behaupten alle Anbieter der Eier, Säfte und Milch im Test. Die Herkunftsangaben stimmen. Doch vor Ort herrscht weniger Landidylle als versprochen., test 7/2013, Rubrik: Ernährung und Kosmetik, S. 22 ff.

Stockebrand, Nina: Regionalmarketing für Lebensmittel, Göttingen 2011.

Stoppel, Dirk André: Grundfreiheitliche Schutzpflichten der Mitgliedstaaten im Europäischen Gemeinschaftsrecht, Düsseldorf 2002.

Streinz, Rudolf: Europarecht, 10. Aufl., Heidelberg 2016.

Streinz, Rudolf: Verbraucherleitbild – Existenz? Wandel? Differenzierungen?, in: Möstl, M. (Hrsg.), Verbraucherinformation im Wandel. Perspektiven des Lebensmittel- und des Lauterkeitsrechts, Bayreuth 2014.

Streinz, Rudolf: Eigenverantwortung und Verbraucherschutz im Lebensmittelrecht, in: Girnau, M./BLL (Hrsg.), Festschrift für Matthias Horst, Hamburg 2013, S. 45 ff.

Streinz, Rudolf: Europarecht: Verhältnis von Sekundärrecht und Warenverkehrsfreiheit, JuS 2013, S. 472 ff.

Streinz, Rudolf: Europarecht: Freier Warenverkehr und private Zertifizierungsstellen, JuS 2013, S. 182 ff.

Streinz, Rudolf: Wegweiser durch das Gestrüpp des EU-Lebensmittelrechts, in: Hagenmeyer M./Loosen. P. (Hrsg.), Festschrift für Michael Welsch, Hamburg 2010, S. 55 ff.

Streusloff, Tatjana: Die Relevanz der Kennzeichnung als biologisches oder regionales Lebensmittel für den Käufer – Eine experimentelle Untersuchung zum Einfluss der biologischen oder regionalen Kennzeichnung auf die Präferenz, Kaufabsicht und Zahlungsbereitschaft, Hamburg 2016.

Stuller, Paulus/Kainz, Reinhard/Bichler-Ripfel, Heidrun: Sieben Thesen zur Regionalität als eine nachhaltige Chance für Lebensmittelunternehmen, in: Kirchler E. (Hrsg.), Regionales Wirtschaften. Eine Chance für Lebensmittelunternehmen? – Arbeits-, Organisations- und Wirtschaftspsychologie 10, Wien 2010, S. 164 ff.

Stuyck, Jules: Consumer Concepts in EU Secondary Law, in: Klinck F./Riesenhuber K. (Hrsg.), Verbraucherleitbilder, Berlin 2015, S. 115 ff.

Szydło, Marek: How to reconcile national support for renewable energy with internal market obligations? The task for the EU legislature after *Ålands Vindkraft* and *Essent*, CML Rev. 2015, S. 489 ff.

Tamm, Marina: Verbraucherschutzrecht. Europäisierung und Materialisierung des deutschen Zivilrechts und die Herausbildung eines Verbraucherschutzprinzips, Tübingen 2011.

Thaler, Richard H./Sunstein, Cass R.: Nudge. Improving Decisions About Health, Wealth, and Happiness, New Haven/London 2008.

Thiedig, Frank: Spezialitäten mit geographischer Herkunftsangabe, Frankfurt a.M. (u.a.m.) 2004.

Tilmann, Winfried: Der „verständige Verbraucher“, in: Erdmann W./Gloy, W./Herber, R. (Hrsg.), Festschrift für Henning Piper, München 1996, S. 481 ff.

Trstenjak, Verica/Beysen, Erwin: Das Prinzip der Verhältnismäßigkeit in der Unionsrechtsordnung, EuR 2012, S. 265 ff.

Trommsdorff, Volker/Teichert, Thorsten: Konsumentenverhalten, 8. vollst. überarb. u. erw. Aufl., Stuttgart 2011.

TÜV NORD CERT GmbH: Zertifizierter Herkunftsnachweis “Made in…”. URL: https://www.tuev-nord.de/fileadmin/Content/TUEV_NORD_DE/pdf/Zertifizierter_Herkunftsnachweis_Kriterienkatalog.pdf (Abruf 08.04.2019).

Unger, Sebastian: Herstellerbegleitung oder Marktüberwachung? Zur Haftung „benannter Stellen“ im Medizinprodukterecht, EuZW 2017, S. 299 ff.

Verbraucherzentralen Hamburg e.V./Rheinland-Pfalz e.V. (Federführung): Lebensmittel mit Regionalangaben – Verwirrspiel oder wichtige Einkaufshilfe?, Hannover 2016.

Verbraucherzentrale Hessen e.V. (Federführung): Transparenzerhebung der regionalen Landesprogramme für Lebensmittel – Ergebnisbericht. Durchgeführt von der Agrifood Consulting GmbH Spiller, Zühlsdorf + Voss, Frankfurt a.M. 2010.

Vihma, Antto: Measuring the Effects of Local Food on a Regional Economy, in: Sumelius, J. (Hrsg.), Possibillities for and Economic Consequences of Switching to Local ecological Recycling Agriculture, Uppsala 2005, S. 51 ff.

Voit, Wolfgang/Grube, Markus: LMIV. Lebensmittelinformationsverordnung VO (EU) Nr. 1169/2012. Kommentar. 2. Aufl., München 2016.

Van Waeyenberge, Arnaud/Amariles, David Restrepo: James Elliot Construction: A “New(ish) Approach” to Judicial Review of Standardisation, E.L. Rev. 2017, S. 882 ff.

Warschun, Mirko/Liedtke, Andreas/Glusac, Sophie/Günther, Dorothee: Lebensmittel: Regional ist keine Eintagsfliege, A.T. Kearney-Studie, Düsseldorf 2014.

Weichhart, Peter: Die Region – Chimäre, Artefakt oder Strukturprinzip sozialer Systeme?, in: Brunn, G. (Hrsg.), Region und Regionsbildung in Europa. Konzeptionen der Forschung und empirische Befunde. Wissenschaftliche Konferenz Siegen 10.–11. Oktober 1995, Baden-Baden 1996, S. 25 ff.

Weichhart, Peter: Designerregionen – Antworten auf die Herausforderungen des globalen Standortwettbewerbs?, in: Informationen zur Raumentwicklung, hrsg. vom Bundesamt für Bauwesen und Raumforschung (BBR), 9/10.2000. URL: http://homepage.univie.ac.at/peter.weichhart/Homepage/P168%20DesignerregionenNEU.pdf (Abruf 08.04.2019).

Weiss, Walpurga: Regionalität und regionale Lebensmittel, in: Brunner, K-M./Geyer, S./Jelenko, M./Weiss, W./Astleithner, F. (Hrsg.), Ernährungsalltag im Wandel. Chancen für Nachhaltigkeit, Wien/New York 2007, S. 187 ff.

Weitner, Malte: Foodstyling aus lebensmittel- und lauterkeitsrechtlicher Sicht, Bayreuth 2014.

Von Westphalen, Friedrich Graf: Justiziabilität harmonisierter technischer Normen, IWRZ 2017, S. 73 ff.

Wiechmann, Thorsten: Die Region ist tot – es lebe die Region!: Anmerkungen zur Diskurskonjunktur und Relativierung des Begriffes, RuR 2000, S. 173 ff.

Wiedenmann, Kai-Udo: Verbraucherleitbilder und Verbraucherbegriff im deutschen und europäischen Privatrecht. Eine Untersuchung zur Störung der Vertragsparität im Verbraucher-Unternehmer-Verhältnis und den Instrumenten zu deren Kompensation, Frankfurt a.M. 2004.

Wienholt, Helmut: Juristische Instrumente des Protektionismus, Göttingen 1984.

Wiesmann, Janina/Vogt, Luisa/Lorleberg, Wolf/Mergenthaler, Marcus: Forschungsberichte des Fachbereichs Agrarwirtschaft Soest Nr. 35. Erfolgsfaktoren und Schwachstellen der Vermarktung regionaler Erzeugnisse, Soest 2015.

Wirthgen, Antje: Regional- und ökologieorientiertes Marketing. Entwicklung einer Marketing-Konzeption für naturschutzgerecht erzeugte Nahrungsmittel aus dem niedersächsischen Elbetal, Hamburg 2003.

Wirthgen, Bernd/Schmidt, Erich/Gewert, Joachim: Möglichkeiten und Grenzen regionaler Vermarktungskonzepte am Beispiel Minimarkthallen in loser Kooperation mit Verbrauchermärkten und Einkaufszentren, in: Landwirtschaftliche Rentenbank (Hrsg.), Innovative Konzepte für das Marketing von Agrarprodukten und Nahrungsmitteln, Band 13, Frankfurt a.M. 1999.

Wulf, Julia: „Made in Germany" – Wirtschaftliche Bedeutung und rechtliche Schutzmöglichkeiten, Frankfurt a.M. (u.a.m.) 1995.

Zahrnt, Angelika: Umweltpolitische Ziele der Förderung regionaler Produkte, in: Marauhn, T./Heselhaus, S. (Hrsg.), Staatliche Förderung für regionale Produkte, Tübingen 2004, S. 9 ff.

Zakrzewski, Ingo: Umweltschutzbezogene Verbraucherinformationen durch das Umweltzeichen „Der Blaue Engel". Eine rechtliche Analyse unter besonderer Berücksichtigung des Verbraucherschutzrechtes, Frankfurt a.M. 2010.

Zenner, Silvia: Konsumentenverhalten bei der Nachfrage nach Lebensmitteln aus der Direktvermarktung. Eine verhaltenswissenschaftliche Analyse unter Berücksichtigung regionaler Besonderheiten, Hamburg 2004.

www.ingramcontent.com/pod-product-compliance
Ingram Content Group UK Ltd.
Pitfield, Milton Keynes, MK11 3LW, UK
UKHW021930290926
8980IPUK00016B/1543

9 783631 791950